陇东学院学术基金资助出版

中国书籍文库
China Books Library

汇集优秀原创学术论著
推动科研成果转化交流

教育伦理探微

JiaoYu LunLi TanWei

吕朝龚 著

中国书籍出版社
China Book Press

图书在版编目(CIP)数据

教育伦理探微/吕朝龚著. —北京:中国书籍出版社,
2013.1

ISBN 978-7-5068-3115-4

Ⅰ.①教… Ⅱ.①吕… Ⅲ.①教育学—伦理学—研究
Ⅳ.①G40-059.1

中国版本图书馆 CIP 数据核字(2012)第 209835 号

责任编辑/ 庞　元
责任印制/ 孙马飞　张智勇
封面设计/ 中联学林
出版发行/ 中国书籍出版社
　　　　　地　　址:北京市丰台区三路居路 97 号(邮编:100073)
　　　　　电　　话:(010)52257143(总编室)　(010)52257153(发行部)
　　　　　电子邮箱:chinabp@ vip. sina. com
经　　销/ 全国新华书店
印　　刷/ 三河市华东印刷有限公司
开　　本/ 710 毫米×1000 毫米　1/16
印　　张/ 21
字　　数/ 378 千字
版　　次/ 2013 年 1 月第 1 版　2014 年 10 月第 2 次印刷
书　　号/ ISBN 978-7-5068-3115-4
定　　价/ 63.00 元

前　言

社会越文明,做人的意识越浓厚。21 世纪最突出的主题不是信息技术革命带来的浪潮,而是做人意识的浓厚,因为一切文明的灵光最终都应该由人来显现,都应该体现出做人的优雅、活人的价值与为人的幸福。如果说人的高贵的确超过了神的高贵,那么 21 世纪人们努力的方向就是把这种高贵还给人,使人性开出美丽之花。

在做人意识胜于其他一切时代的今天,一切"人学"学科就应该凸显出来,发挥其应有的作用。在这些学科当中,有两种学科比较重要,一是教育学,二是伦理学。可以说,这是两门最古老的学科,它们伴随着人的诞生而诞生。在中西文化第一次汇聚起各自高峰的时候,就产生了一大批至圣贤哲,他们的第一使命就是"教书育人",他们最重要的活动就是"授徒讲学",由此留下了一大批光辉灿烂的"做人"文化,亚里士多德的《尼各马克伦理学》和孔子的《论语》既是西方和中国较早的教育学著作,又是率先产生的伦理学著作。在那个人类文化还比较混沌的时代,教育和伦理本身就是一家。凡教育家都是伦理学家,凡伦理学家都是教育家,哪一本教育学著作不是伦理学著作? 哪一本伦理学著作不是教育学著作? 这种教育和伦理的交合就说明,教育伦理在人类文化的源头就已经存在了。人类文明经过几千年的发展,到了今天,教育伦理就应该更加生动鲜亮起来,就应该为 21 世纪的"做人"提供更加丰厚的精神营养。

实际上,从 20 世纪末开始,教育伦理的旗帜已经在我国思想领域的上空飘扬了。许多学者开始构建自己的教育伦理大厦,进入 21 世纪以后,这种研究还在继续深入着。尽管人们对教育伦理是什么分歧很大,但他们的研究有两个共同特点:第一,基本上都是编撰了一些教材,缺乏深度的个性研究;第二,基本上都渗透了浓厚的道德主义,缺乏内源性的伦理意韵。因此,我们还需要进一步把这些研究推向深入。

人从来都是观念性的动物,持有什么样的观念,就从事什么样的活动。既然当代做人的意识如此浓厚，而且把"既美且善"的人作为旨归，那么教育伦理就应该为培养这样的人提供一套良好的精神观念。在过去的教育伦理研究中，不能说没有这样的精神观念，但我们必须清楚，过去的精神观念基本上是道德规定性的。道德规定教师做蜡烛，教师就必须燃烧自己；道德规定教师有爱心，教师就必须奉献爱心；道德规定教师必须对学生高度负责，教师就必须兢兢业业，这是典型的道德工具主义，缺乏教师内心的情和愿。而我们所提供的精神观念既包含人们的心性意愿，有慑服人心的精神魅力，又包含伦理的思想底蕴，有引导人们为善的博大情怀。在这里，与其说我们为人们提供了良好的精神观念，不如说我们为人们提供了良好的精神营养品。从总体上讲，渗透全书字里行间的精神观念主要有以下几点：

第一，注重伦理的人文关怀意蕴。即从人的本真属性出发，尊重人、关心人、爱护人、帮助人、理解人、同情人、怜悯人，开掘人的潜能，提升人的价值，创造人的美好生活，使人既可以成为有知识、有能力的人，又可以成为有智慧、有思想的人；既可以成为有尊严、有价值的人，又可以成为有幸福、有快乐的人，时刻让人体会到为人的美好，处处让人体现出做人的价值。只要我们每一个人心目中荡漾着这样的人伦情怀，那么我们整个社会就会变成幸福的家园。

第二，注重人学观念的生成。即从人的内心养成把人看得比什么都珍贵、比什么都重要、比什么都美好的人学情结。从来不冷漠人、仇视人、憎恶人、戕害人，因而积极地研究人、了解人、懂得人、爱惜人，使人们获得博大的人学情怀，不论在什么样的情况下，都能热情友好地对待人，都能因人、因性把人引导到最美好的境地。

第三，注重人性内涵的意义。即人不是随意可以捏造的对象，而是有内在心性趋向的主体，只有我们顺应了人的心性趋向，才能懂得人们内心声音的价值，才能倍加珍视人的兴趣和爱好，才能根据人内心的声音、兴趣和爱好引导人、帮助人、教育人。这样，教育才能和人的内心世界对接起来，由此引导人一步步走向发展的高峰，并显现教育自身的魅力。

第四，注重人内在素养的培蓄。如果人的心灵犹如一片土地，那么教育就是蓄积这块土地的肥力，这块土地有了肥力，只要我们种上适宜种子，给予充足的阳光、温度和水分，它们都会生根、发芽、开花、结果，就会获得巨大的丰收。所以，教育就是要注重培养学生内在的素养，如生发灵感的智慧，生发力量的思想，生发魅力的人格，生发善意的性情。只有把这些东西生成的人，才是一个开拓自己美好人生的人，否则从外部给人们添加任何东西，纵然使人们可以拥有这些东西，但决不能给人带来做人的快意和成就。

　　第五，注重人性情、意愿的功效。即始终把人的意愿看成为人做事的一个基准点，无法调动人的意愿的任何作为都产生不了持久的功效。教育永远都是教师和学生意愿中的事，没有彼此的意愿，就没有教育。所以，我们不仅要教师怎样教，而且要创造教师教书育人的资本，奠定教师教书育人的动力，带来教师教书育人的快乐，不仅要学生怎样学，而且要学生喜欢来学校，高兴进课堂，真心来学习。只要教师和学生有了这样的意愿，那么教育就已经成功了90%。

　　第六，注重好人心的养成。天下无奇不有，无所不包，只要每一个人养成了好人心，既不危害自己、他人和社会，又能设身处地地为自己、他人和社会着想，那么天下将是一片和谐，一切摩擦、纠纷、倾轧、打骂、偷盗、抢劫等都会逐渐消遁，人们真可谓安居其所，安事其业，和乐相处，共同发展。所以，教育伦理时刻不忘唤醒这样的好人心，栽培这样的好人心，发扬这样的好人心。有了好人心，就有了人间的幸福乐园。

　　这就是教育伦理的大观念，而且当我们提供这些观念的时候，我们不是进行灰色的理论建构，也不是进行空洞的文字说教，而是以人的心灵为基础，用最适合人心灵的方式述及这些观念，追求智慧的底蕴，追求思想的魅力，追求笔墨精神，追求文字风采，然后让这些精神观念渗入人的心灵，滋润人的心田。

　　在这些大观念确定之后，我们就开始谋划教育伦理的基本内容。在内容的确立上，我们分两大部分，第一部分为直追教育伦理的基本问题，论述六个方面的内容：

　　第一，教育伦理的历史轨迹。通过回望历史，描述教育发展的"伦理—知识—伦理"这样的轨迹，旨在说明，古代教育是朴素的全方位的伦理精神的渗透，近代教育是分门别类的学科知识的传授，当代教育已经把以人为精髓的伦理情怀变成了它的灵魂。我们必须认识清楚，这是一个需要教育伦理的时代，伦理不但是教育的灵魂，也是教育工作者的灵魂，这既是历史的结论，也是时代的要求。

　　第二，透视教育的新视野。如何看待教育，人们有各种各样的视野，在这里，我们总结了知识—能力、生命—情感、哲人—理性、道德—人格、生活—成长、伦理—人等六种视野，并详细分析了前五种视野的利弊，最后把落脚点放在了人—伦理这一视野上。教育犹如一座神殿，人就是它最高贵的神，只有一个人饱含浓厚的人伦情结，领悟到了人性的底蕴，感受到了人性的光辉，能为人的成长发展铺平道路，才算有资格当教育的圣徒，并拥有正确地看待教育的眼光。

　　第三，对伦理学的当代解读。尽管人们从来都没有在伦理学到底是研究什么的问题上达成一致的意见，但我们必须懂得伦理学的精髓，即在通透人性的基础上给人以最大的关爱,使人最大限度地"既美且善"地成长起来。只要伦理学内含这一精髓,不论研究哪个方面都会有它的合理性。为此,我们提供了伦理学的四种观念,并对伦理、道德及它们之间的关系进行了解析。而且我们还要力图说明的是,伦理学一定要有人学的味道,一定要有人性的亲切感,坚决避免把伦理学变成道德说教的学问,使道德成为人们背负不起的沉重的十字架,同时把伦理汇成一种精神、一种价值,浇灌在人们的心田,养育人们的心灵。

第四,现代教育的伦理批判。由于我们在缺乏伦理观念的情况下走了很长一段时间的路,而且还在延续,所以,教育里面蕴积了很多问题。我们从伦理的角度,从关爱人的角度,从人是否可以"既美且善"地成长起来的角度,对这些问题做了深度分析,结果发现它缺少了至少八样东西。从本质而言,这不只是教育本身的缺失,也是人自身的缺失,因而置人于不完美的状态,导致了一系列问题。现代社会在人身上表现出来的一切问题都可以从这里找到根源。

第五,教育伦理的本质。这是教育伦理的核心问题,也是人们看法、分歧最大的问题,但我们必须紧扣人性的基本点,紧扣教育的归宿点,紧扣伦理的本质点,然后从人性的基本事实出发,始终不忘教育是培养人的事业,伦理是关爱人的事业,而教育伦理最终是要把人性引向善,使善像海流一样涌动在人们的心底。所以,我们可以直言不讳地说,教育伦理的本质就是培养人们拥有一颗饱满的善心。只有人们拥有了内在的善心,才能在各种活动中展现人的优雅姿态。忘记人的善心的教育始终缺乏人性美的基础,即使把知识累加得再多,也只能制造"恶"的怪胎。

第六,实现教育伦理本质的条件。只要我们拥有了基本的伦理意念,教育本身就是哺育人们善心的花圃。但是当我们解读人们善心的时候,不要从最高端来解读,认为只有到了无私奉献的境界,才算获得了善心,而要从最低端解读,只要人们善待自己、善待他人、善待社会、善待一切生命,并养成一种习惯,这已经是可贵的善心了。时时处处迫使人们做出牺牲的那种善心毕竟不是人生的常态,只有那种平常的善心才能留居人们的心间。所以,我们就把实现教育伦理本质的条件界定在这样两个相互联系的方面:一是让学生健康地成长,二是让学生很好地生活。真正的善心就是从这种自然而然的善的生活中成长起来的。

第二部分是进入教育的具体领域,对构成教育的各个要素作伦理的审视,然后得出相应的命题。这部分也涉及六个方面的问题:

第一,学校是化育学生性灵的圣所。当神圣的宗教退去它昔日的光华之后,唯一能和宗教相比拟的就是学校,因为学校和宗教一样,都是从人的灵魂深处影响人，只不过宗教最终让人归于上帝，而学校最终要化育学生美好的性灵。所以，学校从来都有类似宗教的灵光和神圣，我们从来都不能轻慢，更不能随意糊弄；相反，我们要抱着崇敬的心情对待每一个灵魂，使每一个灵魂经过学校的化育而变得人性饱满，善流激荡，才华横溢。

第二，教学是成就学生人生的桥梁。人是最需要教育的动物，通过教育通达宇宙之大道，了解社会之奥秘，提升智慧，磨练能力，然后安身立命，成就事业。所以，教学犹如学生人生道路上的一座座桥梁，使学生从无知走向有知，从无能走向有能，从处处受羁绊走向"从心所欲不逾矩"。因而教学不仅仅是着眼学生一节课掌握了几个知识点，而是学生经过一系列的教学活动走向了通达的人生道路，在这样的道路上，敦品励学，创家立业，奉献社会。

第三，教师是缔造自身幸福的使者。教师身上所表现出来的一切光华都来源于教师从事教育活动的幸福感，正是这样的幸福感才养育了教师教书育人的热情，才催生了教师对学生的爱心，才奠定了教师高度的责任心。所以，当今教育不再是对教师进行道德命令，而是缔造教师内心的职业幸福感，这是教育生发一切神奇魅力的源泉。如果教师内心没有这种职业幸福感，弥漫教师内心的是浓厚的职业倦怠，那么教师何以有教书育人的品德？

第四，学生是完善自身性情的主人。学生从来都是具有独立人格的主体，教育永远都是以学生为引导、帮助和促进的对象，试图通过越俎代庖、包办一切的办法把学生培养成自己理想中的人，都是缘木求鱼的事情。所以，真正的教育不是用无限量的教育信息去包裹学生，而是深入学生的内心，激起学生学习的愿望和兴趣，然后为学生提供所需的条件、指导和帮助，使学生成为完善自我的主人。当然，学生完善自我首先是完善性情，其次是扩充知识、培养能力，良好的性情创造幸福的人生，丰富的知识和高强的能力增加人生的价值。

第五，课程是滋润学生心田的汁液。只有进入学生心田的东西才具有教育的效力，学生不认可或让学生难以接受的东西，不论对学生鼓噪得多么厉害，都无济于事。学生接受教育最显著的形式就是课程，简单地说，教育就是学生在教师的指导下咀嚼一门门课程的过程。所以，不论哪种形式的课程，我们一定要把它变成适合学生心灵接受的东西，使学生愿意接受，喜欢接受，并且接受之后能感到由衷的欣慰。只有这样的课程才能滋润学生的心田，促进学生的生长。课程犹如学生的精神源泉，一点一滴滋润着学生的精神家园和智慧的殿堂。

第六，方法是开启学生心智的明灯。尽管方法很重要，但仅仅靠方法解决不了任何问题，犹如建造楼房，没有砖材，仅谈方法，没有任何意义。所以，只要一个教师有了渊博的知识、高超的智慧、丰厚的思想,方法自然就产生了,而且面对不同的学生就会心生不同的方法,每个方法都能打开学生心智的大门,促使学生举一反三,在知识的王国里不断飞升。

这就是我们架构起来的新的教育伦理大厦,我们的目的只有一个,就是希望通过字字句句的论述,从而提供一套适合培养"既美且善"的良好精神观念。我们也相信,只要这样的精神观念渗入到每一个教育者的心灵,我们的教育领域随处都会显现人性的美丽之花。

作者

目　录
CONTENTS

下篇　教育伦理的基本命题

上篇 01

教育伦理的基本问题

在人类社会从蛮荒时代向文明时代奋进的过程中,教育的曙光越来越明亮,乃至于到了今天,人类文明的光亮几乎全部来自于教育,没有教育,就没有人类文明,教育虚弱,人类文明就黯淡,教育博大,人类文明就朝气蓬勃。

发展教育有各种各样的图式,外延的,内涵的,硬件的投资,软件的建设,经济的撬动,精神的激励,不一而论。但无论如何,我们必须认识清楚,教育工作是教育人的事业,教育人的事业就必须让人性鲜亮起来,让人性饱满起来,让人性美丽起来,如果我们完不成这样的任务,就有辱教育的使命,而这实际上就是教育伦理的中心议题。所以,在新的世纪里,飘在教育领域中最鲜亮的旗帜就应该是教育伦理的旗帜,教育伦理应该成为今天教育的航向,成为今天教育的基本精神,成为今天教育深厚的内涵。不以教育伦理的观念从事教育,的确难为教育。因此,每一个教育工作者都应该打着教育伦理的旗帜在自己的领域开辟新的领地。

既然教育伦理已经是教育领域中最鲜亮的旗帜,那么我们就不得不沉思它最一般的问题。

首先,我们回望整个教育历史,用教育伦理的眼光看,它到底走过了怎样的历程?因为只有胸怀历史,才能展望未来,只有从过去的经验中,才能明辨我们今天的现实,只有认真地总结了历史的规律,才能踏上明天正确的航程。

其次,既然伦理已经成为教育的灵魂,那么我们就应该寻找一个审查透视现代教育的最合理的视野,只有抱着这样的态度看待教育、从事教育,才能在教育领域擎起教育伦理的大旗，走出一条人性化的教育之路。

再次，我们应该回归伦理学自身，弄清楚伦理学的确切含义，因为这是一个歧义很大的问题，自古至今人们从来都没有一个比较认可的相对一致的观念，到了今天，它的歧义性更大。只有弄清楚了这一基本概念，我们才能清晰地用伦理的眼光看待和审查整个教育。

又次，当我们弄清楚了伦理学的本真意韵之后，我们就有必要对我国教育现状作以伦理审思。当然，当我们用伦理的眼光观察我国教育的时候，我们并不是肤浅的、浅近地、表面地看它，而要走到伦理的高度，作以深度批判。只有当把我国教育伦理问题弄清楚了的时候，我们才有一定程度的伦理觉醒。

另外，我们要直逼教育伦理的核心问题，解剖清楚教育伦理的本质。以往，有的人认为教育伦理是探讨道德教育的，有的人认为是探讨教师职业道德的，有的人认为是探讨教育领域中的善恶矛盾的，有的人认为是探讨教育过程中的伦理道德现象的，等等。但他们都是在教育伦理的外面兜圈子，没有抓住问题的实质，最终丢掉了"人"，而我们必须从人性的事实出发，抓住教育和伦理的精髓，对这一问题做最恰当的解释。

最后，我们也必须找到实现教育伦理本质的基本条件。当然，当我们寻找这些条件的时候，我们不是简单地从"办好教育"这样的角度出发，在人力、物力、财力上想办法，而是要从教育伦理的本真意韵出发，找到破解这个问题的根本方法，当方法对了头，就像我们走路，只要方向对了头，最终就会达到目的。

这些就是我们进入教育伦理领域所要解决的最基本的问题，解决了这些问题，教育伦理的基本脉络也就清晰了，从宏观而论，我们也就有了最起码的教育伦理的基本精神和气度了。

一、教育伦理的历史轨迹

自古至今,人类教育经历了漫长的历史发展,在这个发展过程中,尽管教育的内容和形式不断发生着变化,但从教育伦理的角度看,教育有其明显的轨迹,即它经历了以下三个相互区别的历史发展阶段。

(一)古代教育:朴素的全方位的伦理精神的渗透

当人类积累了一定的生产生活经验并试图传递给下一代的时候,人类教育就开始缓慢起步了。经过漫长的原始社会、奴隶社会和封建社会直至工业革命以前,人类社会基本停留在农业文明的时代,人类的生产方式主要以农耕为主。与此相适应,教育也表现出基本相同的特征,尽管其中的教育内容和教育方式发生了天翻地覆的变化,但这些变化无论如何也掩盖不了其共同的特征。所以,我们把这一阶段的教育统称为古代教育,它的共同特征就是全方位的伦理精神的渗透。

1. 敬畏上天:以德配天

在人类诞生之初,天是一个笼统的概念,在人们的意识里,它有两层基本的含义,第一层,天代表着化育万物的大自然,第二层,天代表着主宰宇宙万物的神。前一种观念表明,人不但来源于大自然,而且全面依赖于大自然;后一种观念表明,人不但看到了大自然生生不息的良好秩序,而且也看到了自身力量不可抗拒的威力。不论从哪一种观念看,在人的潜意识深层,人不得不敬畏上天:天可以化育万物,而人有何能迩? 天可以千变万化,而人能左右什么? 所以,人不得不完全匍匐在天的面前,一方面猜测着天,另一方面按照这种猜测而遵命于天。

所以,在人类的原初文化当中,天的观念和意识就深深扎根于人的灵魂和血液中,对天的尊敬胜过了对其他一切事物的尊敬(实际上,天何其之大,它已经包揽了一切)。这就是人的第一个伦理意识。由于这种意识把浩大的天包含在内,并且是通过琢磨天的旨意来确立人的行为,而一旦根据天的旨意把人的行为确定下来,就具有不可违抗性,因而这也就构成了人的伦理文化之根。所以,每当人们提到伦理的时候,就离不开天,"道之大,原出于天。"在中国传统文化中,"天理"、"天伦"、"天理伦常"这些说法就根深蒂固,似乎永远也难抹去。

那么,人是何以敬畏上天的呢?最根本的途径就是"以德配天",这是在天的神秘性还没有被揭去之前纵贯古今的一条伦理规则。在最初的人类文化中,就包含着非常深厚的"以德配天"的观念,如我国早期的神话传说"女娲补天"、"后羿射日"、"盘古开天辟地"等就从两个方面塑造了"以德配天"的根本的伦理精神,一是通过想象人类的诞生,说明人只要勤劳、勇敢、富有智慧,就可以为人类创造一切;二是通过想象人类战胜面临的灾难,教诲人们只要能造福于人类,就可以"和山河同寿,与日月同辉"。所以,这些神话传说不是以神话的形式解释天,试图揭开天的奥秘,而是用神话传说的形式传输人们所要追寻的"伦理精神",抛去神话的外壳,它就剩下"勤劳、勇敢、智慧"等这些根本的伦理思想了。由于神话当中把代表自然的天和代表"神"的天都包含在内,同时又以"人"为蓝本想象其中的故事情节,所以,它也就成了传递"以德配天"这种伦理精神最生动的教材。

弄清楚这种天人关系后,人们也就开始审视人的行为了,即叩问人何以行为或具备了什么样的行为后,才是一个"光照天地"的人,才是人们所推崇的人。我们可以从"三皇五帝"和被推崇为"万世师表"的孔子那里找到答案。三皇五帝尽管也是一种传说,但在这种传说当中蕴含着人们的道德追求,因为他们是人,而不是神,因此,在他们身上积聚的品质就是人们所要求的品质。燧人氏钻木取火,伏羲氏教人结网、捕鱼打猎,神农氏勇尝百草、教民农耕,黄帝、颛顼、帝喾、尧、舜都是为民谋利而得到人们拥戴的人物。如果说"天"能够以自然的状态化育万物的话,那么"三皇五帝"就以"人"的状态创造人的生存之本,因此,他们的功德完全可以与"天"相配,是"以德配天"的典型。孔子更是"仁师"的典范、"道德"的楷模,《论语》一书讨论"仁"的有五十六章,说"仁"的字有一百零五次。这说明孔子对"仁"多么重视。何为"仁"?子贡曰:"如有博施于民而能济众,何如?可谓仁乎?"子曰:"何事于仁!必也圣乎!尧舜其犹病诸!夫仁者,己欲立则立人,己欲达则达人。能近取诸譬,可谓仁之方也已。"(《雍也》)香港国学大师黄卓明对此评曰:"这段话的重点在'民'、'众'二字,'施于民'与'能济众'就是利物济民的立己立人,达己达人,这才是仁的极致。"[1]正因为他扬天下之德风,匡天下之正气,系天下之利益,后世就尊称他为"德配天地,道冠

---

[1]　黄卓明:《诸子学》,北京大学出版社 2001 年版。

古今"的至圣贤哲,他的伟大,正如孟子所说:"岂惟民哉? 麒麟之于走兽,凤凰之于飞鸟,泰山之于丘垤,河海之于行潦,类也。圣人之于民,亦类也。出于其类,拔乎其萃。自生民以来,未有盛于孔子也。"(《公孙丑上》)由此看来,他的道德光华完全可以与天地相配。

综上所述,人由天而生,天的神奇超绝于人的力量,人自然而然"敬畏于天",而对天的敬畏产生"以德配天"的伦理观念,这种观念渗透在上古的神话传说中,积聚在"先帝"、"先圣"身上,在人类的诞生处和文化光耀处就树起伦理的大旗,使其光耀天下,从而使伦理在人类历史的源头就处在人类精神的核心,不但渗透在人的各种言行中,而且就此引导历史前行。

2. 农耕文化:以德为才

在自然襁褓中孕育的人类,在求得自身生存的道路上,由于没有任何与自然相抗衡的力量,只能依附于大自然,即把自身投身于大自然的怀抱中,顺应自然的规律而开拓自己的生存空间,大自然能衍生什么,人就把生存的资本寄托于什么,大自然没有什么,人类就不希望什么。大自然有土壤,种子落于其中就可以结出果实,人可以食用,森林中有狼虫虎豹,击而毙之,人可以充饥,河海中有鱼虾,捕而捞之,人就可以吃之,由此就逐渐发展起了人的生存文化——农耕文化,或者说农业文明。

农耕文化一个典型的特征就是把人融于大自然,按照自然的节律来生活,人只能处在这样的节律中,而不能有试图改变的自我造作,因而,日出而作,日落而息,春播秋收,夏种冬藏,就成了人们生活的常态。这样,人虽然在许多方面超越了动物,但总体上还是适应自然,没有更大的创造性。所以,面对大自然,人们基本取得了平等的地位:大自然不可能总偏爱一个人,也不可能总吝啬另一个人。那么,什么因素使人们表现出不同的差距呢? 这只能是道德。比如,面对同样的大地进行劳作,最终能区别其不同收获的,与其说是"劳动技术",还不如说是"勤劳"这样的德性,同样进行狩猎,与其说是"狩猎技术",还不如说是"勇敢"这样的品质,虽然我们不能排除"技术"以及其他天时地利的因素,但它们是再次要不过的因素,因为一个怯懦、懒惰的人永远也发挥不出什么特有的技术来,天时地利也不可能总青睐他们,但一个勤劳不辍的人,一个勇敢的人,就会摸索出自己领域的经验,从而也不断生长出熟练的技术来。所以,在以农耕文化为主的社会里,人必然会以德为才,以德生才,有德便有才,无德便无才。因此,在人们的心灵深处,就产生了这样的观念:"天道酬勤"、"德成智出"、"道德纯备,智惠甚明"。这样,道德就成了农耕文化最为主要的因素,难怪农耕社会酝酿出的文化在总体上是"伦理文化"、"道德文化"。

农耕文化的另一个特征就是社会发展比较缓慢,一方面,由于人依赖土地而生活,另一方面,人也不特别地凭借自身的创造力作用于土地,因而,土地在今年能产出多少粮食,如果排除自然灾害等因素的影响,明年土地依然产出多少粮食。因此,在整个农业社会里,年复一年,人们就好像处在同一种历史状态中,没有质的变化。在这种几乎没有变化的社会当中,由于从人类之初就继承下来的“天”的观念,使人们只乞求保持现在的生存状态,而免去“天”的灾害,这样,人们就讲求对天的虔敬,使天能够降临福祉,特别是避免对天的不敬而受到天的惩罚。由这种天道演化成人道,就变成人对人的诚实、守信、友好、慈善,从而通过获得广泛的“人缘”而求得上天的保佑,同时,坚决避免由于失于人道而受到上天的惩罚,如不孝敬父母就会遭到雷击,不爱惜粮食就会遭年景等。这样,类似的道德观念就开始在人们生活的各个领域中不断渗透,以至于这样的道德观念就变成了人们从事各项活动所考虑的最重要的因素,生产劳动、为人处世不得不充分考虑伦理道德的因素。

3. 人际社会:以德为生

在生产力水平极其低下的情况下,尽管人们也非常重视生产,但由于生产从来都达不到优裕地满足人们需求的地步,因此,人们关注分配远胜过关注生产本身,社会的不同不是表现在生产上,而是表现在分配上。这样,社会的中心问题就是找到如何进行分配的标准。在当时的社会条件下,这种标准必然包含两方面的内容,一方面,从阶级的角度而言,一个阶级试图占有另一个阶级的劳动,并由此形成了以暴力为基础的阶级统治,这种阶级统治就是分配的标准。另一方面,从非阶级的角度而言,大家都是人,都有生存下来的强烈愿望,彻底剥夺任何人的生存权利都不可取,最好的方式就是人人都应有份,最低也应该有让其生存下来的那份,这样,人人都有份也就构成了另一个分配的标准。尽管这两种标准是矛盾的,但人们基本的道德观念就蕴含其中。从第一个标准而言,统治阶级为维护和扩大自己的利益,就告诫人们要维护现实的统治秩序,要忠于目前的阶级统治,由此构成“忠君报国”等伦理思想。从第二个标准而言,人们为了使自己的那份份额有所保障,就告诫人们不要相互掠夺,在考虑自己那份利益的时候,也考虑别人那份利益,由此构成孔子所倡导的“己所不欲,勿施于人”、“己欲立则立人,己欲达则达人”等道德观念。不论从哪一个层面讲,谁遵循这样的道德观念,谁就生存,谁不遵循这样的道德观念,谁就受到人们的打击和处罚,以道德求生存的迹象非常明显。

同时,人们依附土地,又没有高速度的交通工具,因此人们以“地缘”为纽带被固定在特定的范围内共同生活,这就形成了一个年年月月甚至世世代代相依的"熟人社会"。在熟人社会中,由于人们天天在一块相处,必然要推崇诚实、守信、助人、解穷救困等道德观念,因为只有这样,人们才能友好相处,才能相互帮助,才能共同生活下去。这样,一方面,人们会积极宣扬并践行这样的道德观念,另一方面,如果出现了违背这些道德的人,人们就会共诛罚,甚至开除出这个熟人社会。从这个意义上讲,以德为生也是人们基本的生存之道。

　　综上所述,在古代社会里,在天人关系上,讲求以德配天,在生产方式上,讲求以德为才,在人际关系上,讲求以德为生,因而,"德"纵贯人类社会历史的各个时期,而且渗透在人们生活的各个方面。教育作为把人类生产生活的基本经验传递给下一代的最重要的途径,必然要全方位地传递这些"德"的观念,因此不论进行什么样的教育,道德总首当其冲,通过道德教育,培养人们"德"的信念,通过确定"德"的信念,化育人们生产生活的才能,通过这样的才能构建和睦稳定的社会,这也就是《中庸》当中所表白的逻辑:"格物、致知、修身、齐家、治国、平天下。"同时,我们也可以看出,古代教育的基本内容就是四书、五经,而四书、五经就是最经典的道德教科书。所以,古代教育就是朴素的伦理道德精神的全方位渗透。

(二)近代教育:分门别类的各门学科知识的传授

　　历史的发展总有它奇迹般的转折点,以这个转折点为界,历史会以与过去完全不同的方式向前发展。1400 年,瓦特发明了蒸汽机,它就是代表这样一个转折点的带有伟大历史意义的事件,它标志着农业时代的结束、工业革命的开始,也让人类逐渐揭开了资本主义社会的新篇章。从此之后,一切都发生了天翻地覆的变化,教育随之改变了它过去的方式。

　　1. 技术革命:知识的意义

　　瓦特发明的蒸汽机以及随后的其他发明,是一场伟大的技术革命,它说明人类不再仅仅依靠两只手进行劳动,劳动的效率也不仅仅依赖两只手的力量和速度,相反,它意味着人完全可以依赖自己的聪明才智把劳动转移出去,依靠机器进行劳动。这虽然没有完全解放人的双手,但大大减轻了人手劳动的负荷,人类从此进入了一种新的生产过程:运用新的技术进行更有效的劳动。

　　人们运用技术进行劳动,突然使人们发现大自然原来蕴含着巨大的可供人们利用的能量,原来看似简单的物质,只要重新进行组合,就能爆发出新的力量,原来看似平淡的事物,只要我们稍加研究,就能发现出人意料的结果,大自然似乎一下变成了一个戴着厚厚面纱的聚宝盆,只要我们善于揭开这样的面纱,我们就会发现它神奇的光芒,并惠及人类自己。这样,技术上的革命就引导人们开始探索和研究这个神奇的世界,并试图译解大自然中的一切密码,然后运用所得来的知识进行更大的创造。这就提出了知识意义的问题,一方面,人们不断探索和研究外在的世界,使人们获得广博的认识,另一方面,人们创造发明各种各样的技术,以此大规模地推动人类生产。由此以来,技术革命使知识获得了任何时代不可比拟的价值。

一旦人们看到了知识的价值,人类就试图把自己的全部生活建立在知识的基础上,例如,人类发明了火,人类从此就离不开火,人类发明了电,电就贯穿在人类生活的各个领域,现在,我们根本想象不出没有火和电的世界将是一个什么样子,人类将怎样生活。从最一般意义上讲,自从人类发现知识的价值后,就再也离不开对知识的学习和运用,直至人类生活完全知识化,最终形成一个知识化的社会,在这种情况下,知识的意义就可想而知了。

2. 工业社会:知识的支撑

技术革命带来了社会的全面变革,人类社会不可能再继续按照以往的生产方式进行了,以技术革命为内在动力的工业化浪潮一浪高过一浪,一幢幢工厂拔地而起,一台台机器应运而生,一批批农民走进工厂,新技术不断诞生,新产品不断问世,新城市不断崛起,人类开始把生产生活的目光从自然形态的土地转移到带有人类创造意义的工厂,工厂是人类生存的支柱,工厂是人类劳动的基本方式,工厂是人类财富的源泉,农耕时代从此一去不复返,新的工业社会开始书写人类历史的新篇章。

工业社会以其明显的特征区别于农业社会。首先,从表面形态讲,社会财富开始加速度增长,正如马克思所说,资本主义社会在它短短几十年里所创造的财富比以往人类社会所创造的财富总和还要多。由此,人类生活的步伐空前加快,社会面貌日新月异,人们第一次感到不进则退,不富则穷,不奋斗则会被社会淘汰。其次,从深层意义上讲,技术的力量不但改变了产品的质量和功能,而且带动教育和科学事业的变革和发展,教育不再仅仅以人类的道德为目标,而直接指向了技术,为技术的开发和运用而传授相关知识,科学也不仅仅是解决人类生活的不方便,而直接变成了对技术的研究、开发和运用,指向了财富的直接创造。不论是前一个特征还是后一个特征,它都是由知识的力量决定的,正是凭借知识的力量,社会财富才加速增长,社会进程才空前加快,正是由于知识成了社会最大的资源,教育才开始以传播知识为基本使命,科学才站在了前人的肩膀上不断创造出新的成果。正因为如此,培根才超越了苏格拉底的"知识就是美德"的命题而喊出了"知识就是力量"的口号。不论个人和集体,还是国家和社会,要强大起来,唯一的途径就是从知识当中汲取力量。所以,我们可以得出这样的结论:工业社会这座大厦完全是由知识的砖块累积起来的,工业社会通体都是知识这个活的分子,剔除了知识,也就没有工业社会的形态,更没有工业社会的活力。

3. 社会进步:知识的聚变

在工业社会,人的力量得到空前的凸现,原来人们敬畏的大自然,现在一下子渺小下来,人类似乎可以认识一切可接触到的事物,可以发明一切所需要的东西,可以按照自己的意志创造一个与大自然相对的完全适应人的需要的另一个世界。人类对自己充满信心,对自己的创造充满自豪,人类不但可以掌握自己的命运,而且可以主宰大自然的命运,人类的认识能力和创造能力达到空前的地步。

当人的作用被空前凸现出来的时候,不但人类的生产力水平在机器的轰鸣声中十倍、百倍、千倍、万倍的提高,社会财富也呈几何数字增加,而且人类发明创造的速度也大大提升。据不完全统计,在公元前 7000 年中,科技重大发现和发明共约 68 项,每千年平均约 10 项,公元后的第一个千年约 30 项,公元 100～1500 年为 74 项,1501～1600 年为 34 项,1601～1700 年为 79 项,1701～1800 为 203 项,1801～1900 年为 755 项,1901～1977 年为 695 项,在 20 世纪最后 20 年里,每年的重大发现和发明多达十数项。① 这样,人类社会已经不再是自然孕育出的社会,而几乎变成了人自己创造的世界,人类依赖自己创造发明的一切技术,驾起高速列车飞向未来。

社会何以能在人的股掌之上取得如此快的发展呢? 根本的原因就是人类发掘知识、积累知识、传播知识、知识产生核聚变的结果,知识就是一个人、一个民族苗壮成长的肥沃土壤,它包含人类社会发展的一切有机因素,只要人类积极努力地在这块土地上耕耘,它就会爆发出促进人类前进的核能量。所以,社会脱离自然式的缓慢发展方式而腾飞起来的原动力就是知识聚变所生发出来的力量。

综上所述,知识已经具有了非常重要的价值,技术革命凭借知识的力量,工业社会凭借知识的支撑,社会进步凭借知识的聚变,知识变成了整个社会最核心、最重要、最具影响力的因素。人类要谋求任何新的进步,绝对离不开对知识的继承、研究、开发和利用。这样,传承人类科学文化知识就成了人类最重要的基础性事业,教育自然就承担了这一任务,一个个具有现代意义的学校特别是大学如雨后春笋般相继诞生,它们的根本任务就是分门别类地传授科学文化知

---

① 唐元虎:《论先进生产力》,载《毛泽东邓小平理论研究》,2001 年第 5 期。

识,其他一切都服从于此,否则就没有多少意义。

(三)当代教育:新型的伦理精神成为教育的灵魂

虽然人类驾着工业化的快车进入了新的世纪,由此,人类也看到了自身超越其他一起生灵的优越性和值得骄傲的由自己创造出来的工业文化,但人类并没有在这种灿烂的文化中轻松起来,也没有在这种优越性当中体会到内在的幸福,更没有在这种灿烂的文化中迎来一个美好的让每一个人脸上充满笑容的新社会。

1. 社会危机:人类的新灾难

工业化应该为人类带来现代文明的光亮,并为人类创造一个幸福的社会家园。然而,事与愿违,就在工业化最初的脚步声中,整个社会就肮脏和龌龊起来,这正如马克思所批判的,在资本主义的每一个毛孔里都充满血和肮脏的东西。到了现代,情况甚至更遭:"文明已经达到了一个濒临灾难的阶段。"①在工业化的社会里,人们以经济为目标掠夺财富,似乎使人类社会失去了其他一切属性,只剩下经济的车轮在疯狂地向前滚动,整个社会翻腾的只有经济浪潮,其他一切都被冲击得不见踪影。为了社会的进步,为了消灭人类社会在物质财富上的困乏,大力发展经济,这本来是无可厚非的,但这只经济独轮车引起了怎样的后果呢? 引起的是一定程度的社会危机:人性的异化和堕落;经济危机的频繁发生;巨大的世界战争;人类自然家园的破坏。

在这个时代,除了无限诱发人们的自私心外,其他一切可贵的人之为人的属性几乎都被淹没了,人们陷入经济疆场,互相不择手段,六亲不认,蒙骗倾轧,甚至不惜杀戮,人和人相聚在一起,就如尼采所说的,像一群恶蛇纠缠在一起,很少有相安无事的时候,人和人构成的关系,就如霍布斯所说的,像狼与狼之间的关系,不是你咬我,就是我咬你,人的"恶"性因素极度膨胀,人堕落到历史的低谷。

在这个时代,经济是中心,但经济的发展并不是永远的繁荣,相反,经济问题不断,生产问题,消费问题,分配问题,贫富差距问题,能源衰竭,财富浪费,贸易摩擦,金融海啸,经济危机等,从来就没有让世界安宁过。另外,经济对政治的刺激,对文化的践踏,对人性的异化,对犯罪的诱惑,更带来了令人难堪的后果。

在这个时代,人们原以为工业社会的发展会给人们带来美好的前景,但接踵而来的却是战争登上了历史的巅峰,第一次世界大战的阴影还未退去,第二

---

① 彭运石:《走向生命的巅峰》,湖北教育出版社 1999 年版。

次世界大战又狼烟四起,其卷入国家之广,参战人数之众,牺牲人员之多,手段之残忍,对人类社会的破坏,可谓空前绝后。

在这个时代,大自然的美好家园更逃避不了它的劫难:大气污染,水体污染,淡水资源紧缺,森林滥伐,草原退化,土地荒漠化,生物的多样性减少,海洋的过度开发,全球气候变暖,臭氧层急剧耗损,酸雨日益增多,废气、废水、废渣、废原料到处泛滥,大自然已经到了千疮百孔的地步。

毫无疑问,盲目的工业文明发展,使人类面临新的灾难。

2. 人的沦落:异化人的呈现

曾在黑暗的中世纪,在宗教和神权的束缚下,人性受到严重的压抑和摧残,但那时候,人类还以"上帝"的名义试图保护人性之善,尽管这最终误入了歧途。而近代的工业文明虽然加速了社会的进步,但几乎把人完全撇在一边,并没有给人性带来灿烂的阳光。

工业文明没有人的地位。工业文明所追求的是大规模的机器生产,一旦一条机器生产的流水线被确定下来,人就必须服从这个流水线,在这个流水线上,人就不再是有思想、有精神、有情感的活生生的人,而是其中的一个零部件,只能按照这个流水线的要求亦步亦趋的动作。在这种情况下,人徒具人的外壳,没有人的灵魂。所以,马克思就深深地担忧过:"劳动用机器代替了手工劳动,同时却把一部分劳动抛回到野蛮的劳动。而使另一部分劳动者变成了机器。劳动生产智慧,却给劳动者生产愚钝、痴呆。""随着实物世界涨价,人的世界也正比例落价。"①

工业文明使人必须抛弃人自身的属性而追求人以外的东西。因为工业社会最强的动力是物质利润,它刺激人们疯狂地追求它,以至于它就是人们最尊崇的东西,这样,由它引导就诞生了马克思所批判的两个非常典型的怪物:"金钱拜物教"和"商品拜物教",因为这两个怪物就是它的直接体现。为此,人们就匍匐在它们的脚下,不但任它们宰割,而且为了它们,人们可以出卖自己的所有东西,包括肉体和灵魂,直至人变成非人。

工业文明必然使人堕落为物质的人然后求得存在。在机器生产中,人"成为机器可以随时调换的齿轮",在追求利润的过程中,人"成为最大限度的谋求利润的工具",即使在整个社会的管理过程中,"人作为劳动大军和管理阶层的一员,仅仅是一个号码而已。"②弗罗姆也深刻地描述过这一点:

———————————

① 唐凯麟:《伦理大思路》,湖南人民出版社2000年版。

② 同上。

官僚与大众是一种异化关系,被管理的大众只是官僚眼里的客观物体,管理者对他们既无爱也无恨,不带任何人的情感。管理者必须把人当作数字和物来管理,否则他的管理行为无法实现,因为职工实在太多了,他只能根据统计图表来管理,而不能面对具体的人。这样,活生生的人在官僚的办公桌上和抽屉里都变成了一些图表或学习号码,人的属性在数字、图表和计算机程序中被忽略了。①

所以,人哪里是一个具有完满精神的人,人完全变成了物质意义上的人了。

3. 伦理滑坡:道德严重贬值

工业社会的基本原则是机器原则、利润规则,随之而来的就是人对物质的追求和享受,一切问题就看人如何服从大机器生产的要求,一切目的就看人如何获得最大的利润。因此,人不但被迫堕落为"物质人"、"机器人"、"经济人",而且受物质、机器、利润的统治和支配。当人被等同于物质、机器和利润甚至在价值目标上还不如这些东西的时候,伦理道德能树立起自己的权威和地位吗?唐凯麟先生曾说过这样一段话:

任何一个时代的伦理学,实际上都是那个时代关于人的生存意义和人生价值的理论表现,都是对人的生存、发展和精神完善化的反思。这就无怪乎有人说,伦理学是一门使人类光荣的科学,其含义就在于,人的存在、发展及其精神的完善化乃是伦理学的主题,换句话说,伦理学的一切问题就是围绕人的这个方面而展开的。②

这就是说,只有当人把人当人看待,把握住人高贵的精神灵魂,提升人的尊严和价值的时候,才能高扬伦理的大旗。而在工业社会里,人已经堕落到这样的地步了,伦理学还能有多少意义。

在这样的社会里,人的精神世界变得荒芜并充满近乎绝望的悲苦。在物质极度泛滥、物欲横流的世界里,人自觉不自觉地把自己置于外物的世界里拼命追求外物,从此,人就变成了单向度的只为物质利益而行为的人,这样,人就难以回归到自己的精神世界呵护自己的精神家园,或者说,人的精神世界就被严重忽视了。但人毕竟是以精神为灵魂和核心的主体,当人之为人这个最重要的因素被忽视以后,人的精神家园真可谓荒芜不堪,极度悲凉,叔本华曾把人间看成一个充满痛苦的地狱,马斯洛曾失望地写道:

物质价值越来越有力地统治整个社会的舞台。人们对精神价值的渴求一直不能满足。弥漫整个社会的仍是颓废、道德沉沦、抑郁、失落、空虚、绝望,值

---

① 郭永玉:《孤立无援的现代人》,湖北教育出版社 1999 年版。

② 唐凯麟:《伦理大思路》,湖南人民出版社 2000 年版。

得信仰和为之献身的东西的缺乏……人们也常满怀希望地、甚至是愉快地为万能良药般的某种目标而奋斗,但一旦得到了,他们很快就会发现这种希望的虚幻,进而陷入精神崩溃的绝望,患上"成功精神症"。①

这就是对人的这种精神状态的描述。

人性也被严重恶化。当整个社会的目标变成对物质利益的追求的时候,人变成了追求物质利益的手段,而当人不得不屈尊于"非人"目标的工具的时候,人性就有严重恶的倾向,或者说人性被这样的目标所恶化。为了在市场中取得自身的地位,市场让你干什么,你就得干什么,当市场需要你笑的时候,你就得笑,当市场需要你哭的时候,你就得哭,在某种情势下,你不得不连同你的肉体和精神包括人格、尊严统统兜售给市场。为了一时的利益,你不得不采取一切手段:阴谋、圈套、陷阱、坑蒙拐骗、偷盗、抢劫、杀人放火等。人在恶的深渊中越陷越深,以至于人变成了人最危险的敌人,人居于人中间,没有起码的安全感。

道德严重贬值。道德的目的在于把人的行为规定在正义、公平和友善的范围内,从而固守住人的良好属性。然而在物质社会里,一切都以物质利益为重,道德本身不直接生产物质利益,遵循道德也不直接带来相应的物质利益,而且,道德与否关键在于个人的自觉性,关键在于树立一个人自己内在的良心,关键在于一个人道德意识的觉醒,它不像法律那样可以硬性地阻挡人的卑劣行径,又不能依赖自身的崇高抵挡恶人的魔爪,所以,在强大的物质利益的驱动下,道德就变成了一只柔弱的羔羊,不是它来说服人们遵守道德,相反成了人们嘲弄和欺凌的对象。而且,在一切都散发着铜臭味的世界里,道德在很大程度上变成了丑恶心灵的遮羞布,变成了陷别人于某种不可告人的目的的最阴暗的陷阱。这正像尼采所宣称的那样:上帝已经死了,你可以做一切想做的事情。道德被抛进了历史的垃圾坑。

苏格拉底特别重视美德,认为人的根本目的就是通过追寻知识获得美德。亚里士多德有一个基本的思想,人之所以比其他任何动物优良,就在于人是道德动物。孔子毕生的精力都在谋求建立以"仁"为核心的道德大厦。孟子认为"人异于禽兽"的地方就在于道德。人的确也是在保留了道德属性以后才真正成为人,才在这个地球上显得那么至尊、高尚和伟大。所以,人怎么能让历史车轮砸烂自己的人伦道德呢?当人们在非伦理道德社会里待久了的时候,必然会幡然醒悟:使人成为人并使人高雅优秀起来的伦理应该成为人类文明当中一面不倒的旗帜。因此,当人类走过工业社会而进入新世纪的时候,人类社会一个

---

① 彭运石:《走向生命的巅峰》,湖北教育出版社1999年版。

主要的使命就是：使人由物质世界复归到人的世界，把人看成目的，尊重人，关心人、爱护人、理解人、维护人的尊严，挖掘人的潜能，提升人的价值。这就是伦理的事业。所以，21世纪就是一个使人回归到伦理的世纪，是一个社会全面伦理化的世纪，是一个由伦理塑造良好的人的世纪。当然，通过工业时代的长足发展，人类社会已经进入非常现代化的时代，在这个时代里，知识、信息、高科技成了支撑社会发展的关节点，加上纵向发展的高速化、横向发展的国际化，人们更加看重教育的潜在实力，教育在各国发展中成了不可等闲视之的最重要的因素，但现代教育不能再重复工业时代的覆辙，它必然要把握住新时代的特点，全面渗透现代伦理的精神，通过培养具有完美伦理素质的人来显现教育的魅力，所以，现代教育的灵魂就是新型的伦理精神。

　　通过描述人类社会发展的历史轨迹，教育发展的脉络已经非常明晰，在古代教育中，由于人的创造性沉溺在自然式的社会发展状态中，它追求的是朴素的全方位的伦理精神的渗透，通过这种教育，能培养几乎不含智力因素的道德人格就是教育的成功。在近代教育中，由于技术革命把社会发展建立在人的主观能动性上，知识被高度重视，它强烈追求分门别类的各门学科知识的广泛传播，所以，能迅速传授和掌握这样的知识就是教育的成功。在现代，由于做人意识的觉悟，新型的伦理精神就成为教育的灵魂，在不抛弃知识教育的重要性上，恢复古代伦理精神的至高地位，从而培养出内含伦理灵魂、外显知识能量的德才兼备的身心健康的人就是现代教育的成功。施良方、崔允漷在《教学理论：课堂教学的原理、策略与研究》一书中已经意识到了教育伦理发展的历史轨迹：

　　"在古代的学校教学中，教师与学生的情感活动占有十分重要的地位，甚至其重要性往往超过认知活动；在从近代开始到20世纪上半叶的学校教学中，由于科学知识猛增以及大力发展生产力的迫切需要，知识传递的需要使得认知活动占有绝对的优势地位，情感活动在很大程度上受到不公平的待遇；20世纪中叶以来，随着人们对人自身认识的日益全面，对人的身心全面发展包括情感发展的日益重视，以及重视情感作用的教学方法的研究与改革上的成功，教学过程中教师与学生的情感活动日益受到重视。"①

　　这里教师和学生的情感问题就是伦理问题的一部分，认识活动就是传授知识的问题，所以，他们勾勒的基本上也是教育发展的"伦理—知识—伦理"这样一种历史轨迹。

① 施良方、崔允漷：《教学理论：课堂教学的原理、策略与研究》，华东师范大学出版社1999年版。

二、透视教育的新视点

对人来讲,世界不仅是一个客观存在,而且还在于人如何解释它,以不同的方式来解释,它就呈现出不同的面貌,特别当人建构自己生活的时候,这种解释就具有决定性的影响。如当我们把这个世界解释成由上帝创造的话,那么我们的人生就是经历人间磨难而奔赴天堂的过程,如果我们把自己解释成受命运主宰的生物有机体的话,那么我们只能把自己诉诸前途未卜的运气。所以,对人而言,如何解释生活比生活本身更具有意义,这就像西方有一句谚语所说的:生活像面镜子,你对它微笑,它就对你微笑,你对它痛哭,它就对你痛哭。因此,如何透视生活,从而主动地去解释生活,然后积极地建构生活,对人来讲是至关重要的。教育作为人类生活的一个非常重要的方面,它几乎就是人主观建构的产物,没有多少客观因素必然要求人如何从事不由人来掌握的教育,所以,它的过程、状态、效果就更取决于我们如何审视它。当我们怎样看待它时,我们就准备怎样建构它,它预期的结果也有了一定的雏形。

实际上,当把教育放在人类理性殿堂之后,人们就开始以各种眼光来审视它,并且,就在这些不同的眼光之下,开始建构它的不同生活。

（一）知识—能力的视野

人类的发展,必须有知识的传承,每个人的生存,必须有能力的养成,因此,学校应运而生,教育开始发展,它们存在的唯一目的就是传承人类文化知识,培养人的能力,这样就形成了人们看待教育的一个基本视野:学校是知识汇聚的摇篮,教师是知识的传承者,一切需要知识的人就到学校接受教育和训练,教与学就是教师和学生发生关系的基本形式,其活动的基本规则就是教师打开知识的"水龙头",让知识之水流到学生的水桶,或者教师就像充满知识的"留声机"，教学就是打开这个留声机，让学生能有效地听到他的声音，并录制在脑子里。在这同时，人们也意识到知识的效用问题，期待着经过教育的人比没有经过教育的人有更高的生存能力和工作能力，否则人们就不会到学校里专门接受教育，这样，教育就在传播知识的同时辅以能力的训练，或者专门培训学生某方面的能力，使学生具备某方面的专门知识和基本技能，以使他们有手艺，会做事。在这种视野当中，凸现在人们面前的就是"知识—能力"，其他一切人都是为此演化出来的工具或者手段，不论教师和学生在教育之外能干什么，但到了教育之中，教师只要有知识就行，学生也只要能接受知识就行，这是衡量教育的精髓，教师没有知识无以为师，学生不能接受知识无以为生，为了这样的知识和能力，教师和学生可以付出一切代价，而这种代价付出得越多，就越符合教学的本质。因此，人们赞颂教师就是"为他人作嫁衣裳"，"就是他人的阶梯"，"就是铺路石"，最高洁的赞颂就是教师"像园丁，无私奉献自己的一切"，"像蜡烛，默默无闻地燃烧自己，照亮别人"，达到"无我""忘我"的地步方是境界。进入教育中的学生也推崇"两耳不闻窗外事，一心只读圣贤书"的"忘我"的精神，赞美"头悬梁，锥刺股"的气概，欣赏"苦读十年寒窗"的境界，也悦纳来自老师的严厉惩戒和处罚。这些也是衡量一个学生是否能"终成大器"的最高水准。当然，在这种视野下，人们也探讨教育的效率问题，其中的基本环节就是"怎样把知识组织得更好"，"怎样使学生接受得更好"，围绕这两个"更好"，就诞生了"教学法"和"心理学"这两门学科，它们的确在不断地解决这两个问题，使传授知识的效率大大提高，并且也逐渐趋于"科学化"和"规范化"，但这种"科学"和"规范"并没有使学生和教师更加轻松，相反，像泰勒发明的科学管理一样，更少有自我活动的余地，而是教师更加要围绕"知识—能力"旋转了。一项有效的机器发明后，人也就不得不作它的附庸。

　　人们在做某些事的时候，就企图走到它的尽头，探讨它的极端情形。人们以"知识—能力"为视野，也使教育走向了极端，这就是把教育看成科学化的过程，每一节课被严格划分成几个阶段，每一阶段有特定的时间，教师和学生都可以被设计成机器人，在教师这里，知识经过科学地组织，按逻辑规律分解成前后次序，一部分一部分罗列起来，等到特定的时间，就开始依次播放，在学生这里，调整好状态，就像收音机调整好频道一样，然后依次接收过来，在这中间，良好的效果就是排除掉教师和学生的任何内部故障和传输过程中的任何干扰达到完整的播放、传输和接收。这也是人们期望的理想的教学状态。尽管这种状态不能实现，但足以使教学过程变成"科学的"、"机械的"、"合理的"流水线了。在这个流水线上，人的因素就被淹没了，因为，非常明显，人的因素越多，越不利于知识的传播,而人的因素越少,则越有利于知识的传播。这样,也就可以设想,教室里为什么要保持得那样安静,学生为什么要坐得那么井然有序。

(二)生命—情感的视野

历史好像总要和人开玩笑,它的发展似乎要把人慢慢压下去,直至压得人喘不过气来,突然,在某个时刻,又大声惊呼,人怎么能被这样对待呢?因而又开始了争取人的地位的轰轰烈烈的运动。比如,在古希腊,人的光辉开始彰显,但这种光辉不是渐渐增大,相反,到了中世纪,人的光辉被淹没殆尽,经过很长一段时间,人们又发现这是一个极大的错误,因而开始了轰轰烈烈的文艺复兴运动,高举人的旗帜,把人推到历史的最前台,要求尽显人的本性,恢复人的尊严,追求人的生活。就在这个过程中,人性也不是持久地放射出了自己应有的光辉,渐渐地又被埋没在近代社会所发展起来的物质世界中,具有高贵头颅的人却臣服于资本主义世界的物质财富当中,充当它卑下的奴隶,为了它,人的尊严被毁坏,灵魂被扭曲。而在这个时候,人又开始为人作为人的伟大使命而斗争了。

人类教育也是如此,当人们以"知识—能力"的视野看待教育并信心百倍地欲求用最科学的方法组织它时,原以为就可以很好地解决教育中的一切问题,取得良好的教育效果。然而,事与愿违,人们所追求的结果与其初衷大相径庭,在教育"人"的事业中,"人"被严重地忽视,这时候人们才发现,没有人自身的觉醒和高度的智慧,科学主义原本就是一个诱人的陷阱,当你迷醉于它并忠实地为它而努力时,它却极力排斥你,最终抛弃你,让你渐渐不成为人的模样,你越迷醉它,它越把你不当人。因此,人们又开始探讨把人当作人的教育途径了。渐渐地,人们发现人和物质完全不一样,物质没有生命,没有情感,你无论怎样对待它,它都不会反对,科学是认识它们的最好门径,但人是活生生的生命,具有特别的情感,你不能随意对待他,科学也往往对人无济于事,用科学的方法不能解剖人的喜怒哀乐,也不能建树人的良好性情。所以,人们又体验到了那强大的生命力的冲动,领悟到了那可贵的情感意义,认为只有把握住人的生命,重视人的情感,才能回到人自身,才能从事"人"的教育。所以,人们找到了一个新的看待教育的视野,这就是生命—情感的视野。

生命和情感是深居人的内心最本真的东西,不可忽视,但难以把握,所以,生命和情感的真谛最初是由哲人用他们深邃的智慧洞穿的。

以确立人的主体地位、尊重人的自然属性为特征的文艺复兴和启蒙运动，已经使上帝脱去它的圣光，使人的生命达到了呼之欲出的地步，至少使人得到了前所未有的解放，可以大大地讴歌人的生命，追求没有上帝的人性生活。经过持久的酝酿，从叔本华、尼采开始，生命之流就响彻整个世界。意志主义哲学家叔本华和尼采就认为世界的本质是生命意志，唯有这样的生命意志才使世界五彩纷呈，无限斑斓。不过，叔本华认为是生存的意志在演绎人的生动历史，而尼采认为是权力意志书写"上帝死后"人的超凡追求。接着，狄尔泰看到了生命的整体性，认为生命是心理与物理、灵与肉的完美融合，其本质就在于它是有意志、有情感、有想象的存在物。受此启发，柏格森用他富有文学色彩的笔调讴歌生命的壮美和力量，认为生命简直就是不可遏制的向上冲动和绵延不绝的创造，这样才引发了整个宇宙的蓬勃生机。胡塞尔创立了让一般人难以解读的现象学大厦，但他的主旨非常明显，那就是他试图把以往一切附加在人身上的东西束之高阁，让人进入到纯粹的本真的生命世界，直观生命的真谛，建构人的精神家园。弗洛伊德试图把人的生命底蕴全部抖出来，让人们明白深藏在生命深处的东西都是些什么，欲望的大锅，性那种浩大的、无孔不入的、微妙的力量，梦的光怪陆离，精神恍惚当中的呓语，这些都是生命的闹剧。而且他的目的就是要说明：生命是人身上最娇贵的宠儿，我们必须善待它，如果哪一点照顾不周，它就会像孙悟空大闹天宫一样，让人的所有生活不得安宁。加达默尔看到了生命和文化之间的关系，认为任何文化都是生命的符号形式，所以，生命的存在方式就是理解，理解就是去思，思的成果就是各种文化。每个哲人都在为生命把脉，尽管结果各不相同，但生命从此成为人们不可忽视的最宝贵的东西。

教育是完善人、造就人的事业，自然滋养人的生命，润泽人的情感，让生命蓬勃生长，让情感舒展丰富，这就是教育要把握的最核心的事情。这样，哲人的启迪就进入到课堂，许多人就抱着生命—情感的信念做教育的具体工作，生命教育、情感教育就成为一个时髦的话语进入到历史的前台。现代教育无不以此作为探究的对象，以生命和情感为中心，人们又编织起了现代教育的大网，试图在这里解决教育的一切问题。

无疑，生命是人灵魂深处的守护神，情感是人心灵世界中的汪洋大海，人们无不感受它们的深邃、浩瀚和美丽，但它们毕竟是我们目不能视、耳不能听、脚不能触的一个世界，它不像一座庙堂，我们可以看得清、摸得明，可以以肃穆之心去欣赏，也可以以崇敬之感去朝拜，也不像现实中的大海，我们可以坐船去观光，也可以俯身去游泳，既能看到它碧波荡漾时的情景，也能体会到它狂涛怒号时的滋味。所以，以它们作为教育的重心虽然给我们带来了一份神圣，增添了一份崇高,但我们找不到如何实施这种教育的门径,不能让每一个教育工作者驾轻就熟地把它们变成一种具体的教育方式和教育实践。我们感觉到,对这种教育而言,只有老师变成一个神之后,依靠他的神力,才能在学生的生命和情感世界里创造美丽的奇迹,否则,我们也只能把它们当成建立起来的神庙,惟有远远的景仰,而不能具体光顾。不过,这里有一件很重要的事情,那就是,一个在内心建立起神庙的人远远胜过内心没有神庙的人,因为前者可以凭借这样的神庙去反思、省悟、忏悔,寻找新的灵光和启迪,而后者却根本没有这样的机会。

(三)哲人—理性的视野

只有哲人的眼光洞穿了的生活才是清清楚楚的生活,否则一切就像行尸走肉一样盲目无知,教育要培养人,要引领时代的文明,决不可懵懵懂懂,稀里糊涂,非但如此,教育还应该有智慧的圣明,心智的机敏,能洞览人生的奥秘,可领会自身的真趣,然后才能大智大慧地去教育人,这样教育出来的人才是有智有慧的人。所以,哲人的眼光是教育中非常重要的眼光。当年,苏格拉底就说过一句非常重要的话:"未经审视的人生不是真正的人生。"这句话就带着神谕的色彩洞穿历史的时空,为每一个具有哲思的人所敬佩和信服,他们都企图把一切对象审思明白后再付诸一定的生活实践,或者就纯粹在自己的理性世界里做生活上的建构,相信理性可以创造出新的生活,至少可以为生活赋予自己的意义。在黑格尔建立了气势恢宏的哲学大厦之后,他反过来对哲学本身佩服得五体投地,认为一个国家、一个民族都必须受哲学的引领,哲学有神一样的高贵和智慧,神既然创造了人,可以给人以福佑,那么,只要我们通透哲学,哲学也可以把人引向幸福的彼岸,而且哲学的"神力"是人自己能够掌握的神力,不需要祈求上帝,只要诉诸自身的智慧就可以了。所以,他说,一个民族,一个国家,如果没有哲学,就像一座神庙,其他各方面都装饰得富丽堂皇,却没有至圣的神一样。教育对个人来讲,触动的是人的灵魂,对国家来讲,孕育其前途和命运,可以想象,没有哲学这样的神,那显得多么的苍白,既没有内在的力量,也没有好的成效,更不能把福祉传递给人自身。

其实,走上了哲学巅峰的人,无不关注着人类的教育。历史上的哲学大家原本就是教师,苏格拉底、柏拉图、亚里士多德师徒三人就是古希腊文化中最璀璨的三颗明珠,黑格尔就是德国柏林大学光芒四射的高大无比的教师,当时,人们为能做他的学生、听他的课而感到是人生的一大荣耀。其他诸如康德、费尔巴哈、叔本华、尼采等等莫不如此。

苏格拉底洞察到了人体可贵的两样东西：智慧和美德。因此，他就把"产婆术"带进了他的教育实践，通过智慧的激荡，确定人们的美德。柏拉图看到了人的理性特点，着意要培养把理性能发扬到极致的"哲学王"，并让他成为国家的统治者。亚里士多德认为人有三种灵魂：植物灵魂、动物灵魂和理性灵魂，相应地，人就必须和谐地完成三种教育：体育、德育和智育。这就是用哲学的眼光观览教育，教育也透射出了哲学的"圣气"。

现代哲学五花八门，派系林立，它们不但按照自己的逻辑建立起了复杂的、高傲的、让一般人不能轻易理解的纯粹的哲学体系，而且还要在其他学科当中找到"立足安家"的地方，其他学科也在哲学当中寻找解读自己的密码，一方面借哲学提高自己的"理论"高度，另一方面也确实借哲学来建立自己解决一切问题的"脚手架"。教育就是哲学的问题、概念、命题、原理最易生长的地方。比如自然主义、理性主义、科学主义、人文主义、实用主义、存在主义、现象学、符号论、分析哲学、建筑学派无不是教育学当中比较时髦的名词，以至于哲学就是观览教学的最高视野，一个人有什么样的哲学理念，教育就具有什么样的教育观念，进而也会采取什么样的教育行为，自然就具有什么样的教育实践。哲学能同教育结缘真是教育上的一件幸事，它不但能够洞穿教育的真谛，而且能够给教育带来特有的智慧和灵气，自然使人们能更有效地从事教育。然而，我国是一个哲学比较贫弱的国家，人们既不重视哲学，也不欣赏哲学，所以，许多人并没有哲学的修养和哲学的头脑。这样，哲学也就很难作为其他学科生长的支撑点，更难让这些学科滋生出哲学的智慧来。尽管有些人在长篇大论地谈自己学科当中的问题，但不能给人们带来哲学上的启迪，思想干瘪，语言贫乏，甚至可以称得上"文化垃圾"。有些人根本不知哲学是何物，却借哲学的名义研究自己的问题，那只不过是拾来几个哲学名词装点自己的研究门面，只不过是哗众取宠而已。

哲学的贫弱也是教育平庸的一个原因，哲学上有了盲点，教育上就有了误区，人们不进行哲学上的修养，只取道教育的研究，那不仅仅是急功近利，而且是造就自以为是、夜郎自大的恶习，把平庸当伟大，把无知当高见，给教育埋藏了看不见的祸根。

（四）道德—人格的视野

　　"格"是界定一事物是该事物的一个是非界限和框子，被框定在这个界限之内，它就是该事物，没有被框定在这个界限之内，就不是该事物，所以，国有国格，人有人格，"格物"就是要弄清楚这个物为什么是这个物，其本质何在，没有"格"，我们实在搞不清楚万事万物的是非界限和彼此的本质区别。所以，"格"对具有识见能力的人来说特别重要，一个能识出诸事之"格"的人一定是一个具有大智大慧的人。

　　教育自古以来都是培养人的事业，毋庸置疑，经过教育要使人成为真正的人，就有一个前置条件，什么使人才成为一个真正的人？什么把人和动物才真正区别开来？一个普遍的常识就是：道德是把人和动物区别开来的根本标志，因为当一些人做出了丧失道德的事的时候，人们就会自觉不自觉地这样责问：他们还算人吗？实际上，在人类文明之初，当人们开始思考自身的时候，已经把道德看成是人之所以为人的重要品质了。亚里士多德就声称人是道德动物，他说，当人行道德之事的时候，他就是世界上最优雅的动物，但当人失去了道德，他就会变成世界上最恶劣的动物，人是在动物之上，还是在动物之下，完全由道德来衡量。我国孟子也慨叹："人异于禽兽者几希？"人与动物相区别的地方本来就不多，而把人与动物相区别开来的就是道德。由此我们也可以看到，古希腊为什么把讲道德的伦理学看成是中心之学，在那个知识还没像今天这样繁杂的时代，知识也主要是道德知识，教育也主要是道德教育，人如何成为人的命题就转换成了人如何成为道德之人的命题了，亦即只要在人们的心灵世界中建立起了道德的大厦，人的本质也就确定了。所以，人格的根本是道德，道德规定人成为人。由此，教育就确立了最古老而传统的视野：道德—人格的视野。用这样的视野观览整个教育，教育的第一使命就是道德人格的教育和确立。这样，传统文化所蕴积起来的财富也主要是道德财富。

　　把我们的一切教育都置于道德的背景下也是非常美的事，在此种情况下，我们可以抱着执著的道德信念，让我们的每一个行动都蕴含道德的力量，让学生的道德人格健康成长。如能这样，我们就可以想象，每一个人的心灵多么真诚，微笑多么和善，做事多么友好，待人多么热情，为此，我们一起生活是多么和谐，多么愉快，多么幸福。而这不就是我们所要追求的人生状态和境界吗？我们丰富知识，我们增加智慧，我们锻炼能力，我们发展科学，我们谋求社会的进步,都不是为了达到这个结果吗?

而且,我们也深深地体会到,人的潜能是无限的,人的价值是多方面的,人的内涵也是丰富多彩的。因此,人性也应该是丰丰满满的,我们决意不让人成为一个单面的人、简单的人、干瘪的人,包括徒具道德的人。但是一个不容忽视的事实是,当我们真正培养出了一个道德的心灵,这个道德心灵就像一片广袤而肥沃的土壤,只要我们点上不论什么符合人性的种子,除非其他社会因素的干扰,它都会郁郁葱葱的生长起来,都会结出丰硕的果实来。比如,让这样的人去学习,他就会踏踏实实地学习,让这样的人去工作,他就会踏踏实实地工作,让这样的人去做官,他就会踏踏实实地为民服务。如果缺少智慧,他会去谋求智慧,如果缺少能力,他就会去提高能力。但是,当没有了这样的道德,人性就会被置于非常危险的境地,无论让这样的人处在哪儿,做什么样的事情,都可以看到卑劣的阴影,智慧多了,可能会精于算计,能力强了,可能会精于侵夺他人,知识多了,可能会精于谋利,这些都是社会的危险品。所以,我们在一个没有道德的躯壳中增添知识、培养智慧、提高能力,无疑是给这个社会提供一定的危险品,对他人带来威胁,对社会造成破坏。

所以,教育的真谛是育人,育人的核心是塑造人格,人格的基本内涵就是道德。因此,几乎所有的教育都把道德放在了第一位,各个国家的教育方针首先确立的就是德育的这种地位。在我国,五育当中的第一育就是德育,日本早在世纪之交就提出:日本21世纪的目标是把日本建设成道德大国,否则日本在世界上的形象就是经济动物。被誉为"文明之邦"的新加坡也提出精神文明建设的五C精神(品德、文化、礼貌、社群、献身)。以此为视野,我们在所有的教育中,首先应该看到的就是学生的道德人格,不论我们从事什么样的教育活动,其出发点和归宿点都是育人品,造人格,或者以道德为取向设计教育活动,或者在各种教育活动中挖掘德育的素材,总之,要让学生在心灵中点起道德的明灯。

实际上,我们平心静气地讲,无论什么样的人,只要讲道德,一切都好办。教育沿着此路发展下去,一定是一个正确的归宿。但是要找到一个好的教育方法却很难,我国的道德教育至今在方法上还有这样几个偏差:第一,道德教育的目标不是让广大的普通人去做平凡的普通人,而是做特殊情境中的不平凡的"特殊人",道德上的"大公无私"和"舍己为人"毕竟是大部分人不敢祈求的正常生活,因而也不能成为道德上的趋向(可以成为启迪人们道德心智的故事,而不能成为实际追求的生活)。实际上,当我们在日常的生活中培养了人们平凡的关爱他人的心,当有特殊情形出现的时候,他们自然就会做出高尚的举动,如果平时的教育把道德拔得太高,则往往会引起人们对道德的厌腻,甚至反感,因而在特殊情境中容易显得麻木。第二，由于要在具体的教育过程中进行道德教育，因而把道德当做一种可以传授的知识津津乐道于学生，原以为有了道德知识的人，就可以成为有道德品质的人。然而，事实上，掌握道德知识的人并不一定是具有道德教养的人。所以，道德概念、道德规范绝不是建构学生道德心灵的最佳素材，相反，真实的道德故事才能打动学生的道德心灵，而且，更为根本的是，美德原本是一种习惯，只要我们帮助学生养成了种种良好习惯，自然就会建立起他们的道德大厦。第三，隐蔽的道德教育远胜于彰显的道德教育，"润物细无声"的人格影响、情境影响、环境影响、文化影响远胜于专门的、纯粹的、主题鲜明的道德活动，因为道德在人们的情感深处孕育成长，在人们的信念上开花结果，而这都适宜于隐蔽处而不适宜于彰显处。所以，一次或几次"学雷锋"活动并不能培养出真正的雷锋，相反，使人们距离雷锋更远。所以，在道德的视野之下，我们并没有获得良好的道德效果。

（五）生活—成长的视野

无论我们在哪个领域，做什么样的事情，人本身就是最可宝贵的财富，有了人，就有了一切，没有了人，一切都回归到自然状态，自生自灭，没有多少意义。有了人，我们怎样让人存在又是对待人的一个非常重要的态度，根本不关注人的存在也就等于无视人的存在。实际上，人到底以什么样的状态存在就是人所关注的重大问题，早在远古时候，人们相信"有灵论"的存在，因此现实的人只是向永恒的灵魂归宿的一个瞬间，所以，人的肉身存在并不是非常重要的，只要死后的灵魂有类似神一样的归宿就可以了，即使苏格拉底这样的人，在他蒙冤将要被处死的时候，他本可以在朋友的帮助下顺利逃脱，但是他还是从容地选择了死，因为他相信这是神的旨意，他劝告他的朋友："让我们顺其自然吧，因为神已经指明了道路。"①当人们找到上帝并完全信奉上帝的时候，人的现实存在就是为了能打开天国的门，为以后能在天堂世界中去享乐，因此，为了这一目的，人们可以把人的现实生活轻蔑到任何程度，乃至于生生死死都无关紧要。当人们蔑视上帝像当年上帝蔑视人一样的时候，可以说，人就回归到了自身，命运开始由自己掌握，但人的这一回归是非常困难的，因为"人既是他正在是的那种

---

① 柏拉图:柏拉图全集(第一卷)，人民出版社 2003 年版。

人,同时又是他向往的那种人。"①所以,人们今天的存在必须考虑将来的存在,因而,人们的苦苦奋斗就是为将来生活做准备,这是每一个有理智的人都必须深思熟虑的。这样,人们的现实又为将来所统治。

教育应该始终紧跟人们的存在状态,人们把人的存在重心放在哪里,教育就为哪里的目的服务。"万物有灵"论就使人们注重灵魂的安宁,上帝的存在就使得教育要让人们全身心地去爱上帝,重视将来,教育的本质就是"为将来的生活做准备"。当然,为了有效地实施当前的教育,人们没有彻底放弃当前人的存在状态,但这不是非常重要的。

忽视了人的当前存在状态肯定就没有了人的好生活,更不可能有好的成长和发展,这样,人这个大自然完美的"杰作"就被大大贬值了,既不能充分实现它的价值,也不可能有满意的人生历程,这就从认识或观念上把人否定了,使人充满了罪恶感、负重感,人生劳苦而不幸。在这种情况下,教育不论多么完美,都不会给人们带来幸福,更不可能把人带到他的伟大之处。

渐次,人们认识到,事实原本就不是这样,这是人自己把自己陷入到了认识的误区,并造就了这样的生活,因此,人必须获得自身的解放。既然人在大自然的怀抱当中得到了完美的进化和造就,就应该让人在自己的手中得到完美的创造和发展。这样,教育就出现了革命性的变革。教育家们站在新的历史高度,对一切摒弃人们现实生活的教育观作出了尖锐的批判,提出了"尊重人的自然天性,关注儿童的成长发展"的新的教育观。

夸美纽斯认为,人是造物中最崇高、最完善、最美好的,教育应该顺应这种"自然","不可负累过度",摧残学生的个性,所以,教师和父母应精心爱护孩子们的天真心灵,把学校变成一个快意的场所。卢梭坚决倡导使儿童从社会因袭的束缚和压抑下解放出来,回归人的自然状态,尊重儿童的需要、能力和兴趣,把孩子就当作孩子,把成人就当做成人,让孩子自然地快乐地成长,不可侵夺孩子的童年地位。杜威直接提出:"教育就是生活。"在这种生活中,儿童是起点,儿童是中心,儿童是目的,儿童的发展,儿童的成长,就是理想所在,所以,让儿童爱其所爱,动其所动,做其所做,在他所感兴趣的一切活动中,快乐的学习和生长。他们的新主张就像一场"霹雳"运动,在教育中架起了"让学生自然的生活、快乐的生长"的充满乌托邦色彩的新视野。在这种视野下观览教育,我们会惊喜地看到,学校是丰富多彩的生活本身,而不仅仅是生活的准备,学生的成长遵循五彩缤纷的自然,紧随自然的是无拘无束地成长。

---

① 　马斯洛:《人的潜能与价值》,华夏出版社 1987 年版。

这种视野下的教育就使我们自然地想到，人也许原本很简单，没有我们想象的那么复杂，他就是大自然按照自身的规律并不怎么独具匠心地造就出的一个活物，没有什么神秘可言，没有多少我们探究不清的"黑洞"，因此，我们不必慨叹深邃的生命，抚慰捉摸不定的情感，也不必艰难地爬上哲学的顶峰，烛照那理性的神圣，也不必苦苦地探寻道德的律令，框定那厘定不清的人格，也不必把知识看成重要的不得了的财富，硬要从人的身上培训出多么奇异的能力，就简简单单地遵循自然的方法，就让人自然的生活，自然的生长，大自然既然孕育了人，只要遵循它，而不执拗于它，那人自然地就会生长成好人，自然地就会过上好的生活。相反，任何人为的规则，人为地干涉，人为地做作，不论我们把它计算得多么科学，它可能对人都是一种戕害，这真的就像一个"社会大森林"，让野花满山开，满山无处不芬芳，让野兔满山跑，满山无处不欢闹，当野蝶满山的飞，满山无处不轻快，让野风满山吹，满山无处不惬意，教育能达到这种地步，岂不让人快哉。

所以，我们自然就会警惕那些强迫的教育、过度的教育、三令五申的教育，在这些教育下就没有人性的自然舒展，就没有人性的自然作为。夸美纽斯就把一切"过度的赘述"、"过度的练习"、"过度的记忆"视为酷刑，这与倾盆之水灌注仄口之瓶、用狂风暴雨浇灌娇嫩的花木没有什么两样，它必将是倾摧之，而不是抚养之。赫尔巴特也说：

> 所以应当警告：不要进行过度的教育。要避免运用一切不必要的强制，这样的强制可能使儿童无所适从，可能抑制他们的情绪，毁灭他们的乐趣；同时这还可能毁灭他们今后对童年的美好回忆，乃至对教育者的真诚谢意，而这将是他们对教育者唯一真诚的感谢！①

所以，违背学生身心自然的教育，并没有什么好结果，它往往看重了一时的变化和获得，而失去了一生的教益与发展。

另外，当我们静下心来想，偌大的社会需要各种各样的人，自然造就的人千面百孔，我们何必人为地按照同一种教育模式让所有的学生向同一个目标迈进呢？教育中施加了太大、太强的力量，对适合这样目标的学生，我们加速让他们向这个目标迈进，对不适合这样目标的学生，我们强制他们向这个目标迈进，要么就从我们的教育中开除、放弃。结果，所有的教师和所有学生都被搞得精疲力竭，最终失去生命的活力和精神上的灵性，这将有什么意义？实际上，我们通过九牛二虎之力的教育，最终还是没有改变人的多样性，最终还是把人放回到

---

① 赫尔巴特：《普通教育学·教育学讲授纲要》，人民出版社1989年版。

社会中适应社会多方面的需要。与其如此，我们就自然地按每一个人的个性和兴趣教育他们，始终不要抹杀他们生命上的活力和精神上的灵性，那么，让他们再回到社会中去，那将给社会带来多大的生机与活力，我们的社会不但会变得丰富多彩，而且会发展得更快。所以，就像马克思、恩格斯重视的一个观点一样，自然界的发展是自然的，社会历史的发展也是自然的，那么我们相信人的发展也是自然的，一个适合发展成什么样的人，有他自然的内驱力，我们错误地引导和强制地改变，只能让这个人变得更加糟糕，甚至畸形化或不正常。就像我们现在引导所有的教师都搞学术和科研一样，结果使我们的学术空气变得特别污浊，增加了过量的剽窃之徒和文字垃圾，而真正具有学术研究素质和兴趣的人，不需要这样的引导和强制，他们会由于自身的爱好和力量自显其光，但在这样污浊的空气中，他们的光辉有的被遮蔽，有的还耻于与那些学术赝品为伍而放弃，因此，全民上阵搞学术，不是促进学术，而是损伤学术。其他方面也是同理。所以，回归到自然的生活中，让人自然地生长，自有它的奥妙和机趣。

当然，自然的东西虽然美好，但不完善，而人不仅要追求美好，而且还要追求完善，更重要的是，人有自己的目的意图，如此一来，纯粹的自然很难满足人的愿望。所以，在教育活动中，当我们崇尚自然法则的时候，我们不是也苦恼法度不严、秩序混乱、收效不明显、成果不突出的种种难堪与情形吗？同时，对人来讲，凡事都与人力较劲，当我们人力不到，没有付出多大的努力，仅仅任凭自然，那也没有多大收获，否则我们就不会着紧用力去做人、做事了。这就对生活—成长这一教育视野提出了巨大的挑战。20世纪上半叶，杜威的"教育即生活"、"教育即生长"席卷美国社会，给美国带来了多么新鲜的空气，让其他国家垂羡不已。但当美国与苏联在航天竞争中失败后，引起全国上下的震动与反思，反思的结果就归咎于这种教育视野的流行，因此又不得不进行新的教育改革。所以，在"生活—生长"这一视野下，要组织出卓有成效的教育也非易事，尽管我们爱戴这一视野下的轻松与自然。

教育是一个庞大的系统，但人类就喜欢在复杂的系统中分出简单明了的层次和清晰的组成部分，以使我们自己认识它，并把握它的核心和部分。教育的视野就是这样一种作为，当我们以"知识—能力"的视野观览教育的时候，那教育中的主要因素就是学生的知识能力问题，让学生掌握了知识、提高了能力，就完成了教育的基本使命。当我们以"生命—情感"的视野观览教育的时候，在教育之下尽显的是学生的情感和生命，只要我们能激发学生旺盛的生命活力，养成学生美好的情感，那么我们就可以燃起教育的智慧火焰。当我们以"哲学—理性"的视野观览教育的时候，我们就可以看到哲学带给教育的智慧光焰，使教育得到深邃的理性解读,从而获得关于教育信仰的观念。当我们以"道德—人格"的视野观览教育的时候,那么"育人"就变成了教育的全部核心,"做人"就是学生的首要使命,由此我们就会看到心灵纯洁、品德高雅的奇葩在我们的花坛中吐蕊放彩、姹紫嫣红。当我们以"生活—生长"的视野观览教育的时候,我们就像回到山清水秀、鸟语花香的自然怀抱,把教育当作生活本身来享受,一切都那么轻松、快乐、新鲜、活泼,就在这样的氛围中,我们看到了一个个鲜活的生命茁壮成长起来。

当然,在一个复杂的系统中,当我们凸现了哪一部分,自然就会隐蔽、遮掩或者忽视其他部分,因而使整体的系统陷于不和谐,甚至瘫痪,我们之所以不满意目前的教育现状就是由于我们至今还没寻找到一个完美的着眼点,使教育这个系统的所有因素都和谐地动起来,从而培养出完美和谐的人来。当我们凸显学生的知识和能力的时候,我们就把整个教育变成了一个机械的忙碌的不堪负重的知识搬运场,当我们重视学生的生命和情感的时候,我们就有可能抓不住具体的可实际操作的教育抓手,更因为没有众多的真正领悟生命和情感内涵的能高屋建瓴地驾驭教育的教师,从而使教育陷入混乱和无效之中。当我们着力建设学生的道德人格之塔的时候,我们也可能会忘记道德、人格必须来源于现实的具体生活,必须在具体的人际交往的矛盾冲突中来锻造和修养,最终使学校里的道德教育陷入道德说教、为道德而道德的庸俗圈套。当我们看到"哲学—理性"对建树教育的重要性的时候,由于我们没有丰富的哲学土壤而使我们难以爬上哲学应有的高度看待教育,而且哲学本身是间接性地作用于人们的思想和观念,而不是直接作用于现实的教育活动,因而使许多人变得可望而不可即。当我们强调学生的生活和成长的时候,由于这太随意和凌乱,如果我们放任学生自由而随意地生长,不在学生陷入不良习惯之前就扼住他们的话,那最终也会变得一团糟。所以,它们都不是完美的教育视野。

(六)伦理—人的视野

上述种种视野,不论从理论上讲,还是从已有的实践看,它们都有自己的优点,也有自己的不足。实际上,像我们经常强调的,教育本身是一个复杂的综合系统,我们不能单从哪一个视点上去看它们,否则要么失之偏颇,要么陷入谬误。也许会有这种情况,在一定的时期或一定的情形下,我们可以突出某一个视点,如知识—能力的,或生命—情感的,但长期停留在某一个视点上,一定会给教育带来不利的影响,使其片面化。这样,我们就需要一个新的视野,这种视野既能把上述各种视野综合起来,又能反映时代的特点;既能适应现代社会发展的潮流,又能正确地引导教育。站在世纪之巅,认真反思过去教育的种种利弊得失,仔细洞察当今时代的特点,我们已经看到了这种新的视野初露端倪,那就是伦理—人的视野,而且,要使我们的教育回归到理解人、关心人、造就人、完善人的本真状态,我们就必须以这种新的教育视野看待教育。

1. 这是时代脉搏的震荡

虽然历史的潮流滚滚向前,它的前进性是任何人都阻挡不了的,但历史发展的阶段性是非常明显的,而且在每一个阶段上都有它突出的时代最强音,这种声音既反映这个时代的基本特点,又反映这个时代发展的总趋势。当然,我们可以从不同的方面总结这样的阶段。比如,从社会形态上讲,人们就把社会发展划分为五种:原始社会、奴隶社会、封建社会、资本主义社会和社会主义社会;从生产发展上讲,人们又把时代划分为四个阶段:渔猎时代、农业时代,工业时代和信息时代;从人的发展状况而言,人们把社会历史划分为三种:人的依赖性社会、物的依赖性社会和个人全面发展的社会;从经济运行形式上讲,人类历史又经历三种形式:自然经济社会、商品经济社会和产品经济社会。到了今天,一个崭新的时代凸现在我们面前,这又是一个新的发展阶段,人们给予这一阶段以不同的名称:后工业社会,后经济社会,后文明社会,超工业社会,知识经济社会,网络社会,信息社会,智能社会等等。

尽管我们从不同的角度分析我们这个新的时代,而且也得出了自己的结论,但我们应该怎样看待这个时代呢?

首先,我们应该明白,我们现在所处的这个时代是由什么样的时代发展而来,又将会发展到一个什么样的时代去。毫无疑问,我们刚刚经历的是一个工业、科学高度发达的社会,在这样的社会里,工业体系越来越完备,自动化程度越来越高,这虽然是社会文明和社会进步的一个标志,但任何工业上的进步,都是对人的一种排挤和取代,在某种程度上,它解放了人,也遗弃了人,一方面在扩大人的自由空间,另一方面又在吞噬人的自由领域,特别是当人融入到一个完备的工业体系当中的时候,不是一切工业设备听从人的指挥,而是人成了强大的工业机器的一部分,必须按照工业设备本有的程序运作,在这种意义上,人才真正成为大工业机器上的一个螺丝钉,就必须在那个空间那个位置那个时候那种程序中发挥他的作用。由此可以窥见,试图解放自己的人,很快就被自己创造的解放之路引导到非人的境地,人的智慧、思想、精神都被束之高阁,只需要他作一个更加灵活的部件随着工业机器正常运转。科学发展的目的原本是要给人们一双明亮的眼睛,让人们能清晰地认识自己所处的这个世界,能摆脱一切盲目必然性的支配,最终从必然王国飞跃到自由王国,获得自身的解放和自由。然而科学本身从来不关乎真正属人的东西,甚至与属人的东西是分庭抗礼的,当它一旦从认识世界发展到建构世界的程度的时候,人就变成了科学建构世界的一块材料,因为科学的核心理念就是讲事实,讲分析,讲程序,讲可操作性,它要把人为的一切因素都要消灭殆尽。在科学的眼里,人和物没有什么两样,它们都是科学认识、分析,拆卸、组装、解剖、建构的同一种材料,既是在人所做的一切工作中,它都要进行解析、测量、分割,划出阶段,搞出程序,然后用科学的步骤去运作,按照一定的数字去衡量其结果,这样,人也不过是一个稍微复杂一点的实体,就是一个符号,就是一个可供参考的图表等等。结果,在科学世界里,人更没有了自己相应的位置,人被精确成符号、数字放在这个世界里供科学去计算和度量。特别是当科学和工业结合起来的时候,它们就组成了一个强大的机械化的社会,把人排除到它的边缘,完全按照自身的方式进行全部的社会运作,人作为一个鲜活的生命体、意识体无足轻重,甚至被彻底否定,因为,在许多情况下,人还没有物的用处大,没有机械操作那么准确,如人的力气不如机械的力气,人的计时计量不如机械的计时计量,人的耐力不如机械的耐力,人的监控不如机械的监控,即使人脑也不如电脑那么有用,站在工业、科学之下,人是那么的渺小而无用,但工业与科学却以它势不可挡的劲头向一切领域渗透,以至于没有人的立锥之地。

我们的现时代由工业社会而来,秉承科学主义的传统,现在又将迈向信息技术时代,在信息化的社会里,由于信息传输的快捷,一切都以几何数字增加和变化,今天研制开发的产品,明天就会立即充斥市场,今天人们引以为豪的发明和改进,明天就会被淘汰,今天还在遥遥领先的技术,明天就成为落伍者,今天最新的知识,明天就陈旧不堪,信息的积聚和"核聚变"使每一个领域都有可能随时发生新的革命和跃迁,信息的狂潮和迅疾的变化早已淹没了人,乃至于人已经不能适应它所创造出来的这种社会形态,偌大的信息量使人脑难以承受,要加工、处理就更加困难,快捷的变化令人目不暇接,要冷静思考为何会发生这些变化并且这些变化将发展到哪里去已经没有机会,每一个行业、每一个领域似乎必须交由计算机系统来控制和处理,单独的人已经无能为力,更没有办法掌握和控制那么庞大的数据,所以,人就犹如信息大海当中的一叶小舟,只能由各种信息裹挟着漂泊,而不能有任何作为,人虽然有理智,但理智在信息的巨变中显得那么孱弱,人有情感,但在信息面前显得那么没有意义,人有思想,但在信息的变化当中显得那么迟钝,人有自主性,但在信息的狂轰滥炸当中显得那么不足用。所以，人被逼迫脱去人的属性，只作为一个"活物"跟着各种信息奔波，人根本没机会发展自己的内在属性，建设自己的心理家园，人面临更大的失去自我的危险。

所以，我们不论承继过去的社会，还是展望未来的社会，我们都面临巨大的对人自身的挑战，21世纪不是高度的工业化、科学化、信息化给人带来幸福曙光的世纪，而是人自身面临巨大危机的世纪，人在自己建立的工业世界、科学世界、信息世界中统统被工业化，成为工业体系当中的一个部件，被科学化，成为科学运行当中的一个环节，被信息化，成为信息加工处理的一个符号，人的尊严、人的价值、人的情感、人的精神、人的思想、人的信念、人的意识前所未有地被搁置一边，同时又让人行尸走肉般高节奏、高频率地适应工业化、科学化和信息化的社会。所以，人紧张、焦虑、疲累、不安、困惑，心理危机、精神危机、信仰危机遍布人的心灵世界，心理病、精神病、信仰病开始大规模蔓延。

所以，这是一个人性受到排挤而沉沦的世纪，在这个世纪里，人的问题从来都没有如此严重过，中世纪人的沉沦有宗教信仰的支撑，近代工业革命的沉沦还有实现现代化、对自由、民主、平等的追求，但现代社会，宗教的梦已经彻底破裂，而对现代化、民主、自由、平等追求的结果就是这样的现状，人深深感到不能为人的困惑和怅惘。

然而，世界毕竟因人而有意义，一切社会发展都因人而动，人的淹没必将引起人的觉醒，没有人的活的灵魂的显现，没有人的现实生活的幸福，一切都将没有意义，都不是人所期冀的状态。所以，世界既然有了灵动的人，那么它就必须回归到人，让人灵动地处在它的中间。普罗泰戈拉提出"人是万物的尺度"，这已经说明了人在这个世界当中的意义，虽然它有人类中心主义之嫌，但人毕竟不能处在"物"的状态上，以"物"的态度被对待，所以，我们不能贬低这样的命题，我们只能超越这样的命题。人是万物的精灵，万物必须让人灵动起来，惟有如此，万物才尽显其价值和意义，人才达到万物生命的最高点而显示其光辉，如果埋没了人，万物就没有了弥足珍贵的价值中心和生动的意义。

所以，这就是一个关怀人的存在状态的世纪，我们必须在工业世界、科学世界、信息世界中找到人的地位，发现人的空间，让人走向生动和完善，让人的一切灵光在它们中间闪现，让人的尊严、人的潜能、人的价值、人的幸福成为最为珍贵的东西，最终让一切都和谐的成为人的生活世界，人因世界而过上幸福的生活，世界因人而表现它完美的价值，人与世界融通和谐，实现最完美的发展。

这样，我们就会看到，在这个世纪，最重要的价值观念就是以人为本，它已经渗透到了一切意识形态当中，已经贯穿到了人的一切行为实践中，成为激荡在这个时代潮流当中的最强音,人文主义有着非常古老的传统,它的含义庞大而复杂,但最基本的含义就是以人为本,就是要发扬那些纯粹属于人和人性的品质,关爱人的生活和幸福。这就是当今时代每一个人所渴念的价值观念。

虽然人本主义是许多文化合流的结果,但核心的东西是伦理文化,伦理自它诞生以来,人就是它始终关注的焦点,它的基本使命就是要在认识清楚真正的人是什么的基础上造就人、完善人,所以,伦理和人有着相互联结在一起的深厚情结,伦理以人为依托,而人只有在伦理的烛照和引导下才变得和美与完善,所以,凸现人本主义,就是凸现伦理学,如果说这是一个倡行人本主义的时代,那它也就是倡行伦理的一个时代,通过伦理造就灵动完整的人,就是最大的人本主义。

教育是人类社会最重要的现象,它以人的活动为根本活动,以人的教化为主要内容,所以,看待教育就首先以人的眼光,就以博大的伦理情怀来安顿人在教育活动中的心灵,引导人成为真正的人。因此,把伦理和人连接起来的伦理—人的视野就是洞览教育的最根本的视野,只有在这一视野下,我们才能认识清楚教育到底是什么,它们到底要干什么,到底要发展到哪里去。

2. 这是人的心性渴求

回归到人的自身谈人的问题,没有一个概念不使人发生歧义的,人,人性,性格,性情,心性,灵魂,人的本质,人的属性等等,没有一个概念能让哪一门学科界定清楚,即使有些人做了审慎的界定,也必不为他人所认同,或者本身就是形而上的思辨,并不能在现世和一般的话语当中完全厘清,而这本身就反映了对人的一种合理的态度,并且在某种意义上为研究人、引导人、完善人留下了巨大的空间和多元化的价值取向,否则,关于人早已经是一个完结的研究课题,不可能一个世纪又一个世纪让人们谈论不休。

但是,并不是一种概念难以像界定物质现象那样界定不清的时候,人们就不去触动它,相反,越是界定不清,人们越想试图说明它,越想说明解释者自己的意图。与人相关的概念就是这样一类概念。

人,人性,性格,性情,心性,灵魂,人的本质,人的属性等所有概念都是为了说明人之所以为人的最重要的东西而使用的概念,它们的核心焦点只有一个,那就是为了准确地揭示人,更为恰当地认识人,但各个概念之间又有一定的差异,由于使用者的意图、具体的情景、所要解决的问题及所达到的目的不同,人们就选用不同的概念。

在这里,我们选用心性这个概念,并不是心性这个概念与其他概念有什么截然不同,它们在本质含义上是基本一致的,甚至在多数情况下都可以互换,只是它具有这样一些特点：第一，它更能反映人的内在的深邃的本真意蕴，自然的甚至原始的属人的东西就包含在人的心性当中；第二，它更能反映人的主观愿望，运用心性这个概念就意味着把人看成一个"主观"的人，而不是"客观"的人，所以，更能反映人本已有的心声；第三，它具有更多的情感色彩，倾向于把人看成情感丰富的具有情感需要的又有强烈情感意向的人，使人具有更多的人性色彩；第四，它具有更多的伦理意蕴，深厚的伦理情结就与真正反映人的心声的概念和意向结合得更为紧密一些，从而反对那些枯燥的冷冰冰的没有多少人文关怀气息的、不能让人诗意地栖居的概念。除了这些特征，我们可以用这些概念当中的任何一个来更换它。

尽管存在主义者宣称"人的存在先于本质"，当人来到这个世界的时候，没有任何固定的本质，后天的活动才逐渐形成人的本质，但这仅仅是问题的一个方面，只说明了人对自身的创造意义，一个人要成为什么样的人，他就可能成为什么样的人，特别是从道德意义上讲更是如此，就像亚里士多德所说的，一个人为善在于自己，一个人为恶也在于自己。但我们决不可轻视人的心性当中所包含的东西，我们只能开发这样的东西或顺应它们来引导人的发展，决不可轻视这些东西或任意来造做人，一个不言自明的事实就是我们只能在人身上来培养人，尽管我们有时候不能在人身上培养出地道的人性，但这和一粒种子不能发芽生长成一个植株、不能开花结果是一个道理，这其中可能没有遇到适当的条件或被外力所破坏，而决不能否认它其中所包含的东西，否则，我们就可以在一颗石子上面下工夫，试图让它生根、发芽、开花、结果。

实际上，我们承认人的心性当中包含固有的东西，这才表现了对于人的尊重，才有利于我们认真地去研究人、认识人和理解人，从而也能够正确地引导人和培养人。正是基于此，柏拉图才说过这样的话：

教育实际上并不像某些人在自己的职业中所宣称的那样。他们宣称，他们能把灵魂里原来没有的知识灌输到灵魂里去，好像他们能把视力放进瞎子的眼睛里去似的。①

杜威也才说："一切教育，都是如此。这是拿天然的本能欲望做基础，造出一种环境，使他朝着所定某方向走去的一种方法。"②所以，他也呼吁现在的教育，"决不能再用灌注的旧法，应该引出儿童天然的能力，使他充分发展，利用本

---

① 张法琨：《古希腊教育论著选》，人民教育出版社1994年版。
② 杜威：《杜威五大讲演》，安徽教育出版社2005年版。

能,逐渐至于思想判断。"①这都说明,我们不能忽视人的内心世界,不能忽视人的心性已包含的东西。

虽然人的心性是一个广袤的空间,人性的一切原始胚胎都包含在其中,甚至它带有人们几乎难以认识、难以破解的神秘性,但我们总能感觉到它的一切心理倾向,总能感觉到它的一些直率的渴求,也总能听到它的一些隐约的声音,一个好的老师就是善于觉察这些东西,从而才能教育出好的学生。

人的心性渴求也许很多,但最明显的就是尊重他的人格,尊重他的兴趣和爱好,把他当成一个真正的人来看待,然后真心地关心他,爱护他,教育他,只要教育者和被教育者在这一点上达成了心理上的沟通和默契,那么任何教育上的奇迹都能发生,但如果在这一点上受到蒙蔽或者被歪曲,教育者和被教育者在心灵上被相互隔离开来,相互误解,甚至相互仇视,那要产生良好的教育效果绝非易事。

所以,回归到人的身上,按照人的共同的可理解的心性渴求,我们也应该首先确立伦理—人的视野,把人首先当成真正的人,本着把人培养成人的伦理情怀去看待教育,然后,在这一视野下我们就可以很好地做其他一切工作,比如,给予学生以知识,培养学生的能力,教化学生的道德,开辟学生的智慧等等,它们都因为顺应了人的心性渴求而有了浓郁的人伦情怀,因而也可以生长成浓郁的教育果实,否则,由于缺少这一视野,虽然做的是同一件事,却有了完全不同的结果,这就像我们同为学生上课,但却由于与学生的心灵距离远近悬殊,教育效果会大相径庭一样。

因此,人的心性渴求的是"伦理—人"的视野,在"伦理—人"这一视野下,教育才能满足人的心性需求。

人的心性渴求是真正属于人的真实存在,人的兴趣、爱好乃至于人的智慧、情感都是由此成长起来的,它提供人发展的内在动力并预示着人的发展方向。但是,它也是隐蔽而微弱的,如果我们不切己体察和悉心观察,在喧嚣尘上的社会潮流的引导和掩蔽下,它往往容易被忽略。人的心性渴求虽然可以被忽略,但被忽略的心性渴求并不等于消失了,相反,它会以各种形式潜藏下来,要么在适当的时候更有力地迸发出来,要么通过其他形式被歪曲地反映出来,在这种情况下,人们都会经历一定的心理痛苦和迷惘状态,甚至导致精神紊乱。所以,人的心性渴求虽然容易被忽视和掩蔽,但这样做的后果是非常严重的,会造成人们完全把握不透的心理创伤和心灵扭曲甚至缺陷,现代社会特别是大中学校

---

①　杜威:《杜威五大讲演》,安徽教育出版社 2005 年版。

存在的大量心理疾患就是因为人们在功利主义的引导下忽视人的心性渴求的结果。当代教育的一个严重弊端就是只重功利主义的结果,根本不考虑人的心性渴求,人们在外来利益的驱使下进行过度教育、超负荷教育,结果层层掩埋了人的心性渴求,最终使人陷于机械、呆板、麻木、迟钝甚至变态、畸形的状态。这就警告我们,教育并不是功利主义、社会时尚的仆役,而是洞察人的心性世界的天使,它不是让人变成社会功利的工具,而是顺应人的心性渴求把人培养成灵动完善的真正的人。所以,教育者要能走进学生的心性世界,准确把握学生的心性渴求,然后施以积极的引导和开发,才有可能完成教育培养人的使命。一切教育只有建造好了人的内心世界,才能完成各种外在的目的,或者只有让一个人的心性渴求得到满足,才能让人负担其他附加在其上的教育内容,如学习知识、锻炼能力等。

停留在人之外的教育永远是人的负担,而让人的心性能够舒展的教育才有可能成功,所以,我们从事教育不是看当前社会需要什么,而是看人的心性渴求是什么,教育不是根据当前社会需求塑造人的心性,而是由人的心性出发来建构适当的社会,惟有如此,教育才不会成为反人性的活动。在以往,如果我们过多地考虑了如何一心一意建造一个理想的社会的话(人是社会的手段),那么,今天,我们就要多考虑社会如何满足人的心性渴求(人是社会的目的)。虽然这两种取向不能完全分开,但二者有一个出发点和侧重点问题。这样,教育也就不只是社会的一个工具,而是服务于人的最普遍最有效的一种方式,在教育的引导和陶冶下,人的心性发展起来了,人的智慧增加了,人的创造力迸发了,人就可以攀升到人性的巅峰,从而也可以建造属于自己的和谐社会。

所以,把人的心性渴求纳入到教育要考虑的重要问题中,自然就会树立起"伦理—人"的视野,这样,教育也就很容易回归到尊重人、理解人、造就人、完善人的道路上来。

3. 这是教育自身的诉求

教育与人类发展息息相关,人类每前进一步,教育就更重要一步,以至于到了今天,教育就变成了人类最基本最重要的事业,每一个人,无论将来从事何种职业,接受教育就是他一生中最重要和最有价值的事情。

在人类历史发展的过程中,教育也承担着不同的使命,最初自然诞生的教育无非就是把人类生存的经验传递给下一代,前代人怎样生存,后代人只要通过一定方式承继过来就等于完成了全部教育。后来,人类文化诞生,人类文明开化,专门脑力劳动者的出现,圣贤之人对人类文化的领受等,使教育大大超越生存的意义,而有了传承文化、认知社会、培养贤德之人的具有教化意义的事业。人们首先感知到,把人类文化能总结出来并传播下去,总是一件崇高的事业,它既是对人类精神财富的保持和发扬,又是对人的精神性存在的肯定与开发,所以,能把人类文化集结在自身的人就是人们最羡慕的人,由之慕名而学的人开始云集在他们的周围,教育也就开始新的发展。其次,人们又意识到人的生存问题不只是人对自然的认识问题,更重要的是把人们集结在一起的社会问题,因此,认识和构建社会就是教育的一重使命。这种教育所要考虑的问题是:当人作为一个什么样的人的时候才会有理想的社会,或者在当前的社会中,应该做一个什么样的人,才符合社会的要求。由于社会作了教育的目标和前导,因此这种教育也为人类文化的繁荣、社会的进步和文明的发展作出了巨大贡献。然而,就是由于社会力量的强大及其他引导教育所取得的成果,教育很快又变成社会的附庸和工具,即踏踏实实地为社会统治服务,这样,教育更多的是政治或宗教的一个拐杖,其他意义都隶属在此之下。后来,人类社会发展的中心由加强社会统治转变为加速积累社会财富,也就是工业文明驾上科技的快车开始大踏步前进,教育的焦点也就渐渐向知识和技术集中,通过知识和技术的倾灌,使人们成为促进社会发展的强大力量。到目前为止,教育就带有这两方面的痕迹,既充作社会统治的工具,又大肆向人们倾灌无限膨胀起来的知识和技术。然而,这就是人们所企求的教育吗?

在当代,每当人们深刻反思教育的时候,几乎没有人不持批判态度,甚至言辞非常激烈,大到著名的教育家,小到普通的教师,都对教育有不同程度的不满,这说明教育没有在它的本真意义上运行,没有找到教育的真谛所在。

首先,透过形形色色的批判,我们会看到现代教育的一个根本缺陷:"见物不见人","重视人自身以外的物质性因素,忽视人的内心世界","科学主义盛行,人文主义衰微","功利价值掩蔽了人的价值","对待人采取对待物的态度","名利成为直接的目的,人变成了直接的手段",如此等等。一句话,把最具人性味的事业搞得没有了人性,人不是端居在教育中心的"上帝",而是教育十足的奴仆。

其次,以我们的直观感受而言,一当我们介入教育,扑面而来的就是人的问题,其次才是教学问题,比如,新学期伊始,当一个教师接受新班时,他首先会想到,这是一个什么样的班级,当一个学生面临一个新的班主任时,他也会首先想到,这是一个什么样的老师,老师和学生都会考虑,他们将建立什么样的关系,是欢乐、友谊、合作和渴望的关系呢?还是沉默、不快、矛盾和敌意的关系?尽管这在教学当中是短暂甚至一刹那间的思考,之后他们很快就投入到了具体的教学活动中,如学习知识,训练能力,等等,但就是这短暂的甚至一刹那间的思考,由于它处在最先的位置,才说明它的至关重要性和不可估量的意义,教育的真谛就蕴含在其中,只是后来非目的意义的活动(由于这些活动可以给人们带来表面上的既得利益)掩盖了它而已。而且,实践也证明,如果教师和学生建立的是前一种关系,那和谐的人际关系就会促进每一项教学活动,带来意想不到的结果,而且具有人性上的收获和享受。反之,如果教师和学生建立的是后一种关系,那种压抑、难堪的人际关系就必然会为教学设置各种障碍,严重破坏应有的教学效果,而且会酿成双方不完美的人性甚至畸形的人性。所以,教学是从人性意义上萌芽的,只有在人性意义上才能结出丰硕的果实,远离人性,任何教育都是失败的。

再次,我们撇开一时的功利,为人的一生负责,为"全人"负责,我们依然会发现,教育的真谛在人,不在"功课",育人是第一位的,功课是第二位的,育好人,功课如虎添翼,育不好人,功课就像在发育不全或折断翅膀的雄鹰身上增添羽毛,没有任何意义。人是根本,学习各种功课是为了培养人的各种能力,当没办法保证"人格"的时候,给予人的各种知识就成了危险品,一个人一旦失却道德,那么给他知识就等于给一个没有收监的罪犯一把屠刀。而且,育好人,就是为人的一辈子打好基础,而功课仅是随着时代的变迁要求人们暂时掌握的知识。做好人,这是亘古不变的追求,而掌握什么样的知识仅是相对于一个时代而言的,这样,稍有头脑的人都懂得教育的命脉就在于人格的养成,一切知识的传授都必须在此条件下进行,所以,著名教育家斯普朗格说过:"教育之为教育,正在于它是一个人格心灵的'唤醒',这是教育的核心所在。"①日本的小原国芳也说:"教育的第一要素是人格,而不是教科书和学校设备。"②人们也对漠视人格而专门致力于知识的教育做过辛辣的批判,罗杰斯就称这类教学为"颈部以上的教学",亦即没有"全人"的发展,阿尔多诺提醒我们,"量化和可在技术上应用的知识的巨大堆积,如果缺乏反思的解救的力量,那将只是毒物而已。对知识和技能的掌握其最后结果是知识控制和统治了人自身。"③爱因斯坦说:

用专业知识教育人是不够的。通过专业教育,他可以成为一种有用的机器,但不能成为一个和谐有用的人。要使学生对价值有所理解并且产生热烈的感情,那是最基本的。他必须获得对美和道德上的善有鲜明的辨别力。否则,他——连同他的专业知识——就更像一只受过很好训练的狗,而不像一个和谐

---

① 刘志军:《生命的律动》,中国科学出版社 2004 年版。
② 同上。
③ 王兆生:《生命的畅想》,中国社会科学出版社 2004 年版。

发展的人。①

另外，我们也深深体会到，一个社会博大而丰富多彩，它需要各种各样的人，知识多的，知识少的，能力高的，能力低的，只要他们都具有良好的人格，那么，整个社会就能处在和谐状态之中。这样，我们的教育就不能只固守在知识的跑道上，让每一个学生进行掌握知识的竞争，甚至不顾损伤、践踏学生的人格，进行残酷的竞争。我们与其如此，还不如实施轻松、自然、快乐的教育，在把握好每一个学生人格方向的前提下，让学生自由地投入到各种学习中，自然地发展，这样，我们就不再实施强迫教育，学生也不会把学习当成一件痛苦的事情。尽管学生的学习水平参差不齐，但学生多样化的发展恰好适合社会多样化的需求，这也就是教育的上策。实际上，我们不尊重学生的内在需求和兴趣，强迫学生适合我们所设置的教育目的，其结果是，原来可以适合我们教育目的的学生，不需要我们去强迫他们，他们自然就会达到这样的目的，原来不适合我们教育目的的学生，不论我们强迫到什么样的程度，他们也达不到我们的教育目的，相反，我们的强迫还给他们造成了严重的人格上的伤害。再进一步讲，当我们不再对他们进行教育，他们开始走上社会独立发展的时候，原来和我们教育目的一致的学生，他们会继续保持这样的方向，会更加努力地去学习、研究、发展、提高，原来不适合我们教育目的的学生，他们会离开我们的教育目的，按照自己的兴趣和需求开始在新的方向上发展。在这里，我们过去的教育显然就是对他们的一种阻隔，如果没有以前的强迫，他们在这方面或许早已发展起来了。所以，真正有效的教育就是在保证良好人格的前提下能找到适合每一个学生发展的独特道路，然后积极地帮助他们，而不是设定一个目标，让所有的学生为这一个目标去奋斗，然后看达到这个目标的比率。

至此，我们也明白，教育的真正诉求就在于人，没有对人的真正尊重，就没有对人的真正教育。所以，任何教育都不是追求类似"知识"、"技能"的东西，而应该首先回归到人身上来。回归到人的意思就是让每一个人具备良好的人格，养成良好的人性，然后在此基础上给人以必要的知识和技能，否则，人一定会成为满足教育其他目的的一个工具。而伦理的本真意蕴就在于人，它对任何事物的审视都是要看它们是否能使人成为一个真正意义上的人，这样，教育的真正诉求就与伦理的本质追求完全相合，所以，以"伦理—人"的视野审视教育也就是对教育本质的审视，也是对以往不正确的教育观的一种矫正。

---

① 陈桂生、赵志伟：《现代教师读本——教师卷》，广西教育出版社 2006 年版。

三、对伦理学的当代解读

在人类社会实践中,人们为了解决某一领域的问题,就逐渐形成了某一门学科或学问,例如,为了解决政治问题,就形成了政治学,为了解决宗教问题,就形成了宗教学,为了解决法律问题就形成了法律学,等等。而纯粹关照人自身的一门学问就是伦理学。

(一)对伦理学的解读

也许,由于人的精致和复杂,一牵涉到人的问题,人们就争论不休,就连关照人自身的学问——伦理学也歧义性很大,时至今日,人们还在争论伦理学到底是研究什么的问题。在历史上,关于伦理学研究对象的概括简直是五花八门、不计其数。

其实,当一个问题众说纷纭、争论不休的时候,一个很好的解决办法就是追本溯源,看它当初产生的时候,其基本含义是什么,因为其他一切争论都是从这一含义衍射出来的,都离不开这一含义的基本精神,或者说是对这一含义基本精神的扩展和丰富。这样,我们就可以用这一含义统一其他一切争论,并使这些争论不相互对峙、水火不容,相反,在这一含义的统一下,它们都可以找到自己相应的位置,相互补充,相互启发,构成繁茂的完整体系。这就像一棵大树一样,我们找到了它的原初含义,就等于找到了它的根,其他一切争论就是从这个根上生长出来的枝叶。解决伦理学的争论就适用这一方法。

综合中西方对伦理学的理解,我们可以看到,伦理学主要由紧密联系的四层含义构成。

1. 伦理学是研究人是什么的一门学问

无论人们对伦理学理解的歧异性有多大,人们都会承认伦理学的着眼点在人,伦理学的起点在人,伦理学的核心在人,伦理学的基础在人,伦理学的归宿在人,伦理学的目的也在人。抛开人,就抛开了伦理学自身,无视人,就是无视伦理学的基本内核,背叛人,就是背叛伦理学的基本精神,所以,伦理学的全部内容都是围绕人展开的,伦理学的殿堂端居的就是人,伦理学的每一个范畴都是关于人的基本概念,伦理学的每一个原理都是关于人的生长、发展规律的解释,伦理学的每一个命题都是关于人的问题的揭示和说明,伦理学的每一份言语都是关于人性之辩的解析。当然,伦理学在做这一切工作之前,并不是盲目地去构架人、规定人,而是把人首先看成一个客观的对象,仔细研究人到底是什么,不弄清楚这个问题,对人妄加附会、解释和要求,就等于是对人的漠视和贬斥,这与把一颗石子当成宝石和把一颗宝石贬为石子没有什么两样。所以,弄清楚人是什么,是伦理学的基础性、前提性和起点性工作,无论这个工作要做多少,它都对伦理学起着奠基性的作用,没有这一工作或这一工作做得不好,整个伦理学都会变成妄断之学。正因为如此,苏格拉底才提出了一个著名的命题:"认识你自己。"才有了亘古不衰的"司芬克斯之谜",孔子在回答弟子们何谓"知"的时候,才再也简单不过地说:"知人。"(论语·颜元)才有了旷日持久的人性之辩。也许由于当时社会简单,人际关系简单,导致人本身也简单,从而忽视了对先哲圣贤这一命题重要性的认识,致使人们对自身问题的研究并不多,相反,往往都是出于某种需要而对人任意加以规定。但是到了现代社会,我们必须重视人自身的问题,认识人,研究人,正确理解人,真正弄清楚人,然后我们才能针对人从事相应的工作,才能顺利地开展我们的工作,并取得应有的成效,否则,我们所进行的工作可能会适得其反,并最终抑制人的发展,损害人的健康,扭曲人的灵魂。现代社会人们心理疾患的骤涨,精神空虚、糜乱就是一个典型的例证,我们的思想教育、道德教育流于形式,陷入空洞的说教,从而导致人们讲求虚伪的高尚,道德秩序紊乱,也与此有一定的关系。所以,我们把伦理学看成是认识人、研究人的一门学问就具有极端重要的意义,这是伦理学在诞生之初就具备的含义,更是我们现代社会所拥有的最珍贵的伦理学理念。

2. 伦理学是研究如何构建和谐有序的人际关系的一门学问

人的复杂性也许就在于我们不能脱离人的社会关系来界定人,人的存在形式是单个的个体,但在本质上却建立在一定的社会关系上,人的思想、智慧、能力、态度、情感都依托个体的存在,但它们的生成和发展却依赖相应的社会关系的状态和功能,因此,如何调节和平衡单个人和社会的关系,就是人们在人的认识上最难解决的问题,也是长期以来解决不好的问题。

有些人注重单个人的存在形式,特别看重单个人内心已有的(包括由遗传而来的)和已经生成的东西,而强调从个人出发构建人和社会关系的意义,个人天赋的权力、性格倾向、心理特质、情趣意向等就成为不能忽视的非常重要的因素。有些人注重人的本质来源于社会关系这一抽象但却真实的事实,特别看到了人处在不同的社会关系中有"染于苍则苍,染于黄则黄"的明显效果,突出强调以人为核心构建人的各种关系的意义,坚信不论什么样的人,他的一切都可以由社会来决定,尽管这一机制是非常复杂的,但这一决定作用却是不容忽视的。因此,他们有意无意就撇开了单个人,而把社会的物质基础、生产关系、政治形态、风俗习惯、人文地理等看成最重要的因素,认为它们是实现人的社会属性的本质条件。

但不论怎么样,伦理学就是要把人融入到社会这张大网中研究人的一切,塑造人的一切,因为任何试图摆脱社会、逃离社会的作为都是对人自身的遗弃。当然,它并不是随意地把人编织在这张大网中,而有自己特殊的要求,一方面,注重社会的研究,努力搞清楚什么样的社会才是人们满意的社会,从而使人们愉快地进入这样的社会,找到自己的位置,结成良好的社会关系,另一方面,又注重个性研究,特意弄明白什么样的个性才是适合建立良好社会关系的个性,从而使人们结成一定的团体,一起生活,共同发展。所以,研究和谐有序的人际关系就是伦理学的一个重要使命。当年,孔子和亚里士多德无独有偶地同时提出了"中庸"这一概念,并把它看成非常重要的"实践德行",就是出于建立和谐有序的人际关系的考虑,也就是说,只有当人们的行为既不赢弱不显又不走向极端而恰到好处时候,才能建立起人人满意的和谐有序的人际关系。不研究和谐有序的人际关系并在这一关系下处理一切问题,伦理学就是一门没有用的学问。

3. 伦理学是研究人应该具备什么样德性的学问

尽管伦理学是研究人是什么的学问,是研究如何构建和谐有序的人际关系的学问,然而,人是什么,如何构建和谐有序的人际关系,又是非常复杂难解的问题,没有一个清晰的原样让我们看清楚人的本真面目,也没有一个清晰的路径让我们建立起和谐有序的人际关系。然而,这两个问题都可以归结到人的德性上。一方面,从人是什么的角度而言,人既有既成的一面,又有创设的一面,既成的一面说明人有他原始的胚胎,有已经生成的东西,这是我们不能随意改变的;创设的一面说明人并不是一直停留在原始的胚胎上,我们可以在人原始胚胎的基础上引导生成新的人性。这样,我们既要研究人的原本存在,又要研究人在这个基础上可以发展成什么样子,既要重视人的现有存在状态,又要重视人的将来样子。而如何让人从现有的状态发展到将来的样子,尽管有一系列条件和方法,但无论这些条件和方法是什么,都是让人如何去做或行为的问题,让人如何去做或行为的问题就是要求人应该具备什么样的德性的问题。另一方面,从建立和谐有序的人际关系的角度而言,无论我们打算建立何种和谐有序的人际关系,都必须首先认识清楚这种关系是什么,每个人应当怎样做或行为才能达到这种关系。当我们认识这种关系并要求每个人应当怎样做或行为的时候,就已经是开始建构人的德性了。正因为如此,伦理学才和德性有了不解之缘,人们自然而然就把伦理学看成专门研究德性的一门学问了。实际上,当我们真正研究清楚了人应具备什么样的德性并寻找各种办法让人们生成这些德性的时候,理想中或我们所期望的人及其和谐有序的人际关系也就可以实现了。

4. 伦理学是研究如何使人过上幸福生活的一门学问

仔细体察人生的本质意义和终极价值,它无非就是要求得人生的幸福,其他一切要么是幸福的一种具体表现形式,要么就是寻求幸福的具体手法。当然,幸福的表现形式是千差万别的,人们获得幸福的手法也是多种多样的,幸福的滋味也不完全相同,今天所享有的幸福滋味,明天就不一定如此馨香,适合甲的滋味,也不一定适合乙,所以,人生才如此的迥然不同,生活才如此的丰富多彩。当一个人选择了一定的幸福目标并且在实现了之后,并不一定沉溺不前,甲所实现的目标也并不一定令乙满足,这样,追求幸福也就构成了人生前进的永不枯竭的动力。但不论怎样讲,在千姿百态的人生现象背后流淌的总是渴望幸福的清泉。正因为如此,伦理学才关注人生这一最本质的追求,在纷繁复杂的社会生活中寻找幸福的阵地,告诫人们什么是幸福,怎样才能获得幸福,并且不只是期冀人们把幸福看成可归宿的一个天堂世界,而是想方设法让人们在自己的每一个人生脚印上都带有浓厚的幸福体验,即幸福不只是目的,也是过程本身。如果在以往人类社会中,幸福的重心在前者,那么在物质生活条件越来越高的今天,幸福的重心就在后者。更重要的是伦理学不只关注单个人的幸福,还关注其他人的幸福,至少使一个人的幸福不损伤其他人的幸福,最终使尽可能多的人获得尽可能多的幸福,即幸福不是单个人的,还是社会性的。所以,人生的幸福就成了伦理学的终极目标和根本的价值追求。正因为如此,在亚里士多德建立起伦理学这门学科之后,就广泛的研究幸福问题,以至于使他的伦理学带有浓厚的幸福色彩,我们完全可以把他的伦理学理解成追求幸福的学问,在他之后的伊壁鸠鲁学派就是专门研究幸福问题的一个学派,如今许多学者都把伦理学定义为幸福之学。这就反映出了伦理学的根本症结,而且昭示出伦理学发展的基本方向。

在伦理学这四个方面的意义中,前两个属于认识论意义或事实分析,即它要认识清楚人是什么,和谐有序的人际关系是什么,后两个属于建构意义或理想目的,即它要以理想目的为着眼点,建构起具有良好德性的人和让尽可能多的人获得尽可能多的幸福的社会。当然,这两个方面是紧密联系的,当认识人性事实与和谐有序的人际关系时,它要着眼于是否建构起有德性的人和使尽可能多的人获得尽可能多的幸福的社会,当建构有德性的人和幸福社会时,它必须从人性事实与和谐有序的人际关系出发。所以,伦理学的这四个方面的含义既包含事实,又包含理想,既有认识,又有建构,既反映客观现实,又反映人的主观能动性,因此,是一个完整的统一体。

(二)对伦理的解读

在伦理学中,有一个非常重要的概念,我们必须先领悟其意义,否则我们也不能很好地理解伦理学的真谛。这个概念就是伦理。

在西方,伦理这个词源于希腊文的 ξ' θoδ,它最初表示一群人所居住的地方,后来指某种现象的实质或稳定的性质,随后专指一个民族特有的生活惯例,最后用来表示人所特有的性格、品质、德性。从亚里士多德开始,这个词的意义就固定下来,亚里士多德把研究人的性格、品质、德性的学问称为伦理学。他在《尼各马克伦理学》中就详细阐述了人的智慧、勇敢、节制、正义等一系列品质及人们如何获得这些品质的种种方法。由此看来,伦理就是在人身上具备的与品质相关的一系列素质及如何达到这些素质的正确行为,如果引申一点讲,它就是完善人的内在品质和外在做法。

在中国,伦理的重心在伦,在甲骨文及钟鼎文中的写法都是侖。单从象形的角度分析,侖的上部象征房子,下部象征篱笆或栅栏,它也表示人们所居住的地方。后来,为了强调人的意义,人们给加上人字旁,变成了倫。何为倫?《说文解字》中解释为"辈"。何为"辈"?清代学者段玉裁进一步解释为:"军发车百辆为辈,引申之,同类之次曰辈。"即伦有群、类、比、序等含义,概括地说,就是古人所讲的"伦类条理"的意思,即人们之间到底应该具备一种什么样的关系,一旦人们认识到这种关系之后,就有不可僭越性,这与封建社会的等级文化正好吻合。其实,早在孟子讲"五伦"的时候,就已经非常清楚地表达了这种意思,他把当时人们之间的基本关系概括为五种,即父子、君臣、夫妇、长幼和朋友之间的关系,在这五种关系中,他提出了相应的不可僭越的五种要求,即亲、义、别、序和信,达到了这五种要求,人们之间的关系就会变得非常和谐美好。由此可以看出,中国人的伦理大意就是要在人们不可僭越的基本规范的要求下,建立和谐友好的社会关系。人们不僭越这些规范,就可享受"天伦之乐",但僭越了这些规范,就成了"乱伦",遭受人们的强烈谴责。

在这里,我们也可以对中西文化的差异略窥一斑,中国伦理略胜西方一筹的是,当确立人应具备什么样的伦理要求时,其前提条件就是要看人处在什么样的社会关系中,不同的社会关系,其伦理要求也不一样,但西方直接着眼于人的品质。中国略低西方一筹的是,中国人最终把伦理看成一种严格的规范,要求人们坚决服从之,不能越雷池一步,久而久之,伦理名分就胜于人的本性,使人养成屈尊和奴性的性格,有时候,伦理名分的确就达到"吃人"的地步。但西方人把伦理看成人身上应具备的一种品质、精神,蕴含着造就人的一种自由倾向。

文化之水源远流长,到了不同的时代,就会有不同的变迁,尽管其源未变,但增添了不少内容,以至于整个含义都带上了时代的特色,而不能再用旧的眼光看待其本身了。到了21世纪,人文精神成为时代的最强音,做人意识成为新世纪的主题,伦理文化成为人们审视一切文化的前提,没有伦理意识就不配做21世纪的新人,没有伦理头脑就不配做21世纪最光辉的事业,没有伦理精神就不配引导21世纪前行的航向。

一种文化,特别是能演化成时代主题的文化,具有很大的包容性,我们要真正明晰其精髓,就要顺着时代的脉络把握其实质,否则,我们也会由于不得其要领而失之偏颇。那么,在中西文化不断汇流融合的今天,伦理的要旨是什么?

当我们仔细审思这一问题时,我们发现伦理的含义与伦理学的含义是完全一致的,伦理学要研究什么,伦理就表征相应的内容,由此,我们也就可以很好地解析伦理的意义。

1. 伦理是我们关爱他人的一种美好情怀

无论我们怎样剖析人,我们都会承认这样一个亘古不变的事实,即人是社会动物,人必须以社会的方式存在。脱离他人和社会的单个人是不存在的,单个人一旦脱离社会就面临不能生活的危险,就要遭致身心全面崩溃的厄运。因此,人的一个本能趋向就是归属到人的群体中。杜威就认为乐群是人的天性,孤独无邻就是人间的第一惨事,幽囚就是人间的第一惨刑。他说:"被囚的人,独坐暗室,有话无处说,有耳无处听,卧不是,站不是,虽然有饭吃,有衣穿,不久就要中风发狂,失却常态了,所以,以我说,它是最惨的刑罚。"①由此看来,社会就是人存在的第一前提,既然人要以社会的方式存在,那么,如何维持一个人们满意的社会团体也就是人们的第一需要了,尽管人们借助了宗教的、法律的、政治的等诸多手段来维持一个社会的存在,但这里面蕴含着一个不言自明的真理:一个人要存在,必须容许其他人也存在,一个人要生活,必须允许其他人也生活。尽管人与人之间的矛盾冲突不断,有过"人与人之间的关系就像狼与狼

---

① 杜威:《杜威五大讲演》,安徽教育出版社2005年版。

之间的关系"的巨大失望,也有"人就像纠缠在一起的恶蛇,很少有相安无事"的感觉,但这不是人所期望的结果,相反,却是人们把它揭露出来希望克服掉的愿望和努力,最终希望建立一个大家都能和谐相处、幸福生活的社会共同体。如何达到这一点?全人类都在探究这个问题,而作为研究人的伦理学首先关注的就是这个问题。

就在伦理学诞生之初,在不同的文化体系中都包含了关于这一问题解决的智慧。在基督教文化中,《圣经》就曾这样告诫人们:"无论何事,你们愿意人怎样待你们,你们也要怎样待人,因为这是律法和先知的道理。"①在佛教文化中,有一个恩善慈慧、布施救济他人的神——菩萨,菩萨的原初含义就是"自度度他,自觉觉他。"即把自己从苦恼中救度出来的时候,也要把别人从苦恼中救度出来,让自己从愚痴中觉醒过来的时候,也让别人从愚痴中觉醒过来。在我国儒教文化中,孔子谆谆教诲于人:"己所不欲,勿施于人。"这种圣言还有两种变式:"己所欲,施与人。""己欲立则立人,己欲达则达人。"这些话的本质含义就是讲,当你想怎样的时候,就要先考虑让别人怎样。在这三种文化中,它们的表述不一样,但基本精神是一样的,这种精神被视为伦理学的金律和金规则,即伦理学的最重要的规则。实际上,这就是伦理学的基本精神,就是伦理的本质所在。所以,我们就可以把伦理首先看成关爱他人的一种情怀,有这种情怀,则伦理精神浩荡,人格形象则有千仞,无这种情怀,则毫无伦理之襟胸,则为个人私利戚戚的小人。因此关爱他人的情怀就是伦理的精髓。

伦理是关爱他人的一种情怀,带有浓厚的情感色彩,这一方面说明,人是具有情感的动物,凡事不从人的情感当中引起反应,就不可能在人的身上留存很久,另一方面说明,伦理不论有多么浓厚的理性色彩,它必须渗透在人的情感深处,变成人的情,化成人的意,要在人的血脉中流动,要在人的心灵中发出声音。只有达到此种境界,我们才能造就一个真正具有伦理底蕴的人。否则,仅靠冷冰冰的理性思维来匡正人的精神世界,仅靠强大的理性力量来维持某种规则,这岂不让人神经过于紧张、身心过于劳累吗?不但一个有血有肉的人被刚性的理性规则所淹没,而且有让人精神崩溃的危险。所以,伦理是人的情感海河当中升起的一种精神,是与人的情感包容在一起的理性规则,是能够撼动人的情感的心灵力量。

2. 伦理表示和谐有序的人际关系

伦理是一种关爱他人的高尚情怀,这实际上是一种主观精神,但主观的东

---

① 卓新平:《神圣与世俗之间》,黑龙江人民出版社 2004 年版。

西并非停留在人的头脑中进行空洞的思辨或无限的遐想,在实践中,任何主观的东西必须有其客观的依据,或者以指导实践为目的,至少要对客观现实发生一定的影响。伦理观念是主观的,但它的价值目的却是实践的。

作为 19 世纪一个耀眼的哲学明星,康德就曾深深地感慨过:

有两种东西,我们愈时常、愈反复加以思维,他们就给人心灌注了时时在翻新、有加无异地赞叹和敬畏:头上的星空和内心的道德法则。①

为什么这两种东西令他如此赞叹和敬畏呢? 这无非是他看到了人力无法达到的星空秩序和人如果拥有道德所获得的人间秩序。实际上他是从另一方面来赞叹神圣的宇宙秩序,渴望人的和谐秩序。宇宙苍穹,星星点点,闪闪烁烁,看似杂乱无章,但每一个星体都有它准确的位置和运行轨道,分毫不差,分秒不离。芸芸众生,生在地球上,构成社会网络,如果每一个人能找到自己的位置,发现自己的运行轨道,全社会运行不悖,每一个人都能发出自己的光和热,那该是多么和谐美好的社会。宇宙星空通过它们相互作用形成的力达到了这样的效果,而我们人呢?

宇宙星空是无意识的物质构成的精妙杰作,而人是有意识的,他不可能像宇宙星空那样精确无误,但人必须求得自己的和谐秩序,否则将无法相处和共同生活,为此人也就找到了许多造就人际关系和谐的工具,如政治、宗教、法律等,但其中最能表征和谐关系的就是伦理。当伦理最初表示人所居住的场所时,就暗含一种意思:在这个场所,人们能和谐相处,共同生活,在一个小的场所比如家庭、氏族是如此,在一个大的场所比如民族、国家还是如此。在人们共同生活的场所,人们之所以能够和谐相处就是因为人们各自找到了自己适当的位置并享受与这一位置相应的权利,尽到了与这一位置相应的义务。伦理的意义就是为人们寻找这样相宜的位置并明确他们的权利和义务。所以,当人们在各自相宜的位置上构建起了和谐有序的人际关系,就会把这种关系看成伦理的关系,没有找到这种和谐有序的关系,或者找到了但却不断地僭越这种关系,人们就会称这种关系为非伦理的关系。所以,从客观现实的角度而言,伦理就表征为和谐有序的人际关系。当人们生活在和谐有序的人际关系当中的时候,人们就能够知其位、尽其分,享受生活的平静和快乐。但是,当这种和谐有序的人际关系一旦被打破,人们就无所适从,彼此矛盾冲突不断,甚至相互践踏、倾轧、欺诈,触发人身上许多恶的因素,置人性于非常卑劣的地步。正因为如此,稍有一点心智的人,都非常敬仰人与人之间的伦理关系,从情感深处也渴念这种关系,

---

① 康德:《实践理性批判》,商务印书馆 1960 年版。

憎恶一切对伦理关系破坏的行为。从这个意义上讲，伦理是最呵护人的，人也应该非常珍视伦理。

当然，伦理所表征的和谐有序的人际关系并不是一成不变的，它的本质不在于人际关系是什么，而在于无论什么样的人际关系都必须和谐，人际关系将随着时代的变化而不断变化，但和谐有序却是伦理永恒追求的目标。

3. 伦理表示人应具备的优良品质

人是具有一定关系的人，一个人到底如何，在很大程度上依赖人所处的特定的人际关系，但人又是具有一定内在素质的相对独立的人，他的存在不只是一种肉体的存在，更重要的是以自己的内在素质表示自己的存在，人的身体存在是"天然"的，是人力无法控制的，但人的内在素质却在很大程度上掌握在自己的手中。所以，在人的主观努力中，一个很重要的方面就是如何在自己身上塑造相应的内在素质。

人的内在素质包含许多方面，比如知识、文化、能力、道德以及与此相应的各种观念，在某种程度上，人类社会实践所积淀的一切，都可以形成人的内在素质，在人的生长过程中，人们谋求的也是这些素质，正是这些素质才使一个人完善起来，丰富起来，才成为一个实实在在的人。从社会角度而言，它也是通过各种各样的方式推动人去生成这些素质，进而使人在社会上很好的生活，推动社会的发展。

人的内在素质是丰富多彩的，但能够贯穿始终并对任何人都不可缺少的就是人的良好品质。亚里士多德说，把人和动物区别开来的最重要的因素就是人的良好品质，当一个人具备良好的品质，他比世界上任何动物都优雅，但当一个人失去良好的品质，他比世界上任何动物都恶劣。显然，人与动物相比的高下，不是人徒具一幅人的模样，而是人的优良品质，正因为如此，亚里士多德才在前人非常重视人的品质的基础上创立了一门新的学问，撰写了西方历史上第一本伦理学专著——《尼各马克伦理学》，专门研究人的品质问题。我国孔子创立的"仁学"，劝导人们如何具备"爱人"的优良品质，集他的言论为一体的《论语》也被看成我国第一部伦理学著作。随后，孟子直追孔子的足迹，深沉地叩问："人异于禽兽者几希？"他的结论自然也是人的优良品质。因此，他反诘到，作为人，为什么不追求优良的品质呢？一个人丢了鸡、鸭之类的，都会去寻找，如果失去了美德，焉能有不去寻找的道理？所以，追求美德就是人之所以为人的第一使命。这样就扎下了我国主流文化就是伦理文化的根。

当我们沉思人应具有什么样的优良品质时，我们就发现，我们前述的伦理的两个含义自然就依仗人的优良品质，关爱他人的高尚情怀本身就是一种非常地道的优良品质,构建和谐有序的人际关系绝对离不开人们的良好品质。反过来,我们也不能脱离现实和人的具体情境去描摹人的品质,我们必须以"关爱他人"为中心,以"如何构建和谐有序的人际关系"为取向来思考人的品质。由于关爱他人是多方面的,和谐有序的人际关系也是多种多样的,所以,人的优良品质也是多方面的、多种多样的,为了把各种优良品质统摄起来,人们就用伦理这个词来表达人的所有的优良品质,这就像人这个概念可以涵盖男人、女人、大人、小孩等一切人一样。而且,当用伦理表示人身上所有的优良品质时,也把伦理情怀与和谐有序的人际关系囊括在内了,因为它不是抽象的表示人的优良品质,而是表示符合伦理情怀和特定的人际关系的优良品质,所以,用伦理所表示人的优良品质是恰当而深刻的。

4. 伦理是表示让人过上幸福生活的一系列规范

上天给予动物的本能就足以让它们适应环境了,但人仅以自己的本能却成就不了任何事情。所以,动物只有本能,但人必须在本能的基础上发展出新的更重要的东西。因此,人的前途未来怎么样,就关键在于如何进行教育和培养,通过教育和培养,使人成为一个真正的人。

实际上,许多人从不同的层面揭示出了人等待教育发展的必要性,如我国古人讲:"夫人爪牙之利,不及虎豹;臂力之强,不及黑熊;奔走之疾,不及麋鹿;飞扬之高,不及雁雀。"(吕烈廉《少仪外传》)德国文化哲学人类学家米切尔·兰德曼就宣布:

动物在天性上比人类更完善,它一出自然之手就达到了完成,只需要使自然早已为它提供的东西现实化。人的非特定化是一种不完善,可以说,自然把尚未完成的人放到世界之中;它没有对人作出最后的限定,在一定程度上给他留下了未确定性。

所以,人必须靠自己完成自己,必须决定自己要成为某种特定的东西,必须力求解决他要靠自己的努力对自己解决的问题。①

由此,我们可以断定,人的生长过程就是创造自己的过程,正是人所创造的东西才使人成为一切动物中的佼佼者。

然而,人对自身的创造并不是盲目的,一代一代人的发展已经为人的发展积累了广泛的经验,不论从整体还是从个体角度而言,这种经验就是要避免把人类引向邪恶,相反,要人类走向善,使人类像莎士比亚在《哈姆雷特》中所歌颂的那样:

人是一件多么了不起的作品!理想是多么高贵!力量是多么无穷!仪表和

① 兰德曼:《哲学人类学》,贵州人民出版社1988年版。

举止是多么端庄、多么出众！论行动,多么像天使！宇宙的精华！万物的灵位!①

正是如此,在人类的发展过程中,人们就总结出了一系列避开恶端引向善流的一系列规范,伦理就是用来表示这些规范的。

当然,人类的任何行为都是有目的的,在造就自身的问题上,他不是为了善而善,也不是为了规范而规范,都是为了把人放到现实生活中,让人过上一种幸福的生活,离开这一目的诉求,讲任何伦理规范都是没有意义的,人类生活的价值总趋向就是让人过上幸福的现实生活,一切政治的、法律的、宗教的活动都遵从这一趋向,而其中,最能贴近人的心灵,最能反映幸福自身的就是伦理,在一定意义上,伦理自身所提供的规范,让人本身就有一种幸福的享受,亦即遵循一定的伦理规范,就让人能体验出幸福的滋味来。

综上所述,伦理就是关爱他人的情怀,就是和谐有序的人际关系,就是人应具备的良好品质,就是谋求人的幸福生活的一系列规范。凝练成一种精神,就是尊重人,关心人,爱护人,帮助人,理解人,同情人,引导人,支持人,成就人,以人的本来面目对待人,唤起人的主体意识,挖掘人的潜能,激发人的创造性,实现人的价值,修正人的缺点,剔除人的不幸,抑制人的痛苦,让人健康的生长,积极的发展,幸福的生活。

(三)伦理和道德关系辨析

在这里,我们有必要对伦理和道德这两个概念略作比较。在很大程度上,历来人们都把伦理和道德这两个词当作同一个概念来使用,很少作区分,既可以互换,也可以并列放在一起表示同一个意义。但是,它们毕竟是两个词,一定有它们的区别。

当我们分析清楚了伦理的基本含义之后,伦理与道德的界限也就非常清楚了。当伦理为关爱人的一种情怀时,它侧重的是人身上这种情怀的生发与养成,最终化育成人的良好品质,道德就是用来特别表示在人身上生发养成的品质,所以,我们习惯把道德称为道德品质,把人的优良品质也称为道德品质。这样,道德就和伦理的第三种含义相重合了。当伦理表示现实和谐有序的人际关系时,它侧重研究人们如何行为才能建立起来这种关系,一旦认识清楚了之后,它就要求人们把这作为一种规范固定下来,让人们积极去遵守,当然从终极价

---

① 莎士比亚:《莎士比亚全集》第9卷,人民文学出版社1978年版。

值的意义上讲,也是让人们过上幸福生活的规范。道德就表示人们认识到的这些规范。所以,我们也习惯上把道德称为道德规范,用它来规范人们的行为。从这种意义上讲,道德就和伦理的第四种含义相重合了。

这样,伦理和道德的联系和区别就一目了然了。

第一,伦理重点有四重含义:伦理是关爱他人的一种情怀;伦理是和谐有序的人际关系;伦理是人具备的良好品质;伦理是谋求人的幸福生活的一系列规范。而道德只有两重含义,并且就是伦理当中所包含的后两种含义。所以,伦理的概念大,道德的概念小,它们的关系是包含与被包含的关系,其中道德部分与伦理相重合,这也就是在有些情况下二者可以相通、相互替换的原因。

第二,从引申意义上来讲,伦理侧重于从人的内在要素出发,强调对人的认识和关护,具有浓厚的"人"的情结和彻底的人道主义色彩。道德侧重于从人的外在条件出发,强调对人的规范和约束,具有浓厚的"社会"情结和强烈的理性色彩。

第三,从个人与社会的关系上讲,伦理重点呵护个人的心灵家园,给个人寻找心灵宁静和幸福的空间。道德信守社会集体的利益,给社会集体寻找稳定和谐的秩序。所以,重视社会集体的时代,就是重视道德的时代,重视个人的时代,就是重视伦理的时代。

而且,我们作上述区分也有重大的意义。首先,我们不宜再笼统地把伦理和道德完全当作同一个概念来使用,这样,容易使人们由于不满一些道德要求,进而丧失伦理关爱人的情怀。其次,伦理也有对人的要求和规范,但这是在完整的四重含义中引申出来的要求和规范,有关爱人的情怀和和谐有序的人际关系作基础,而道德就品质而言品质,就规范而言规范,有机械主义之嫌,所以,讲伦理品质和伦理规范远胜于讲道德品质和道德规范。再次,更重要的是,当正确认识了伦理和道德之间的关系之后,就可以避免许多人一谈伦理问题,立即就更换成道德问题,一本伦理学著作就变成了论道德的起源、本质和要求的学说,全然没有鲜活生动的人,一部教育伦理学著作,自然就变成了一部教师道德的学说,除了空洞的道德规范意义上的说教,根本不理解教师的生活。伦理学是认识人、完善人的学问,而道德学是规范人、约束人的一门学问,如若不把道德的规范性放在伦理的情况下,很难让人们认同,特别是在过去由于有太多的道德说教致使我们对道德有了相当偏见的情况下,更是如此。

只有明白了这些问题,我们才明白我们为什么要把教育放在伦理的大背景下来审视,而不是放在道德的要求下来规范,尽管它们有非常紧密的联系,但从本义和价值趋向上来讲,毕竟相去甚远。所以,我们不可笼而统之地把伦理问题当成道德问题,更不能把教育伦理置换成教育道德。

四、现代教育的伦理批判

中国是一个泱泱大国,它所走过的几千年道路值得我们每一个有思想的人深思,从历史的记忆中留下的许多东西也充满了令我们不好破解的谜。当我们用理性的头脑仔细审思有些事件的时候,我们明明知道它们不能发生,但由于各种历史原因交合在一起,它们就发生了,我们明明知道再笨拙的人都可以预见前面的路必有错误,但历史的车轮就在那里陷进去了,我们明明知道时势造出的英雄在拯救中华民族的危途,但历史又让他们为另一种危机埋下了伏笔,我们明明知道有些事情是成功了,但接下来的局面比失败还要糟糕,我们明明知道我们在错误的道路上行走,但就是没有人去改变它,我们明明知道大家唇枪舌剑地在谴责某些事,但大家不约而同地又做着这些事,如此等等。这就是我们这样一个大国的谜。

我们目前的教育又何尝不是这样,翻开谈教育的每一本书,哪一本或多或少不做自己的批判? 我们遇到的每一个教育工作者,哪一个或多或少不哀怨? 我们追问每一个家长,哪一个又或多或少不叹息? 从上到下,从左到右,从官员到百姓,从专家到平民,都认为我们的教育有问题,但有问题怎么不解决呢? 人人都在批判,似乎没有他们的责任,然而是谁造成了这样一种局面呢? 人人都说有些事情不对,似乎不是他们所为,然而为什么人人又去做呢? 这就是中国的谜。

而且,我们中国人有时候在思维上很懒惰,很少对一些问题穷根追底问个透,甚至认为问题已经是那样了,何必再做进一步深究。所以,对一些问题的思考就停留在事物的表面而洞察不了其实质。我们中国人还喜欢大而化之的思考,对一些已经出现的问题说一些不着边际的话,不触其痛,然后轻描淡写而过,不伤及任何人,最终一团和气。我们中国人还喜欢人云亦云,一些问题被一些人触及到了,其他人就随声附和,认为事情原本就这样,大家意见看法趋于一致。这是一种很少下决心解决问题的思考方式,因为人们只围绕问题打转,不习惯直戳问题的要害,这也是一种容易出现专制思想的思考方式,因为只要有人强硬一些,一意孤行,其他人就很快变成了他们的附庸。正因为如此,中国的问题被一些人制造出来了,这些问题不但没有得到遏制,相反,还愈演愈烈。中国的教育问题就是这种情况的典型。

中国的教育问题,就是由一些带有专制思想的人制造出来的,大家不但没有试图改变这种状况的强烈意识,而且还充当他们的附庸,管理者以分数为"牛鼻子",试图牵住整个教育并以此来衡量教育质量的高低,教师就稀里糊涂全身心为分数而拼搏了,为了一个好分数,不顾学生的身心健康,不顾教师之间的合作与团结,而几乎每一个家长都告诫自己的孩子,只要能得到一个好分数,一切都好办,因此也只鼓励甚至强迫孩子为一个好分数而努力,其他一切也都被搁置起来了。在这里,教师和家长就是地道的附庸。

现在,人们对这种教育也极度不满,纷纷指责,但不论怎样指责,怎样不满,焦点基本上是两个,一个是"功利主义",另一个是"工具主义"。前者意味着教育只为人们实现种种功利的目的服务,后者意味着人只是达到自身以外其他目的的工具。其他批判都是对这两点的说明和佐证。其实,教育的问题不仅仅是这两个方面,也不是这样简单,它有更深的痼疾,这两个方面只是深层痼疾的表层反映,如果我们把教育看得稍微高尚一些、优雅一些、神圣一些,那么中国的教育缺乏的东西就太多了,而这些东西恰好就是教育的真谛所在,就是教育能居于人类最崇高的事业之中并把人类也引向崇高的最珍贵的东西,没有了这些东西,尽管人们也把它叫教育,但它与崇高的教育、与人们所喜爱的教育差距何其远啊!就像在石头当中,有些是沙石,有些是宝石,但那绝对不可同日而语。

(一)没有了冷静

遇事冷静,不乱方寸,做事沉着,不盲目冲动,这才是大将风度。但中国人的冷静程度从来不够。也许由于中国国度大,人口多,遇事易于成为一窝蜂,做事好赶风潮,比如,在公众场所,不论好事坏事,只要某处一起风波,人们立即就会蜂拥而至,挤个水泄不通。也许如此,在"文革"中,毛泽东大手一挥,天下的人才会剧烈地动起来。

教育从来都是需要在冷静中发展的事业,因为它关乎人的一生,关乎一个国家的命运,它需要在冷静中审时度势,需要在冷静中一点一滴培养人的良好品性,需要在冷静中积淀一个民族肥沃的文化土壤,需要在冷静中如春风化雨一样渐渐化育人的心灵，需要在冷静中像培育果树一样让优秀的文化在一个民族中生根、发芽、开花、结果。在这其中，绝不能超越冷静，想一桶水灌下去，让人的心灵顿生良好的品性，想靠一天紧张的劳动，就让一个民族结出良好的素质之果，这都是异想天开。任何操之过急的做法，最终导致的都是"揠苗助长"的恶劣结局。

　　然而，我们现在的教育就缺少冷静，极度浮躁。纵然现在是一个发展速度空前加快、各方面都日新月异的社会，但一切都必须建立在实事求是的基础上，不能只追求听起来新鲜但没有实际效果的风潮，不能不顾具体情况只在花样翻新上做文章。综观现实，我们的教育几乎就成了走马观花的跑场，成了花样翻新的实验所。无论什么观念、思潮、方法、技术、手段都会像一股风一样吹进学校，一风未熄，另一风又突起，学校就这样翻来覆去地折腾，失去了应有的和谐、宁静和城府。比如"目标教学"的风，"教学研究"的风，"发表论文"的风，"校本课程"的风，"新教法"的风，"课改"风，"竞聘"风，"规划"风，"评估"风，"职称"风等等，它们无一不在校园里横冲直撞，刮得让每一个教师坐不下来，难以顾及自己的教学。而且每一股风就像运动一样，人们每风必应，大家折腾来折腾去，忙得不亦乐乎，负担空前加重，但最终还不知道自己是干什么的，不明白做这些事的意义在哪里，结果两手空空。我们不是说这些风都不对，每一风都会骚扰学校，而是我们不能冷静地对待这些风。许多人还摸不清这些风的风向，就盲目闻风而动，开始折腾。比如，我们搞素质教育，当这一口号一提出，立即就是相关的论文满天飞，即刻就出现了各种各样的"素质教育概论"之类的教材或读本，甚至那多卷本、大部头的"素质教育大全"、"素质教育文库"等滥筋天下，各学校也风风火火如此这般、这般如此地进行素质教育的改革、素质教育的实验，谈素质教育的心得，搞素质教育的经验交流，等等。但就是没有人静下心来认真思考这个问题，扎实地去搞素质教育。到目前为止，素质教育的成效是什么，除了一阵风，几乎没有什么，一种好的教育理念就在这样的"风"中被糟蹋了。

　　实际上，不冷静当中包含着许多庸俗的做法，比如，有些人就相信，打"政府"的旗最红，吃"政府"的饭最香，跟"政府"走最实惠，所以，一当政府提出什么口号，他们立即就嗅到了捞取功名的机会，无论自己知道多少，就急不可耐地开始摇旗呐喊，争占时间的制高点，惟恐落后一时半刻会失去什么好处，这样的歪嘴和尚必不会念出什么好经来。再比如，有些人就喜欢赶风潮，兜售新名词，做新花样，他们这样做的目的并不是要做出什么具有创造意义的事情来，而是为了吹嘘自己、卖弄自己、炫耀自己、表现自己，只不过是为了引起人们的注意，满足自己的虚荣心，那就像街头的时髦女郎一样，每一件时髦的衣服她都能披在身上,得意洋洋地招摇过市,但就是没心思做出一件实际有意义的事情来。

教育毕竟不是社会,不能讲心血来潮,不能赶时髦,不能鼓噪浮躁之风,它需要避开社会的浮华,寻找到自己的港湾,静下心来,稳健地做成自己的事情,然后出航,再引领时代的航向。所以,教育一旦失去了冷静,陷入浮躁,那就孕育不出一个民族正确前进的方向,就会陷整个国家于浅薄之中。有时候,一个国家在表面上看起来紊乱,问题很多,没有头绪,但只要教育稳定、沉着、有深厚的文化底蕴和智慧土壤,那么我们不用担心这样的国家的前途,教育必将渐渐整合它们的资源,凝聚它们的人心,使它们走上正确发展的轨道。但反过来讲,如果一个国家教育不稳健,不深沉,浮躁,浅薄,即使它表面上看起来很繁盛,但最终由于缺乏教育的力量和潜在的智慧财富而陷入停止、混乱之中。

所以,缺乏冷静,是对教育的一个重大伤害,如果不改掉这样的习气,教育必将在纷乱中变得越来越孱弱,不但培养不出大气、沉稳的学者,而且连一般人也会失去抱着极大的耐心做自己事情的精神,这样的国家将会有什么样的前途?

(二)没有了头脑

上帝创造人的时候,就给了人一个独特的头脑,让人学会思考,学会破译这个世界的密码,一个小孩一来到这个世界上,就充满了好奇心,就开始用自己的头脑探究这个世界上的每一事物。而且,一个人只有获得了自己的头脑,他才开始获得自主性、独立性和创造性等人才有的属性,体现一个人在这个世界上独有的价值。

教育中最需要独立的头脑。教师从事的是创造性的劳动,面对禀性各异、能力相差悬殊、知识层次不一样的学生,他们都需要用自己的头脑去认识他们,了解他们,根据他们的实际情况教育他们,引导他们。在这里,没有一样的教学模式,没有一样的教学方法,没有一样的教学内容,没有一样的教学效果,教师只有运用自己的头脑才能在特定的情景中面对特定的学生进行特定的教育,任何"他山之石"都不能有效地攻克自己特有的"玉",没有自己的头脑,就没有了自己的教育。

教师是智慧的象征,是知识的使者,但一个教师只有具备了自己的头脑,才能达到智慧的高度,才能做知识的圣徒,也才可以获得自己独具匠心的慧眼,有了这样的慧眼,就可以识破这个世界的迷津,可以引领学生认识这个世界的险境,欣赏这个世界的美丽风光。当然,这样的慧眼只能藏在人的头脑中,不可能从其他地方移植过来。同时,在这样的头脑中,知识也不是外在的知识,而是和自己的心性结合起来的具有智慧胚胎的完全属于自己的知识,如果一个教师能把这样的知识传递给学生,学生才能感到知识特有的魅力和神奇的力量。这样的知识从教师那里传递过来,就像火种一样可以燃烧学生的头脑,点燃学生的智慧,从而使学生获得远远超过知识本身的东西。所以,有了独特的头脑,知识立即就会升腾起智慧的光焰,它不但会提高教师的境界,而且会让学生的思维活跃起来,但没有独立的头脑,知识永远是僵死的东西,它不但不能给人带来认识上的明见、思想上的清澈,相反,会阻隔人们认识这个世界的途径,变成人们沉重的负担和累赘。

从最一般意义上来讲,人们都需要有自己的头脑,只有有了自己的头脑,才能应对纷繁复杂的生存环境。而且,培养这种独立的头脑越早越好,不能等长大以后再去培养。等长大以后再去培养,由于人的头脑已经固形,思维方式已经形成,就已经没有多大可能。所以,教育就是对学生独立头脑的一种训练,没有对学生头脑的训练,那与装配一台电脑和机器人没有什么两样,而且在更多的情况下,没有独立头脑的人还不如电脑或机器人那样管用。

培养学生就是对真正人的培养,目的就是促进他们发展,让他们健康成长,最终达到成熟和完善。而衡量一个人成熟和完善的一个重要尺度就是看他是否具有独立的头脑,一个真正的人首先就是一个头脑独立起来的人,这就像我们帮助小孩走路一样,我们的目的绝不是永远扶着他走路,而是通过帮扶,最终使他能在任何情景下独立地走路。教育的目的也是如此,我们教育学生不是让学生永远处在我们的教育之下,而是通过教育,使他们在脱离了我们的教育之后,还能进行自我教育,探寻自己的道路,独立描绘自己的生活图景。从这个意义上讲,教给学生一个独立的头脑就是为学生终生负责的一种长远的教育,给予学生独立的头脑,就等于给予了学生自我发展一切能力的良好基础。

建国君民,教育为先,教育在引导国家、化民成俗方面起着举足轻重的作用,应该说社会发展的第一缕曙光是从教育当中升起的,化育人的善良品性的第一场春雨也是从教育当中孕育的,否则,"建国君民,教育为先"就不能成立。由此可以看出,教育本身就最需要头脑独立,只有头脑独立了,教育才能引导国家,教化公民,否则,失去头脑,它自身方向难辨,已经成为其他力量的附庸,怎么能建国君民呢?

所以,教育当中的头脑是非常可贵的。然而,我们的教育恰恰就没有这样的头脑。没有了头脑,就没有了思考,没有了思考,就没有了洞见真理的智慧,

没有了洞见真理的智慧,就没有了自己的独立性,没有了独立性,就难以避免成为其他任何力量的附庸,任何一种力量都可借助教育而滥施淫威。如果说在过去的社会中有这样的现象的话,那是因为教育的力量没有其他社会力量大,教育本身就是没有多少独立性的工具,但在今天已经非常文明的社会中,如果教育还未摆脱过去的命运,就是一种悲哀,因为教育是现代文明的第一使者,它的光焰照射到哪里,哪里就应该是文明的春天。因此,教育是引导文明的太阳,它的光焰应该来自自身,而不是始终受其他因素的左右。但我们的教育就处在这种境地。

没有了自己的头脑,教育就失去了自己发展的方向,乃至于教育中的每一个人忙忙碌碌都不知道自己到底为了什么,特别是终极追求的意识在教育中成了盲区,许多人仅为了一节课而上一节课,只看学生是不是在认真听讲,是否遵守课堂纪律,是否把作业完成了,但从来不去追问在这些要求的后面到底应该还有什么。有些人稍把眼光拓展一点,仅为了一个学期能得到好的分数,为了这样的分数,很少顾及整个教学过程中的道德价值,甚至根本就不以道德的态度对待教学过程中的人和事,人性意识和尊严意识被贬低到无以复加的地步,但得到这样的分数的更深层次的意图是什么,他们又是一片空白。有些人还会更进一步,认为整个教学就是为了学生能考上大学,为了一个大学,老师和学生可以暂时抛离一切,完全沉溺在书本和题海当中,把一切时间消耗在里面,把一切精力投在里面,负担空前加重,谁想活出轻松,谁想活出潇洒,谁想活出人格,谁想活出人作为人特有的幸福滋味,那都是风马牛不相及的事情。然而,我们又会问,考取大学又为了什么,后面又没有了答案。特别当我们在大学校园里看见那些已经完成了大学梦想的学生,相当一部分就彻底卸下了学习的重担,再也不想与书本和学习结缘,相反沉迷于恋爱、网吧、酗酒、赌博等颓靡的生活中,一些在中学就已经耗尽了他们的青春年华,现在身体状况每况愈下,神经系统一直处在不稳定的状态,这时,我们无不感受到这种没有头脑的教育所孕育出来的悲哀。

没有头脑,任何一点刺激都可以引起人云亦云的结果,外来的一点新名词觉得新鲜要学一学,外来的一点经验觉得比较好要学一学,他人的方法觉得有效果要学一学,他人的成功觉得有意义也要学一学,这样,整个学校就变成了"舶来品"的兜售场,一茬又一茬,一拨又一拨,使学校总不得安宁。但是他们就不知道这些"舶来品"对自己的真实意义是什么,自己独有的持之以恒并最终有希望产生成果的东西是什么,因而总跟别人摇旗呐喊,总跟别人鼓噪,总跟别人瞎折腾,但最终一无所获。

没有了头脑，教师也仅仅是一个知识的搬运者，他只习惯于把别处的知识搬在自己这里来，然后又转运到学生那里去，这中间充满了多么浓厚的机械、教条、死板的色彩，最终，他也就只知道抱个教材，拿个参考书，死扣标准答案，不想越雷池一步，不做一点自我探究，一个本应知识博约、智慧横溢的教师就这样变成了一个匠气十足的学究，他不光没有了自己的头脑，连自己的思想、自己的语言也基本没有了，他所教所说所写的一切全都是别人的。

没有头脑的教师也总把学生训练得没有头脑，他们一遍一遍让学生背课文，一遍一遍让学生做练习，一遍一遍让学生做测试，上课满堂灌，下课没完没了地做作业，学生根本就没有思考的机会，根本就没有意识到自己还有什么兴趣，自己本身想做些什么，还能做些什么，头脑统统被他人占领，以至于只知道接受外来的东西，只习惯于被填充，而没有自己能动一动的任何神经了。所以，有些学生头脑装了不少所谓的知识，但麻木到令人惊奇的地步，不能思考，不能探究，不能交流，不能做事，甚至连独立生活都困难了。

没有了头脑，教育自身会变成社会随时可以运用的一种简单的工具，而且开始也把人不当人培养，只当一种工具来培养。例如，当某种政治需要的时候，教育就可以进行强有力的政治灌输，使受教育者完全屈从于其政治目的，成为实现该政治目的的工具，当经济需要的时候，教育就片面强调为经济服务，努力把人培养成具有某种劳动技能的工具，当科学需要的时候，教育就只追求科学知识的传授和掌握，使人脱离一切现实生活，只单一地沉迷于科学研究，当为了管理需要的时候，学校就可以关起门来，让学生坐得整整齐齐，纹丝不动，当为了考试的分数的时候，学校就可以让学生超负荷的学习，当为了不影响学校的声誉的时候，学校就可以把"差生"赶出校门，等等。没有了头脑，教育就成了工具，人就更像一种工具，教育和人一并陷入表面繁荣但实际颓靡的痛苦的深渊中。

（三）没有了信仰

信仰是人性成熟的表现。尽管人是有精神、有意识的，人的行为一般都受其精神或意识的支配，任何偶然的无意识行为都是暂时的，其概率也是相当小的，但人们内在的精神世界是大相径庭的，有的人对自己的内在精神世界非常淡漠，甚至看不到自己还有一个偌大的精神世界，意识不清正是这样的世界对人发布各种各样的命令；有的人的精神世界非常浅薄，不像深邃的大海，而像一层浅水,因此,其行为不是由自己的内心世界孕育出来的,而是由外界世界拨动的;有的人的精神世界是非常杂乱的,没有明晰的内核,没有一致的倾向性,没有强大的向心力和凝聚力,因此,今天突显这样一种意识,明天突显那样一种意识,使人总处在摇摆不定的状态中。相反,有些人的精神世界特别浓厚,他们时刻能意识到自己是一个精神的主体,有强烈的精神需求,甚至不计较他们的物质生活而完全沉浸在一种特殊的精神生活中;有些人的精神世界非常浩瀚,广博到连自己都感到自豪和满足的地步,享受自己的精神世界就像享受不尽的人生财富,毫无疑问,这也是自己对自己最实在、最满足、最顺慰的一种享受,这种享受随着时间的推移也越来越浓郁;有些人的精神世界是非常深邃的,在这样深邃的世界里,包含着人类特有的理性,也不断演绎着人类特有的智慧,从而也孕育出了他们犀利而敏锐的眼光,使他们能洞穿人间万象,把握人生航向。前几种人的精神世界淡漠、狭小、浅薄,总受外在事物的诱惑和刺激,易于沦为外在环境的奴隶,失去了自我,所以,在这样的精神世界里不可能酝酿出什么信仰,他们的人性很不成熟。后几种人的精神世界博大、浓厚、清晰、深邃,他们是真正的精神自我,他们有清晰、确凿甚至不可更改的自我精神内核,这种内核易于凝聚成一定的信仰,因而他们的人性达到了非常成熟的状态。

一个民族应该有一帮具有信仰的人,依赖这样的信仰锻造民族的精神,引领民族发展的方向,开拓民族的前景。没有信仰的民族必然是一个没有追求、没有远大理想的民族,这样的民族集结的是一群趋利避害、见利忘义的芸芸众生,不会建树一个民族特有的脊梁,不会构建一个民族凝聚人心的特有的灵魂,这样的民族也许就是尼采所鄙弃的寄生在世界这个大面包上的蛆虫,一个民族到了这样的地步也就陷入到了莫大的悲哀和无望之中。

信仰不是人与生俱来的,而是长期教化的结果,没有在理性殿堂里的漫步,就没有信仰的逐步形成。显然,信仰来源于教育,教育是酝酿一个民族信仰的根本环节。然而,教育并不自然诞生信仰,一些教育可以诞生,一些教育就不行。如果一种教育不深入人的心灵,不与人的本性相融合,不用博大的文化内涵,不唤醒人的智慧,不激发人的理性,不触及人的情感,却把人的视野统统引向人的精神领域以外,让人只追随一时的名利,只看见一时的利益,只获得一时的满足,这样的教育就培养不起人的信仰。

不独如此,当我们从事教育的时候,我们本身就应该有一定的信仰,教育者没有信仰就只能当一天和尚撞一天钟,就只能为自己的工资奖金而依附于校园和教室,就只能为任何一点利益而你争我斗,外界任何一点诱惑立即就使他们冲冲欲动,甚至不择手段,这样,人的灵魂、人的品格、人的高尚追求、人的精神境界统统都化为乌有,那民族的气节、国家的大义、社会的未来都淹没在他们追功逐利的庸俗行为之中,这既是人性的悲哀,民族的悲哀,更是国家的悲哀。

所以,对教育而言,信仰是最重要的,雅斯贝尔斯就曾深深地关注过教育的信仰问题,他说:"教育需有信仰,没有信仰就不成其为教育,而只有教育技术而已。"①要使教育有自己的信仰,其着眼点和归宿点都应该集中在人的精神上,用教者的精神陶铸被教者的精神,使教者的精神与被教者的精神一同生长,形成良好的确定不移的内核,而不再受外物的引诱和左右,也不只沉迷于单纯的知识和技术追求当中,为知识而知识,为技术而技术。正因为如此,雅斯贝尔斯就断言:"教育过程首先是一个精神成长过程,然后才成为科学获知过程的一部分。"②所以,他非常反对学校当中失却精神信仰后的一种盲目的忙碌,他说:

今天在大学和技术学院则渗透着:无休无止地招收"器"的东西,塞满学生的头脑,而对本真存在之"道"却一再失落而不顾,这无疑阻挡了学生通向自由精神之衢。③

我们中国人本来在信仰上就有欠缺,现在更加不注重信仰,以至于每个人做事没有自己的主心骨,没有自己的基本理念,没有自己的精神追求,明明意识到有些事情是错误的,却随大流,听之任之,让其蔓延。许多事都停留在表面,停留在具体的一物一事上,停留在浅近的利益上,往往被社会上所风靡的东西所诱导,常常陷入急功近利的泥沼,所以,很难从事"百年树人"的事业。

本来,每一个来到教育领域中的人,都应该对教育有某种信仰,至少应该热爱教育,然而,许多人不但没有这种信仰,相反,仅仅为了糊口而无可奈何地从事教育,在此情况下,要让他们抱着良好的信仰从事教育,就像让一个石头孵出小鸡一样困难。

教育是纯粹的精神性工作,每一个教育工作者都应该懂得精神生活的意义,不但要看重自己的精神生活,而且也要引导别人去过一定的精神生活。博大而丰富的精神生活可以酝酿出人的信仰,贫瘠的精神生活绝不可能产生坚定的信仰。所以,当人们从事了多年教育工作之后,在内心应该有丰富的精神生活和相应的信仰。但许多教师根本就没有这样的意识,他们把教育当成了和农民种地、工人做工一样的工作,基本停留在精神生活之外,只有一般的上下班概念,只有去了以后做什么的概念,只有对学校管理做出相应反应的概念,只有给

---

① 靖国平:《论受过教育的人》,载《教育研究》,2000 年第 2 期。
② 雅斯贝尔斯:《什么是教育》,生活·读书·新知书店 1991 年版。
③ 同上。

自己发了多少工资津贴的概念,至于丰富的精神生活和在精神生活中的追求和享受,那简直是遥不可及的事情。所以,当一下班,当一停止教学任务,他们就和一般的上班族没有什么两样,只有庸庸碌碌的世俗生活,而不能过一种有信仰的精神生活。

教育是唯一的以育人为目的的神圣而崇高的事业,人是一切教育的核心,由之我们可以把自己的一切情感寄寓人的身上,使我们的情愫为人的成长、发展和完善而流溢,当一个儿童能健康的成长、快乐的生活并一天天有所作为的时候,我们的精神就快慰,当他们的生活痛苦、心灵负担过于沉重、精神严重扭曲的时候,我们的心里就会着急、难过,而且,当在前一种情况下,我们就会不由自主地去保持、去促成,当在后一种情况下,我们就会不由自主地去克服、去改变。以我们教育对象的喜怒哀乐为我们情感生活的指示器和我们行为的基本标矢,使我们的情为学生而动,意为学生所向,这也不失为一种普通人的职业良心,从而也指向一种纯朴的信仰:不为别的,就为了学生的健康成长和发展。然而,就连这一点良心层次上的信仰,许多人都不具备,他们对学生麻木不仁,无动于衷,除了站在讲台上宣讲几十分钟的教材之外,距学生于千里之外,似乎学生的一切与自己没有任何关系,特别像大学校园里的一些先生们,基本割断了与学生之间的情感纽带,与学生没有课堂以外的来往,不关注学生成长,不引导学生发展,甚至以近学生为耻,以远学生为荣,这真可谓与教育的初衷相去甚远。

一个思想成熟的人,一定是有相当信仰的人,一个成熟的教育者也是有一定信仰的人,有信仰,就有了精神的力量,就有了行动的方向,就可以用无限的恒心朝着一个目标持续不断地建树自己的事业,没有了信仰,一个人如同行尸走肉,他所干的事业就是挣钱糊口的工作,一切都难以纳入真正的教育行列,如果让教育充斥这样一帮人,教育要么就一片荒芜凌乱,要么就被他们扭曲变种。

（四）没有了崇高

在历史上,有人曾这样赞美教育事业:教育是太阳底下最神圣、最崇高、最伟大的事业。有人也这样描述教师工作的重要性:教师的工作比任何人的工作都重要,甚至比一个总统的工作都重要,总统的工作仅仅是做事,而教师的工作是教人做人,做事和做人不能相提并论。教育就是崇高的人构筑起崇高的殿堂化育一颗颗崇高心灵的过程,所以,对教育不能有任何的轻慢和亵渎。

　　教育之所以崇高,就是因为教育的全部目标和核心都是人。在世界上,人是唯一由大自然进化出来的最精致的动物,惟人有思想、有情感、有精神、有灵气,就用一般的眼光来审视,人是多么的美丽,心灵是多么的和谐,智慧是多么的高超,又蕴含着多么大的潜力,能干出多么神奇的事情。想到人的这一切,我们怎能不对人心怀崇高和神圣? 又怎敢玷污和摧残人呢?

　　实际上,人也是唯一懂得崇高的动物,当我们看见一朵圣洁芬芳的花朵,我们怎能不心生崇高和爱慕之情? 当我们沐浴在人的一切神奇当中,我们怎能不为人的伟大而感慨和欣慰? 所以,作为人,我们就应该在心底培养起这种特有的崇高感,而惟有这种崇高感才使人对崇高的事物产生崇高的感情。否则,我们就会对一切事物都不珍惜,如果这样,那我们与动物仅靠本能对环境作出反应又有什么两样呢? 人既然超越了动物,就不能再回到动物的状态,过与动物一样的生活。

　　然而越是崇高的事物,越是弥足珍贵,越是娇嫩脆弱,如果当它是娇嫩的脆芽的时候,我们不忽视它,精心呵护培养它,它就会渐渐变成参天大树,由此,如果我们再要摧毁它,那就困难得多,除非有斧斤之力摧劈它。然而就当它是娇嫩的脆芽的时候,我们没有发现它,无意中践踏了它,那么它就很可能被彻底摧残,再也难以生长起来,再也难以在人的心灵中看到它。在人身上能把人带向崇高的几乎所有的精神性因素都是这样。

　　因此,当我们触及人的精神世界的时候,绝不可粗鲁,没有教养,也绝不可随意糊弄,任意施加影响。自然,当一个人的学识较高、对人的精神世界了悟比较透彻,能够识得人的心性,懂得世故,他就获得了较高的教育人的智慧,他不再需要每遇一节课、每遇一批学生就不得不毕恭毕敬、谨小慎微、不遗余力地对待他们的精神世界了,他自身的言谈举止就已经是滋润学生精神世界的最好食粮了。但是,当一个人没有达到这样的境界,也没有意识到他的缺失,即使多一份努力,也不会收到同样的结果。因此,善待人的精神世界不纯粹是一个人的努力程度问题,而是一个人的心性修养是否达到一定高度的问题。当我们看见精神内涵极为饱满、人格教养达到高端的圣贤之辈临坐讲台的时候,我们并不害怕他们会伤害学生心灵当中的精神幼芽,相反,让一些人格修养空泛、只掌握一些科学主义的原理或知识、心性机械呆板的人来到教室里面,那学生的心灵就可能只被当作一个简单的接收器而不是一个富含人情味的精神世界了,学生心灵中的精神幼芽岂止被践踏,有时候纯粹就被置于干涸的荒漠了。把那些只识得两个字而在思想和文化上都是文盲的人置于教育当中,那就更可想而知了。

所谓教育中的崇高就是让教育者达到心性、学识修养的高度然后怀着崇敬的情感对待教育的对象并从他们中也培养出一定的崇高感。教育中有了这种崇高，我们就再也不会把教育看得那么低俗、那么简单、那么就让一个非常随便的人去应付了。这就像一个基督教的信徒绝不可随便步入教堂，步入教堂就不可随便对待心中的上帝一样，那种崇高感是压倒一切的，从这个意义上讲，教育就是脱掉宗教色彩的人间教堂和圣所。

然而，反思我们的教育现实，上至教育的行政管理部门，下至教育第一线的各位教师，有多少人能够警觉到教育还有崇高可言，有多少人能体会到教育还要崇高到这样一种地步，而又有多少人以这样一种信念对待教育呢？

首先，从教育的地位来讲，国人就没有把教育看成崇高的事业，在"学而优则仕"的传统影响下，人们只崇官赏爵，很少把教育看成荣耀的事情，到了今天，尽管人们在讲，"科学技术是第一生产力"，"知识经济是未来社会最主要的经济形态"，"民族的兴旺发达从根本上要依赖教育"，"教育在现代社会应该被提升到第一位的要素来考虑和发展"，但实际上，整个国民仍然以政治、经济为龙头考虑国家的发展事务，教育仍然是政治经济的附庸，很少被看成国家最崇高的事业。

其次，从教师的职业选择上来讲，教师"臭老九"的传统总很难洗刷掉，而且从社会舆论特别是从教师的待遇上来讲，也没有给教师创造一个使自身感到荣耀和崇高的良好环境，与一般官员在社会上的地位相比，教师就窘迫、惭愧得多：没有自由活动的时间，没有工资以外的好处和收入，没有出人头地的机会，没有在社会上办成事情的渠道，没有社会上的交际圈，如此等等。本来作为教师可以不奢求这些东西，他们只需在安静的校园里教自己的书就可以了，但教师毕竟是社会的基本成员，当他们走出校园的时候，他们身上的尊严和荣耀被社会的眼光冲刷得几乎没有了任何痕迹，似乎他们的一切都被剥夺殆尽，只剩下了穷酸和无能，除了被某些"高级"的社会成员施舍一些好处外，几乎不能再有其他作为。而这其中的屈辱、低贱，谁都能体会到。在这种境况下，教师怎能崇高地对待教育呢？不但如此，人们渐次也形成了这样一种观念：在选择其他职业无望的情况下，再来选择教师这个职业。很少有人在选择其他职业有望的情况下还会优先选择教师这个职业。这样，许多人是因为无能而不是因为有能才从事教师职业，甚至有相当一部分人干脆就认为，如果没有多大本事，就去教书吧！由此以来，从事教育的人都是什么样的人，我们就可想而知了，他们是不是有一颗崇高的心灵，我们就再也明白不过了。

而且就教育过程自身来讲，也没有留下多少崇高的余地。例如，要保持教育过程中的崇高,就要给教育者和学习者相对的自由,使他们都能获得巨大的心灵空间,因而不能使他们的心灵负担太重,不能对他们有太多强制。然而,这恰恰是我们的教育最缺乏的,在高考指挥棒的指挥下,教者不能自由地教,学者不能自由地学,在升学率的强大压力下,教者不能减轻自己教的负担,学者不能减轻自己学的负担,在粗暴的行政命令下,教师不能优雅地对待学生,学生不能优雅地对待教师,在严密的评估体系下,教师不能删繁就简,学生不能直追自己的个性,这样,崇高也就被扫地出门了。

就师生关系而言,教师应该以博大的胸怀和学识教养包容学生、呵护学生,由此赢得学生的尊重,学生也应该为了追求知识、追求人格而崇慕自己的老师、爱戴自己的老师,由此来建构师生关系的和谐与神圣。但是教师不能按自己的兴趣建树自己的人格和学识,学生不能按自己的兴趣选择自己学习的内容和方式,他们统统被强制纳入到同一种教学模式当中,在这种情况下,双方的兴趣几乎被剪裁到无需考虑的地步,有人强迫老师遵循既定的教学模式,否则他们的一切利益会受到威胁,教师顺水推舟而强迫学生,要求学生完全遵循自己的教学风格,否则就要受到各种形式的惩罚,就在这种强制中,相互没有了自愿,没有了尊重,师生关系被严重扭曲,他们之间除了横眉冷对,剑拔弩张,甚至相互侵害外,哪还会有崇高,崇高已经是一个很难在师生关系当中滋生的字眼了。

另外在市场经济大潮的冲击下,教育中的崇高也受到了严重的排挤。有的学校不顾自己的办学条件一味地进行扩张,并不是为了满足人们对教育的需求,而是觊觎更多的学费,有些教师之所以进行教学,并不是想化育学生的心灵、增长学生的智慧,而是为了赚取一定的钱财,有的老师多揽课程,并不是为了努力的工作,而是为了那点课时津贴。有的学生也不把教育看成化育自己人格、提升自己学识境界的一个门径,仅是为了获得文凭,所以,他们不把校园看成学习的场所,而当成了恋爱、酗酒、闲聊的娱乐场所,把教室当成了可以随便出入的街市,想来就来,想走就走,甚至有的干脆就掏出自己的钞票要学校给他发一张文凭,或雇人听课、上课、完成作业,这已经在各类成人教育当中成了一种普遍的现象。在此境况下,学生面对那样的老师,老师面对那样的学生,彼此已经没有了多少尊严,甚至相当耻辱了,还谈什么教育的崇高?

教育丢掉了崇高就等于否定了自身,教育缺少了崇高就破坏了自己的效果。谁亵渎崇高,谁就玷污了人们的心灵,谁有意践踏崇高,谁就对人们的精神犯下了罪。一个人一生不心存某种崇高,就不会有健康的精神生活,也不会有较高的人生境界。

（五）没有了学问

教育比任何事业都应该包含学问，教师比任何人都应该更有学问，没有学问就没有教育，没有学问就不成其为教师，流溢在教育中最深层的底蕴就是学问，能给教师增添最大魅力的也是学问，所以，当教育中有了丰厚的学问，人们就会去追慕，当教师有了学问，人们就会去景仰。学问是教育中的品位，是教师之所以为教师的一种资格。

学问是一个简单的词汇，但也是一个底蕴非常深厚的词汇，它不是与人脱离开来的某门系统的学科知识，而是与人结合起来的已经把知识综合融通在一起的一种博大的智慧，并且包含极高的心性修养。所以，学问至少包含三重含义：第一，要有知识功底；第二，要有智慧灵气；第三，要有修养境界。在这三重含义中，无论缺少哪一重含义，都是对学问的损伤。

有些人简单地认为学问就是知识，他们所要做的工作就是打开自己的头脑，像利用电脑中的粘贴键一样，把他处的知识粘贴在自己的头脑中。所以，我们也看到了这种观念下的教育是怎样进行的，老师真的就把学生头脑当成了一个易于粘贴的空间，无限度地进行这种"粘贴键"的操作。实际上，斩断人与其他社会活动的关系，不重视人的心性修养，只给人的头脑填充单纯的知识，对人并没有什么好处，相反，在更多的情况下是一种危害，至少也是一种危险。"刘海洋事件"不就是一个例子吗？一个"知识"可谓不少的大学生却用硫酸去浇一个熊而看它的反应如何，这难道不是用单纯的知识培养出来的危险行为吗？所以，如果知识不进入到人的心性世界融化成人的智慧，不让人带着浓厚的人性修养去领悟和驾驭知识，那将失却学问的意义，最终损害人自身。所以，阿尔多诺早就提醒我们，"量化和可在技术上应用的知识的巨大堆积，如果缺乏反思和解放的力量，那将只是毒物而已。对知识和技能的掌握其最后结果是知识控制和统治了人自身。"①所以，知识本应是人认识和驾驭这个世界的最有效的力量，但仅仅让人的头脑剩下知识的时候，它对人的"毒害"也是不浅的。

学问常常被人们理解为学术上的知识和修养，这是切合学问的原本含义的。真正有学问的人在学术上就有很高的造诣和修养。而比较严格的学术又包含两层含义：一是以某门学科、某个研究方向为中心的博大的知识功底；二是

---

① 王兆生：《生命的畅想》，中国社会科学出版社 2004 年版。

在这样的知识功底基础上的理论创新或科技创新。在一般情况下，只有把这两方面的含义统一起来，才能构成完整意义的学术。但也不排除个别情况，如有一些人具有博大融通的知识功底而未做出理论或科技上的创新，有一些人并不具备相应的知识功底反而却有一定的理论突破和科技创新。而真正的学术修养就是一个人在这两方面比较持久的积淀，以至于达到了足以使人佩服和钦羡的地步，只有这样，才是做学术、做学问，否则，就是对学术的曲解甚至玷辱。

教育传承人类的文明，自然担负着把以往的人类知识继承下来同时又为人类的发展不断开拓创造新的知识的重托，它包含着浓厚的学问气息，如果没有学问，教育不过是知识的中转站，教学也成了知识搬家的技巧，它们都缺乏人文涵养，不能化育"人"的文明，不能提升"人"的文明程度。

而学问的主体是教师，一切有关学问的问题都是教师的问题，教师对学问的态度就决定着学问是什么的问题，教师学问修养的程度就决定着学问的质量问题，教师是学问的灵魂。

在历史上，我国具有浓厚的学问传统，每一个时代都能酝酿出一定的学问大家，从孔夫子到孙中山，无不使人感受到浓厚的学问气息，即使到了 20 世纪，当我们走近李大钊、陈独秀、胡适、林语堂等许多大学校园里的教授们的时候，我们也会感受到他们浓厚的学问功底。虽然这样的人物不是很多，但他们作为学问大家之所以能够出现，代表着一股潮流、一种追求，证明他们那个时代、他们那一类人就在孜孜不倦地追求学问，没有一个大的群体在同一个目标上较为一致的酝酿，就不可能有这方面个别重大人物的出现。

但建国后，尤其改革开放以来，尽管我国的教育事业取得了长足的发展，但遗憾的是教育中可贵的学问精神没有得到足够的张扬，学问气息不浓厚，学问之人不多，学问成果不大，甚至在学问的世界里莠草杂生，泡沫泛起，令人心悸。

要做学问，首先就要与书有缘，要看书、恋书，把书看成自己生命中不可缺少的带有支柱性的一部分，最终使书和自己的灵魂结合在一起，有书，则心灵安舒，精神滋润，智慧蓬勃，思想青春；无书，则情趣倦怠，意气低迷，心境颓废，人生无味，只有把书缘结到这种地步，才堪称做学问的第一步。当然，与书结缘，不仅是与能出学术成果的专业书结缘，更是与体现人类文明、滋养人情性理的一切书结缘。但是现在的教育世界充满了不爱书的人，充满了与书无缘的人，尽管许多人必须与书打交道，但这是无可奈何地与书打交道，是没有心灵之约的打交道，是没有情感投入地打交道，书根本没有进入到他们的精神世界与其生命交融在一起，从骨子里面，他们厌恶书，想逃避书。曾有一位教授，看着别人一次次深入图书馆，他禁不住问：为什么要去读书？这岂不荒唐，连一位教授都不懂得读书的意义,可知这位教授是怎样做学问的,这简直是做学问的一种悲哀。书是通向真正学问的桥梁,无书根本达不到学问的彼岸,如果教授都不能与书结缘,可见学问沦落到了何种地步。

做学问,一种很可贵的精神就是能耐得住寂寞,要有"敢坐板凳十年冷"的人格境界,有"文章不著半字多"的做人骨气。人一生可以有无限的学问积淀,但要做出学问新成果却不是很容易的事情,一般而言,能经得起时间考验,不说大话、废话和空话的学问不是很多,只有当人们经过不辍的耕耘,达到有话不说出来、有创造不发明出来足以使人感到遗憾的时候,再去著书立说,以成学问,那才是真正的学问。对普通人而言,为了锤炼自己做学问的禀赋和气质,可以著述,但必须是自己的真言,是自己的洞见,最终是否要发表出来,这就要看是不是能对得起读者。美国实用主义创始人皮尔士在他的有生之年仅仅发表了两篇论文,但他的手稿却有很多,这就说明了做学问要坐冷板凳、不著废字的道理。然而,这在我国当前似乎是风马牛不相及的事情,许多人还没有跨进学问的门槛就开始发表"大作","研究生""博士生"发表论文被一些大学确定为硬性的指标,任何想晋升职称的人也是以"论文"发表作为一个基本的条件,这本来是无可厚非的,但是当一切以"发表"为目的的时候,"研究"及"做学问"本身就变味了。做学问必须有一个良好的积淀过程,有了这样的过程,做学问的胚胎不但可以养成,而且可以产生做学问的智慧,还能激发做学问的强烈冲动,所以,经过这样的过程,做研究,发表论文,是水到渠成的事情。然而,现在要求研究生、博士生一进校门就定出发表论文的"硬性"指标,甚至这样告诉他们:其他一切都不重要,惟独发表论文才是硬指标,不能发表论文就不能毕业,至于到底发表了什么样的论文,却很少有人关注。这样,做学问最可贵的中心问题——论文的质量就被彻底忽略了。这种忽略不仅毁灭了一个人做学问的精神,而且毁灭了一个人做学问的良好基础。在过去,人们不主张研究生们发表论文,没有发现他们以后就不能做学问,现在要求研究生发表论文,并没有发现他们比过去的研究生高明了多少。

凡是在教学系列的老师都面临晋升职称的问题,但并不是每一个老师都达到了发表论文的水平,然而,晋升职称的功利心已经使人们很少考虑这个问题,所有的人都挤上了发表论文的道路。功利心淡漠或良心度较高的人,自知自己的研究能力不够,还不能写出像样的论文,因而不急于求成,但功利心强、道德界限模糊的人,无论自己是否进行过研究,是否写出了真正的论文,他们的目标只有一个,就是把论文发表出来。加之晋升职称的名额有限,论文发表的多与少成为竞争的最主要的条件,因此,人们又掀起了攀比发表论文之风,发表论文之战愈演愈烈,以至于到了现在,论文的质量几乎完全到了忽略不计的地步,全靠数量打拼,几乎没有人不想把自己制造的一点文字发表出来,实际上,他们最终都千方百计地发表出来了。年度内发表论文数量的新高不断刷新,社会上也滋生出了一批帮助他人发表论文的"枪手"和"期刊",这中间各种不光彩的行径和交易都存在。所以,学术空气已经相当污浊,几乎没有一份清净的天地让人们坐下来做真正的学问了。学问天地的污染腐化,扭曲的不仅仅是学人的灵魂,而且破坏的是整个教育的善良和纯正,阻挡的是国家和民族前途的兴旺发达。这种看不见的损害比那些能看得见的黑手还要可怕和恐怖。没有教授之学问而弄到教授之头衔的人,没有学问之基础而发表论文的人,不研究具体问题而到处拼凑抄袭的人,已经使我们的学问大厦岌岌可危,至少已经使我们的学问世界开始荒漠化,多他们这类人一个文字,荒漠化的程度将加重一份,这不能不令人担忧。更为严重的是,现在的世界充满了各种各样的诱惑,金钱、名利、权力、享受、荣耀、便宜等都渗透进了学问的殿堂,对于免疫能力较差的人来讲,它们无疑就像一剂剂毒针,毒化着他们的灵魂,他们不信奉科学,不追求真理,不擎民族的精神支柱,不铸国家的信仰之魂,他们的学问已经到了很可鄙的地步。

学问应该是教育酝酿出的最好的精神食粮,由此延续一个民族的文化血脉,壮大一个民族的精神世界,化育一个民族的高尚灵魂,但学问已经沦落到这个地步,教育自然也就难担当此任了,我们也不可能期待它能做出什么像样的功绩,只要不像当年夸美纽斯所批判的那样就万幸了,夸美纽斯认为中世纪的学校"变成了儿童恐怖的场所,变成了他们才智的屠宰场。"学生在此"获得的只是一种荒谬和害人的教育。"①

(六)没有了人格

教育最崇尚的是人格,实际上教育就是以人格建树人格,以人格影响人格,以人格陶冶人格。没有人格的养成就没有教育,没有人格的提升和完善,教育就没有多大意义。人格是教育中的灵魂,是教育亘古不变的命脉,教育的一切功能都是围绕人格来发挥作用的。优良人格的养成就是衡量教育水平的最高尺度。

---

① 夸美纽斯:《大教学论》,教育科学出版社 1999 年版。

人格从外在的角度讲,就是度量人之所以为人的格体、尺度、标准、规范,符合之则为人,不符合之则不为人。从内在的角度讲,就是人之为人的本性、禀赋、特征、素质,具备之则为人,不具备之则不为人。所以,人格是极具有伦理韵味的一个词,伦理的要义就是发掘人格,树起人格,使人具备人格,符合人格。教育伦理的根本主旨就源于这一点,否则就无教育伦理可言。

教育本身因人而生,旨在滋养人的性情,丰富人的内涵,标树人的人格。所以,教育的出发点和归宿点都是人格,教育里的一切活动都以人格为其箭矢和标的,失却人格就等于失却教育的灯塔,因而教育里的一切都是黑暗的,都是盲目的。

教育重视人格,首先就得把人当人看待,教师是人,学生是人,教育活动中的一切都是人。而我们要把人看成人,首先必须把人看成是自然的人,即秉承自然特质的人,也就像自然之中的一粒种子本身包含它应有的内容一样,人也包含他应有的一些内容,面对这样的内容,只要我们给予它适当的条件,它就会自然地生长,无须我们人为地取舍什么。大凡懂得教育的人都很清楚这一点,如夸美纽斯、卢梭、杜威等具有里程碑意义的教育家都把这一点视为教育最重要的出发点。夸美纽斯主张一切教学工作应该遵循人的自然,他指出:

遵循自然不是一个普通的教学原则,而是一切教学原则的基础,一切教学原则和规则都是从"遵循自然"这一总原则上推演出来的。①

卢梭谴责那种违背儿童自然本性的教育是"野蛮的教育",在这种教育下,儿童"欢乐的岁月是在哭泣、惩罚、恐吓和奴役中度过的。"②所以,他进一步愤怒地质问孩子的父母和老师:"你们为什么不让天真烂漫的儿童享受那稍纵即逝的时光,为什么要剥夺他们绝不会糟蹋的极其珍贵的财富?"③杜威说,现代的教育就"应该引出儿童个人天然的能力,使他充分发展,利用本能,逐渐至于思想判断。"④"一切教育,都是如此。这是拿天然的本能欲望做基础,造出一种环境,使他朝着所定的方向走去的一种方法。"⑤所以,把人不当人,不把人当成自然的人,教育就会给人造成一定的扭曲和灾难,从这种教育当中生长不出良好的人格,也建树不起一定的人格大厦。

教育重视人格,也要把人看成相对比较全面的人,让人的所有人性内涵基

---

① 夸美纽斯:《大教学论》,教育科学出版社1999年版。
② 卢梭:《爱弥儿》,人民教育出版社1985年版。
③ 同上。
④ 杜威:《杜威五大讲演》,安徽教育出版社2005年版。
⑤ 同上。

本展现出来并逐渐丰富起来,不要把人当成"单面人"或"单向度"的人。这就像我们拥有眼睛就想看,拥有耳朵就想听,拥有嘴巴就想吃一样。当然,我们有眼睛不只想看一种事物,有耳朵不只想听一种声音,有嘴巴不只想吃一种食物,我们需要丰富和变化,任何单调的东西,我们都会厌腻。所以,单凭人的心性,我们就会变得丰富多彩,我们对待任何人也应该按照这种丰富多彩的需求满足他们,惟有如此,人才能获得较为丰富和全面的发展。当然,在这种丰富的追求之中,人也有其恒定的目标和单一的追求,但这是由于生活中的各种局限性所致,并非人的本性所求。因此,当人沉溺在一种目标的时候,我们并不反对这种追求,甚至要大大鼓励这种追求。然而,我们不要忘记,当我们能给予他们多样性的享受和满足的时候,我们绝不要吝惜。正因为这样,马克思不是把未来想象成人们只追求单一目标的社会,而是自由人联合的社会,是追求人的全面发展的社会。所以,我们应该警惕不要让人只做单一的事情,即使做单一的事情,也应让他们采取较丰富的手段,或用其他方式来做补充或调节。显然,当教师教书的时候,我们不能只给他们一本教材和一个讲台,当学生学习的时候,我们也不能只给他们书本和作业,从他们的心性当中生长起来的一切健康的生活需要,我们都应该尽量满足他们,让它们充分展露出来。只有这样,教书才是在人格范围内教书,学习也是在人格范围内学习。否则,强调教师单一的教书,学生单一的学习,把人格应有的丰富性和全面性剪裁掉,只让其充当一种功能,就像画笔用来画画,剪刀用来剪布一样,人就变成了一种工具,人本应有的生活就被抹杀了,保持人格的首要的方法就是不要把人变成工具,防止把人当作工具来使用。

　　教育重视人格就是要重视人之为人最本质的东西,也就是要发挥一切积极因素使人有助于成为人,要避免一切使人不成为人、使人具有"物性"的危险。要让人成为人、使人保持自己的人性,最可靠的办法就是要把人交给自己,使自己一直感觉到我在想、我在思、我在感觉、我在行为,我在主宰着我自己,也就是始终感受到自己的主动性。在这当中,笛卡儿的著名命题"我思故我在"才具有真理意义。尽管万物在我自身之外存在,但要保持我的人格和人性,体现出我的主动性,只要我的思想开始律动并思考它们的时候,我们才算真正的存在,否则我们麻木到无所思或被动到无需我思的地步,我们还能成为一个真正的人吗?显然与其他物没有两样。当然,当人保持自我主动性的时候,需要他人来引导,来帮助,来教育,来做很多很多的工作。但是,我们必须明白这仅是一种外在的引导帮助,不是决然的代替,这就像马想喝水的时候,我们帮助它找到水,而绝不要把马喝水的事情全部包揽下来,由我们决定它是否喝水,在什么时候喝水,喝多少水。如果这样,马就不是它自己了。对人而言,我们可以了解他的需要,引导满足他的需求,但绝不要让我们决定他的需要,按我们的方式满足他的需要,否则人也不是他自己了,人的主动性就丧失了。所以,不调动人内心一切积极因素让人自己主动地去思想、去作为,那是徒劳无益的。夸美纽斯就指出过:

> 倘若内心的灯没有点燃,只有奇思异想的火炬在身外旋绕,结果便如一个关在黑暗的土牢里的人身外有火光旋绕一样;光线确乎可以透进罅隙,但是全部光亮并不能够进去。①

显然,我们不帮助学生自己点亮自己学习的灯,只有我们自己的火光燃烧,那是不能起多大作用的。

要避免使人不成其为人、使人沦为"物性"的危险,就不要让人一直处在被动的地位。"物"不能使自己移动,不能使自己发挥有效的作用,需要人的支配和利用。但如果让人也这样,人就与物没有了什么区别。在教学过程中,如果我们总让学生处在被动的地位,总处在老师的支配下,那么学生的人格就受到极大的威胁,甚至就谈不上什么人格。同时,当我们衡量一个人的价值的时候,我们也要避免把人和"物"一样看待,避免用"物"的标准来衡量人。比如,在现代管理中,就有一种倾向,所有的管理对象只是管理者手中的一个符号,他们的劳动和工作也只是管理者手中可计算的一个数据,管理者就依据这样的符号及其与此相连接的数据来操纵被管理者,至于管理对象的思想、情感、欲望、爱好等心性因素几乎被排除殆尽。这样,人就被降到了"物"的地步。在教学过程中,也有类似的情形,校长手中所掌握的教师就是教师所教授出来的成绩,教师对于学生的概念就是张三李四王麻子所考出来的分数,校长根据教师的名字及其相应的成绩数据来安排教师的工作,并给予相应的工资、津贴、职称,教师根据学生的名字及其相应的分数数据来对待学生,达到他们所要求的分数就给予"关照",达不到他们所要求的分数就要"惩处"。这样,除了教师和学生的名称、成绩及分数外,所有的人性因素都被抹杀掉了,至少顾及不到了。在这种状况下,教育就没有了人格意义,人格几乎就被教育抛弃了。

教育要重视人格,就是要重视养成人的良好德行。德行是人区别于其他动物最优雅的部分,它可以使人友好相处,可以建立和谐社会,可以引领文明潮流。所以,德行是教育务必最先培养的,有了德行,无论人怎样行为处世,都不会给他人和社会带来多大的危害,即使有了危害,也会立即进行克服和补救,有

---

① 夸美纽斯:《大教学论》,教育科学出版社1999年版。

了德行,再赋予人任何其他东西,比如知识和技能,这些东西即刻就会变成巨大能量,发出自己的光和热,贡献人类,即使不给予人这些东西,人也会自己积极去探求。但没有了德行,任何放在人身上的因素都是价值未卜的危险品,这正如洛克所说的:

应该知道德行与善良的心灵比任何学问或文字都重要,要把他的主要工作放在形成学生的心理,使他具有一种正当的心情上面。有了这一点,其余一切的事情,即使全然没有注意,到了相当的时候,自然就会产生出来;如果没有这一点,不能排除不良与邪恶的习惯,那么,文字、科学以及教育上的其他一切成就都没有用处,就只能使一个人变得更坏、更危险而已。[1]

所以,不注意养育人的德行的教育,通体透着危险的气息,真有可能培养出一批用现代知识包装起来的利欲熏心、戕害社会的一帮人,更有可能使人类文明与知识相分裂,人的灵魂被浸在无道德统帅的知识海洋里痛苦挣扎,人与人之间除了相互倾轧就是相互折磨。教育的繁荣没有带来人格的美化、文明的飞升与社会的和谐,那是教育误入歧途的巨大悲哀,是一两代人也难以挽回的巨大损失。

但是,我国现在的教育没有一个特别容纳人格的地方,知识教育、分数主义代替了一切,只要一个教师让学生掌握了他正在教授的知识,考得了好分数,那就获得了教育中的一切。即使有些人看到了人格,也仅以"人格"作为装潢自己的一个门面,其教育实践没有任何人格的影子。

对人格的漠视,对任何民族、任何时代,都是愚不可及的做法,都要让一个民族付出沉痛的代价,因为坚强的人格不但能造就一个优秀的民族,而且能让这个民族创造出人类的奇迹,但一个民族的人格坍塌了,它将一无所成,即使表面上有了繁荣,那也是虚浮的,这就像培根在论及一个邦国的真正伟大之处的时候所说的,那"不过是披着狮子皮的绵羊",而"一只狼从不介意有多少只羊"。[2] 所以,无坚强人格的一切繁荣有什么意义呢?

(七)没有了神圣

何谓神圣? 简单地说,神圣就是极其崇高,极其庄严,不可亵渎。神圣原来

---

① 约翰·洛克:《教育漫话》,教育科学出版社1999年版。
② 培根:《培根论说文集》,商务印书馆2001年版。

是一个宗教词汇,它表明上帝是全能、全智的,是极其仁慈的,它创造了整个世界,特别是按照自己的形象创造了人,并且嘱托人,帮助人,呵护人,拯救人,试图把人引领到幸福的彼岸,给人提供人所需要的一切。所以,上帝崇高、庄严,人就应该臣服上帝,用心领悟上帝,真诚地爱上帝,绝不可轻慢和亵渎上帝。实际上,只要一个人怀着虔信的心崇慕上帝,敬爱上帝,上帝自然会给人铺就一条幸福的人生之路,至少让人在自己的归宿上享受和上帝一样的天堂般的生活。但是,如果一个人不从内心皈依上帝,不去爱上帝,任意亵渎上帝,不按上帝的教诲去行为,那么,罪恶就会产生,灾难就会降临,人的心灵乃至于全部的生活就会经受炼狱般的煎熬和折磨。所以,每一个信奉上帝的人都会这样匍匐在上帝面前:上帝啊,你多么的神圣,我们愿把整个灵魂交托于你,按你的旨意行事,愿你教诲,愿你保佑。上帝的神圣就这样占据了人的整个心灵。

　　宗教到底怎样来到人间并成为人的生活中一个非常重要而不可忽略的部分,我们不能做详细而周全的考察,可人的心灵的确存有"神圣"的情结。在宗教中,人们通过"上帝"满足了自己的神圣情结,在世俗的事务中,人们并不是找不到"神圣"的对象,当人的精神世界生长得特别浓郁的时候,许多神圣的东西就会灌注在心间,目睹大自然那鬼斧神凿的秩序和奇观,人们怎能不油然而生神圣的情感呢?就像康德抬头仰望宇宙星空的时候,每每就为那和谐的闪闪烁烁的星星而感动,在内心常会涌动博大的敬畏之情。当人确立了自己的奋斗目标,感受到它的巨大价值,认为无论什么力量都使他不可动摇的时候,他怎能不觉得自己所付出的一切努力不是神圣的?在过去,有多少人不把解放全人类的事业不看成神圣的事业而前赴后继、赴汤蹈火呢?即使在日常生活中,人们也可以发现自己的神圣情结,比如,当找到自己心爱的人的时候,怎能不把爱情看得那么神圣而不容别人干涉和侵犯呢?当人把某一事物或目标看得神圣的时候,就会产生崇慕感,就会产生敬畏感,就会产生伟大感,就会不遗余力地去呵护,就会竭尽全力去奋斗,就会一心一意去努力,就会不让任何人去轻慢,就会不让任何人去糊弄,就会不让任何人去亵渎。神圣是一种崇高的精神境界,神圣的确是一种巨大的精神动力,神圣的确是保护其对象不受丝毫玷污的伟大的道德追求。有了神圣,就有了崇高的目标,有了神圣,就有了奋斗的信心,有了神圣,就有了把一切做得像天使般圣洁和完美的行为。神圣是居于人灵魂深处最伟大而美好的情感,它可以飞升到"神化"的地位而创造人间的奇迹和自身的伟大生活,至少可以谨小慎微地对待它们,不至于轻慢它们、玷污它们、亵渎它们。

　　除去全智、全能的上帝,有什么还能如此高贵而使我们较为普遍地产生神圣感呢?没有别的,惟有人,人是人间最高贵的动物,没有任何其他动物可胜过人，万物之灵长，宇宙之精华，就是由人来显现的。想象人类所创造的文明和奇迹，我们怎样歌颂人都不过分，那就像万绿丛中生长出的圣洁花朵，我们只能怀抱敬畏之情去欣赏它，而不能有任何玷污、攀折它的心理。人的确是上帝撒播在人间而生长起来的最美丽的花朵。

然而，这朵美丽的花朵不是一来到世界上就成为美丽花朵的，它来到这个世界上仅仅是一粒种子，能不能生长成美丽的花朵，要靠特别的培育，如若没有培育，它就生长不起来。而培育的唯一手段就是教育，如果我们运用得恰当，人的高贵和神圣就会一点点显现出来，否则，就会一点点熄灭。所以，人有神圣和高贵的潜质，但惟有教育才使它们变为现实。人的高贵和神圣完全依托教育，上帝播种人的神圣和高贵，而教育培植人的神圣和高贵。由此教育也神圣高贵起来了，惟有教育才是人类最神圣最高贵的事业。正因为如此，面对教育，我们才不敢轻慢，不敢随便，不敢随心所欲，不敢胡作非为，否则，就是一朵朵圣洁之花的凋落，就是一个个纯洁的心灵的荒芜，就是对人的神圣和高贵的玷污。

所以，任何从事教育的人，必须有对教育的崇敬之情、神圣之感。惟有如此，才能开始自己的教育。没有这样的情感，就会把教育放在和其他事物一样的地位上去对待。但我们非常清楚，其他工作是管理事务，制造产品，而教育纯粹是"生产"真正的人。因此，我们不能把教育同其他事物放在同一位置上，在某种程度上，教育才是真正创造人的上帝，教师也才是造就学生美好心灵的牧师或布道者。所以，没有这种崇高感和神圣之情的人难配作真正的老师，尽管有些人就是老师。

虽然，我们从表面上无法判断一个人是否有这样的神圣之情，或一个人自身是否体验到了这样的神圣之情，但我们完全可以辨析一个人是否有一定的资质或性情去从事教育事业，比如，我们就可以断定，只有那些心地善良并肯为别人负责的人才配作一个教师，而那些心地拙劣、毫无责任心的人本身就是对教师的大不敬，万万不可去作一个教师。其实，我国近代思想家康有为就洞见了一个什么样的人可以作不同类型的教师，他认为：

育婴院的老师即"女保"须"选其德性慈祥，身体强健，资禀敏惠，有恒心而无倦心，有弄性而非方品者，乃许充选"。小学院的教师为"女傅"，"选德性仁慈，威仪端正，学问通达，诲诱不倦者为之"。"中学之师，尤当妙选贤达之士，行谊方正，德行仁明，文学广博，思悟通妙，而又诲人不倦，慈幼有恒者，方当此任。"①

---

① 陈学恂：《中国近代教育文选》，人民教育出版社1988年版。

　　这实际上就是言明了,只有当一个人身上透出神圣气或其性情包含神圣的禀赋时,才能作一个教师,有了这样的教师,教育自然就神圣起来了。所以,随便把一个人放进学校里,是对教育的大不敬。

　　教育的神圣更显示在我们对待教育本身的虔敬态度、恭敬行为和一丝不苟的做法上,因为教育人就是最神圣细致的工作,来不得丝毫的马虎和错误,而任何马虎和错误都可能带来意想不到的恶果。所以,教师行于学校,深入课堂,面对学生,绝不可轻率到像工人制作产品一样,如果一个工人制作产品不成功或者毁坏了,他可以重新来,但教育人,如果失败了,那是不可重新再来的。假如学生是一块画布,那么我们一笔画上去,它就永远洗刷不掉。假如学生是一个树枝,那么被我们砍掉了,它就不可能再生长出来。教育的神圣和责任就在这里,它就要求我们要用一颗神圣的心灵肩负这样不容我们出错的重大责任。这种神圣许多思想家都提示过我们,苏联教育家 A·B·卢那察尔斯基说过:

　　如果工匠用黄金做首饰失败,可以把黄金重新熔炼;如果把宝石钻戒做坏可以报废。在我们眼里,最大的宝石也无法与成长的人比价。毁坏人则是巨大的罪行,或者是无辜的犯罪。[①]

　　夸美纽斯更看重人最初所接受教育的重要性:

　　在人身上,惟一能够持久的东西是从少年时期吸收得来的,这从同一例证可以看明白。一只瓶子即使打破了也会保存新用的时候所染得的气味。一株树木在幼小的时候,它的枝柯向四面八方伸展,它们保持这种位置几百年不变直到死去为止。羊毛第一次所染的颜色非常牢固,简直漂白不了。车轮上面的木箍,一旦弄弯以后,即便变成千百块碎片,也不会再变直了。同样,在一个人身上,头一次的印象是黏附得非常坚实的,只有奇迹才能消灭它们。所以,最谨慎的办法是,在很小的时候,就去把人形成到合乎智慧的标准。[②]

　　由此可见,教育是多么神圣的事业,我们怎敢轻视和随便?

　　然而我们的教育就很少有这样的观念,似乎任何人,只要愿意,都可以到学校里面去教书,甚至到其他行业不能胜任工作的人,也可以被塞到教育行业中来。在学校,思想品德课本应是最贴近学生心灵的一门课程,但却放到了最次要的位置,让学校当中最无能的人或其他可以兼职的人去讲授。面对任何一个犯错误的学生,除了责罚与呵斥再没有其他好的方法。绝大多数教师在接受一批新学生的时候,从来都懒于去研究他们的内心世界和教育他们的方法。更有

---

① B·A·卡拉科夫斯基:《教育:校长—教师—学生》,载《外国教育资料》,1992 年第 2 期。

② 夸美纽斯:《大教学论》,教育科学出版社 1999 年版。

习惯而简便的做法,一些教师走进学生的教室,只要打开他们的讲义和嘴巴就行了,不管下面坐着的是什么人或他们正做着什么。还有相当一部分人就在校园里混日子,根本没有想着自己还要去小心地教育一批人并有责任让他们成长为"心性聪明、行为谨慎、精神虔敬的人"。还有一些人就把教育当成可以从学生身上牟利并可以自由地向学生发泄自己情绪的一种权利。教育神圣的光环截然全无。

一个不能深怀神圣感的教师是不可能做出什么成绩来的,我们教育领域当中之所以会经常发生道德沦丧的事情,之所以低水平重复,之所以有那么高的精神发病率,之所以让学生厌倦学校,那其中的原因就可想而知了。

(八)没有了涵养

人性是一个巨大的宝库,它不仅能积蓄非常多的东西,而且也能产生非常多的东西。我们可以这样想象,宇宙空间是何等的浩大,它所包含的事物是何等的丰富,万事万物的运动变化,生生灭灭,没有它不能容纳的。同样,人性世界就是另一个宇宙,只不过它把宇宙当中的万事万物变成了意识的形式、精神的形式,同时,由于人有思考的力量,有情感的因素,因而人性比宇宙世界还要丰富,还要细腻,还要复杂,还要神秘。

但是,宇宙世界是一个现实的世界,人性世界是一个可能的世界。宇宙世界的物尽管也在不断产生变化,但它都是一种客观的存在,而人性世界永远是一个不断诞生、不断发展、不断形成的过程,当人刚降生的时候,除了包含一切可能性外,他什么也没有,但当人到了暮年的时候,他什么都可能会有。所以,宇宙世界需要我们去观察,去认识,人性世界除了去观察和认识外,更需要我们去培养,去扩大,去发展,最终使其丰满和谐起来。

因此,教育的一个首要任务就是去培蓄人性,丰满人性,换句话说,教育就是培蓄人性而使其丰满和谐的过程,除此之外,教育没有其他意义。

由此,教育必然要有巨大的涵养功能,人受教育的过程就是涵养人情性理的过程,而且,惟其如此,教育才能走进人的心灵,融进人的血脉,达成培养人的目的。

我们讲教育的涵养,本身就反映了我们对教育的一种可贵的态度和对教育的正确理解。所谓涵养有两层意思,一是涵,二是养。涵有涵蓄、涵泳、酝酿、积累、包含、蓄积、增大、扩张的意味,亦即事物吸纳一切有益于自身的东西以达到博约、广大的地步,就像土地有极强的肥力一样。养有养育、滋养、给养、化育、生长、促进、发展的意味，亦即使一切事物生长发展而达到完善的地步，就像一粒种子落在土地上就可以生根、发芽、开花、结出丰富的果实一样。教育中的"涵"就是教育中博大的文化土壤，教育中的"养"就是人性的种子落在土壤中茁壮成长。一个国家、一个民族的教育就应该让每一个国民人性的种子在其丰厚的文化土壤上郁郁葱葱地生长，如能这样，那教育是多么美好的教育，人性也是多么美好的人性，民族也是多么美好的民族。

但在这里，我们必须注意理解教育中的文化涵养和人性成长的涵义，不能准确理解它们的涵义，那也与我们所渴望的教育相去甚远。

教育就是对人类优秀文化的传承，而文化又是一个非常笼统的概念，在某种程度上，人类所创造和积淀的一切物质和精神财富都可以称作文化，但教育所传承的文化决不这样笼统，它是把所有的文化进行分门别类的整理和归纳，然后编制成系统的知识，再有针对性地、有选择地传授给不同的教育对象。但是，如果把教育仅作这样的理解，教育就非常简单了，我们只需组织一些人整理归纳人类已有的知识，然后再组织一些人把它们传递给教育的对象就行了。然而，教育的对象是人，而人是有头脑的，在教育过程中，关键不是把知识向人的头脑进行源源不断的输送，而是我们培养起了一个什么样的头脑。在实践中，我们发现，有些教育把人的头脑培养得非常好，这样的头脑极易接受外来的知识，极易存储加工外来的信息，极易消化吸收其中的营养，极易变成一个思想库，极易创造新的东西。但有的教育就使人的头脑变得非常呆滞、非常迟钝、非常麻木，对外在的知识信息不敏感，外在的知识信息存储在头脑当中基本是"原装"，不能被消化吸收，很难期望从这样的头脑中产生什么样的东西。这里的关键就是我们如何看待人的头脑，如果我们仅把人的头脑看成可以填充知识的容器，或许我们就会把人的头脑填充得无法动弹，人就变成了负载知识重担的驴子，既无法轻松，又不能有所作为。相反，如果我们把人的头脑看成需要培植的沃土，只要我们用恰当的水分和养料培植好这片沃土，那么任何一颗种子落在这块土地上，都会酝酿成一棵参天大树。由此可以看出，良好的教育就是把富含营养的知识传递给学生，培养学生良好的头脑。

那么，什么是富含营养的知识呢？富含营养的知识就是能把学生头脑当中的内在因子激活的知识，亦即可以吸引学生的注意力、可以激活学生的兴趣、可以引起学生的快乐、可以就此让学生积极地不断学下去的知识，就像夸美纽斯所说的，已经点亮了学生内心的明灯，就像《学习的革命》所说的，已经点燃了学生的头脑，就像叶圣陶所说的，已经达到了"教而不教"的境界。实际上，在这个时候，那不单纯是一种知识问题了，而是品端学粹的教师和包含智慧的教学内容融合在一切构成的强大氛围形成的对学生的感召力和陶冶力。在此情况下，才说明教育有了真正的涵养。在历史上，我们不乏就能发现这样的教育和教育家。春秋战国时期就产生了许多"师范端正，学明德尊"的教育家，在他们博大的教育思想的照耀下，自然化育出心境、学问不俗的众多弟子。《学记》中就提到一个好的教师如何使学生承继他的思想、精神和灵魂，即其所说的"志"："善歌者使人继其声，善教者使人继其志。其言也，约而达，微而藏，罕譬而喻，可谓继志也。"无疑是教师的博大涵养使人能继其志也。明代的王守仁就把教育比作"时雨春分"，滋润花木，他说：

今教童子，必使其趋向鼓舞，中心喜悦，则其进自不能已。譬之时雨春分，沾被卉木，莫不萌动发越，自然日长月化。①

具有涵养的教育自然就是一种沐浴陶冶，就是一种"日长月化"，它使受教育者能达到情意舒展、兴趣盎然、自然天成的境界。苏霍姆林斯基说：

为了在学生眼前点燃一个知识的火花，教师本身就要吸取一个光的海洋，一刻也不能脱离那永远发光的知识和人类智慧的太阳。②

在"永远发光的知识和人类智慧的太阳"的照耀下，教育的"花圃"里怎能不万物葱茏、充满无限的生机和旺盛的生命力呢？

但是，我们的教育怎样呢？"教育等于学校教育，学校教育等于课堂教学，课堂教学等于教书，教书等于要教参考书。"③而要考的书被锁定在既成的、由抽象的概念、公式、原理组成的知识当中，其知识量大，知识点密集，让学生头晕目眩，不堪负重。而且教学过程程序化，教学目标标准化，教学评价数量化，是文字就得记，是公式就得背，是习题就得练，学生就被湮没在由大量的文字、符号堆积起来的教材和作业中了。思想的甘露、心灵的春天早就被排挤到了九霄云外，教育空前的窄化、萎缩，人被置于知识的荒漠。这就像台湾学者方东美所慨叹的，我们将"科学的甘露吃下去，而人生曼妙的情影反而缩小了。"④培养出来的学生也像魏书生所说的："有些大学生，甚至研究生，他头脑里什么问题都没有，是一片平原，甚至荒漠。"⑤教育干瘪到不能养育人性的地步。

实际上，单纯的知识不能养育人性，人性的美好和丰富，除了知识之外，有更重要的内容，只有唤醒了这一内容，知识自然就会进入到人的心灵当中显示

①　王文东：《心灵的教化》，四川人民出版社 2003 年版。
②　苏霍姆林斯基：《和青年校长谈话》，上海教育出版社 1980 年版。
③　余文森：《当代课堂教学的改革的理论与实践》，福建教育出版社 1998 年版。
④　方东美：《科学与人生》，台湾黎明文化事业股份有限公司 1986 年版。
⑤　罗永源：《走进魏书生》，漓江出版社 1999 年版。

它的魅力,否则就会成为戕害人的毒物,许多校园犯罪就可窥见一斑。

那么,这一重要的内容是什么呢?那就是人对人的慈善之心,亦即人对自己同胞的关爱心、同情心、帮助心、热爱心,而不是憎恶心、冷漠心、仇恨心、陷害心、杀戮心、麻木心,如果说,在我们的教育中不能唤起前面的一些心而抑制后面的一些心,仅有一些单纯的知识,那实际上就是人类的一个陷阱,它会时不时为人类制造一些灾难。

19世纪末美国纽约有某大富翁,雇佣华人丁龙为仆,数年后辞退。后来该富翁不幸家室失火,身受罹难。丁龙闻讯后,返回照料伺候,该富翁不胜感激,就问丁龙:"我早将你辞退,为何自愿重返?"丁龙回答:"家父早有明训,亲邻有难,必助之。"富翁听后又问:"令尊是否读过孔孟圣贤书,有以教之?"丁龙说:"家父乃草莽农民,不识字。"富翁继续问:"令祖父必读过书?"丁龙回答:"吾家世代皆未读过书,非书香子弟。"富翁听后惊叹不已。这样,丁龙在富翁身边又工作多年,后来辛劳成疾,临死前,他对富翁说:"余多年来所获薪金未尝多用,悉数积存于此,有一万余元,不如奉还。"富翁大恸,遂又捐赠十余万元,在哥伦比亚大学设立"丁龙汉学讲座",以纪念这位目不识丁、但集中国伦理道德于一身的一个普通的中国人,这个讲座至今仍在继续。[1] 人只要擎起这样的道德灯塔,那还有什么令人遗憾的呢?人类生活的过程和目的不就是追求这样和谐、友善又能相互激起善心共同做一些对人类有益的事情吗?教育的全部意义就在于涵养这样的人性。科学知识是人类的财富,但在传授过程中让它占据了教育的全部领域或让教育窄化到只剩它一方面而荒芜了这样的人性,那实际上就是人类的罪孽。今天,我们在教育当中时不时发现一些杀父弑母、伤亲害友的冷面学生杀手,我们怎能不为教育缺乏这样的涵养而感到忧虑和痛心呢?

教育的确没有知识就不成其为教育,但教育如果不能用知识涵育人的善良心肠,那教育就只剩下了一大堆科学原理、公式、定义、符号、图表,人性不但不被养育,相反,成了被排挤的对象。这种教育必然会制造越来越多的人性怪胎。这也是教育失去涵养性的必然结果。教育的涵养性就是涵养人的善良性,就是要把一切知识都变成滋养人的善良性的"绿色食品",让人性健康地郁郁葱葱地生长起来,就是要人"活出生命的华美乐章,活出人格的妩媚。"[2]所以,教育必须有一定的涵养性,否则我们一切围绕教育的活动就像在贫瘠的甚至像沙漠一样的土地上劳作,尽管表面上看起来非常繁忙,但实际上没有多少收获。

---

① 李欧梵:《道德的故事》,载《中国时报》,2006年2月16日。
② 刘志军:《生命的律动》,中国科学出版社2004年版。

五、教育伦理的本质

人是世界上最优雅的动物，人类形体的美丽、思维的敏捷、智慧的高妙、认识的深邃、道德的完美、创造的伟大，任何动物都难以企及。

但人又是世界上最需要教育的动物，任何一个动物，只要一降生到这个世界上，它们很快就能适应自己的环境，并开始独立的生活。但人有漫长的襁褓期，即使整个幼年，甚至青少年，人都无法完全独立，所以，只有在他人的呵护下，人才一步一步成长起来，而人对人呵护的一个重要方面就是教育，教育才使人成长起来，真正变成世界上最优雅的动物，才使上帝的杰作真正变成现实。

然而，人又是极其复杂的动物，当教育之光普照沐浴人的时候，到底应该怎样滋养人，扶植人，让人健康地成长起来，又是一个难解的问题。本来，这可以是一个自然主义的问题，我们可以把教育设想成宇宙中的太阳，人就是宇宙间的生物，我们完全可以像把生物置于自然状态中一样，把人也置于自然的状态中，这样，不同个性的人就像不同的生物一样自然地生长，宇宙万物充满了丰富的多样性，人也充满了丰富的多样性，因而一切就像在大自然的原始山麓，万物并作，花草齐生，彩蝶飞舞，野兔乱跑，无不显示出自然本身的巧妙和神奇。

但是，人力和大自然截然不同。太阳处在宇宙中，它本身就是一个炽热的火球，它依据自身的能力就可以普照万物，给宇宙提供一切光和热，处在宇宙中的万物都可以公平地接受它的光和热。同时，万物也有它自然的本性，石头和树木就各不一样，树木和狼虫虎豹就各不相同，然而，它们的本性本身都是天然的，可以说，没有外力的干预，它们都是自足自成的，亦即在自然的状态下，它们完全可以变成它们本性所规定的样子，石头就那样冥顽不化，无声无息，树木就会生根、发芽、开花、结果，狼虫虎豹就会长成自己的躯体，奔于荒野。相反，人为的干预倒使它们难以施展本性，使它们处于不完美的境地。而人就不是这样，尽管人也有其内在的类似于动植物的天然本性，但这样的本性只规定了我们可以把他们培养成人的方向，而不可能把石头、树木、狼虫虎豹培养成一个人,只说明人本身蕴含着生成才智的巨大可能性,只要我们方法得当,人的才智就像源泉一样,会汩汩地流淌出来,但这都是一种可能性,而不是必然性。人可能更像一张纸,这张纸是适于作画的,但能做成什么样的画,就在于人怎样去画,最终画出了什么东西。显然,让一个不会画的人去做,那就是涂鸦,但让一位艺术大师去做,那可能就是绝世佳作。所以,人成长的结果就会这样大相径庭。

但不论怎样讲,人是一个等待开发的巨大宝库,当我们找到了打开这个宝库的适当的方法,我们就会发现令人惊叹的奇迹。比如,当我们阅读柏拉图、亚里士多德、康德、黑格尔、孟子、老子、庄子等思想家的作品时,我们就会感到在他们身上所孕育出来的整个人类思想的奇迹,当我们浸润在莎士比亚、曹雪芹等文学巨匠的作品中时,我们就像发现了文学宝库中的宝石一样,永远为他们奇特的魅力所吸引;当我们目视达·芬奇等画家的不朽画作时,我们就为他们能有那样的笔触而感到震惊;当我们耳边响起贝多芬、莫扎特等音乐家的交响乐时,我们的心灵就会沉醉其中,而对人类的才能顶礼膜拜;当我们穿越历史的时空看到亚历山大、拿破仑对整个欧洲的征服时,我们就无不感慨人力的伟大;当我们享受爱迪生发明的如此多的现代化工具时,我们也会感慨连上帝都自愧不如;当我们为爱因斯坦的相对论而迷津难解时,我们就会纳闷,一颗小小的脑袋为什么就那么神奇? 当我们遍历如此多的奇迹后,我们怎敢再轻视每一个降生在人间的生命呢? 陶行知当年就警告过我们:"你的教鞭下有瓦特,你的冷眼里有牛顿,你的讥笑中有爱迪生"。① 而目睹在人身上发生的许多事实,我们怎能不认为现实就的确如此呢?

回到现实中,当我们欣赏那惊险绝伦的杂技时,当我们看到一些大力士力顶千斤时,当我们看到一双手在琴键上飞梭飘逸时,特别当我们看到一些残疾人,他们有的失去双手却用脚能写出漂亮的字,有的失去双眼却能凭感觉生活自如,有的聋哑人却能与正常人进行交流,我们怎能不相信人就拥有开采不尽的巨大宝藏呢? 所以,《学习的革命》一书就直言不讳地说:"世界上最不寻常的未开垦的疆域就是我们两耳之间的空间。"②"我们知道每个人的潜力远远超过已经实现的一切。"③"每个儿童出生时就有的潜在智能比达·芬奇使用过的还

---

① 方明:《陶行知教育名篇》,教育科学出版社 2005 年版。
② 珍妮特·沃斯、戈登·德莱顿:《学习的革命》,上海三联书店 1998 年版。
③ 同上。

要大得多。"①所以，"你的大脑就像一个沉睡的巨人。"②这个巨人一旦被唤醒，就会创造出人们预想不到的奇迹。人类以往所创造的奇迹就给了我们这样的信心：只要我们能找到一种比较合适的方法，我们就可以让一个人把他巨大的潜能发挥出来，让他达到本可以达到的高度。夸美纽斯就有这样的自信，他说：

> 只要方法上的阶梯排列得合适，数目充足，坚固和安全，无论什么人都是能够借以达到他所希冀的高度的，这是一件毫无疑问的事实。③

当然，人是一个等待打开的宝藏，而不是自动显现出来的宝藏，而能打开这个巨大宝藏的钥匙只能是教育，因为只有通过教育才能使人显得有智慧，只有通过教育才能使人拥有各种能力，只有通过教育才能使人创造各种奇迹，不经历一定的教育，人永远是一个凡夫俗子。尽管我们谴责教育，就像夸美纽斯回忆他以前的教育时说："大部分学生对学习与书本都感到厌恶，""都没有获得一种认真的或广博的教育，获得的只是一种荒谬的和害人的教育。"④所以，他比任何人都痛惜他青年时所受的教育，他说："我，我是一个不幸的人，我便是数以千计的人们中的一个，悲惨地丧失了一生一世的最甜美的青春，把生气勃勃的青春浪费在学校的无益的事情上面。唉，自从我的心理得到启迪以后，我一想到我的浪费掉了的青春，我的胸中便常常发出叹息，我的眼睛便常常流出眼泪，我的心里便常常充满忧愁！我的忧思常常使我叫到：啊！但愿丘比特（Jupiter）能给我带回已成过去和业已消失的岁月就好了！"⑤然而，这并不是说教育的本质就是这样，而是我们错误地运用了教育而导致的灾难，我们现在所要做的就是要坚决地改正这些错误而使教育真正成为打开人类这个宝藏的钥匙。

实际上，人类是最适合教育的动物。在其他动物身上，不论我们进行什么样的"教育"，不论我们的努力程度怎么样，我们要取得一点"教育"成果是非常困难的，但人就不一样，人本身就渴望教育，任何教育，只要不是错误的，它就会在人身上发生奇异的影响，而且在人们经历教育的前后会发生巨大的变化。

如果我们再稍加分析，我们就会发现，教育能使人发生变化的主要表现在三个方面，一是文化知识，二是各种技能，三是人格品质。然后再通过这三个方面使人的智慧、理性、心灵直到人性发生综合性的变化。

可以说，人在这三个方面都有一种自然的渴求，就像人对食物的渴求一样，

---

① 珍妮特·沃斯、戈登·德莱顿：《学习的革命》，上海三联书店1998年版。
② 同上。
③ 夸美纽斯：《大教学论》，教育科学出版社1999年版。
④ 同上。
⑤ 同上。

因为人不仅是肉身的生长,还有精神的生长,当我们吃了食物以后,身体就会自然地生长,同样,当我们有了各种文化知识的学习、各种技艺能力的训练、人格品质的陶冶,精神也会自然地生长。当然,我们所吃的食物不一样,我们身体生长的状况就不一样,同样,我们所获取的文化知识、技艺能力、人格品质不一样,我们的精神世界也不一样。比如吃食物,如果我们偏食,单一地吃某一样食物,我们身体的生长就不良,同样,在我们的精神世界,如果发生同样的事情,只侧重于某一个方面,我们精神的生长也会出现问题。

在人所渴求的这三个方面中,从明显到模糊、从易到难依次是文化知识、技艺能力和人格品质。所以,在教育中,人们往往也按这样的次序来安排教育活动,明显的、具体的、大量的就是传授文化知识,其次是技艺能力的训练,最后是人格品质的教育。而且当进行某种能力训练的时候,往往相信人的天赋,认为一个人有某方面的天赋,就可以进行某方面的能力训练,没有某方面的天赋,就很难训练出什么样的成果来。很少有人看到,当一个人失去双臂后,训练他用脚写字,那字同样可以写得非常漂亮。最让人难以驾驭的就是品格教育,因为它不像教授科学文化知识那样具体,也不像训练技艺能力那样可以在短期内鉴别它的效果。这样,在教育活动中,人们越来越把教育的中心向前倾移,乃至于把教育就窄化为知识的传授并附带一些技艺能力的训练,人格品质教育就被严重忽视,甚至认为就包含在前者之中了。

纵然,和动物相比较,人天生就是接受知识的,也易于进行各种专门训练,如果知识本身被组织得简明、清晰、具有严格的逻辑性,传授方法也得当,技能的训练能抓住时机,循序渐进,持之以恒,那都能取得明显的效果,甚至在这种情况下,我们就可以把人比喻成一个简单的镜子,把知识、技能比喻成简单的物体,我们把物体移到镜子面前,如果镜子表面没有污垢,中间也没有障碍物,那么这些物体就可以清晰地反映到镜子里面。这些东西之所以容易,就是因为它们是比较直观、表面的东西,只要告诉人们,人们就可以领会。但人格品质居于人的内心深处,不能被镜子直观反映,它的形成有更加复杂的机制。

教育容易向知识一端偏移,这也往往是教育发生偏差的一个重要原因。当然,我们并不是反对知识教育,而是警惕单纯知识教育的危险性。任何事物只要找到它附着的载体或者正确的方向,它才能正确生长和发展,否则,要么没有效果,要么就面临一定的灾难。比如一样的种子,如果把它置身于肥沃的土壤,并给予充足的水分和阳光,它就能够健康的生长,但如果把它固着在水泥中,无论它是多么好的种子,断然没有生长的可能。一个鸡蛋,只有把它置于鸡的暖翼之下,它就能够孵化出小鸡来,但如果把它放在火上烘烤,那就不可能产生新的小生命。知识、技能也有这样的本性,尽管它们本身为人所需,但如果找不到正确的载体,它们所带来的价值和效果就很令人怀疑。

人是知识和技能的天然载体,我们传授知识和培养技能都在人身上来实施,很少在动物或非生命物质上来进行,除非在杂技和一些宠物身上做类似的工作。但是当我们面对人的时候,并不是一股脑地把知识和技能传授给他们就万事大吉了。人是知识和技能最适合传递的对象,但并不是把知识和技能传递给了人,它们就会天然的发挥良好的效用。常识告诉我们,知识和技能可以使一个好人变得更好,但也可以使一个坏人变得更坏,如果知识和技能为善良的人所掌握,它就会增加人类获益的程度,但如果被一个邪恶的人所掌握,它就会增加人类的灾难。所以,知识和技能没有明确的道德定位和伦理追求,除非它们本身就是伦理道德的知识和技能。

我们抛开人类一切活动的外在表象,洞察其中共同的、本质的东西,我们不难发现,人类的任何作为就是想让人类生活得更好一些,生命的本质就是追求愈来愈好的生活,否则人类早就放弃一切活动了。如果我们肯定了这一点,我们也会进而明白,其余的一切都是围绕这个核心来进行的,或者就是达到这个目的的手段。当然,当我们选择各种各样的手段为实现这一目的而奋斗的时候,我们必然要考虑什么样的手段有利于达到这样的目的,什么样的手段不利于达到这样的目的,什么样的手段处在优先地位,什么样的手段处在从属的地位,什么样的手段可以统帅其他手段,什么样的手段仅服务于主要的手段,如果不明白这一点,我们就很难达到这样的目的。

当然,当我们考虑如何选择手段的时候,我们也要反思什么样的生活才算好一些的生活。对此,我们必须有两点认识:第一,好生活一定是一个历史范畴,在任何历史范围内,我们都可以找到相对好的生活;第二,好生活一定是最大多数人的最好生活,不是单个人或部分人的好生活,任何把个人或部分人的好生活凌驾于其他人不好的生活之上的生活永远不是人类所追求的好生活。明白了这两点,我们就能把握什么样的手段是最重要的手段了。

很显然,如果我们想为最大多数人找到最好的生活,这样的生活就不可能由财富、权力、地位、知识、才能等因素决定,因为在不同的历史时期、不同的国度、不同的人群,它们的悬殊是巨大的,况且,在人类的将来,这些因素又远远超过了今天,所以,以它们来衡量,人类永远没有好生活。这样的生活只能由伦理道德来决定。当然,这里的伦理道德不是一部分人压迫另一部分人的伦理道德,而是适用于每一个人的普遍的伦理道德,其本身就是让最大多数人过最好的生活,如果每一个人都有了这样的伦理道德心,都谋求每一个人的好生活,那么我们就赢得了好生活。相反,如果人们不讲伦理道德,彼此争夺,相互伤害,甚至厮杀,不论人们拥有的财富、权力、知识、技能有多少,那永远都不会有好生活。

既然这样的伦理道德可以使人们过上好生活,那么教育的本质或第一要义就在于培养人们良好的道德品质,这在任何时代都是毋庸置疑的事实,谁重视这一点,谁就是在重视我们的好生活,谁蔑视这一点,谁就是在蔑视我们的好生活。

我们可以从一个简单的事实来说明这种教育的必要性,一个偌大的社会,它包含各种各样的人,他们在财富、权力、地位、知识、技能等各个方面都不一样,他们生活在不同的领域、不同的层次、不同的群体当中,也有不同的生活内容和形式,我们不可能通过教育让他们在知识或技能上达到同一个层次,也没有这样的必要性,相反,正因为他们各方面的不同才构成了我们丰富而和谐的社会整体。在一个社会中,总统要有,平民百姓也要有,工人要有,农民也要有,教师、医生、商人都要有,只有他们各司其职,各尽其守,才能奠定我们大家过好生活的基础。但这一切的前提都在于大家要有良好的伦理道德,一旦大家背离了起码的伦理道德,那么绝大多数人的好生活就会丧失。所以,教育最要紧的就是培养人良好的道德水准,如果人人都具备了良好的道德,那么不论在什么样的层次和范围内生活,大家都会获得好生活。

实际上,当教育真正成为人类社会一种现象后,当人们真正开始有意识的教育后,每一个民族都把伦理道德放在了教育的第一位。在我国春秋战国时期所酝酿形成的教育,其主流就是如何让人们成为有道德的人,孔子"仁者爱人"的思想就确立了以"仁"为内核的教育观念,孟子"人异于禽兽者几希"的道德叩问就把人的道德心看成教育的本质,老子"道德经"的问世,把人的道德提高到与"天"同大的地步,庄子对"逍遥游"境界的追求,使人能够驾驭道德的大鹏而自由飞翔。他们对人之道德问题的深刻思考以及破解,使我国传统文化就变成了一种典型意义的伦理文化,以至于我国传统的教育就是道德教育。

古希腊文化空前繁荣,它已经被看成西方文化的源头,然而古希腊文化的核心也是伦理道德的问题,苏格拉底提出了"美德即知识"这一著名的命题,这一命题的重要意义不在于美德和知识之间的关系,而在于一切知识都应该为人的道德服务。柏拉图特别强调青年人的道德教育,他说:

人若受过真正的教育,他就是一个最温良、最神圣的生物;但是他若没有受过教育，或受了错误的教育，他就是一个世间最难驾驭的家伙。①

最优良、最神圣的生物就是具有良好道德品质的人。亚里士多德创立伦理学这门学问，其旨意也在教化人们成为有道德之人，他列举了大量的伦类德目，进行了深刻的论述，目的就是想让人们成为世界上最优雅的动物。在亚里士多德之后，人们把哲学分为三部分，即物理学、逻辑学和伦理学，但都把伦理学看成最核心和最重要的部分，如他们比喻说，如果整个哲学是一个果园的话，那么逻辑学就是这个果园的围墙，物理学就是这个果园里的树，只有伦理学才是树上的果子，如果整个哲学是为人的健康服务的话，那么物理学就是医药，逻辑学就是卫生，只有伦理学才是健康。显然，重视对人们伦理道德的培养就是教育的第一要务。

真正有见地的教育家也都认为，教育的根本目的就是在人们的心目中培养良好的道德意识。夸美纽斯引用辛尼加的话说："先学德行，后学智慧，因为没有德行，智慧便难学。"他引用西塞罗的话说"伦理学可以使心灵适于接受知识的种子。"②而他本人则把"提高我们、使我们得到稳定，使我们的心灵变高贵"的学习就叫做道德教育，有了这种教育，"我们就高出一切造物之上，就接近了上帝本身。"如果学校能够真正实施这种教育，我们就可以公正地把学校叫做"人类的锻炼所"。③洛克在他的《教育漫话》中就指出过：

应该知道德行与善良的心灵比任何学问或文字都重要，要把他的主要工作放在形成学生的心理，使他具有一种正当的心情上面。有了这一点，其余一切事情，即使全然没有注意，到了相当的时候，自然就会产生出来；如果没有了这一点，不能排除不良的与邪恶的习惯，那么，文字、科学以及教育上的其他一切成就都没有用处，就只能使得一个人变得更坏更危险而已。④

所以，他自然就认为："在一个人或者一个绅士的各种品德之中，德行是第一位的，是最不可缺少的。"⑤赫尔巴特说："道德普遍的被认为是人类最高的目的，因此也是教育的最高目的。"⑥苏霍姆林斯基说：

人的所有各个方面的特征与和谐都是由某种主导的首要的东西决定的，在这个和谐里起决定作用的主导成分就是道德。

---

①　夸美纽斯：《大教学论》，教育科学出版社1999年版。

②　同上。

③　同上。

④　约翰·洛克：《教育漫话》，教育科学出版社1999年版。

⑤　同上。

⑥　朱永新：《我的教育理想》，南京师范大学出版社2000年版。

道德是照亮一切方面的光源。①

日本的小原国芳说:"教育的第一要素是人格,而不是教科书和学校设备。"②我国的王守仁说:"今教童子,惟当以孝悌忠信礼仪廉耻为专务,其栽培涵养之方,则宜诱之歌诗以发其志意,导之习礼以肃其威仪,讽之读书以开其知觉。"③章太炎说:"道德衰亡,诚亡国灭种之根极也。"④这与爱因斯坦所主张的"要是没有伦理教育,人类就不会得救"是同一个意思。

所以,在教育对象上建树道德就是教育的第一要义了。伦理道德是人类要获得的其他一切东西的载体,或者是统领它们让人类过上好生活的具有决定意义的因素。我们大家都会明白这样一个道理:没有道德,智育就可能是犯罪的根基,没有道德,体育就可能是暴力的前卫,没有道德,美育就可能是腐化的催化剂,没有道德,人的任何能力都可能是社会动荡不安的根源。伦理道德实在是教育的灵魂,是酝酿人类幸福生活的生命线。

判断一个人到底有没有道德向来有两个观测点,一是判断人们行为的动机,二是判断人们行为的效果。有些人就把重心放在了前者,有些人把重心放在了后者,而有些人把二者统一起来了。人所处的社会境况千变万化,在不同的境况下,我们判断人们道德水准的观测点自然不可能完全一样。所以,不论我们采用哪一种观测点,只要适合当事人的境况,它们都是无可挑剔的。然而,我们必须清楚,人是有意识的,只要人的大脑健全,人都是在自己的意识支配下做出各种各样的行为的,尽管环境会影响人们的意识,但当我们注意到,在同一环境下,人们的行为依然会五花八门的时候,我们就会明白,意识在人的行为中是多么重要了。这样,就伦理道德而言,重视人的意识远胜于重视人的行为,因为除了个别极端的偶然的情况外,有了良好的伦理道德意识,一般都会引导出良好的行为,但没有了良好的伦理道德意识,要引导出人的良好行为,那是非常困难的。

而且,教育旨在培养人,它是对人心的培养,它虽然注重外在的实践效果,但它所注重的是由怎样的人心导致了这样的效果,没有对人心的追问,仅看重外在的实践效果,是没有意义的。因为教育的目的,不总监督让人们做出好的行为,而是当人们不受监督时,依然能做出好的行为。所以,教育的根本目的就

①　苏霍姆林斯基:《给教师的建议》,人民教育出版社 1980 年版。
②　小原国芳:《小原国芳教育论著选(上卷)》,人民教育出版社 1993 年版。
③　朱贻庭:《中国传统伦理思想史》,华东师范大学出版社 2003 年版。
④　万俊仁:《伦理学新论》,中国青年出版社 1994 年版。

在锻造人们的内在意志。

　　当然,教育要锻炼人们的内在意志,绝不是要锻造出一颗恶心来,如果这样,那根本就不需要教育,它是要锻炼出一颗善心来,而且不是一颗干瘪的、赢弱的善心,而是一颗饱满的、强盛的善心。如果教育能培养出这样的善心,那么整个人类就会安居乐业,和睦共处,幸福生活。不论人们在何种层次、什么范围、做什么样的工作,都会达到这样的效果。

　　所以,呼吁这样的一颗善心,是人类共有的情愿,教育以此为重任就是自己最神圣的使命。任何对这样的善心的无视和亵渎,都是整个人类所不能容忍的。亚当·斯密曾借对上帝的祈祷而诉说了这种可贵的人类情感,他说:

　　让坏人几乎总是镇住正直的人;无辜的君主几乎总是被篡位者废黜;父亲几乎总是成为不肖子的野心的牺牲品;丈夫咽气于蛮横而不忠的妻子的重击之下。难道神在它那伟大的高位之上应该把这些令人伤感的事情视为娱乐,而不负任何责任吗?因为人是渺小的,他们就可以放荡不受惩罚、或者具有德行而不受表扬?啊!上帝,如果这就是最高的主的性格,如果这就是我们如此敬畏而崇拜的你,我就不能再承认您是我的父亲,我的保护人,我痛惜的安慰者,我软弱的支持者,我忠诚的报答者了。于是,你就只不过是一个懒惰的而异想天开的暴君。①

　　显然,人们塑造上帝、乞求上帝,就是让上帝保护人们的善心。

　　总之,教育的本质就是培养人们一颗饱满的善心,这是毋庸置疑的事实,是永恒的真理,无论谁,只要稍有一点对人类同胞的感情,都必须坚持这样的信念。

---

　　①　亚当·斯密:《道德情感论》,陕西人民出版社 2004 年版。

六、实现教育伦理本质的条件

伦理就是如何关照人的一门艺术,它的基本信念和追求就是发现人们的善心,酝酿人们的善心,塑造人们的善心。所以,凡热爱伦理的人们,除了自己要保持这颗善心外,就是要特别钟情于教育,试图通过教育让人们获得这样一颗善心。

教育是培养人的一门艺术,它的基本信念和追求就是如何让人们健康成长起来,人性不断丰富起来,心灵不断完善起来。所以,教育在本质上就是伦理,就是以最大的伦理情怀看待人、影响人,凡是真正以教育为自己事业的人,都会饱含伦理的品质,使自己的一切教育活动都成为具体的伦理活动,使人们通过自己的教育活动最终成为一个心性完善的人。

虽然伦理和教育是相通的,但二者的侧重点不一样,伦理是通过教育来实现对人的一颗饱满善心的培养,而教育则是通过伦理的指导让人孕育智慧、丰富知识、陶冶情感,增长能力。伦理是价值性的,教育是实用性的,亦即伦理要引导人积极获得一颗善心,而教育就是怎样在实际中培养这样的善心。由此,我们也明白,教育伦理的基本问题就是要通过实际的教育实现伦理的价值目标。如前所述,教育伦理的本质是培养人们一颗饱满的善心,那么实现这样的本质就需要我们在教育实际中寻找它的具体条件。

关于如何实现教育伦理本质的基本条件,也许我们能寻找到许多,因为教育本身就是一个非常复杂的体系,它包含许多要素,其中每一个要素都会影响教育伦理本质的实现,如教育方针、教师素养、学生资质、教学目标、教学内容、教学方法、教学手段等等,一般的教育原理也是从这些要素出发来阐述如何获得好的教学效果的。但非常明显,这些要素是实现好的教学目的的操作性要素,还缺少把它们统领起来培养学生一颗善心的指导性因素,这就像我们要建一幢漂亮的大楼,钢筋水泥砖块都有了,就是缺少大楼的设计者和建造者。所以,我们现在要寻找的不是像钢筋水泥砖块这样一些具体的教学要素,而是把这些要素组合起来建一幢漂亮大楼的设计者和建造者。

要培养人们一颗饱满的善心，如果我们用今天的一种思潮来说的话，那就是"以人为本"，使教育的出发点和归宿点都以人为核心，让人始终感受到教育的关怀，并从情感深处体验到这种关怀，从而使人在整个教育过程中有愉悦的感觉和甜美的享受，坚决摒弃那种斯巴达式的纪律训练和宗教式的禁忌，让人在压抑和重负、苛刻与艰难中完成教育，这或许可以训练出人的某些才能，但绝少有饱满的善心。要实现这种教育，有两个条件不可缺少，那就是人健康的成长和人很好的生活。如果在整个教育过程中，我们始终能让人健康地成长、很好地生活，身心发展没有受到阻抑，现实生活不板滞，那么人的善心就可以生长起来了。

（一）让学生健康地成长

凡是生命物质都有一个成长、发展的过程，一棵小树要长成大树，小猫、小狗要长成大猫、大狗，这都是天经地义的事情。人是一切生命的最高形态，不但要成长，而且有与动植物成长不同的意义。首先，只要不剥夺人的生命权，不管在什么样的条件下，人都要成长起来，至于成长成什么样的人是另外一回事。其次，人的成长过程蕴含着胜过其他一切动植物的潜力，动植物的潜力在一般条件下都能够自动地显现出来，但人在自然的无人教化的条件下很难展现他的潜力，甚至就扼杀了他的潜力。第三，为人提供的成长环境和条件不同，人的成长过程及其秉性就会完全不一样，与动物为伍，就可能习染动物的习性，与一群恶人相聚，就可能杀人放火，与一群善人相处，则可能心地善良。所以，关注人，首先关注的就是人的成长。

自然，人的成长方式是多种多样的，我们也可以构建各种各样的环境让人成长起来，而且，我们也必须让人以多样性的方式成长起来，因为人们不可能处在同一环境条件下来生活，即使处在同一条件下，由于有的人适合这样的环境，有的人不适合这样的环境，因而使人们的成长分出不同的层次。

人的成长也是一个无限发展的过程，人的奇妙不仅仅在于人是所有生命当中最高级的生命，而且在于人的成长充满了无限的可能性，我们根本不可能预想一个人会达到多高的地步，虽然我们看见一个具体的人已经达到了什么样的成长境界，但却不能肯定他一定走的是他成长发展的最好的路子，在这个路子上他的潜能一定发挥到了最大限度，就像我们看到的孙中山和鲁迅一样，如果当年他们从医的话,他们会不会达到我们今天所知道的地步,还是一个谜。在人的成长问题上,我们可以这样说,上帝按照自己的方式创造了人,人成长发展的完美种子已经蕴含在人身上了,但如何达到这样完美的境界,却需要人去寻找它的道路和各种各样的方式,由于人没有上帝那样的才能和智慧,所以,这样的探寻就成了一个无限的过程,人的成长因此也成了一个无限的过程。

人的成长也是双重力量相互作用的过程,这双重力量,一个是人的内在力量,一个是人的外在力量。只要我们仔细而审慎地去研究和观察人,我们不难发现,一个人从婴孩起一定有他内在的特殊的东西,这些东西就是他成长的基础,只有我们尊重这些东西,一个人才会较好地成长,但如果忽视这些东西,对一个人就极为不利,甚至会出现严重的问题,就像我们在爱情当中所体会到的那样,一个人在心里已经产生了对另一个人的爱慕,如果我们尊重他的这种爱慕,那么他就会品尝到这种爱的温馨和甜蜜,但如果我们忽视了他的这种爱慕,把他从这个人身边引开,那么就等于给他制造一定的痛苦。当然,人的内在力量不足以使人健康成长,人的健康成长还必须有赖于外在力量的配合,这就像一粒种子不依赖于外在的土壤、空气、水分和阳光,就绝不会有成长一样。人如果失去外在条件的刺激和给养,内在的东西就是死寂的,绝不可能生长发展起来。所以,一个人自己要善于发现自己的内心世界,尊重自己的内心世界,同时也要充分利用外在的世界,一个抚养教育别人的人更要注意人的这两个世界。

无论人的成长多么奥妙,充满了多少玄机,但我们所要求的就是以培养人的一颗善心为导向,让人健康地成长起来。在这里,重心不是成长,而是健康,健康是人的成长问题的关键。

所谓健康成长,就是在善的方向上,一个人的身体成长足以支撑他愿意从事的一切工作,精神成长足以胜任他愿意从事的一切事情,身体上强健有力而不羸弱多病,精神上富有智慧能量而不贫弱困乏,身心发展都达到了他最佳的水平。这样生长起来的人既是一个建设和谐社会的合格公民,也是一个创造自己幸福生活的快乐公民,在他们的努力下,国家就会富足,人民就会安康,社会就会发展。

让学生健康成长起来是一个基础性的工作,就像建造一幢大楼一样,学生将来的一切都寄托在这个基础上,基础牢固,无论学生向哪个方向发展,将来做何种事情,都有坚强的保障,但基础不牢固,无论学生发展到何种高度,都潜藏着危险。正因为它的基础性,许多人却忽视了它,把重心放在了"楼体"上,致使许多"大楼"还未建立起来就坍塌了或无法使用,比如有的人掌握了渊博的知识而不能发挥效用,有的人学问不少而精神出现了问题,有的人进入了名牌大学却走上了犯罪的道路,这无不使人感到痛苦。教育实际上就是一个基础性的工作,只有当基础性的工作做好了,在这个基础上,一个人自己就会建造一幢漂亮的大楼,然后愉快的工作,幸福的生活。如果忽视了这样的基础,教育也就没有什么意义。为此我们必须全方位的认识健康成长的意义。

1. 健康成长的基本理念

如何让学生健康成长起来,在很大程度上依赖于我们所持的理念,有什么样的健康理念,就有什么样的让学生健康成长的过程,就会造就一个什么样的人。为了真正实现学生的健康成长,我们必须对学生的健康成长有如下的认识。

(1)健康成长是学生需求不断满足的过程

首先,我们应该认识到,学生是一个生命有机体,而生命有机体的存在和发展就会产生各种各样的需求,而对这样的需求满足的越充足、越丰富,生命有机体的生长就越健康、越饱满,任何一方面供给的短缺或贫乏,都会影响生命有机体的健康成长。尽管在大多数情况下,生命有机体都会成长起来,但健康的程度不一样,健康的质量就有很大的差别。因此,我们应有的一个基本理念就是非常丰富地最大限度地满足学生各个方面的需求,一个活泼生动的生命体就应该有活泼生动的需求的满足。

动物的天性一般都比较单调,因为它们只依据自己的本能来活动。但人的天性是丰富多彩的,人的每一种天性都蕴含着一种需求,而满足这些需求就是人的天性的自然展开,也是造就一个丰富的人的途径,因此,尽最大限度地满足人的需求就可以把人引导到健康成长的道路上来。

然而,人们总容易把人的需求和欲望混同起来,认为人的需求就是人的欲望。这是一种错误而有害的看法。尽管人的需求和人的欲望有不可分割的联系,甚至人的需求就蕴含在人的欲望当中,但人的需求和欲望至少有以下三个方面的不同。第一,人的欲望是感性的,而人的需求是理性的。尽管二者都源于人性深处,但欲望不受理性支配,而需求则要做理性的审思,欲望只为了自身的满足,而需求则要考虑社会和他人的利益。因此,单纯的欲望往往停留在自我感性的范围内,而需求则有利于人类的生存和发展。第二,人的欲望是无限膨胀的,而人的需求是合理适度的。欲望仅仅依凭人的感觉,而一个感觉欲望的满足往往会刺激诱发下一个感觉欲望的产生,这样,一个欲望连接下一个欲望,环环相扣,以至无穷。而需求必须从长远的角度考虑是否有利于人自身的生存和发展,如果有利,人们就积极图谋满足,如果不利,则立即取消这种需求。第三,一些需求超越了人的欲望,甚至与欲望相对立。比如为了磨炼意志而对艰苦环境的需求,为了养成良好的道德习惯而对严格纪律的需求,为了将来的成功而对艰辛劳动的需求等等,尽管它们与人的感觉欲望相左,但只有追求这些需求,才能把人的生存和发展提高到一个新的层次,否则,停留在感觉欲望好恶的范围内,人就不会找到健康成长的轨道。

尽管如此,我们也不能完全否定人的欲望。既然欲望在人身上存在,我们就不应该想着怎样消除它,而是寻找合理的社会渠道实现它,除非有些欲望直接毁灭人自身或严重破坏他人和社会。这不但是对人自身的肯定,而且使人变得越来越丰富,也从一个侧面促进了社会的发展。因此,对一个教育工作者而言,倾向于尊重人的欲望比倾向于限制人的欲望要好得多,致力于满足人的欲望比致力于禁除人的欲望要好得多。如果没有这样一种观念,人的需求范围不但会被大大缩小,而且会被严重忽视,最终将影响到一个人的健康成长。

所以,教育最基本的一个任务就是发现学生的需求,培养学生的需求,引导学生的需求,最终最大限度地满足学生的需求。不懂得学生需求的教师是不称职的教师,不建立在学生需求基础上的教育不是有效的教育,需求没有得到满足的学生一定是没有得到充分发展的学生。因此,我们只有致力于满足学生各种各样的需求,学生才能健康成长起来。

(2)健康成长是学生内在潜能不断开发的过程

学生健康成长的一个基本标准就是看学生是否最大限度地发挥了他们各方面的能力,如果最大限度地发挥了他们各方面的能力,就是健康成长,否则,就不是健康成长。

无疑,学生任何一种能力都是从学生自身开发培养出来的,而不是随意嫁接上去的。面对任何一个学生,不论他处在什么样的水平,我们都要把他看成一个活生生的人,都要相信,只要我们方法得当,我们就能够从他身上引导开发出各种各样的能力。同时,我们必须摆脱以往教育中一种比较陈腐而错误的做法,即把学生当成一种可以捏造的泥土,想把他捏造成什么样子就捏造成什么样子,或者把学生当成可以加工的材料,想把他加工成什么样的器具就加工成什么样的器具。这实际上不是把学生当成一个真正的人,在多数情况下是压抑或抹杀学生的内在潜能,而不是培养学生。

如果我们把学生看成一个活生生的生命体,我们就能够发现,任何生命体都内含了各种各样的生长因子,只要条件适当,它们都有自然生长的趋势。因此,只要能把握好每一种生命生长的条件,我们都能够让它郁郁葱葱地生长起来,而忽视了这样的条件,不论我们付出多大的努力,都很难达到预期的目的。人就是一个特殊的生命体,社会就是他们生长的条件,只要不把他们与社会隔离,他们都会生长起来。但是,条件不同,他们生长的效果就不一样,所以,我们不仅要把学生放在社会当中让其自然地生长,而且要发现哪些社会条件有利于人的生长,哪些社会条件不利于人的生长,哪些条件易于把人引导到健康成长的道路上,哪些条件易于使人陷入邪恶的泥坑。只有这样,才叫理性地引导人、培养人,发展人,否则,我们的教育就可能变成了社会大森林,这里既可能有鲜花,也可能有毒草,既可能有参天大树,也可能有小灌木。所以,我们应该尽最大的努力让每一个学生都处在有利的环境中成长,而不是让他们自发地成长。

我们不仅要把目光放在学生外在的社会条件上,更要把目光放在学生自身的条件上,忽视学生自身,外在的社会条件就不能有效地发挥作用。尽管我们每一个人都是一个生命体,尽管我们都要在社会条件下生长,但每一个人都是异于他人的生命个体,也需要异于他人的社会条件,因此,我们要善于观察和分析学生到底适合哪一类社会条件,不适合哪一类社会条件,然后从他们内心世界出发,提供与他们相应的社会条件,这样,学生就有可能健康成长起来。所以,忽视学生内在的精神世界以及与其相适应的条件,学生的健康成长就有问题。

学生作为一个生命体,虽然像种子一样内含了要生长成一个人的可能性,但这样的种子将生长成一个什么样的"植株",将开出什么样的"花",将结出什么样的"果",我们却不能明晰地预想,甚至就不可能预想,我们只能这样假定:人就是一个生命胚胎,包藏着无限丰富的潜能,少数潜能是明晰可辨的,但绝大多数潜能是模糊脆弱的,引导开发出什么样的潜能,就可能生长成什么样的人。

基于此,我们在教育过程中,就要抓住那些明晰可辨的潜能,积极引导培养,而对那些模糊脆弱的潜能,我们要用一颗敏锐的心去感受和领悟,觉察到之后,我们就要悉心呵护,让其健康成长起来。同时,一方面我们要把学生置于丰富多彩的社会实践中,激发学生显现其特有的内在潜能,另一方面让学生敏锐地感受自己的内心世界,发现并表现自己的内在潜能。只要我们抓住了学生的潜能,因势利导,我们就能培养起学生的能力,也会让学生健康成长起来。建立在学生潜能基础上的成长就有可能是健康的成长,学生就有可能拥有强大的能力,忽视学生潜能的成长就有可能是不充分的成长,学生有可能变成无能的"侏儒"。

同时我们也应该认识到,在一个宽松自由的环境中,学生的潜能易于显现和暴露,并容易生长起来,生长起来也比较健康。所以,在教育过程中,我们纵然可以设立各种各样的纪律,但绝不能营造一个过于严厉和拘束的环境,使学生感到事事被人管束,处处被人支配,时时被人呵斥,这样,学生可能只是适合学校管理的一块材料,而不是利用学校开发自己潜能的一个活生生的人。最好的学校不是对学生管束得最好的学校,而是让学生的内在潜能很快释放出来并得到很好培养的学校。这自然需要宽松与活泼的气氛。所以,陶行知曾说过:

我们培植儿童的时候,若拘束太过,则儿童形容枯槁;如果让他跑,让他跳,让他玩,他就能长得活泼有精神。①

所以,构建一个宽松的教育氛围,远胜于纪律制度繁杂而森严的学校环境,前者适于开发学生的潜能,而后者多使学生的潜能泯灭。

(3)健康成长是学生各种素质不断锤炼的过程

当我们发掘学生潜能的时候,我们要尽可能地让学生处在自然状态下,使学生不受我们过多的限制和压抑,这样,学生的潜能就可以充分显露出来,由此我们就可以根据这些潜能有的放矢地培养学生。但要把一种潜能训练成一种智慧、一种能力,非得有一个锤炼的过程不可,我们千万不要相信,把一个儿童放在完全自由的状态下,他就可以长成一棵大树。

孔子当年说过:"生而知之,上也。"(《季氏》)如果人天生能迸发出各种各样的能力,我们就非常高兴,就不必办教育了。实际上,天下没有生而知之者,每个人都必须通过一定的训育才能生成各种各样的能力,即使有生而知之者,我们也不要盲目乐观,有人就反对孔子说,生而知之者,不是上也,而是下也,因为凡动物就是生而知之者,它们一生下来,不需要经过大量的学习,甚至不学习,就可以掌握它们父母的本领,但我们不能说它们就在人之上,相反,越是生而知之者,越在人下。所以,动物自然地拥有各种能力,但人不经过训育,很难生成良好的素质。也正因为如此,人才有广阔的成长空间,而动物的能力就局限在只有它生下来就"知"的那一点上,这也是人远胜于动物的地方所在。

当然,当我们锻炼学生某方面素质的时候,不是凭空锻造,而要从学生的内在潜能出发。如果能从学生的内在潜能出发,学生的内在潜能就可以变成实实在在的素质,并且在训练的手段和方法上比较轻松。但如果背离了学生的内在潜能,我们纵然也可以训练出一些素质来,但要花很大的工夫,而且那些素质也不会达到较高的程度,甚至为了训练出这样的素质,会搞得师生身心疲惫,心灰意冷,严重一点也可能导致心理疾患,最终前功尽弃。所以,研究透彻学生,了解清楚学生的内在面貌,抓住学生的兴趣特点,才是训练学生素质的根本点。

在锤炼学生素质的过程中,我们可以探寻各种各样的方法,但除了抓准学生的内在潜能外,不要轻易寻找什么样的捷径,也不要期望有什么捷径使一个

---

① 方明:《陶行知教育名篇》,教育科学出版社 2005 年版。

人能轻而易举获得什么样的高超能力。一个人想获得什么样的能力,就得付出什么样的劳动,而且这种能力达到的程度越高,付出的劳动就越多。可以说,学生在获得每一种能力的道路上,都是一种毫不气馁的锤炼。一个人想获得健康的体魄,就依赖坚持不懈的锻炼;一个人想获得渊博的知识,就依赖持之以恒的学习;一个人想获得某种技能,就依赖孜孜不倦的磨练。至目前,我们没有发现哪一种能力是不经过训练就可以天然产生的。

人的生长过程之所以是一个各种素质不断锤炼的过程,也是因为在人的身上存在某种天然的惰性,一般喜好安逸、轻松、不需要付出多大努力的生活,而这种惰性恰恰就是人健康成长的一个障碍,这在儿童、青年身上表现得尤为突出。所以,让他们沉浸在玩乐当中,他们很少有反对的,但是要把他们训练成专门的人才,他们就很难有相应的附和。他们虽然在认识上明确应该怎样做,但在实际训练中,却很容易放弃。所以,在某种意义上,不锻造出他们的坚强毅力,就很难在他们身上锻造出某种素质,假使锻造出了某种素质,也很难让他们凭这些素质做出一定的成就。

另外,我们把人的健康成长看成各种各样的素质不断锤炼的过程,还因为我们的素质不经过一定的锤炼很难达到理想的高度,就像玉不雕不成器一样,高素质的人就是高锤炼的人,具有非凡能力的人就是经过非凡锤炼的人。马克思有写出《资本论》的素质和能力,就是因为他相信,在科学的道路上,从来没有平坦的大道,只有那些不畏艰险的人,才能达到科学的巅峰。爱迪生有一千多项发明创造的素质和能力,就在于他认为,成功等于99%的汗水加1%的灵感。达尔文有创立进化论的素质和能力,就是因为在他求学的时候,他发现别人记一遍的东西,他得记十遍,别人记十遍的东西,他得记一百遍,并且他就这样坚强地做了。这样的事例举不胜举,每一个成功者的背后都有一段不寻常的锤炼自己素质和能力的感人故事。所以,从小就睡在安乐窝中享受生活的人,将一事无成。自然,能成大器的人,我们就可以把他的成长视为健康成长的过程,一事无成的人,我们就可以把他的成长视为非健康成长的过程。

所以,历来人们就重视教育对人的锤炼,我国就有严师出高徒的古训,夸美纽斯就把学校称为"人类的锻炼所",他说:"善于驯马的人,先教马匹服从勒缰,凡是想教导孩子的人,开始就应当使他们习于服从他的命令。"①自然,他也赞成辛尼加的话:"培养成高贵心理的就是痛苦。"②现代教育的一个弊端就是不

---

① 夸美纽斯:《大教学论》,教育科学出版社1999年版。
② 同上。

断地向学生加压,但却不懂得实际训练,因而学生的负担加重了,但学生的素质却没有训练出来。古人不是一揽子给学生加压,而是抓住学生的一个方面,然后采取严厉的措施进行训练,让他们没有半点懈怠的余地,因而往往容易成功。因此,我们有必要多借鉴古人的经验。当然,能用人道的方法可以达到训练的目的,我们就不必采用过于严厉的方法。

总之,不经过锤炼的学生,很难生成各种做事做人的素质,也不可能归属于健康成长的范畴。

(4)健康成长是学生内在发展动力不断获得的过程

健康成长不仅是学生在父母、教师的辅助下成长,更是学生自己能够独立地成长。如果说学生在学校里生活了多年,离开学校后,自己不能独立地做事,发展自己,那么这种教育就是失败的教育。我们所培养的人是一个健康的人,教育的结果就是让学生获得自身的内在发展动力,有了这样的动力,学生就可以很好地发展自己。在某种意义上,教育不是给予学生多少知识和能力,而是学生依据自己的力量能获得多少知识和能力。如果教育没有这样的信念,就永远没有前途。当今社会日新月异,千变万化,教育永远不可能把学生立足社会的一切知识和能力教给学生,而且不论我们怎样教育学生,学生迟早要离开学校,独立地在社会上去生活和做事。显然,在社会上生活和做事,不是完全凭着学校教给的知识和能力,更多的是凭自己获得的知识和能力。所以,学校教育已经不是让学生获得多少知识和能力的问题,而是如何奠定学生自我发展动力的问题。

也许,有人会说,让学生获得一定的知识和能力就是奠定学生自我发展的动力。实际上,这是一个思想认识问题,同样的事情,按照不同的思路认识它、做它,结果就大不一样。如果说我们是为了奠定学生自我发展的动力而让学生获得一定的知识和能力,那么学生获得知识和能力就可以奠定学生自我发展的动力。但如果说我们仅仅为了学生掌握一定的知识和能力,那么学生获得知识和能力就不一定能奠定学生自我发展的动力。同样是获得知识能力,但结果就是不一样,前者就像学生获得了砖瓦和建筑技术,紧接着就要试着建造楼房一样,而后者就像学生获得了砖瓦和建筑技术,却不知道去建造楼房一样,虽然学生手中掌握的东西一样,但前者就会有自己的楼房,而后者就没有。

目前,我们许多教育就有这样一种弊病,只让学生获得砖瓦,而没有让学生动手建造一幢幢楼房。比如语文教育,它就停留在字词句篇上,就停留在教材所编入的那些课文上,学校反复教授这些东西,考这些东西,结果学生走出语文教育后,在语文当中无所作为,既不会阅读(根本就没有培养起阅读的兴趣和热情),也不会写作(根本没有学会真实地表达自己的思想和情感),更没有唤起感受中华五千年文化的情怀。即使他们考上了重点中学、重点大学,在语文教育中能继续做一些什么事情呢? 语文课终止的那一天,就是他们放弃语文学习的那一天,说到底也就是认识了一些汉字而已,当年学的一些课文也渐渐销声匿迹了。这就是没有发展动力的教育。再比如英语教育,中国人花在英语学习上的时间和精力非常大,在某种程度上胜过了其他任何一门课程,从小学一直延续到大学乃至硕士和博士,学生无不在努力地学习英语,但是当他们不再上英语课、不再参加英语考试的时候,又有几个人从纯粹的英文当中获知科研信息呢? 又有几个人能从英文当中感受西方社会的文化精神呢? 没有几天,他们已经与英语彻底绝缘了,只留下"人面桃花似曾相识"的一点记忆。这也是未奠定发展动力的教育。

所以,中国的教育不能说不发达,中国的教师和学生不能说不勤奋,中国人投入到教育中的时间和精力可能超越了任何一个国家,但就是由于缺乏这样的一个动力系统,中国的教育就半路夭折了,不能开出鲜艳的花朵、结出丰硕的果实。

如此扎实的教育之所以没有理想的结果,除了理念上没有把教育看成奠定学生发展的动力这一弊端外,主要是教育方法上的缺陷,这种缺陷固然存在以往我们所批评的灌输法当中,更重要的是没有把学当成一个生动活泼的"主体"来教育,因而一切教育都是从学校出发、教师出发、教材出发,让所有的学生来适合这样的教育,很少有学校和教师把要教的学生研究透彻后再去根据他们的需要和特点进行教育。这样,教育就变成了一种强迫的教育,强迫所有的学生要按照同一模式接受同一种东西。我们知道,凡用强迫力作用某对象使其活动时,当强迫力一停止,这个对象就停止了活动,这种教育也是马斯洛所批判的一种外在教育,即外源性地给学生灌输一些东西,至于这些东西能否和学生内在的需要、思想、感情、兴趣、特点等相对接,就是一个极大的问号,如果能对接起来,这是学生的幸运,如果对接不起来,这些东西自然就生成不了学生自我发展的动力。这种教育也是压迫式的教育,即教师试图把他们所要教的东西通过各种方式挤压进学生的头脑,这种方式纵然可以获得暂时的效果,但往往容易挫败学生接受教育的热情,一旦没有了这个热情,那就等于损坏了学生发展自身的动力系统。

所以,如果我们要奠定学生发展的动力系统,就必须把学生当成教育的主体,使一切教育围绕这个主体而运动。当学生的主体意识不明确的时候,我们就要催生这样的意识,让学生强烈感受到他内心的需要,强烈感受到他的兴趣特长,强烈感受到他独特的学习方式和特点,并由此产生"我要"的内心冲动。在这个时候,他们就会把一切教育变成满足自己、发展自己的良好资源,他们所考虑的问题就是如何让教育为自己的成长服务。只有到了这样一种境界,学生所受的教育才变成了自我发展的动力。因此,在我们的课堂中,我们就要想方设法让学生自己动起来,始终让他们内心产生这样一种意识或声音:我要说,我要做,我要学,我要……,等等,当学生有了这样强烈的冲动和愿望,一切教育就可以发挥出巨大的效力,学生就可以健康成长了。

但现在的事实是教育强迫学生跟着自己旋转,而不是学生积极地要求教育跟着自己动,除了幼儿园、刚入校的一年级学生带着好奇的眼光问这问那、做这做那之外,其余的学生都被驯化成温顺的小绵羊,没有丝毫的主动心。这样的学生永远不可能获得自我发展的动力系统。所以,如果我们要让学生健康成长,就必须打破这样一种被动等待的局面,让学生成为教育的主人,让学生主动学习,让学生开始谋求自己的学业,这样的教育才是真正在学生身上发挥效益的教育,才是为学生未来负责的教育。

2. 健康成长的基本内容

健康成长是一个非常广泛的概念,它涉及人发展的一切方面,亦既人的一切方面无不要求健康,比如身体健康,思想健康,观念健康,心理健康,道德健康等,如果和人的各种各样的行为联系起来,那健康包含的内容就更多,比如健康的饮食,健康的作息,健康的娱乐,健康的工作,健康的交际,健康的上网,健康的对人对事等。所以,在一个要求健康的社会里面,我们的任何言行都包含着健康。但总括起来,我们可以把人的健康成长归纳为三个方面。

(1)身体的健康成长:健康成长的基础

人的一切作为都建立在身体基础上,身体支撑着人的全部生活,没有了身体,就没有了人,没有好的身体,就没有好的生活,没有健康的身体,就难以维系人的奋斗。所以,身体健康是健康的第一要素,它就像一个舞台一样,人生的全部内容都要以此为基础展开。

一般来讲,只要不让人饿肚子,身体就能够健康地成长起来,所以,给予人自然的食物,我们就不用焦虑人的身体健康与否,因为人体有它特殊的生理机制,只要供给了人自然的食物,其机制就可以让人的身体长到最佳的地步。这就像牛的身体有它特殊的机制一样,只要供给它充沛的草料,并不需要我们做特殊的工作,它就会产生奶水。因此,在食物问题上,我们关注的就是人们吃不吃的问题,而不是吃什么的问题,只要喜欢吃,一般情况下,身体健康是不存在问题的。自然,随着科学的进一步发展,人们应该研究吃什么可以使人的身体更加健康的问题,吃好了自然对人的健康有所保障。但我们不能过分关注这一点,我们要相信人自身的机制,这种机制保障的就是人的身体健康,如果我们过分干预这样的机制,倒不利于人的身体健康。而且,目前许多饮食及营养的研究与开发,与其说是科学的,倒不如说是商业的,它的主要目的是让人们"香"他们的食品,无限地吃他们的食品,使他们能够赚更多的货币。暂且不论他们如何引导人们最大限度地"香"他们的食品,加进了多少非营养的甚至对身体有害的原料,仅就他们吸引人们单纯吃他们的营养品而言,就是对人的自然饮食的一个极大的破坏,因为人不能只偏好一两种食品。所以,我们发现在营养科学、食品科学泛滥的时候,并不是人的身体健康状况最好的时候,因此,各种粗茶淡饭最益于人的健康。

对人的健康威胁最大的是疾病,自古至今人们都在与各种疾病作斗争,无论我们如何防范,都免除不了疾病,因此,要保障人的健康成长,就必须有制服各种病魔的办法。所以,发展医疗事业远比发展营养品事业好得多。当然,医疗是我们解除病痛的最后防线,不是我们保障身体健康的起点。如果我们要提前预防各种疾病,降低患病率,做好两方面的工作是重要的,一是要搞清楚怎样的生活不易导致疾病,二是要搞清楚一些疾病在什么样的情况下易侵犯人。如果搞清楚了这两方面的问题,我们就可以提供科学的健康指导,可以防患于未然。同时,在与疾病作斗争的过程中,对于一般的疾病,我们应该有这样的意识:一是先依靠身体自身的机能克服疾病,因为身体就有这样机能;二是运用非药物的方法帮助战胜疾病,因为它们对身体没有负面影响;最后,在前两种办法无效的情况下,依靠药物医治疾病。所以,并不是我们一感到身体不舒服就立刻使用药物,如果这样,我们就渐次养成了对药物依赖的心理和习惯,这种心理和习惯弱化了人体本已有的预防疾病的机能,久而久之,就使其功能不能正常发挥,因而也不能有效地保障身体的健康。另外,这种心理与习惯也距离吸食毒品不远了,因为人对毒品的依赖与对药物的依赖在属性上有相似的性质,而且绝大多数药物本身就具有毒副作用。

再没有什么比锻炼对人的身体健康成长更为重要的了。生命本身就是一个活动过程,它的健康就依赖于它的活动,没有活动,就是对它的窒息。所以,小孩子就好动,就不停地动,儿童就喜欢运动,运动就是他们最乐于干的事情。这实际上就是生命的本质使然,它天然地引导人们健康成长。一般而言,活泼、喜欢运动的青少年就很少有不健康的,患疾病的概率就很低。因此,在儿童的成长过程中,我们要寻找各种各样的途径让他们动起来,学会锻炼他们的身体,即使在学习的过程中,也要有适当的动的内容,切忌让儿童一动不动地坐几个小时。锻炼身体不只是让他们跑起来、跳起来,更重要的是在他们喜欢动的年龄阶段,让他们学会锻炼身体的一些方法,而且要熟练地掌握这些方法,能达到自动化的地步。这样,在他们成年以后,当他们需要自主锻炼身体的时候,他们自然就可以利用这些方法锻炼身体了。否则,不掌握任何锻炼身体的方法,加上运动上的惰性,他们在成年以后就可能与锻炼身体无缘了。所以,在小学就应该天天有体育课,在中学就应该至少两天一次体育课,在大学绝对不能取消体育课,而且每节体育课一定要有质量,不仅要让每个学生掌握大众化的体育运动,而且要让学生掌握他们喜欢的特殊的体育运动,让每个学生在体育运动中活泼潇洒起来。当每个学生有了很棒的身体,以此为后盾,不论他们劳心或者劳力,他们都有可能锐意进取,奋发向上,取得一定的成效,至少可以避免因身体问题而妨碍他们的努力,也可以避免以后身体一直处在亚健康状态,令人一生都不愉快,不能轻松的学习和工作。所以,在中小学,以所谓的学习排斥学生的身体锻炼,实在是非常近视的急功近利的做法。近年来,我国国民身体素质的下降与此不无关系。

　　健康的身体孕含在健康的生活习惯中,实际上,饮食、对疾病的预防、锻炼总体上都包含在人的生活习惯中,不同的生活习惯就有不同的健康状况。所以,造就健康的身体应该先从生活习惯入手。人来源于大自然,大自然本身就可以孕育人的健康身体,最好的生活习惯是适应大自然的生活习惯。大自然虽然没有为人提供太优越的生存条件,但如果我们很好地利用大自然,绝对可以保障我们身体的健康。总体而言,大自然不娇惯人的身体,娇惯的身体可以在一时显得姣好漂亮,但健康的系数不是很高,更难生发博大的力量、持久的耐力和顽强的抵抗力。这就像树木一样,如果生活在大自然中,就可以顶烈日,挺风雨,傲霜寒,就可以获得无坚不摧的力量。但如果人为地营造一个风和日丽的温室,这纵然可以获得一定的安逸和舒适,但从此就成了难经风雨的弱者。人的身体就是这样,生活在大自然状态下的身体远胜于生活在温室中的身体。所以,生活在艰苦的条件下,过简朴的生活,对于一个健康而有力量的身体来说,是一件幸事,而不是不幸。因此,我们首先要克服娇生惯养的习惯,克服了娇生惯养的习惯,才能使人们渐次走进健康。娇生惯养和健康的身体在很大程度上是一对矛盾,娇生惯养多了,健康就少了,所以解决好这一对矛盾是形成良好生活习惯的第一步。

　　关于人的健康的生活习惯,论者很多,洛克在他的《教育漫话》中,开篇就用大量的篇幅论述这个问题,各方面讲得很细腻,最后还总结出了几条极易遵守的规则:

　　多吸新鲜的空气,多运动,多睡眠;食物要清淡,酒类或烈性饮料不可喝,药物要用得极少,最好是不用;衣服不可过暖或过紧,尤其是头部和足部要凉爽,脚应习惯冷水,应与水接触。①

　　这都是非常好的建议。在现代社会条件下,我们主要应该养成三方面的习惯:一是健康的作息习惯,二是健康的饮食习惯,三是健康的锻炼习惯。因为现代社会一方面给我们提供了大量的享受机会,另一方面又给予我们快节奏和高负荷的工作,因而不养成这三方面的习惯,很容易使人的身体处于无序状态,或一连几天开夜车,或一睡几天,或几天吃不好饭,或一顿暴餐,或长期不锻炼身体,或无休止的娱乐,这都容易拖垮身体。所以,我们就应该从小养成这三方面的习惯,否则我们就很难应付现代社会的生活。

　　在健康的作息习惯中,主要是养成早起早睡的习惯,因为早起的习惯几乎是我们良好生活习惯的一个瓶颈,是审视我们是否可以保持身体健康的一个窗口。洛克对此有比较好的论述,他说:

　　早起顶有益于健康,如果有人能够从小养成一种固定的习惯,及时起床,毫不为难,那么,一旦成年之后,他就不会把他的生命之中最好最有用的时间去浪费在昏沉中、床褥上了。儿童早起,自然便得早睡,早睡的结果可使他们养成一种习惯,不去参加那种不健康、不安全的逸荡的生活。大凡早睡的人是很少有十分荡检逾闲的。②

　　在健康的饮食习惯中,在我们养成一日三餐的习惯的同时,坚决避免暴食暴饮,坚决戒除抽烟的恶习,坚决不要染上吃零食的习气,在所进食物当中,要乐于粗茶淡饭,不要讲究什么鱿鱼海参、大宴大餐和专门的营养品,这都使人的消化系统负担过重,超越了人的身体所需。健康的身体最喜欢温和的多样化的食品。

　　在健康的锻炼中,要养成每天锻炼的习惯,对青少年来讲,除了每天早晨起来锻炼之外,还必须有其他锻炼的时间,切记不要由于年轻气盛而遗忘了锻炼,一旦养成这种习气,必将惰性十足,对身体、学习、工作都不利,因为在青年时代不积累好的身体资本,在这个时候亏欠身体太多,那么在中老年以后就要偿还青少年时期所欠的身体之债,到那时,身体就会遇到很大的麻烦,人的全部生活就可能是用来应付身体麻烦的,这就是人生后半期最大的不幸。

　　总之,身体健康是第一位的,它是我们人生全部生活的基础,因此,在青少

---

　　① 　约翰·洛克:《教育漫话》,教育科学出版社1999年版。
　　② 　同上。

年时期,身体教育就是最重要的教育,只要有利于身体健康,不论什么样的行为和活动,我们都应考虑;只要不利于身体健康,无论什么样的行为和活动,我们都应避免。只要在青少年时期奠定了身体健康的基础,在成年后,无论我们做什么样的工作,它就能够给我们提供充沛的精力和旺盛的生命活力,因而,也就能够帮助我们取得应有的成绩。健康的身体的确就是我们人生的大本营和精力库,这里有保障,我们的学习、工作和创造就有保障,这里匮乏和羸弱,我们做什么都会力不从心,达不到最高境界,实现不了最大价值,甚至就半途而废。

(2)精神的健康成长:健康成长的核心

人类和动物相比较,最奇特的地方就在于,动物的生命是单一的,它只有身体的生命,而人的生命是双重的,除了身体的生命外,还有精神的生命,而且,人之所以为人,不在于人有一个身体的生命,如果只有一个身体的生命,那么人和动物就没有什么两样,而在于人有一个精神的生命,人的精神生命才演绎出人类丰富的历史。人的这两重生命就像奔腾不息的河流,身体的生命是河道,精神的生命是河水,河道里有流水,河道才有意义,河道里没有流水,河道就没有意义,当然,流水必须由一定的河道来承载,没有了河道,流水就难以构成川流不息的大河。所以,河道和流水是紧密联系在一起的,我们不仅要关心人的身体成长,而且要关心人的精神成长,当我们看壮观的大河的时候,我们不仅是看河道,而且是看河水。所以,如果说身体成长是人健康成长的基础的话,那么精神成长就是人健康成长的核心。

身体成长和精神成长有很大的不同,身体成长有其特别的机制,只要吃饱饭,有适当的活动,身体就可以成长,而且外在的条件艰苦一些,也不妨碍人的健康成长,甚至还有利于人的健康成长,任凭人的食物有多大的差别,人的身体成长却没有多大差别,即使有差别,也不会对人产生重大的影响。但人的精神成长就不是这样,它"吃"的食物不一样,成长的状况就完全不一样,就像建造楼房一样,你用什么样的材料建它,它就是什么材料的楼房,也像作画一样,你画什么,它就是什么。当然,身体的成长和精神的成长也有相同的地方,对于身体,只要我们供给它一定的食物,它就会自然的生长,对于精神,同样,只要有了精神的食粮,它也会自然的成长。

由于人的精神属于意识的范畴,它生长的特别机制就是"反映",首先要把外在的东西反映到人的头脑中,然后不断地丰富、扩大、加工、组合,渐次生成人的独特的精神世界。而能够供给人脑进行反映的无非是两个方面的东西,一方面是物质性的,另一方面是精神性的。实际上,人的精神食粮的第一个来源就是现实的物质生活,包括自然环境、生活设施、人际关系、生活内容等,它们统统反映在人的头脑中,直接构成人的精神世界。同时,人去阅读书籍,欣赏各种艺术,沉思人情物理,进行各种形式的创作等,这些活动在人的意识领域中进行,本身就是精神成长的一个过程。所以,人的精神成长就是"物质"和"精神"两方面的集合,而且这两方面集合的越丰富,人的精神世界就有可能越健康,否则,就可能不健康。实践证明,不论什么样的人,一直处于单一的物质中或精神环境中,人的精神世界都会变得单调、狭窄、干瘪、枯涩,因而极度不健康。

人的精神成长不仅是反映型的,而且是潜移默化型的,即人遇到什么样的环境,精神世界就被潜移默化成了什么样子,这在某种程度上与变色龙有些相像,当环境变化了,人的精神世界就跟着变化。与变色龙所不同的是,变色龙始终会做这样的变化,而精神在第一次所遇到的环境里变化最快,甚至就是这种环境的产物,而在第二次、第三次等所遇到的环境里,它的变化就会逐渐减弱,甚至到最后就不发生多少变化。所以,我们就要特别注意儿童、青少年成长的环境,他们所遇到的环境具有发端性、初始性,对他们影响最大,给他们一个什么样的环境,就等于给了他们一个什么样的精神世界。

一个孩子的精神世界能够健康地成长起来,在外在环境上取决于三个方面的因素,一是丰富,二是健康,三是对人的精神具有吸引力和激发力。

人的精神世界是一个广袤的世界,它的内容就像我们所处的宇宙一样,具有无限丰富性,一个健康的精神世界就是一个丰富的精神世界。但这种丰富性不是精神自身能够产生的,它必须通过一定的环境刺激、激发和影响。所以,为了让人们的精神世界能够健康地成长起来,我们就必须给人们一个丰富的外在世界。就物质性的外在世界而言,一方面,我们要让人们有尽可能广的阅历,让人们的眼睛能够看到尽可能广的世界,不要完全局限在一个地方或一个环境;另一方面,即使在同一个环境,我们也要让人们尽可能多地参加各种活动,尽可能多地做各种事情,不要只停留在一种活动或一种事情上。就精神性的外在世界而言,一方面,我们要让人们所处的环境充满浓郁的人文气息,让每一幢建筑、每一个地方都能说出话来,散发出精神力量,以此陶冶人们的精神世界,唤醒人们的精神世界,刺激人们的精神世界。另一方面,我们要源源不断地供给人们尽可能丰富的精神食粮,例如,大量的书籍,丰富的文化艺术活动,特别是要根据人们的兴趣、爱好和文化层次,让人们接触历史上的思想大家、文学大家、艺术大家及其他们的作品,或学习,或欣赏,或研讨,使人们感受这其中的魅力,从而能喜好纯粹的精神活动,积极地追求纯粹的精神活动,不断开拓他们的精神世界,使其走向更高的境界。如果让人们处在一个单调、封闭的环境,他们的精神世界一定不会长成参天大树。

　　人的精神世界具有典型的"近朱者赤,近墨者黑"的特征,所以,我们要使学生的精神世界能够健康的成长起来,不但要给他们一个丰富的环境,而且要给他们一个健康的环境。就物质性的环境而言,不论是自然界的山光水色,还是公园式的亭台楼阁,不论是农村的田园景致,还是城市的街区风光,不论是公共设施,还是机关单位,只要干净、明亮、宽敞,既能透射自然的和谐与温馨,又能反映人工的匠心和艺术,只要不肮脏、龌龊、污染,既能使人愉快工作,又能舒心生活,那么人的精神世界就不会感到压抑、郁闷、恶心,就会舒展地生长。就精神性的环境而言,不论是书店、学校、网吧、剧院、饭店、娱乐场所等,我们都应该让其充满先进、高雅、正派的文化气息,坚决清除那些低迷、庸俗、落后、诱人违法犯罪的文化内容,始终让人们呼吸清新的文化空气,吸收健康的精神食粮,这样,人的精神世界就能够健康成长。一个人的精神世界之所以肮脏龌龊,就是由于肮脏龌龊的外在环境引导的结果。所以,卢梭在《爱弥儿》中所说的一句话是非常深刻的,他说:"不要在教天真无邪的孩子分辨善恶的时候,自己就充当了引诱的魔鬼。"①这是对我们培养学生精神世界的一个严重警告。

　　人的身体成长必须有足够的饮食,一旦饮食欠缺,身体就会发出一定的信号,迫使人立刻进行补给,这是人们不得不为的事情。但人的精神成长就不是这样,当人缺乏精神食粮的时候,尽管人的精神世界会发生一定的饥荒,甚至就会"死亡",但人没有像身体缺乏饮食那样有明显的感觉,甚至就感觉不到,特别对于那些从不关注自己的精神世界、致使自己的精神世界处于死寂状态的人而言,在没有精神食粮的情况下,不仅感觉不到自己精神世界的危机,相反,再给予他们一定的精神食粮,他们感觉还是多余的。这样的人的精神可谓已经死亡了,至少是麻木瘫痪了。所以,为了使人们的精神世界能够健康成长,我们还必须让人们能过富有意义的精神生活,使其对一定的人类精神生活有一定的兴趣,这样,人们就会逐渐认识到自己还有一个博大的精神家园,如果不好好经营,它就会变得荒芜和凋零,进而毁坏做人的意义。

　　现代社会有一个重大的倾向,就是刺激人们的物质欲望,引导人们过分关注外在的物质生活,让人们拼命地工作,最大限度地赚钱,为房子、车子、票子这些东西奋斗。在人们富裕起来之后,又让人们沉浸在物质性的享受和消遣中,吃喝玩乐,一味讲求物质享受的阔绰与排场,结果物质有力地统治着整个社会,人的精神被排挤到生命活动的最边缘,受到空前的冷落与蔑视。所以,人们在辛苦之后得到的不是甜蜜,在成功之后得到的不是喜悦,在奋斗之后得到的不

---

　　① 卢梭:《爱弥儿》上卷,商务印书馆 1982 年版。

是满足,一种强大的空虚、无聊之病症弥漫人的精神世界,人们变得颓废、沉沦、抑郁、苦闷、烦恼和绝望。反过来,人们又极度不珍惜自己的身体,吸毒、卖淫、抽烟、酗酒、自杀、犯罪、自虐、仇视他人,整个精神世界陷入空前的灾难。所以,我们必须引导人们从小就关注自己的精神家园,激发起人们对精神生活的浓郁兴趣,坚决防止物质主义的泛滥。这样,我们的精神世界就会伴随物质上的富裕而健康成长起来,最终为我们的生命赢得无限的充足和幸福。

人的精神世界是非常博大的,人的一言一行、一举一动都与人的精神密切相关。但如果我们要让学生的精神世界健康成长起来,至少应该重视四个方面:一是深刻的智慧,二是丰富的思想,三是高尚的情趣,四是坚强的意志。这四个方面就像四大支柱,撑起了人的健康精神世界的主要方面。

智慧是人脑特有的机能,每一个大脑健康的人都有可能拥有一定的智慧。智慧既是人们把万千世界能够敏锐地反映在头脑中的一种能力,也是人们在纷繁复杂的现象背后把握其本质和规律的能力,还是人们驾轻就熟地驾驭和创造这个世界的一种能力。它既与人们的经验相联系,又与人们的学问相联系,经验积累到相当程度就会滋生智慧,学问修养达到一定的境界也会发生智慧。有了智慧,人们就可以认识这个世界,可以有效地把握这个世界,可以灵活地创造这个世界,因而也能够找到一条轻松而幸福的生活之路。同时,有了智慧,人的头脑就像有了一个活的源泉,使人的精神世界充满活力,不断生长,产生越来越多的内容,因而也变得越来越丰富。但没有了智慧,人的头脑麻木,反映僵死,任何外界的力量在他的头脑中没有呼应,因而人的精神就难以生长。

培养人的智慧,路径特别复杂,见识的扩大,学问的加深,勤奋的实践都能够通向智慧,但本质的一点,就是万事都要经过头脑的思考,如果我们能见因就寻果,见果就问因,因果不明就探究,通过探究试图得出合理的结论,我们就会渐渐变成一个有智慧的人。在见识、学问、实践等的基础上,积极的思考是智慧产生的母体,什么也不思考的人,肯定难以有智慧。目前只坐在教室里被动接受知识人,不论头脑里装多少知识,如果不勤于思考,智慧永难产生,相反,大量的僵死的知识还可能是妨碍智慧生长的绊脚石。

人的精神世界包藏的最宝贵的财富就是思想,人是唯一可以吸纳思想、存储思想、创造思想和表达思想并用思想影响世界的动物。法国思想家帕斯卡尔就曾做过一个非常著名的比喻:人是一根能思想的苇草。正是这种能思想的属性,使大千世界、宇宙万物有了言说不尽的意义,才使人成为宇宙当中最高贵、最有力量的动物。罗素不但指出："惟有思想和精神才能超出禽兽的水平。"①而且热情地讴歌了人的思想："思想是伟大的,迅速和自由的,是世界的光,是人类主要的光荣。"②当人们的心间有了丰富的思想,就像人们在现实中拥有了巨大的财富一样,在精神领域就成了最富有的人,这种富有从内心来讲,使人的精神充实,心灵高贵,智慧丰满,从外在性来讲,使人获得洞见,获得力量,获得自由,而最可贵的是,一旦当人们领悟到思想的魅力之后,人们就会对人类遗留下来的一切思想产生浓郁的兴趣,以至于怀着极大的热情探寻一切伟大思想家的伟大思想,浸淫在他们的思想宝藏中,吮吸他们的智慧,不但使一个人的精神世界渐次变得博大、丰富、充实,充满生机和活力,而且使人的精神世界变得健康、安泰、平和,甚至就达到了"究天人之际,通古今之变,判天地之美,析万物之理"的大智大慧的境界。如果能这样,人的精神世界是何其完美啊!一个人精神的伟大主要是他思想的伟大,一个人精神的贫瘠也主要是他精神的贫瘠。

　　思想也不是在人的精神世界里自动产生的,一个人要获得丰富的思想,一个根本的途径就是"行万里路,读万卷书"。当一个人的眼光能遍览世间万象,并囊括于心的时候,自然就能孕育出人的博大思想。同时,如果我们能培养起人们对书的兴趣,让读书成为人们每天生活的一部分,让人们感觉每天不读一点书,就像一天没吃饭一样,肚子饿得慌,这样,人们就会常常漫步于人类文化思想的宝库中,就会使自己的思想世界一天天博大起来。

　　一个精神世界比较健康的人也是一个富有情趣的人,一个富有情趣的人才是一个精神健康的人。人非草木,孰能无情,人脱胎于大自然,生长于社会,不可能对自然和社会中的事物不产生一定的情感和趣味,情趣就是人们对世界事物所产生的特别情感和趣味。应该说,这种情趣是人自然生发的,如果没有特别的障碍,这种情趣就会自然生长起来,如果生长起来了,人的沉闷生活就有了活力,单调的工作就有了趣味,贫乏的事业就有了意义,因而人的精神世界也就能灵动、活泼、高雅、丰富起来。对人讲,最可怕的是没有任何情趣,一旦人没有了情趣,五彩缤纷的世界就好像退去了颜色,大自然的协奏曲就好像没有了声音,丰富多彩的社会就好像没有了意义,一切难动心弦,一切难染情感。哀莫大于心死,悲莫大于情绝,在这种情况下,人的精神世界就等于衰竭了。所以,如果我们能从小培养人们对这个世界的情趣,那么人们就有可能拥有一个健康的精神世界。试想想,当一个人能对一片蓝天、一朵白云、一颗嫩芽、一株小草、一

---

① 罗素:《社会改造原理》,上海人民出版社 1959 年版。

② 同上。

粒花瓣、一支小溪、一个浪花、一块岩石、一群小鸟产生情趣,能对春暖花开、夏日艳阳、秋高气爽、冬雪飞舞、高山流水、名山大川、江河湖泊、群雁高飞、鱼群戏水等有特殊的兴致,能对美术、音乐、书法、棋艺、集邮、古玩、时尚、政治、宗教、文化、摄影、民俗等有特殊的趣味,那么他一定是一个情感丰富、思想细腻、热爱自然、热爱生活、热爱社会的人,而且他的精神就可能处在真善美的陶冶中,因而也一定会有一个清爽健康的精神世界。

　　要培养人的高尚情趣,最重要的就是要从小呵护孩子的一颗好奇心,始终让人们保持一颗趣味四射的童心,使人的精神处在最大限度的自由中,这样,人的自然情趣就会产生出来。在目前的情况下,除了不要迎合人的低级、庸俗、颓废、放荡的需求外,不要让学业和工作占据人们的全部时间,让人们享受充分的闲暇,各种各样的情趣就有了产生的余地。当学业让学生不堪负重,工作让人们劳顿倦怠时,情趣就会被渐渐压灭,最终残留下的就是一个紧张、灰暗、阴沉的心灵,精神健康也就无从谈起。

　　一个精神健康的人也一定是一个有意志力的人。意志力是一个人精神世界非常重要的内容,它不但表明一个人在多大程度上拥有自己的力量,而且表明一个人在多大程度上获得了自己的主体地位,做自己的主人。在现实生活中,当一个人想做某件事情的时候,如果他的内心会生发一种力量,让他积极去完成,当他不想做某件事情的时候,他内心也会生发一种力量,让他积极去遏止,那么这个人就有意志力,就是他自己的主人。相反,当一个人需要坚强的力量去为自己的目标奋斗时,他的内心不能提供这种力量,当需要一定的勇气去克服某些诱惑时,他的内心不能生发这种勇气,那么这个人就没有意志力,难成自己的主人。

　　有意志力的人,当确立一定的目标之后,不但会排除各种干扰,克服各种诱惑,而且会全力以赴,勇往直前,一步一个脚印,最终取得成功。但没有意志力的人,不但不能阻挡各种干扰和诱惑,难以集中注意力为自己的目标奋斗,而且就像漂浮在大海中的树叶一样,易受周围事物的摆布,随波逐流,一事无成。所以,一个精神世界健康的人,必须有强大的意志力做自己的主宰,用这样的意志力保证自己正确的人生航向,取得人生的成功,而且保证自己的精神世界不受浊泥污染,永远健康干净。

　　一般而言,当一个人的精神世界比较丰富的时候,他不但拥有了相当的知识,而且也具备了一定的智慧,就可以自信地认识这个世界,判断这个世界,做自己的主人,在这种情况下,他自然就有了意志力。相反,当一个人的内心世界比较贫弱的时候,他既没有认识这个世界的知识基础,又没有洞察这个世界的智慧能力,因而不论干什么事情,畏首畏尾,犹疑不定,所以,也就不会有坚强的意志力。因此,培养人们的意志力,就应该从丰富人们的内心世界开始,让人们拥有更多的智慧洞见,以此增加人们的自信心,获得内在的力量。

坚强的意志力不但来自于人丰富的内心世界,而且来自各种艰难困苦的磨炼。实际上,人的意志力根本不表现在人的顺境中,因为顺境很少借用人的力量,相反却表现在人的各种逆境中,在逆境中才要借助人的力量克服各种障碍。所以,只有逆境才能锻炼人的意志力,克服一次困难,拒绝一次诱惑,经历一次挫折,只要不气馁,不消沉,都是对意志力的很好锻炼。因此,逆境并不是坏事,只要我们能很好地驾驭它,它就是我们意志力的最佳生长点。

(3)社会性的健康成长:健康成长的效用

人既有身体,也有精神,只要我们把人置于适当的环境之下,人的身体和精神都会发育成长,但这两种成长都是自我意义上的成长,都是个人范围内的事情,对每一个人而言,这是"我"的身体,这是"我"的精神,既不能置换,也不能代替,正因为有了这样的成长,每一个人才是独一无二的自己。但人绝不是一个独立的个人,而是相互交织在一起的社会的人,每一个人只有保证了与社会的联系,才能保证自己是一个独一无二的人,而且个人的一切价值和意义只有在与社会相联系的具体关系中才能显现出来,没有了与社会的联系,个人就没有了"人"的意义和属性。所以,我们所关注的不只是让一个人的身体健康成长起来,也不只是让一个人的精神健康成长起来,更要让一个人与社会保持良好的关系,如果一个人能与社会保持良好的关系,彼此和谐,相互促进,那么一个人的身体和精神都能发挥出良好的效用,进而使一个人真正完善自己,实现自己的人生价值;但如果一个人不能与社会保持良好的关系,不能适应社会,不能处理好各方面的关系,或与社会对垒,违法乱纪,甚至成为一个反社会者,或受到社会的压抑,心理苦痛,灵魂扭曲,甚至成为一个心理畸形人,这都可以毁灭一个人,使他们身体和精神决然发挥不出作用。所以,在人的身体和精神健康成长之外,还有一个很重要的成长,那就是如何与社会保持良好的社会关系,我们把这种成长就叫做社会性的成长。

也许,人们会把人的社会性成长归纳到人的精神性成长之中,因为社会性成长大多与人的思想、观念、信仰等精神性因素有关,并且也以这样的形式表现出来。但我们必须清楚,人本身就是一个精神的动物,只要不把人与其他人绝对隔离开来,其精神就会发育成长,如意识的产生,思维的活动,情趣、爱好、追求的显现等,这就是单纯的精神性成长。然而,当我们如何处理自己与社会的关系时,我们是较好地适应了这个社会,还是表现出某种程度的无能,面对自己的社会环境,我们表现出了良好的社会心态,还是失去了平衡,在社会上做事,我们能把握自己的道德人格,还是丧失了自己的道德人格,等等。这些固然都表现为精神活动,但是人如何处理与社会关系的精神活动,不像一个人在那里读书或欣赏一朵花之类的精神活动,不直接面对社会。所以,我们就有必要把人的社会性成长从人的精神性成长中分离出来,特别加以阐释和说明。

社会性健康成长的第一要义就是具有正义感。正义是维系社会和谐与平衡的最高尺度,正义不但把所有的人在社会上安顿下来,而且按照最合理的方式安顿下来,因而使所有的人能够相互接纳,和谐共处。所以,谁维护了正义,谁就维护了整个社会的和谐与平衡,因而谁也就能得到社会的保护和支持,谁破坏了正义,谁就破坏了整个社会的和谐与平衡,因而谁就应该得到社会的制裁与处罚。如果人们能维护起码的正义,那么人们彼此就可以和谐相处,愉快工作,正常生活。相反,如果人们失去了起码的正义感,好坏不辨,是非不分,混淆正误,颠倒黑白,那么人们就无法正常相处,更谈不上有效工作和热情创造,他人就可能成了地狱,社会就可能成了战场,彼此之间相互倾轧、陷害、施暴、摧残,人不再是宇宙当中最高贵的动物,相反真正成了尼采所说的相互纠缠在一起的恶蛇,或霍布斯所说的相互撕咬的恶狼。所以,教育人们获得起码的正义感,运用正义的力量建立我们社会的运行机制就成为一种必要。

当然,正义是一个高度抽象的概念,在每一个时代、每一个国家,正义都有不同的内容。但有一点变化不大,即正义所考虑的就是最大限度地让每一个人都生存下来,具体到个人,就是当自己追求良好生存状态的时候,必然也要考虑其他人的生存状态,尽管这不可能即刻达到,也不可能完全实现,但应该是我们永远追求的目标,有这样的理念,就具有正义感,没有这样的理念,就没有正义感。所以,我们要让人们在社会中健康成长起来,就让人们看到的不只是自己,把自己点滴小事置于其他一切人之前,而要看到其他人,把其他人的利益置于和自己同样重要的地位,同时强烈要求限制和抵制任何随意破坏人们各种利益的行为,这就是正义感的生成,就是健康的成长。

伦理道德是人们用来处理人己关系的艺术,人和人应该构成什么样的关系,这是伦理要阐释的内容,人与人所构成的关系到底应该达到什么样的效果,这是道德要阐释的内容,伦理在于客观地考察现实的人际关系,道德在于使这种关系达到理想的状态。因此,伦理道德往往是相通的,二者共同为构建和谐的、友好的、创造性的人际关系服务。如果说人的本质属性在于社会关系的话,那么伦理道德就是通过构建这样的社会关系而达到塑造人的本质属性的目的。因此,只要具备人的属性,这种属性当中就会包含伦理道德的内容,也可以说,如果一个人的身上不包含伦理道德内容,他就会失去人的属性而徒具人的皮囊。

伦理道德由最初的构建某种现实的关系以及使这种关系达到理想的状态逐渐转变为对人的种种要求,因为只有人们达到了这些要求才会建立相应的人际关系,取得良好的社会效果。所以,伦理道德到了今天,也多用来指人们身上应该凝聚成的能取得良好人际关系的诸多品质,如智慧、勇敢、节制、正义、大公无私、乐于助人等。当然,通过让人们具备这样的品质,最终让人们回到现实当中,去享受一种温馨的人际关系,品味这种人际关系带来的幸福生活。这样,教育培养人相应地也应该有这样三个步骤。首先,要让人们明确认识到我们应该和周边的人建立什么样的关系,这种关系要达到什么样的效果。其次,为适应这种关系和效果,促使人们在自己身上形成相应的品质。最后,以这样的品质实现我们当初所追求的人际关系,在这种人际关系中展现我们的一切属性,创造我们作为人的价值。如果我们能按照这样的图式让人们生成牢固的伦理道德观念,那么人们在社会上就能健康成长。

如果我们根据一定的人际关系考察人的伦理道德观念,那么人应该具备的道德观念就非常多,因为人们占有的人际关系是多种多样的,但这样一来,伦理道德就变得非常多,使人们无所适从。所以,与其如此,我们还不如把在所有人际关系中人们应追求的共同的伦理道德观念抽象出来,让人们领悟它的本质,这样人们就可以轻松地获得最起码的伦理道德观念,然后在任何人际关系中都表现出来。由于社会是由每一个人组成的,所以,在一个社会群体中,只要人们不严重损害这个社会群体,我们就应该让每一个人都在这个社会群体中生存下来,并且生存得越来越好。这样,作为处理人际关系的伦理道德的本质就是让每一个不破坏我们社会群体的人生存下来且生存得越来越好。只要有了这样的观念和心态,那么人们就有了最宽泛的伦理道德情怀,如果自己不好,就希望能寻找到一定的社会途径使自己变得好起来,如果别人不好,我们也会通过各种努力让别人也好起来。实际上,这就是我们要寻找的好人心,如果大家都具备了这样的好人心,那么我们这个社会就会变成大家共同生活的温馨和谐的家园。

良好的社会适应性是一个人健康成长的重要内容,人绝不能在自身范围内成长,人的每一个血脉只有沉浸在社会环境中,与社会息息相通,才能得到充足的社会营养,因而才有可能健康成长,断绝了与社会的关系,就等于断绝了人的健康成长,社会关系或社会环境才是人健康成长的根本保障。

然而,社会与人既是一个联袂体,又是一个矛盾体,虽然人必须在社会中才能健康成长，但社会并不必然使人健康成长，因为有些社会环境适宜人的成长，而有些社会环境不适宜人的成长，也就是说，有些社会环境有丰富而健康的精神食粮，可以激励人、鼓舞人、催人奋进，而有些社会环境充满肮脏的东西，诋毁人的精神，污染人的心灵，扭曲人的人格，甚至压抑人、摧残人、折磨人，根本不利于人的健康成长。但不论在什么样的社会环境里，我们都必须生存下来，而且要求得健康成长。

如果我们试图在任何一个环境里都要求得健康成长的话，我们就必须对社会先有一个正确的认识，即在任何时代，社会都是不完善的，没有一个尽善尽美的社会，不但如此，在历史发展的特定阶段，社会还有可能变得相当糟糕，因为万事万物既有好的一面，也有不好的一面，有好的发展阶段，也有不好的发展阶段。有了这样的认识，当我们遇到一个相对较好的社会的时候，我们就不会欣喜若狂，忘乎所以，放弃自己的任何努力，当遇到一个不太好的社会的时候，也不会捶胸顿足，悲观失望，无所事事，随波逐流。

社会是一个非常大的生活场，它包容的东西非常广，善的东西有，恶的东西也有。如果我们积极地寻求善，社会中的善就非常多，它足以使我们每天都可以充满微笑，如果我们有意去寻找恶，社会中的恶也不会太少，它也足以使我们每天痛苦不堪。所以，社会原本就是同样的社会，我们看待它的眼光不一样，寻找的东西不一样，社会所呈现的状态也就不一样。所以，在同一个社会里，我们把它看成善在于我们自己，把它看成恶也在于我们自己，我们为善有充足的理由，我们为恶也有相当的条件。所以，在任何一个社会里，社会的善恶在于自己的态度，个人的善恶在于自己的作为。因此，一个人到底怎样，重要的是自己而不是社会。所以，当我们悲观厌世的时候，当我们不能适应社会的时候，或许这就是自己的心态和作为的结果，如果我们能改变我们目前的心态和作为，我们就能走出这样的阴影。

当然，我们的心态和作为并不能改变一切，我们许多人也会遇上人生的厄运，各种挫折和打击会交汇出现在我们的生活中，不道德的现象、为非作歹的现象、腐败的现象处处与我们作对。但我们不能就此悲观失望，如果失望下去，我们就会一直被悲观的情绪所包围，不但一事无成，而且让我们痛苦一生。在这种情况下，我们不妨做这样的思考：第一，人生本来就是不完美的，我们遇到的诸多不幸，就是人生不完美的表现，它是再正常不过的事情；第二，人生的苦难并不一定要把人生引向不幸的深渊，相反，它是我们走向成功不可缺少的台阶，是我们酿造人生蜜汁不可缺少的原料，现在，我们已经经历了这样的苦难，那么人生的成功和甜蜜就距离我们不太远了，只要我们不气馁，我们就一定能够得到;第三,从现实看,人生从来都不是由阴影的一面构成的,它必然有其光明的一面,既然生活已经过多地向我们展现了阴影的一面,光明的一面就可能正在显现,这就像人们常说的,如果人生糟到了极点,那么下剩的就会比这都好。如果我们有了这样的信念,那么我们就会逐渐走出人生的阴影,追求自己美好的生活。

适应社会就是先要学会接受社会,然后改造社会。作为一个要在社会当中生存的人,并不能因为我们不能拥有一个完美的社会而无法接受它,在和平的年代里,在不能期望用"革命"的手段解决问题的社会里,如果我们不能接受社会,社会就抛弃了我们,我们要么被社会排挤到它的最边缘,成为"社会边缘人",无力创造我们的幸福,也发挥不了我们对社会的作用;要么遭受社会更大的打击、压抑和反对,致使我们承受更多的不白之冤;要么就自我隐居,形单影怜,逃避社会,逃避人生,甚至把自己置于浑浑噩噩、无意义的境地。所以,我们要有一个积极的心态,面对社会当中的一切,先求得自己的生存,然后再寻找改变的方式和途径,不能接受社会的人要在社会中健康成长,那是绝对不可能的。当然,我们主张接受社会,并不是要求屈服恶势力,也不是要八面玲珑,投机钻营,而是要在总体不把社会看得龌龊不堪、不无缘无故就讨厌社会的基础上,做一个正直的、有道德心和责任心的人。

适应社会,还要学会在社会中寻找到自己恰当的位置,称心如意的学习和工作,也就是要根据自己的能力来做自己适合的事情。现代社会是一个快节奏、高竞争的社会,如果无视自己的能力而投身于自己不能胜任的学习和工作行列,自己的身心就会一直处于高紧张、高焦躁、高繁忙、高压力的状态,久而久之,不但会失去学习和工作的兴趣,而且会酿成心理疾患,导致全身心的崩溃。所以,面对社会的竞争和诱惑,我们也要能舍得起、放得下,找准自己的位置,轻松而有效的生活。

能有效的适应社会而不丧失自己的人格,就是一种健康的社会性成长,不能适应社会、与社会严重对垒和冲突,导致自我心理不正常,就是一种不健康的社会性成长。

3. 健康成长的重要纬度

尽管我们已经阐述了健康成长的基本理念,也明确了健康成长的基本内容,但这依然很笼统。在现实生活中,如果我们要切实找到健康成长的道路,使自己一天天健康成长起来,我们还有必要找到更具体、更易操作的途径,弄清楚健康成长的核心方面和衡量健康成长的基本尺度,有了这样的核心方面,我们就可以抓住它一步步努力了,有了这样的基本尺度,我们就知道我们是不是健康成长了。

(1)找准健康成长的核心

人是一个复杂的动物,在人身上蕴含的潜能非常多,从理论上讲,这些潜能都应该被开发出来,而且都应该得到最好的训练,达到最佳的发展水平,这样才算全面发展,才算健康成长。正因为如此,马克思才提出了全面发展的理论,该理论认为,人在德智体美劳等各方面都要得到和谐而完整的发展;人的需要要得到全面的丰富和满足;每个人的潜力和智能要得到最大限度的发挥和运用;每个人要经历尽可能广的社会空间和尽可能多的社会生活;每个人都是自由的,即每个人的自由发展是一切人自由发展的条件。客观地说,这是人发展的一种理想境界,是整个社会孜孜以求的永恒目标,但不是现实的具体发展途径,也不是每个人应选择的健康成长的基本内涵。

在现实生活中,单个人毕竟是一个具体的在各方面都有一定限度的人,但社会是一个庞大的组织,具有无限多样性,无论如何,单个人不能和社会相同等,不可能占有社会生活的各个方面,也不可能从事社会应有的全部职业。所以,当我们追求人的健康成长的时候,不能把重心放在人的全面发展上,以人的全面发展作为人的健康成长的目标,这是一种误区,在单个人身上不可能拥有社会生活的全部内容。

但是,我们发现,每一个人都有他特定的内在的确定不移的甚至一辈子都很少变化的兴趣、爱好,一些人对此事物特别感兴趣,一些人对彼事物特别感兴趣,很少有对任何事物都不感兴趣的人。所以,一个人的健康成长,不是在所有方面都得到发展,而是首先在自己感兴趣的领域有所发展,一个人能在自己感兴趣的领域得到长足的发展,就是一种健康成长。试想想,一个人对某一领域特别感兴趣,但我们却忽视了它或压抑了它,结果使他在这方面的能力没有发展起来,这能叫健康成长吗? 相反,我们对他的兴趣大力支持,提供各种条件积极培养,结果使他这方面的潜能充分发挥出来了,有了相应的能力,这能不叫健康成长吗?

所以,要让一个人健康成长,我们就必须找到一个人的兴趣和爱好,把这样的兴趣和爱好作为一个人健康成长的核心,当这样的兴趣和爱好生机勃勃地发展起来的时候,他就健康成长起来了。

那么,我们如何找到一个人的兴趣和爱好呢? 首先,我们要从小保护一个孩子的好奇心。可以说,任何一个孩子从一降生就对自己周围的世界充满了浓厚的好奇心,他们试图探究这个世界中的一切迷津,并常常以自己的方式做着特有的尝试。在此情况下,不论一个孩子有多大的失误,只要我们不呵斥、不打击、不压抑、不阻止，相反，加以正确的引导和帮助，孩子的好奇心就会渐渐向一个或几个方面集中，慢慢就凝结成了他特别的兴趣和爱好，抓住这样的兴趣和爱好，不失时机的加以培养，一个孩子就有可能得到健康成长。

其次，我们要让一个孩子广泛地接触社会生活。虽然我们可以肯定一个人有他特别的内在兴趣和爱好，但这种兴趣和爱好是潜在的，往往不易被知觉，只有在外界各种因素的作用和刺激下，他才能被激发出来，才能成为一个人特别的内心倾向。当然，还有这种情况，特殊的社会环境和社会条件也能激起人特殊的兴趣，但这种兴趣不是一个人主要的、持久的兴趣，而是对当时的社会环境和社会条件所做出的临时反映，如果我们抓住这样的兴趣和爱好加以培养，就有可能陷入误区，不会有好的前途。所以，只有让儿童广泛接触社会生活，在广泛的社会活动中，一些临时性兴趣就会被淘汰，而真正的、持久的兴趣就会凸现出来，以这样的兴趣为核心，加以积极地引导和特别的培养，一个孩子就可能会健康地成长起来。

再次，我们要善于倾听一个孩子的内在声音。一个人一定有他内在的东西，那就像一粒种子包含着他将要发育成什么样子的所有因素一样，忽视这样的内在因素就忽视这样的人，忽视他的健康成长，因为人的健康成长就是按照这样的因素逐渐生长的。但这样的内在因素往往是微弱的，它会被外在的各种因素所湮没或歪曲，因而得不到适当的引导和发挥。如果人内心真正的东西被忽视或压抑了，它就会以极其隐蔽的形式存在下来，以潜意识的方式在人的内心作祟，严重的时候会导致人的心理失衡或紊乱，因此，极不利于人的健康成长。为此，我们不但要让孩子在尽可能宽松自由的环境下成长，使他们能够听到自己内在的声音，按照他们本应有的图式发展自己。在这方面，马斯洛提出了一种非常好的方法——"有帮助的任其自然"，即在搞清楚孩子天性的基础上，积极帮助他们，而不是按照我们的意图，随意培养他们。

当然，我们这里所说的就是儿童成长的核心，而不是让儿童只发展一个方面，更不是限制儿童在其他方面的发展。如果一个儿童有多方面的兴趣，我们就要多方面培养他，不能为了一种兴趣而排除其他兴趣，如果一个儿童只对某一方面的事物有兴趣，我们就把这一兴趣看成他健康成长的核心，然后以这一核心为基础，向其他方面扩展，尽力发展成一个丰富的人。而且，我们也发现，不论一个人的内在兴趣多么浓厚，他也不可能只过与这一兴趣有关的单一生活，他必然涉及社会生活的其他方面，由此我们也应该让他围绕自己的主要兴趣，使其他方面也有所发展，这样，一个立体的、丰富的人才能健康成长起来。

（2）找到健康成长的尺度

尽管我们主张一个人的健康成长包括三个方面：身体方面的健康成长、精神方面的健康成长和社会方面的健康成长，但一个人最终是否获得了健康成长，我们应该从这三个方面综合去衡量，只有这三个方面在一个人的身上被和谐地整合在一起，都得到了积极的发展，而且相互补充，相互协调，共同促进，那么我们才可以肯定这是一种健康的成长。但非常明显，这是从最终成果上来讲的，不是从每天的成长过程来讲的，如果我们只集中在最终的结果上，那么一旦一个学生在这三个方面没有得到很好的发展，我们就没有办法补救，就像我们生产出了一个质量有问题的产品没办法补救一样。所以，我们必须从一开始就要把握一个学生是否在健康成长着，在他成长的每一个过程中是否都健康。这样，除了这三个方面的内容外，我们还必须找到一个能渗透到学生成长全过程的尺度，用这样的尺度随时衡量和矫正学生的成长。

实际上，在教育和培养人的过程中，不能太注重遥远的目标和结果，如果太注重这一点，一方面容易忽视我们目前的生活，另一方面，一旦遥远的目标不能实现或失败了，我们就失去了一切。而且我们也注意到，在纷繁复杂、变动不居的社会生活中，我们很难确定一个遥远的目标而为之奋斗。所以，许多人就主张，不要为小小的儿童从一开始就确立一个遥远的目标，使其只为这个目标去奋斗，这实际上是对儿童活泼好动的天性的一种极大的限制，也是对儿童目前快乐和幸福生活的一种极大的蔑视，很不利于儿童的身心健康和良好的生长。所以，杜威就提出了"无教学目的论"或"浅近教学目的论"，要求只强调儿童的具体生活过程，如果儿童每天的生活是健康的，那么儿童最终也是健康的，如果保证不了儿童每天的健康，那么儿童最终的健康也就有了怀疑。英国著名的教育学专家斯腾豪斯就强烈反对目标教学模式，因为目标教学把教师和学生都束缚到人们擅自设想出来的一些"目标"上，要求所有的人都朝着这一目标奋斗，这不但忽视了人们的个性特征，而且本身也不符合教学规律，因为每一堂课都是一个"实验室"，整个过程是一个"尝试"，没有一个确定不变的必须实施的目标，况且教育的本质也不是先提出一个人们必须达到的目标来束缚人，而是要通过更加灵活、更富有尝试性的生活解放人。所以，与目标教学模式针锋相对，斯腾豪斯提出了"过程教学模式"，要求我们注重学生每一过程的成长和发展。

如果我们暂时抛开了较为遥远的结果，那么我们就要重点省察我们的具体生活过程，通过省察这样的过程看学生是否获得了健康的成长。这一方法早在两千年前曾子就已经提出了，他说："吾日三省吾身。"（《学而》）这实际上就是时时刻刻反省我们每天在哪些事情上做对了，在哪些事情上做错了，从而坚持

对的,改正错的,使我们不断获得进步。我国著名的教育家陶行知也很注意这一方法,他提出我们每天要进行四问:

首先,我们每天应该要问的,是"自己的身体有没有进步? 有,进步了多少?"因为"健康第一",没有了身体,一切都完了!①

其次,我们每天应该问的,是"自己的学问有没有进步,有,进步了多少?"为什么要这样问? 因为"学问是一切前进的活力的源泉"②

再次,我们每天要问的,是"自己担任的工作有没有进步,有,进步了多少?"为什么要这样问? 因为工作的好坏影响我们的生活学习都是很大的。③

最后,我们每天要问的,是自己的"道德有没有进步,有,进步了多少?"为什么要这样问? 因为道德是做人的根本。根本一坏,纵然使你有一些学问和本领,也无甚用处。④

陶行知先生提出的"每天四问"当时就被人们认为"是我们每天做人做事的警钟,也是一切有血性有志气有正义感的人做人做事的宝筏,能把我们人生渡上更高境界的宝筏!"⑤这"每天四问"与我们讲的健康成长的基本内容相吻合,而且注重省察我们每天的进步,因而就是我们找到的健康成长的尺度,如果我们在这四个方面有进步,那么我们就在健康成长着,如果没有进步,那么我们的健康成长就有问题。

所以,根据以上启示,当我们衡量一个人是否健康成长的时候,不能把尺度放在最终结果上,而要放在具体过程中,在这样的过程中,我们判断一个人是否健康成长,就是看他是否今天比昨天有进步,进步了,就是健康成长,没有进步,就不是健康成长。当然,对这一尺度的理解不能死板教条,而要科学、灵活、具体。从总体上讲,可为进步的趋势,但从局部上讲,可缓可急,一段时间可缓慢酝酿,一段时间可为质的飞跃,从时间上讲,基本是每天有事可为,不虚度年华,但是否在积极做事和进步,可以每天为单位,也可以每周为单位,也可以每月为单位,进行前后比较,从内容上讲,基本上各个方面都要照顾到,身体的、精神的、社会性的都不可偏废,但在一个时间段内可以以这个为中心,在另一段时间内,可以以那个为中心,只要不在较长的时间内搁置某方面的成长和发展即可。

总之,健康成长是一个非常复杂的过程,不论对教师还是对学生而言,我们

---

① 　方明:《陶行知教育名篇》,教育科学出版社 2005 年版。
② 　同上。
③ 　同上。
④ 　同上。
⑤ 　同上。

不可能简单的、机械的用某一尺度立即作出衡量,我们所强调的是在尽可能短的时限内对自己的进步有所反省、省察和比较,善于反省、省察和比较的人就等于已经进入了健康成长的轨道,就在积极地追求健康成长。从来不知道反省的人,就等于放弃了对自己健康成长的督察,很少知道自己是否在健康成长着。所以,这个尺度的一个重要方面就是反思,善于反思,就是善于进步,善于进步,就是健康成长。

(二)让学生很好地生活

毋庸置疑,人是一个活的生命机体,生命在本质上就是一种无法遏止的冲动,是一种不可停息的活动力,是一种要释放出自己所有能量的变动不居的创造。柏格森曾对生命做过热情的讴歌,他用那文学色彩浓郁的笔调情不自禁地感叹道,生命是冲天爆,有如此惊爆人的力量;生命是火焰,有如此耀眼的光亮;生命是喷气,有如此巨大的要释放出来的能量。它永不间歇地冲动着,永不停息地流动着,永不停止地变化着,它简直就是一条无底、无岸的河流,我们见到的任何河流都不能与它相比,它的每一个状态既包含着过去,又预示着未来,它如此生机勃勃,俨然可以与上帝相媲美,当我们自由活动时,我们无不体验到它那神秘而强大的力量,这种力量让我们心魄荡漾,激动不已。所以,蕴含着生命的人,无不经受人可能所经受的一切,无不创造自己有可能创造的一切,无不享受人可能享受的一切,虽然每一个生命都是个体的,但它所爆发出来的图式和实践内容却是广博的,甚至是无限的。因此,对待人,我们首先就要把人看成活生生的生命体,就要看到生命博大而无限的活动图式和内容,以最可能丰富的方式把人引导到现实生活的各个方面,使生命获得自由、舒展和广阔的发展,从而使人迸发出内心的一切潜能,达到最高的发展地步,实现所有的人生价值,享受全面的生活幸福。

然而,我们不能深居到人的内心感受生命的活力,以生命理解生命,以生命阐释生命,如果这样,我们永远不知生命是何物,也不可能使生命获得现实意义。所以,我们理解生命的根本门径就是生命冲动所带来的外部表现形式,我们理解生命的关键就是生命如何现实地表现在具体的活动中。除此之外,我们不能理解生命的任何意义。由于生命是人的原动力,是人的一切外在活动的出发点,它原始地包含了人何以能够活动和怎样活动的胚胎,无疑,这种胚胎具有一定的丰富性和多样性,因此,我们把内在的生命冲动所表现出来的一切活动就叫生活,由此,我们也可以肯定地说,我们不是通过人的内在生命理解人,而是通过人的外在生活理解人,把握人的生命内涵实际上就是对人的外在生活的解读。有时候,我们也会深刻体会到生命仅为它自身属性所特有的一些表现方式,如爱的勃发、情的冲动,欲的不可遏止、无名的焦虑、心烦意乱等,尽管我们承认这是纯粹的不可言状的生命存在状态或形式,但如果我们要透彻或通俗地理解它,这无非就是人的生活在意识中的反映或基本表现,因为人是有意识的,当外在有了什么样的生活,意识就有了相应的反映或表现。所以,我们把人看成一个活生生的生命体,就是把人看成一个具体的生活过程,善待人的生命,让人很好的生活。人的一切问题就要在人的生活过程中说明和解决,无论我们想要在人的身上完成什么样的工作,都必须放在人的生活过程中。这样,对教育而言,教育过程就是让学生生活的过程,好的教育就是让学生很好的生活。

1. 对生活的解读

人的一切都包含在人的生活中,生活就是人的一切,没有谁能离开生活去解决人的问题,包括如何理解人或让人成为一个真正的人。这是一个简单不过的问题,但是,简单的问题往往包含我们感悟不透的东西。所以,当我们试图用生活说明人的一切问题的时候,生活就是我们首先要解开的一个谜,亦即我们首先要叩问:生活是什么?

实际上,有很多人就思考过这个问题,并做出过自己的回答。根据美国著名的哲学教授罗伯特·所罗门的介绍,人们至少有这样一些关于生活的看法:

①生活作为一场游戏。生活的本质在于玩,一切都不必严肃对待。

②生活作为一个故事。生活并不是断断续续的,也不是朝向唯一一个大目标,而是因循着某个相当详尽的剧本、故事或传记不断展开着,我们在某种程度上是一边前行,一边构造着这个剧本。

③生活作为悲剧。我们每个人身上都包含悲剧的一些关键要素,如某些悲惨的缺陷,判断的错误,严重的矛盾等,它们伴随着我们的一生,直到最后与死亡同归于寂。

④生活作为戏剧。生活有时候就是一个玩笑,给我们带来轻松和惬意,然而,生活也有一些严肃的戏剧,它们不是一个劲地做诙谐独白,而是关于抱负和挫折、欲求和失望的一个个故事。

⑤生活作为一种使命。歌德就把自己生活的使命描述为诗歌创作,以使德国人获得一种文化身份,黑格尔则把用哲学来澄清世界的意义当作自己的使命,一些政治家声称,自己生活的使命就是解放被压迫的人们,或者反抗国家的暴政,科学家则认为,自己的使命就是增加人类知识或治疗某些可怕的疾病。

⑥生活作为艺术。人的生活就是为自己打磨出一个形体,塑造出性格,发展出所谓"风格"那样的东西。尼采就曾说过,把你的生活当作一件艺术品去过。

⑦生活作为冒险。为了尽情地享受生活,人们可以自由地行动,不畏冒险,由此可以听天由命,即使迎接挑战和刺激,也会让人心动不已。

⑧生活作为疾病。美国的新弗罗伊德派哲学家诺尔曼·布朗认为西方资本主义社会的发展表明,生活本身像一种致命的疾病,至少最终是这样,因为它似乎无药可救,所以,人也是一种疾病。

⑨生活作为欲望。生活就是无休无止的欲望,人不可能最终获得满足。正是欲望和欲望的满足,才赋予了生活的意义,没有欲望便是离开了这个世界。

⑩生活作为涅槃。生活的目标在于尽可能达到一种无欲无求的宁静状态。

⑪生活作为荣誉。在荷马《伊里亚特》中的希腊人看来,生活本质上是真正做到无愧于集体的期待,在战斗中证明自己,不以任何方式使自己丢脸。

⑫生活作为学习。生活是一种"成长经历",活着就是开发你的个人潜力,所以,生活过程就是一个学习的过程,学习可以出智慧,因而善沉思的生活自古就是哲学家的建议。

⑬生活作为受苦。西西弗斯的故事就说明了这一点,他费尽力气把石头滚上山,换来的却是石头的重新滚落。生活就是这样一个受苦的过程。

⑭生活作为一种投资。在以商业为主导的社会里,我们很自然地会把生活看成一桩买卖。我们的有生之年就是能在各种事业中——职业、上学、孩子——投入资本,从而期望获得更大的回报。

⑮生活作为各种关系。生活中最重要的以及使生活获得意义的显然就是人与人之间的关系,这种关系不是身为人类一员或国家公民的那种抽象意义上的各种关系,而是一个人与几个人之间所达到的非常特殊的关系,如爱情、婚姻、友谊,生活的意义就在于人与人之间的关系网。

当然,这么多的对生活的看法并没有穷尽生活的所有方面,它们只说明了这样两个道理:第一,在不同的人眼里,生活有着不同的面目;第二,生活的内容是无穷尽的,至少是丰富多彩的。所以,以上只说明了人们对生活的感觉或者人们从不同的侧面看到的生活的意义,并没有回答生活是什么的问题。

生活是什么?我们还是不能离开这个词本身来谈其意义。生活是一个完整的词,但为了理解它的含义,我们可以先把它分开来,即"生"与"活"。生就是生命、生机,与僵死的物质及其单调性相对应。活就是活力、活动,与自身没有内在力量及其不运动相对应。前者说明其主体不但不是死的,而且生机勃勃,后者说明了其充足的活动力,而且就表现出具体的活动。所以,生活就是富有生机的生命所表现出来的具有自身活力的各种活动。不论人们对生活有怎样的看法,都离不开这一根本点。而这一含义有丰富的内容。

首先,生命是生活的源泉和基础。显然,当我们一谈及生活,它就蕴含着一个不言自明的条件,那就是相对于生命而言的,对没有生命的物质而言,我们绝不会说到它的生活。生活源于生命的冲动,生命冲动构成生活的全部基础。说明这一点,是为了这样一个目的:理解人的生活要深入到生命中去,而不能停留在它的表面现象上,当我们深入到生命当中去的时候,我们着意要了解生命原来包含着一些什么样的内容,弄清这些内容,我们才可以按生命的本来面目理解人,才能真实地认识人,由此我们才可以清楚地说明人的生活,而不至于剪断生活的生命脐带,凭空做出臆断。

其次,生机是生活的原本状态。所谓生机,就是事物达到一定状态就要生发出一定东西来的趋势。这种趋势,我们想阻止都阻止不了,就像春天一到,大地萌动,万物复苏,绿色流溢,鲜花竞开,我们谁也阻止不了它。也像腹中的胎儿,一旦经过十月怀胎,无论如何他就要生出来。生活就内含这样的生机,它是生命原有的属性,但要通过生活表现出来。所以,对生命内部萌动的生机,我们一定要让它表现出来,不能阻止它,无端阻止,只能是对生命的一种压抑和摧残,就像一朵花要开放,如果我们要阻止它,它就会被摧残一样。

再次,真正的生活是建立在自身活力基础上的。尽管我们可以指导一个人的生活,甚至也可以塑造一个人的生活,但这都是一种外在的力量,它必须以一个人的内在力量为基础,有了这样的内在力量,生命就没有压抑、阻止和曲解,就可以顺理成章地显现它自身所需要的生活。相反,忽视了这样的内在力量,我们不但不能给人一个满意的生活,可能还会糟蹋一个人的生活,甚至扭曲人性。这样,当我们建立一个人的生活的时候,我们必须以一个人自身的活力为基础,让这样的活力充分显现出来。当然,当生命的活力显现的时候,我们给予一定的条件和帮助是完全必要的。

最后,任何生活归根到底就是各种形式的活动。生命是一条绵延不断的河流,它流动的过程就促使人们进行各种各样的活动,这些活动就是生活的各种各样的形式。我们平时所能观察到的生活实际就是这样的活动。由于这样的活动丰富多彩,景象不同,所以,人们就给生活以各种各样的描述,好像生活原本就千差万别,其实,不论差异多么大,我们都可以叫生活。

2. 把生活当生活

由于生活最终表现为现实的活动,所以,一到现实环境中,人们就问应该过一种什么样的生活,因为现实的生活活动太多了。由此,人们也对生活做了分类,并指出人们应该过怎样的生活。

(1)广义的生活和狭义的生活

面对人的生命所表现出来的一切外在形式,人们就情不自禁地问:生活的范围到底有多大? 有的人认为,除了人睡着以外的所有活动都是人的生活,因此,它涵盖了人"动"起来的所有内容。而有的人认为生活就是指人的日常生活,也就是人的衣食住行、文化娱乐、休闲交往等方面的活动。前者就是广义的生活,后者就是狭义的生活。

(2)物质生活和精神生活

人之所以是一个特殊的最为高级的生物,就是因为人有两个世界:一个外在的物质世界和一个内在的精神世界。如果人们在外界的物质世界里活动,主要以物质为对象打交道,这就是人的物质生活。如果人们在内在的精神世界里活动,主要以非物质为对象打交道,这就是人的精神生活。前者也可以称作体力型的生活,后者也可以称作脑力型的生活。

(3)工作生活和休暇生活

人无论如何要走完自己的生命的历程,在这样的历程中,既要维持个人的生存,又要获得适当的休息和放松,要维持生存,就得工作,要获得休息和放松,就得休暇,前者叫工作生活,后者叫休暇生活。

(4)创造生活和享受生活

人是唯一能够进行创造的动物,所以,在人的生活过程中创造出了世界上原本没有的事物。当然,人的生活过程也是一个享受自己成果的过程。前者的生活,可以叫做创造生活,后者的生活,可以叫做享受生活。

(5)真值生活和虚值生活

人是不能靠自己本能生活的动物,相反,人总要对自己生活做出价值上的考问:什么样的生活有价值? 什么样的生活没有价值? 但不论我们以什么样的尺度来说明人的价值,都不可能使人一辈子都过有价值的生活,所以,当人一旦把价值目标确定之后,直接体现这种价值的生活就叫真值生活,停留在这个价值目标之外的生活就叫虚值生活。

(6)低期望生活和高期望生活

不同的人对生活有不同的心理期待,有的人期望过非凡的生活,有的人期望过平凡的生活,非凡的生活就是追求卓异和创新,要求超越众人,平凡的生活就是保持平常的心,让自己能顺利地走完自己的人生道路。前者就是高期望的生活,后者就是低期望的生活。

当人们对生活做了这样的分类之后,就谆谆教诲人们应该过一种什么样的生活,不应该过一种什么样的生活。比如,孔子就教导人们追求一种高级的精神生活,他说:"君子喻于义,小人喻于利。"(《里仁》)庄子却教导人们过低期望的生活,他说:"以道观之,物无贵贱。"(《秋水》)纵然我们可以教诲人们去过一种什么样的生活,但既然生活有那么多的类型,我们为什么要把人局限在一种生活当中呢? 而且,世界那么大,人的差异性又那么多,我们为什么要差异性如此大的人在那么大的世界里过同一种生活呢? 所以,应该说,有多少种类型的生活,人们就会有多少种生活方式,因为生活是具体的人的生活。因此,问题的关键不是我们应该过一种什么类型的生活,而是我们要把生活当生活,使每一个生活中的人都感受到这就是自己的生活,是令人满意的生活,是大家都很愉快的生活。

那么,我们怎样把准生活的脉搏,把生活当生活呢? 在这里,我们至少可以归纳以下这样几个方面:

第一,真正的生活是遵从生命意识的生活。生命是内在的活力,是内在的冲动,这种活力和冲动必然以各种形式反映在人们的意识里,从而要求人们做出相应的活动,由此就有了人们的生活。这种反映在人们意识里的生命活力和冲动就是人们的生命意识。生命意识具有原初、本真的特征,是人之所以为人的根,遵从它的冲动,就是遵从它的原本最真实的状态,由此根生长起来的生活就是真正的生活。

生命意识往往以内在的命令、内在的声音等形式表现出来,亦即在我们的内心不断翻腾的各种欲望、各种兴趣、各种志向、各种要求等。它们有时候非常强烈,有时候却非常微弱。但不论强弱,我们都不能压抑它或熄灭它。实际上,这种生命意识既压抑不掉,也熄灭不尽,压抑、熄灭的结果,要么使它以潜意识的方式存在下来,要么导致内心的严重冲突,造成人心理的苦难或精神的崩溃。现代西方许多心理学大师就把眼光集中在人的生命意识上而做了卓有成效的研究,如深入到人的意识深处发现了潜意识新大陆并掏出人的性本能的弗罗伊德,注意到人身上诸多的似本能特征并提出人不可或缺的五层次需要的马斯洛,直面人的生存意志而陷入欲望的大锅而哀叹人的苦难的叔本华,高扬人的权力意志而要求彻底摧毁人的道德堤坝以释放人的生命能量的尼采。他们无不在为人的这种生命意识寻找其基本的生活图式和现实的表现形式。虽然他们的理论——对生命意识的阐释差异很大,但都有一个基本的共同的看法:绝对遏制不了人的生命意识,也不能遏制。

人的生命意识是沉淀在人的心灵深处的带有一定模糊意义的东西,没有生命意识感的人很难清晰地去辨识它,在很多情况下,我们也很难断定我们心灵当中的一些意念,哪些属于生命意识,哪些不属于生命意识。正因为如此,人们才不善于从内心深处引导生活,相反,在别人的生活(不一定是他们真正想过的生活)中寻找自己的生活,或者纯粹就是在外在世界的刺激和诱导下来生活。所以,许多人要么生活在对生活本身无感觉的状态中,要么就处在苦闷、彷徨之中,至少感受不到生活的意义。

所以,我们要过具有自己生命意识的生活,就要注意我们的内心世界,就要善于倾听我们内在的声音,就要仔细辨识我们心中浓郁的好奇心、勃发的欲望、特别的兴趣、真切的嗜好、难以停歇的追求等等,如果我们不轻易漠视这些东西,不故意扼杀它们,遵从它们构建我们的生活,那么这种生活就是我们真正的生活,在这种生活中,就能够实现内心的和谐,获得心灵的快慰,也能实现人生的价值。

第二,真正的生活是真情所动心意所愿的生活。每一个人的生活都是自己身处其中、完全经历和感受的生活,自然,每一个人都希求这种生活是快乐的生活,是有利于自己成长和发展的生活,因而感受到这种生活是自己满意的生活,是真正属于自己的生活。谁都不愿意过受人强迫的生活,也不愿意过没有意趣、枯燥无味、令人厌倦的生活。所以,当一个人的生活图画在一个人的面前徐徐展开的时候,我们必须寻找人的主观感受状态,从这种主观感受状态来判断这种生活是不是一个人的真正生活。

在人的主观世界里,有两个非常重要的因素,一是情感,二是意志,这比任何其他因素如思想、观念等更能说明人的主观状态。我们从主观上要衡量一个人的生活是不是真正的自己愿意过的生活,最好从这两个因素寻找其根据。

情感是一个人之所以为人的最显著的特征,人的所思所想、所闻所睹,都要引起情感的反映,经过情感的过滤,渗透到人的心灵,并标志出其好恶倾向,如是喜好,就接受它、珍爱它,促使其发展壮大,至少会积极要求保持其原本的状态,而感受其心灵上的快慰。如是嫌恶,就避免它、剔除它,让其从自己的身边移开,甚至消灭它。所以,人的生活就应该有浓郁的情感色彩,情感使生活显现出丰富的人性内容,情感使生活表现出人的精神状态,情感使生活有了人的真挚的主观体验,情感为生活注入丰富的人情味。如果没有情感,把人置于任何境况下,都没有什么本质差别,就像一个石头,把其置于明媚的阳光下与置于狂风暴雨下,没有本质区别一样,真可谓无情不是人。所以,渗透了浓郁的情感的生活才是真正的生活。当然,这种生活是为情所动、为情所趋、为情所愿、为情所渴、为情所拥抱的生活,就是一个人自己的生活。

我们不但看到真正的生活是为情所动的生活,而且也要看到真正的生活是心意所愿的生活,情感和心意虽然都是心灵当中最能反映人的本真心理状态和生命意识的因素,但却是非常不同的因素,情感具有浓郁的感性色彩,它是人们对当下的事物做出的反应,是人们即刻表现出来的嫌恶倾向,所以,它重视的是目前短时间内的一种感受,如果这种感受良好,它就引导人们过这样的生活,如果这种感受不良好,它就引导人们避免或离开这种生活。但心意却不同,它是人的意志力的反映,它根源于人的理性,它不但对人的当下状态进行审视,而且也对人的长远状态进行审视,使二者完整的结合起来。所以,当一种生活为人们当下的情感所动、所爱,但仅是一时的感受,而并不利于人的长远目标,那么人的心意就不赞同、不支持,它就会让人的情感努力避免它、克服它,劝阻人们不要为一时的快乐所动。相反,当一种生活在人们的情感世界里并不感到满意,但在人的将来生活中却有较好的效果,那么心意就会劝人们来过这种暂时为情感所不喜欢的生活,而且,当人们的情感理解了这一点,就会以苦为乐,遵从自己的心意,从目前情感的"享乐"当中走出来,追求一种更高的目标,从而在整个生命河流中追求一种真正的生活。

由此我们可以看出,人是一个真正的矛盾体,情感和心意在人的内心就矛盾地存在着,但这种矛盾是能够统一的矛盾,而且就是人的最佳境界,生活的最好状态也就是把矛盾着的事物在一个人身上统一起来。所以,面对情感和心意这两个要素,我们就要艺术地把二者结合起来,避免单极化,或者使人完全受情感所支配,因为心意具有辨识人生航向的功能,或者完全受心意所支配,因为长期忽视人的情感会使人失去生活的信心。在一般情况下,情感和心意能够趋于一致,真情所动,就能够使心意所愿,心意所愿,就能够使真情所动,但也有不一致的时候,在这种情况下,我们就要努力使二者取得协调和平衡,从人生整体生活的幸福出发,使情感最大限度地保持心意的方向,使心意当中蕴含最大的情感快乐。

第三,真正的生活是"我在动"的生活。任何生活都是我自己的生活,而不是其他人的生活,任何其他人的生活都代替不了我的生活。所以,我的诞生就是我的诞生,我的个性就是我的个性,我的学习就是我的学习,我的才能就是我的才能,我的爱情就是我的爱情,我的疾病就是我的疾病,我的痛苦就是我的痛苦,我的死亡就是我的死亡,这里没有任何他人的意味。不能说,这时候我不想学习,他人替我学习,我不想得这种病,他人替我得这种病,特别当一个人死的时候,说自己不想死,让别人替他死。这都充分证明,真正的生活就是一个人自己的生活,别人仅仅是自己生活的一个组成部分。

也许,有人会说这是再也浅显不过的道理,谁能说自己的生活就不是自己的生活。其实,事情不是这样简单,许多人的生活就不是自己的生活。能说这是我自己生活的人的一个根本特征就是在这种生活中有他自己的主体地位,是他这个"主体"支配下的生活。"我"有复杂的内心世界,充满了神秘的欲望和需求,这种欲望和需求有时候是明确的,有时候是模糊的,而"我"的生活就是与此相对应的生活,如果内心的欲望和需求是明确的,就应该根据这种欲望和需求来生活,只有根据这种欲望和需求来生活,才是"我"的生活,如果内心的欲望和需求不明确,就可以摸索着来生活,也可以根据别人的安排来生活,生活的结果如果较满意,这种生活就是我的生活。当然,如果真正找到了"我"满意的生活,"我"对自己内在的欲望和需求就不再模糊,而是有了明确的意识,在这种情况下,"我"就知道需要什么样的生活,并且也就试图这样生活了。

"我"的生活是在"我"的支配下的生活,这与在他人的支配下生活是完全不同的。在现代社会中,许多人受各种因素的诱惑或外在力量的支配,比如功名利禄的引诱、市场的冲击、权威的支配等,它们都使一个人陷入"无我"的境地。在这种情况下,一个人就像被裹挟在社会大河中的一粒沙子,不断翻滚、浮沉、漂流,充满了无助感,既无可奈何,又不得不屈从,既没有自己的地位,又没有自己的航向,因而充满了苦闷、彷徨、不安和劳累,不知道自己是谁,也不能清晰地认识他人,因而找不到生活的意义,回答不了生活的价值,虽然每天忙碌、奔波、神经紧张,但又没有内心的满足,没有生活的激情,没有强烈的向往,没有不可遏制的冲动,相反,厌恶自己的生活,嫌弃自己的生活,始终想抛弃这样的生活。这就是一个人失去"我"而生活的基本感受和状态。

同时生活又是一个动态的过程,它必须从"我"出发而"动"起来,"不动"的生活绝不是一种真正的生活。这种"动"首先指建立在人的身体基础上的全方位的动,必须让人的身心器官全部参与到其中并且协调地发挥作用,没有这样的动,它必然排除或抛离了一部分自我,特别对处在全面成长、全方位发展过程中的青少年来说,更是如此。为什么他们"活泼好动"?为什么他们"调皮捣蛋"?为什么他们不能"安分守己"?为什么他们不能"安静"?这原本就是生命成长的一种本真状态,他们要全面动起来,过一种真正的生活。如果我们总让他们处在"安静"状态,总处在我们成人设计的"规矩"当中,总让他们拥有一种"活动"方式,那么,我们不但可以想象他们的生活是多么单调、呆板、孤寂,没有本应有的生机和活力,而且也可以想象他们的身心发展会处在多么不协调和片面的状态中,这样发展下去,虽然可能会使他们拥有某方面的能力,但却不能过一种全面真实的生活,甚至会沦落到不会生活的地步。当然,当一个人全面成长起来以后，完全可以集中到某一方面从事某种活动，这样不但不会影响他们的生活，而且会使他们在生活中取得更大的成就，获得更大的价值，因为，这其中有他们原本全面"动"起来的生活做基础。

然而，青少年的大半时光是在课堂里度过的，课堂有空间上的限制，有老师做主宰，有严格的纪律要求，因而客观上有限制他们"动"的倾向。而许多老师为了教学上的方便、快捷、有序，每节课都让学生安静地坐在教室里，这固然可以学得一些知识，但学生不但被单一地局限在课本上，而且没有身心充满机趣的活动，更没有"我"的主体地位的凸现，因而这种课堂就不是他们真实生活的课堂，所以，他们来到课堂中，感到的是压抑、枯燥、无趣和厌倦。因此，他们渴望的不是走进课堂，而是远离课堂，是如何能让老师早点下课，可让他们蹦出教室，真正回到"我"能动起来的生活中。

那么，课堂能否变成学生真实的生活呢？完全可以。如果我们能让学生在课堂上成为他们的主人，能体现出他们的主体地位，使他们自己一直想着要做什么，而不是别人牵着他们强迫他们做什么，如果他们能充分地活动起来，充分地动手、动脑、动眼、动耳，而不仅仅是安静地坐着，那么课堂就可以变成学生真正的生活，他们不但不会反对这样的课堂，而且还渴望这样的课堂，这样的课堂才使他们体会到真正的生活是什么。前苏联著名的教育革新家Ⅲ·А·阿莫那什维利根据他长期的教育实验写成的描述小学教育的三部曲《孩子们，你们好！》、《孩子们，你们生活得怎么样？》、《孩子们，祝你们一路平安！》，就展现了一幅生动、活泼、充满机趣、充满生长发展意味的课堂生活，这些课堂就说明了一个道理：课堂完全可以变成学生最真实的生活。

由此可以看出，真正的生活，无论在哪里，无论对谁而言，就是"我在动"的生活，排除了"我"的地位，又没有任何"动"的机趣，那么，一个人虽然活着，但没有生活，没有生活就如同行尸走肉，既发展不起自己丰富的精神世界，也找不到生活的意义。

第四，真正的生活是滋养、焕发生命活力并带来快慰的生活。生活既是生命冲动所展现出的各种活动状态，又是涵养、滋润、蓄积生命力量的一个养育和享受过程。因此，生活是沿着两条路线进行的，第一条路线就是鲜活的生命力向外冲动的过程，在这个过程中，生命力以各种欲望、冲动、追求、雄心等形式表现出来，这种表现又有两个方面，一方面它要求人们去学习、去锻炼、去实践，开发人的一切潜能，形成人的基本能力，让生命力表现出具体的能做什么事的现实力量，另一方面，它又要求人们作用这个世界，用自己的力量把这个世界改造到尽可能适合自己的需要，或者创造出自己满意的这个世界原本没有的东西，由此显现人的内在力量,实现人的价值。所以,在这个过程,人们的生活主要是学习的生活、工作的生活。

第二条路线就是生命得以舒缓、滋养、休息和享受的过程。如果说生命有某种力量的话,它不只是总处在用力的过程中,它还有一个蓄积这种力量使其达到一定程度的过程。所以,生命不总是在迸发其力量的过程中成长,它还有一个休憩的过程。因此,人的生活也不是总处在紧张的学习和工作之中,在学习和工作之余还需要一定的休闲和娱乐,有了适当的休闲和娱乐,人才能更为有效地学习和工作。这就像白天和黑夜有相互的间歇和转换一样,有了白天的劳作,才需要晚上的休憩,有了晚上的休憩,才会有白天更好地劳作。所以,我们决不能忽视它们,忽视了它们,生命就可能被过度耗竭,生活就可能会出现各种各样的问题。在现代高节奏的生活旋律中,许多人承受着巨大的学习和工作压力,忙碌,劳累,紧张,焦虑,不但精力不济,身体健康每况愈下,而且精神不安,心理突发疾患,使人的神经几乎到了崩溃的边缘,生命完全没有了它生动活泼的旋律,生活没有了它舒缓优雅的乐章。所以,我们必须理解生命的这一奥秘,必须让生命能得到充分的舒缓和滋养,使人能够学会休暇、娱乐和享受,这样,我们才能成为真正会生活的人。

虽然人的生活是沿着两条路线进行的,但这两条路线不是绝对分开的,在现代社会里,这两条路线开始相互交叉,相互渗透,比如,我们就可以把学习安排在娱乐的过程中进行,这就像阿莫那什维利所说的那样:

从前我不容许在课上有这种认识性的"胡闹",但现在我不仅容许,而且还宁愿与你们一切进行这种冒险的"赌博"。[1]

现在我正在探索一种引导他们跨进这一世界的新途径,即让他们愉快地和像"闹着玩"一样地赶超我的教学进度。[2]

如果我们的教学能这样,学生就会一下子从沉重的学习任务中解放出来,把学习变成一个快乐的享受过程,在这个过程中,学习会取得怎样的良好效果?学生的身心会得到怎样的健康发展?那是再清楚不过的事情。再进一步讲,如果有了休闲娱乐,生命就可以在舒缓、休憩的过程中获得一定意义的学习,如在玩的过程中,在看电视的过程中,在唱歌跳舞的过程中,在上网的过程中,我们都可以渗进学习的内容,让学生在这样的过程中愉快的吸收这些内容。所以,能把这两条路线结合起来的人,才是真正会生活的人,也是能够取得最大学习

---

① Ⅲ·А·阿莫那什维利:《孩子们,你们生活得怎么样》,教育科学出版社 2002 年版。
② 同上。

进步的人。

第五，真正的生活是能解决生存问题、会享受生存快慰的生活。无论如何，人必须首先在这个世界上生存下来，然后才能进行其他创造活动。在人类早年，生存问题主要是和大自然作斗争，从大自然中求得物质生活资料。后来，当自然对人类生存不再构成重大威胁以后，人类生存的问题主要是如何处理人与人之间的关系，使人对人不构成重大威胁。现在，在人类创造了比较丰富的物质财富和精神财富的情况下，人的生存问题就是应付一切与生存相关的事情并享受它们的快慰。解决这一问题，又使我们回到了最简单地维持生命存在并使生命获得享受的吃、穿、住、行等日常生活中了。在过去，我们要同大自然"战天斗地"，要为社会"拼命工作"，无暇顾及我们的吃、穿、住、行等这些简单的个人问题，而现在随着各种财富的积聚，随着科学技术的提高，随着智能化机器运用，我们就会更多地从工作中解放出来而回到自身的生活中，更多地要过与吃、穿、住、行相关的生活。自然，解决我们的吃、穿、住、行等问题，不是我们不能吃、穿、住、行，而是我们如何能闲暇自如地吃、穿、住、行，不但可以很好地吃、穿、住、行，而且从中能表现我们的能力、趣味、价值，能体会人生的快慰和享受，乃至艺术的美感。比如，就吃而言，我们不但要懂得如何吃可以保持健美的身体，怎样的饮食习惯有利于我们的生活，而且要对厨房感兴趣，掌握一定的烹调技术，能做出可口的饭菜，能从中体会到生活的乐趣。就穿而言，我们不但要懂得购买衣服的艺术，不为自己买什么样的衣服而犯难，而且要懂得着装及打扮的艺术，使每件衣服穿起来使自己靓丽和潇洒，至少合身、大方等。就住而言，当买了房子以后，我们不但会选择恰当的装修，购置合适的家具，而且能把房子收拾得井井有条，一切物件都放置有序。就行而言，我们会选择适合自己的交通工具，选择行的对象和去处，从而形成轻松友好的交往圈和娱乐圈。由吃、穿、住、行推演开来，如养花，养鸟，与邻相处，观光旅游，访亲问友等等都与我们享受生存的快慰有关。所以，现代社会的生活就是与此相关的生活，不会在这些领域里生活，也就不能过上真正的美好生活。如果过去的生活是战天斗地的解决生存问题的话，那么，今天的生活就是学会解决吃、穿、住、行的问题而享受生存的快乐。所以，在今天，不会做饭，不会买衣，不能收拾房子，没有生活中的朋友，就算不会生活，就没有自己真正如意的生活。

既然我们每天的生活都离不开这些内容，我们就应该让它们变得非常美好，让它们给我们的生命以给养和宽慰，给我们的情感以舒适和快乐，也给我们的生活以激情和信心，使我们更有精力和心情去做其他事情，并轻松地富有创造性地完成它们。这样，我们从头至尾就会拥有真正的美好生活。因此，我们应该从一开始就培养儿童吃、穿、住、行的能力,力所能及地把解决吃、穿、住、行的问题交给他们,由他们自己分担或完成。不要把这些问题看得轻淡,没有价值,也不要把这些问题看成是成人要做的事情。在青少年时代不善于解决吃、穿、住、行问题的人,成年后在这些方面往往就显得蹩脚,连最简单的日常生活都搞不好的人,即使其他方面有可能出类拔萃,那也有生活上的缺憾。现代教育就有一个很大的误区,从小仅让孩子泡在书本里,局限在课堂里,不让他们涉及吃、穿、住、行的问题。如果这样,我们让他们每天学习的目的是什么,如果到头来,他们连起码的生活能力都没有,那多么可怜啊!而且无论我们让他们学什么,将来干什么样的事业,我们还要过这样基本的生活,到那时候,如果他们还笨拙得无所适从,不能自理,那多么尴尬啊!反过来,如果我们从小能教育孩子触及这些问题,与孩子一起做饭,一起洗衣,一起打扫布置房间,那也是人生的一大乐趣啊!因此,既然真正的生活一定包括这样的内容,我们就应该在这样的生活中找到它的乐趣和意义。

综上所述,当我们明白了真正的生活是什么的时候,我们就并不局限于要过哪一种类型的生活,不要过哪一种类型的生活,不论在哪一种生活中,我们只要不偏离真正生活的属性,它们都是我们值得过的生活,因此,吃、穿、住、行是生活,休闲娱乐是生活,学习是生活,工作是生活,创造也是生活,人生的每一项活动都可能成为我们的生活。实际上,生命包含极其丰富的内涵,人具有无限的潜能,可以从人身上发展出许许多多的能力,所以,真正的生活就是丰富多彩的生活。在人性中,人最不满足的就是过单调的生活。因此,我们应该记住西方社会的一句名言:"人所有的一切,我都应该拥有。"这不但使我们的生活变得五彩斑斓,而且也符合人的全面发展要求。所以,无论什么时候,我们都应该把所有的生活尽可能地编织进我们的生命历程,实现我们人性本应有的内涵,使人全面的感知生活,享受生活。所以,学校不只是一个学习的场所,更重要的是一个让学生全面生活的场所。

3. 生活与教育的契合

当我们深刻领会了生活的内涵,真正把生活当生活,我们就发现生活与教育之间有着不可分割的关系。生活有巨大的教育功能,如果教育真正变成了学生的生活,教育就能切入学生的生命,就能渗进学生的心田,就能进行真正的教育。"生活是多彩的艺术,亦为深邃的哲学。"①它以旷远、深邃、博大、丰富的内容,诉说做人的道理,编织人生的历程,创设人生的蓝图,换句话说,它从哲学的

---

① 卓新平:《神圣与世俗之间》,黑龙江人民出版社 2004 年版。

高度把人是什么,人原本应该有什么样的生命历程以现实的方式告诉了人们,让人们追求真正的人生和幸福,其实这就是教育,而且是无声的、春风化雨般的、潜移默化的、人们看不见的教育,也是具有长远效果、深刻影响人的教育。所以,人们很早就注意到了生活与教育之间的关系,并提出了富有真知灼见的教育观。

(1)教育即生活

自从夸美纽斯提出班级授课制以来,大面积的、成批的教育就得以进行,教育就像大工厂一样,有了规模效益,得到了空前的普及和发展。然而,这样的教育逐渐就变成了人们非常熟悉的固定的难以打破的模式:学生集中坐在一间间鸽笼般的教室里,桌子板凳按几何图形一行行一列列密密麻麻地排列,学生端坐在那里,不允许说话,不允许活动,静静地听着手持现成教材的老师照本宣科,老师让他们干什么,他们就干什么,老师不让他们干什么,他们就不得干什么,他们就这样一节节、一天天、一年年无休无止地继续着。

这是大规模普及教育所需要的模式,但并不是鲜活的社会生活所需要的教育模式,因此,到了十九世纪末,美国南北战争结束,工业化迅速发展,人口爆炸式增长,各种人才需求急剧膨胀,由此也对这种静态的远离社会现实的教育提出了巨大的挑战,一场教育上的革命在美国大地上应运而生,被喻为现代教育之父的美国实用主义大师杜威就撑起了这场革命的大旗,他撰写的《民主与教育》一书,劈开了传统教育的壁垒,把鲜活的社会时代之风引入教育,提出了"教育即生活"这一著名的口号,对美国乃至于全世界的教育产生了深远的影响,因此,这本书也被英美学者看成可以与柏拉图的《理想国》、卢梭的《爱弥尔》相媲美的不朽之作。

在杜威的现代教育观中,他首先对传统教育进行了有力的批判,指出美国传统教育的核心问题,一是脱离社会,二是脱离儿童,一句话,就是没有了鲜活的生活内容。所以,他曾由衷地告诉人们,学校最大的浪费就是由于儿童在学校中不能完全地、自由地运用他在校外获得的经验,同时,又不能把学校所学的东西运用日常生活。所以,学校就把学生当成了静候在那里的知识容器,用纪律框定好他们的秩序,开始不断倾注。这虽然可能使学生掌握不少的知识,但从此学生变得恭顺、服从,小心从事,失去了现实生活的能力,没有首创精神和责任感,因而绝对是教育的失败。

针对这种弊端,杜威从社会生活出发来揭示教育的本质,认为教育是儿童现在的生活过程,而不是将来生活的预备,最好的教育是"从生活中学习","从经验中学习",好的教学必须能唤起儿童的思维,学校必须提供可以引起思维的情景。由此他提出了"教育即生活"和"学校即社会"的著名论断。

为了把这两个口号贯穿在实际教学过程中,杜威提出了"从做中学"的基本原则,即把获取主观经验作为确定教材、教法和教学过程的基本原则。在《明日之学校》里,他介绍了一个班"从做中学"的实例。这个班的课程以建造一所小平房为中心,各科教学围绕这个内容展开,手工课起草图样,算术课计算所需要的材料和测量房子的面积,假设这户人家是农民,就再进一步计算耕地的面积、所需要的种子以及收成等,语文课就学有关的词语,作文课则描述这个家庭的生活,美术课描绘房子的颜色,表演课表演儿童自编的农场生活剧。这一切都贯穿了"做"的基本原则。

由此出发,杜威也总结了教学过程中的五个步骤:一是老师给儿童提供一个与现实生活相关联的情景,二是儿童有准备地去应付情景中产生的问题,三是使儿童产生对解决问题的思考和假设,四是儿童自己对解决问题的假设加以整理与排列,五是儿童通过应用来检验这些假设。

这样,杜威就完成了"教育"与"生活"的接轨,引起许多人的共鸣,产生了巨大的反响,也改写了美国的教育史,对其他各国引起了经久不衰的波澜。从此,人们也注意到教育不只是教育内部的事情,而是人们的一种生活,从生活中就能够寻找到教育的真谛。

(2)生活即教育

美国新鲜的教育空气也深深地影响着中国。在 20 世纪初,中国正处在黎明前的黑夜,政治、经济、文化非常落后,广大人民生活在水深火热当中,但中国的仁人志士从来都没有放弃对救国救民道路的探索,此时,在政治上不但有了中国共产党的诞生,指明了中国革命的航向,而且在教育上也开辟了一个新的领域,现代教育的曙光从中国这个饱经沧桑的大地上冉冉升起,这就是陶行知先生的生活教育及其实践,他就是中国大地上的杜威。

陶行知曾留学美国,系统地接受过杜威的思想,但他不是把杜威的教育思想全盘端到中国来,而是对杜威的教育思想进行了创造性的改造,树起了自己一面独特的旗帜。

陶行知也是从发现中国教育的弊端开始的。他说中国的教育太重书本,和生活没有联系,并且完全以会考作为指挥棒,会考所要的必教,会考所不要的就不必教,甚至必不教。于是唱歌不教了,图画不教了,体操不教了,家事不教了,农艺不教了,工艺不教了,科学的实验不做了,所谓课内课外的活动都不教了,所教的只是书,只是考的书,这样中国的教育就彻底死了,教师死教书,教死书,把书教死,学生死读书,读死书,把书读死。所以,他认为中国教育已经被弄到山穷水尽、无路可走的地步了。

那么,中国教育的出路在哪里呢?既然中国教育的根本弊端在于斩断了教育与生活的联系,要实现中国教育的振兴,就是要把生活与教育联接起来,所以,他说:"我深信生活是教育的中心。"①但他并没有把杜威的"教育即生活"的思想直接套用过来,他认为杜威仅把学校变成了学生生活的场所,范围太窄小,而且学校里的这种生活也不是真正的生活,而是把加工后的生活搬进了学校,这样便培养不起学生真正适应社会生活的能力,所以,他认为"鸟笼毕竟是鸟笼,决不是鸟的世界",主张扩大教育的范围,把鸟儿放到天空中去,把完整的社会生活向学生开放,与儿童的生活直接融通。这样,他就把杜威的"教育即生活"、"学校即社会"两个命题改为"生活即教育"、"社会即学校"两个新命题。

为了充分说明他的这两个命题,他从生活和学生这两个概念本身做了解读。他说:

"什么是生活?"有生命的东西,在一个环境里生生不已的就是生活。譬如一粒种子一样,它能在不见不闻的地方发芽、开花。②

那么,我们要让学生在一个环境里生生不已,就要懂得和掌握在这一环境里生活所原有的、所必需的东西,所以,他说我们要根据生活来教育,过什么样的生活就受什么样的教育。生活就是教育。什么是学生?他说:

"学"字的意义,是要自己学,不是坐而受教,先生说什么,学生也说什么,那便如学戏,又如同留声机一般了。"生"字的意义,是生活或生存。学生所学的是人生之道。人生之道,有高尚的,有卑下的;有片面的,有全部的;有永久的,有一时的;有精神的,有形式的。我们所求的学,要他天天增加的,是高尚的生活,完全的生活,精神的生活,永久继续的生活。进一步说,不可学是学,生是生,要学就是生,生就是学。③

显而易见,学生的含义就是学生自己去学习过好的生活。因此,他给生活教育所下的定义就是:生活教育是生活所原有、生活所自营、生活所必须的教育。

既然生活就是教育,要让学生在生动活泼的生活中受教育,那么陶行知自然就主张拆掉学校和社会中间存在的高墙,把学校里的一切伸张到大自然里去,伸张到人民大众的生活当中去,通过生活来学习,通过生活受教育,同时为

生活能向上向前开展而教育。生活是教育的源泉,生活是教育的核心。他所创办的晓庄师范就是"上面盖着的是青天,下面踏着的是大地"、把教育和自然、社会融通起来的学校。

在具体的教学过程中,陶行知提出了"教学做合一"的方法,这种方法完全根源于生活,他说,教学做是生活之三个方面,不是三个不相谋的过程,具体说,在生活里,对事说是做,对己之长进是学,对人之影响说是教,所以,教学做是一件事,不是三件事,即我们要在做上教,做上学。他以种田为例说,种田这件事要在田里做,便须在田里学,在田里教。教而不做,不能算教,学而不做,也不能算学,事要怎样做便怎样学,怎样学便怎样教,教与学都以做为中心。由此他也强调学生要在亲自"做"的活动中获得自己所学的一切。

(3)教育与生活的融通

不论是杜威还是陶行知,他们的思想就像一股清新的风,不论吹拂到哪里,哪里都产生了新鲜的空气,给教育带来了很大的生机和变化。他们的思想也深深触动了每一个关注教育的人,使人们广泛思考教育的根本问题,从而确立教育发展的根本方向。至今我们都能够领悟到他们思想的智慧光芒,尽管他们的思想具有很大的差异。

第一,教育要生活化,生活要教育化。无论教育在哪里进行,教育必须成为教师和学生共同构建的一个生活过程,再不能是脱离实际生活的只集中在课本当中与文字符号打交道的过程。无论在哪里生活,我们都需要把生活设想成教育的生活,使学生们经过这样的生活就会受到春风化雨般的潜移默化的教育。

第二,教育是学生应得的教育,生活是学生应过的生活。教育并不是教师真正做了什么,而是学生真正得到了什么,如果学生不愿得、无所得,任何教育都是拙劣的教育。主张教育生活化或生活教育化,都是让学生真真切切地去过一种属于自己的生活,在这种生活中有自己的愿望,有自己的积极活动,有自己的感受,只有经过这样的生活,才能从心灵深处取得收获。

第三,任何教育都是学生快乐生长的天地,任何生活都是学生幸福生活的家园。教育是引领学生成长的航船,但这种引领必须充满魅力,能催发学生的情感,使学生有快慰的感觉,所以,它必须排除教师对学生的训斥、辱骂、恐吓和暴力。高超的教育就是把复杂的教育问题化解成学生幸福生活的过程,在这个过程中,让学生首先有一种幸福感,然后获得真切的发展。所谓幸福感就是学生完全可以投入到这种生活中,能做事,会做事,有成功的感觉,有成长的感觉,如果教育被化解成了生活,而生活被理解为卑俗、平淡,没有任何新经验、新知识、新能力的激荡,那教育就不可能是学生向往的乐园。

　　第四,任何教育都是学生的活动,任何活动都是学生的"做"。生活的主人永远是生活者本人,教育作为一种生活,其主人就是学生,因为全部教育都是围绕学生展开的。在教育生活中,学生绝不是静候听老师的照本宣科或滔滔不绝的讲述,而是要真正活动起来。所谓活动,就是学生自己在"做"着什么事情。不论什么人,只有当他开始做什么事情的时候,他才进入了生活,这样的生活才属于自己的生活。所以,围绕"做",学生就进入了自己的生活,有了自己的真切体验,自己所做的一切就会在自己身上发生效力,这才叫真正的教育。

　　所以,到了今天,我们也没有必要深究杜威的"教育即生活"和陶行知的"生活即教育"的差异有多大,我们只领悟到一点:教育和生活必须融会贯通,教育必须变成学生真正的生活,学生的主要生活就是接受教育,我们的全部目的就是在生活里找教育,为生活而教育。同时,我们也应特别注意,这里的生活与其他形式的生活没有本质上的区别,都属于我们前述的真正生活的范畴,每一种教育都是五彩斑斓的生活场景。

　　4. 教育就是学生愉快生活的过程

　　在我们理解了教育和生活的相互融通的关系后,我们自然就会明白,无论我们从事什么样的教育,这样的教育都应该是学生愉快生活的过程,亦即我们一定要把教育改造成这个样子,哪里有教育,哪里就是学生向往的生活,学生一旦来到学校,他们就会很快爱上学校的生活,如果上课是他们主要的生活内容,那么他们就渴望上课。

　　所以,在新的21世纪里,我们每一个教育工作者都应该积极革新,寻找一切可行的方法,把自己的教育活动变成学生愉快生活的过程。

　　(1)教育中学生愉快生活的三条主线

　　我们之所以主张把教育变成学生愉快生活的过程,就是因为当人们过自己生活的时候,可以调动身上所有的因素,可以全方位地投入,生活就是自己的生活,生活中很少有局外人。当然,对一个人来讲,生活既具有全方位性,人的生命历程注定要碰到的东西,生活都应该包揽进来,同时又具有一定的重心,人必须明确自己生活的主线,然后重点经营。教育生活也必须遵循这样的规律,生活中本应有的东西,教育都应该涉及,都应该让学生学会,但同时必须找到它的主线,作为以后攻克的主要方向。教育中的生活主线主要有三条。

　　第一,教育生活必须寻找到学生安身立命之本。教育的目的是什么? 实事求是地讲,任何教育目的归根结底都是为了让人们能够很好地生活。如果一个人从一生下来就能够在这个世界上生活,我们就根本不需要教育。就像小牛犊、小羊羔一样,它们一生下来就能够独立生活,所以,它们就不需要教育。但人不但不能从一降生就会独立生活，而且由于人能够明察过去，洞见未来，对好生活的追求没有止境，所以，人就需要教育，只有通过教育才能慢慢走上过好生活的道路。然而，人们如何才能过一个好生活呢？这其中可能会千差万别，大相径庭，因为不同的人有不同的生活方式，不同的人有不同的生活内容。但无论如何，必须有一个最底线，这就是保障人们生存的底线，每一个人只有解决了自己的生存问题，才能铺开其他更高更美的生活画卷，或者就在这个基础上，才能砌起人们雄伟壮丽的生活大厦。所以，联合国教科文组织在对 21 世纪的教育做出展望的时候就提到了学会生存的问题。如何学会生存？这就需要为学生奠定安身立命的生存之本，也就是说，通过教育，每一个人要能依据自己在教育过程中所获得的学识、能力和技术找到一份与自己的身心相和谐、与自己的兴趣、爱好、价值追求相一致的职业，通过这样的职业获得稳定的收入。这样，无论人干什么就没有后顾之忧，而且也有了快乐生活的基础。当然，在当今时代，并不是社会已经为人们提供了相应的职业，然后通过教育把人们直接输送到这些岗位上。人类的生存问题始终不可能这样简单，否则我们的教育就很好进行了，只要针对相应的岗位直接传授相应的知识、培养相应的能力就行了。当人们寻找自己的安身立命之本的时候，不可能从一降生就开始针对某项职业，因为这其中有一个人的成长过程，当人的身心成长到相对成熟的阶段后，职业需求才会诞生。在人的成长过程中，教育关注的就是如何让人的身心获得最全面、最健康的成长，重点研究德、智、体、美、劳如何在学生身上和谐地毫不偏废地发挥效益，从而培养起学生全面的素质和丰满的心灵，在此基础上，学生才能产生强烈的想从事某种职业的愿望并开始做相应的准备工作。这就像我们已经培植了肥沃的土壤，就强烈地希望在这片土地上播种种子，希望看到它如何茁壮成长、开花结果。相反，当一种教育不关注学生的健康成长，直接针对某种职业进行教育的时候，它一定培养的是一个素质单一、心灵贫瘠的学生，或许在他的身上可以生长某些职业技能，但很少对该职业产生浓厚的兴趣，也很少做出较大的职业成绩来。这就像我们看到贫瘠的土壤，不想播种任何种子一样，因为它不可能有好的收获。

所以，教育的艺术就在于在学生和谐、完善的成长中蕴含着他们的职业追求，在他们的职业追求中有健康成长的基础做坚强的后盾，这样，他们一旦获得了职业，或者开辟出自己的职业，就获得了安身立命之本，不但会有自信、有能力、有兴趣地从事这一职业，把做好这一职业工作看成他们快乐生活的一个过程，而且会在这一职业领域中开拓创新，积极进取，建立丰功伟业，实现人生的一切追求，从而给人生带来充实感、成就感、幸福感。实际上，这也就是比较圆满的人生之路,也是人生比较圆满的生活。

第二,教育必须教会学生健康娱乐的方法。愉快的生活一定充满了各种各样的娱乐,生命的乐章本身就包含着鲜活的娱乐音符,没有给人带来快慰的娱乐生活,就像白天没有阳光,夜晚没有繁星一样,娱乐不仅给人的生命带来了轻松、愉快、舒缓、休憩、放松,而且可以把生命中的阴影一扫而光,让人乐观、积极、上进、和善、友好,更加热爱生命、热爱生活。当然,娱乐只能是生活中的调味品,它必须适度,既不能太多,也不能太少,就像我们吃饭一样,如果没有主要食物而只有一大堆调料,就不可能让人吃饱,如果只有主要食物而没有调料,就不可能让人吃好,不论哪种情况,最终都会使人感觉到极度厌腻。我们也可以设想,当所有的人都把生活集中到学习、工作和事业上,整个社会将变得多么单调,在学习、工作之余,每个人将变得多么无聊,而且渐渐地人们也会对学习、工作发出疑问:我们每天紧张地学习、工作到底为了什么? 不都是因为有了娱乐、休闲和可享受的生活涟漪,才有了学习、工作滔滔不绝的江河吗? 所以,在人的一生中不注重娱乐生活,忽视娱乐的价值,不教会人们娱乐的能力,这不但会降低生活的质量,而且也会对人们的生命能量造成阻抑,不能发挥人的所有创造力。

所以,教育既要能把学生吸引到书本里面去,又要使他们在走出书本的时候可以寻找各种各样的乐趣,尤其在人们的童年,这些乐趣就像人们的精神营养一样,永远滋养着人们的快乐心灵。这就要求我们在教给学生课本知识的同时,又要教会学生各种娱乐的方法。考虑到娱乐应该成为学生身心健康成长的一个有机组成部分,我们应该主要在音乐、体育、美术中寻找娱乐的基本形式,而不应该让学生陷溺在电脑游戏等活动中。在音乐中,又应该以唱歌、乐器、舞蹈为主要内容,因为具备了最基本的唱歌、乐器或舞蹈能力,在各种活动、聚会甚至上课当中,学生不但会应付自如,而且可以使人人参与进来,活跃气氛,不但可以增进人们彼此间的平等交往,而且可以提高人们的自信,更加热爱生活。实际上,每个人都有音乐的天赋,我们留心观察幼儿,我们几乎可以发现他们没有不喜欢唱歌、跳舞的,而且只要我们稍加培养,他们就可以快乐地唱起来、跳起来。只是后来的小学、中学为了其他的目的,蒙蔽了学生的这种天赋,以至于把音乐看成少数人的专利,使大部分人失去了娱己、娱他的权利,因而使许多人不会过健康的娱乐生活。在体育方面,应该是借助某些器材的体育活动,如篮球、排球、乒乓球、足球、羽毛球等等,在这些方面,每个人都应该掌握一点最基本的能力,有了这样的能力,不但可以随时锻炼身体,增强体质,而且当人们闲暇娱乐的时候,可以随便灵活地组织到一块,痛痛快快的"乐"一场。当然,也可以根据人们的兴趣向其他高水平的体育运动发展。在美术方面,内容十分广泛,但最主要的是要激起学生的审美情趣和审美爱好,奠定他们修心养性的资本,如绘画、书法、篆刻、剪纸、雕塑等,使这些东西成为他们将来生活的情趣,乐此不疲。最好的培养方式就是让学生从小开始大胆地画画,让他们感觉五彩斑斓的世界和美术想象力,使他们胸中一直有追求美的意识和力量。当然,我们培养学生的音体美能力并不是为了培养能上台表演的音乐人才、能上运动场竞赛的体育人才、能在展厅展览自己作品的美术人才,我们仅仅是为学生的健康成长和快乐生活着想,如果在这个过程中出现了这样那样的专门人才,那自然是非常欣慰的事情。我们可以想象,当学生拥有了这样那样的音乐、体育、美术能力,他们的生活该有多么轻松、快乐,不知增添多少乐趣,这种轻松和快乐一直会沿用一辈子,这真是享受不尽的人生财富。目前,校园生活、成人生活之所以非常沉闷,人们感到生活厌倦和无聊,就是由于人们没有掌握一定的音乐、体育、美术能力,没有掌握一定的娱乐形式的结果。

而且,我们还可以认识到,当人们掌握了这样的娱乐能力,还可以抵制目前越来越多的带有自娱形式的电视和电脑的消极影响。电视和电脑已经走入了平常百姓家,在他们面前,人们可以打发自己所有的时光。但无论它们有多大的作用,它们却有一个严重弊端,那就是把人们封闭起来,隔离人们的现实交往,而且使人们一直处在鼓动、诱惑的过程中消遣而不能自拔,长此以往,不但会对人们的身心造成严重不利,使人无法与人正常交往,而且严重影响人们的学业和工作,甚至就让人们处在无所事事当中。但是,有了音乐、体育、美术等娱乐形式,人们即刻就会回到人的社会关系中,与鲜活的生活实践联系起来,使人们的心胸顿然开朗活泼起来,生活也立刻变得有声有色。

所以,在小学、中学,我们决不能忽视音乐、体育、美术的教育,甚至我们可以这样设想,在整个小学阶段,音乐、体育、美术应该是最主要的课程,让学生的校园生活充满活泼、动人的色彩,让每个学生为了轻松的生活会歌、会舞、会跳。然后在这样的身心基础上给他们以知识,那就不等于给他们健美的身体插上展翅翱翔的翅膀,让他们飞得更远、更高、更快吗?

第三,教育必须化育学生为人处世的良好心态。教育最大的收获莫过于在学生身上收获美好的心灵,而美好的心灵不仅仅潜藏在儿童的身体内,而且表现在具体的为人处世中。什么是生活? 生活仅仅是人们为了生存而进行的各种活动吗? 如果这样,那就太狭隘了。当人们已经基本上解决了生存问题,基本上把生存问题交给现代化的生产工具以后,生活就是各种形式的交往,就是在特定的社会关系中如何为人处世,如果人们不学会这样的能力,就不可避免发生彼此的矛盾冲突,那根本不可能获得美好生活。所以,在现代社会中,生活不仅仅是享受丰衣足食的物质生产的成果,更是享受为人处世的良好心态和与人交往的各种乐趣。

然而,目前,在我国要自然获得这样的心态还有一定的障碍。首先是独生子女的障碍。由于特殊的历史条件造成的人口负担,我国不得不实行严格的计划生育政策,这就使许多家庭出现了独生子女现象,无论我们采取何种教育方法,都无法避免这样两个弊端,一是孩子有行无形变成了这个家庭的中心,二是在家庭中没有平等的伙伴。前者滋长的是自我中心主义,后者由于找不到同龄人而变得孤独。因此,现代的独生子女实际上就是典型的孤独中心主义者,心胸狭隘,自私,又特别爱好虚荣。他们一方面积极寻找自己的同龄人,结成小帮派,称兄道弟,讲哥儿们义气,另一方面,却与他人,与社会,甚至与家庭形成对立,难以正常交往,这就引发了各种各样的问题。其次是社会竞争的障碍。市场经济是竞争经济,竞争可以激发人的积极性、主动性、创造性,促进社会经济的快速发展,但并不能保证每一个人会有一个良好的心态。按最一般的心理规律推导,一个人要竞争,就要把对方看成自己的对手,既然是对手,就要胜于对手,既然要胜于对手,就不能优待对手。在这种情况下,就很难培养起人们宽容、友好、慈善的心态,甚至在竞争激烈的领域,他人真的就成了"地狱"。而且,现代竞争无孔不入,商场有商品、市场的竞争,官场有官大官小的竞争,各行各业有职称、奖金的竞争,学生也有分数、名次的竞争,以至于小孩子也要比吃、比喝、比穿、比房子。这样,要扶正人们的交往心态也是很困难的。

正因为如此,我们才要用更大的教育力量来培养学生良好的为人处世心态,教育如果不能给予学生良好的为人处世心态,不论它给了学生多么渊博的专业知识和多么强大的专业技能,也就等于剥夺了人们美好生活的能力。何谓良好的为人处世的心态?最根本的一点,就是要从小教育学生走出一个人的边界,把自己和他人看成同等重要的人,无论什么时候,都不能忽视他人的存在,时刻要明白,当你给他人带来什么样的结果,他人就有可能会给你带来什么样的结果,你给他人一份快乐,他人就有可能给你一份快乐,你给他人一份痛苦,他人就可能给你一份痛苦,而且始终要做一个善待他人的主动者,不能等待他人给了自己快乐才回报他人的快乐。当然,当我们承受了他人的恩惠之后,我们一定要有一份感恩的心去积极对待他人,不懂得感恩就等于不懂得珍惜自己的幸福。当处在竞争条件下,我们一定要凭自己的实力竞争,而不能采用不正当的手段,把别人本应得到的东西装在自己的口袋,就等于图财害命。

学校是儿童走出家庭后所遇到的第一个集体,我们一定要教育他们如何善待他人和别人友好相处,一定要通过学校这个大家庭克服掉他们自我中心的阴影,学会把他人平等地纳入自己的心灵,使他人成为自己快乐生活的源泉,绝不可在他们的头脑中填充一些文字符号,而忘记培养他们与人友好相处的良好心态,忘记培养他们关爱他人的美好心灵。其实这就是人生快乐生活的一个支点,也是避免和减轻人生一切痛苦的基础,因为人生的最大快乐莫过于快乐地生活在他人的心中,人生最大的痛苦莫过于被他人从心灵深处排除掉,生活中最鲜亮的旗帜就是人们相处在一起能从心底发出微笑。

（2）教育中愉快生活的两个标志

尽管我们提出了让学生愉快生活的三条主线,但那毕竟是带有目的意义的内容,即从终极意义上来说,教育不论运行到哪里,最终不忘记给予学生以安身立命之本,不忘记给予学生娱乐的方法,不忘记给予学生为人处世的良好心态。如果学生果真能取得这样的收获,那么他们也就会编织自己愉快生活的大网了。然而,愉快生活并不是针对教育终点而言的,它必须渗透在教育的全过程中,教育的过程就是学生愉快生活的过程,通过漫长的寂寥、痛苦过程换取最终短暂的愉快,那是许多人所不愿意的,而且这样的过程并不必然导向愉快的生活结果,因为不愉快的过程很难汇聚成愉快的结果,特别对天生追求活泼快乐的青少年来讲,更是如此。所以,我们就要在教育过程中编织学生的愉快生活。教育过程是不是学生愉快生活的过程,它有两个显著的标志。

第一,让学生动起来。凡有生命的动物都是运动着的动物,没有一个活着不运动的动物。人是宇宙中最生动、最活跃的动物,因而没有理由不让人动起来,而且人的年龄越小,天然的"动"的冲动就不可遏制,一个婴儿刚一来到这个世界,四肢就活泼地乱动了,还未及学会走路,就踊跃地爬行了,当迈开小腿走路的时候,一天天我们就抓不住了。令他们好奇的世界怎么能不让他们"动"呢？"动"才是他们勃发生机的象征,如果一个孩子懒于动,那么他的身体一定是有问题的。

人的天性怎样,教育就怎样,人的天性有多远,教育才能达到多远,超越或违背人的天性的教育都是"伪教育",都是不能适应人的天性、化育人的才德的拙劣的教育。儿童有活泼好动的天性,那么我们怎么让学生走进校园,坐在教室,让他们先不动,然后才开始教育呢？仔细想来,这其中没有多少充足的理由。既然学生心目中有那么强烈"动"的欲望,我们就不应该坚决地去压制,压制儿童的天性不是塑造儿童的素质,而是剪断了他们把其潜能甚至天才般的潜能发挥出来的翅膀,如果儿童没有这样的翅膀,我们硬塞给他们一些所谓的知识是没有什么用处的。我国的教育主静,其他许多国家的教育主动,虽然从短期效应看,甚至在整个学龄阶段,我们的学生似乎远远超过了其他国家的学生,但从长远效应看,当学生走出校园,走上工作岗位,我国的学生就远远落伍了,没有了基本的活力和创造力。这其中的教训是什么? 一个重要的方面就是把学生关起来安安静静地、纹丝不动地进行教育,这样,教育就成了学生的身外事,学生自身没有多少作为,当教育对学生不再强行作用时,学生自己也就不动了。

所以,让学生动起来就是教育中愉快生活的一个重要标志,也是教育获得鲜活的富有生命力的效果的一个重要方面,正因为如此,当年陶行知就强烈主张对儿童实行六大解放:解放他的头脑,使他能想;解放他的双手,使他能干;解放他的眼睛,使他能看;解放他的嘴,使他能谈;解放他的空间,使他能到大自然大社会里去取得更丰富的学问;解放他的时间,使他能学自己渴望学的学问、干自己高兴干的事情。① 这不仅是把学习的基本自由还给学生,而且就是让学生全面动起来,获得更有效的学习,也获得学习的快乐。阿莫那什维利也说过:

儿童单靠动脑,只能理解和掌握知识,如果加上动手,他们会明白知识的实际意义,如果再加上心灵的力量——认识的所有大门都将在他的面前敞开,知识将成为他能动地改造和创造的工具。②

所以,他尽力把学生安排在欢乐的"动"的过程中,不仅课堂中充满了互动性,而且在课间休息也"动"得更有趣、更有益,他把教室的走廊装点成一个活动的天堂,同时带他们到公园、到校外去,"孩子们既东奔西跑,又调皮捣蛋。"但他从来不吆喝他们:"别乱跑,别调皮捣蛋。"③但是,当他们安静的时候,他却让儿童们养成一种良好的习惯:"在做书面作业时,不做不必要的动作,不发出响声,不向同学提问题——既不妨碍别人,也不妨碍自己。""整个教室就笼罩着一片肃静的气氛。"他却在一旁欣赏着"当一个人在埋头思考、陷入沉思、做某种好事的时候"所表现出来的"思考着的人"的美。④ 天性活泼好动的儿童能在活泼好动的过程中受到快乐的教育,那是一种很高的教育境界。

所以,课堂是学生活动的天地,这样的活动越广泛,教育就越生活化,学生也越能获得教育的快乐和享受。当然,随着年龄的增加,动的形式和内容会不断发生变化,如儿童的动主要是身体的活泼好动,而成人的动就应该是大脑的活泼好动。

---

① 方明:《陶行知教育名篇》,教育科学出版社 2005 年版。
② Ⅲ·А·阿莫那什维利:《孩子们,你们生活得怎么样》,教育科学出版社 2002 年版。
③ Ⅲ·А·阿莫那什维利:《孩子们,你们好》,教育科学出版社 2002 年版。
④ 同上。

第二,让学生笑起来。愉快的活动必然洋溢在人的心灵中,愉快的心灵必然表现在人的外表上,最能体现人的愉快的外表莫过于让人由衷地笑起来。如果教育是一个让人愉快生活的过程的话,那么它就应当让人们的脸上露出灿烂的笑容,让人们发出爽心的笑声。

笑不但有益于人的身心健康,能使人保持高昂的精神情绪,而且有益于提高人的生活质量,高质量的生活绝对不缺乏笑容和笑声。科学家通过对笑的研究得出这样的结论:

我们喜欢的某样东西——即欢笑——真的对我们大有好处。跟运动一样,欢笑加快了呼吸节奏,随着肌肉的绷紧,血压会升高,心跳也会加快,血液中的含氧量也增加了。当欢笑停止时,随之而来的放松感有助于防止情绪低落、高血压和心脏病的产生。欢笑还释放某种化学物质,能缓解痛苦。最后,欢笑能增加唾液里的免疫球蛋白 A 的数量,当然你可能并不想知道这么多,但是,欢笑能帮助免疫系统抵抗疾病。①

所以,经常微笑就是保持我们身心健康的一个最为鲜亮的标志。不但如此,人原本就是一个会微笑的动物,笑是人与生俱来的巨大财富。研究表明,一个 5 岁大的普通孩子一天会笑 400 多次,而成人一天只笑 15 次。② 所以,儿童本应是微笑的儿童,只有他们脸上充满了笑容,他们才精力充沛,生动活泼,茁壮成长。因此,无论如何,我们都不能剥夺他们如此丰富的微笑,相反,我们应竭尽全力保护这本应有的微笑。美国印第安部落就非常珍视儿童的微笑,当婴儿一出生,他们就被严密地看护着,直到他们发出第一声欢笑,他们的父母相信,只有在这时孩子才成为社会的成员。③

既然人是会微笑的动物,笑可以给人的身心带来那么多的好处,我们就应该珍惜微笑,就应该让生活充满微笑。而教育作为青少年生活的基本内容,就更应该看到笑的意义,从学生微笑的脸上,我们可以感受到学校是他们真心喜欢的地方,他们的生活是他们每天愿意过的生活,而且过得充实、满足、富有生命的意义。在教室里,如果我们既能看到他们动手、动嘴、动脑的快乐活动,又能看到他们解决了一个个问题的快慰,既能看到他们思考问题、解决问题的沉静,又能看到师生双方合作进行教学的快慰表情,我们就一定会把压抑、紧张、窒息的课堂变成轻松、快乐、高兴的课堂,就一定会让瞌睡虫弥漫的课堂变成欢

① 史蒂芬森:《非常教师——优质教学精髓》,中国轻工业出版社 2002 年版。
② 同上。
③ 同上。

乐之神荡漾的课堂。如果说一节课老师露不出半滴笑容，学生从来都没有笑脸，那绝对不是一节成功的课，如果节节课都剥夺了学生或引不来学生的笑声，那注定是失败的教学。尽管学生或许通过一节课获得了不少知识，但如果从此失去了笑声或不会笑，那一定是得不偿失的，因为人们获得知识的目的就是要充满笑意地去生活，如果连生活中的笑意都没有了，那生活还有什么人情意味，我们的心灵还怎能满足这样的生活？

从这个意义上讲，教师就是面带微笑的知识，他们既可以发出笑声，又可以创造笑声，学校的生活就是以他们为中心构成的笑的旋涡，这些旋涡就可以在每一个学生的心底荡漾，产生长久的影响。如果教师能微笑着去上课，学生能微笑着去学习，那就是出神入化的教学境界。所以，把教师塑造成一个严肃、古板、从不对学生微笑的形象实在是不公正的，也是不合理的，剥夺了教师的微笑，就等于剥夺了教师最深厚的教学效果，因为在教学过程中，心灵的力量远远大于知识的力量，当一个学生由衷地喜欢上了一个教师，这个教师的知识就会发生神奇的效用，全面影响这个学生，但一个学生不喜欢这个教师，这个教师的知识传授就可能起不了任何作用，甚至让这个学生放弃从这个教师那里的学习。同时，我们也应注意到，扼杀整个课堂里的笑声也是教学过程中的极大误区，没有谁能证明，真正的知识是在学生发不出任何笑意的过程中掌握的，我们就非常怀疑，在没有学生快慰情感参与下的学习是否就是能带来生命意义和生活意义的学习，是否就是能够留存人的心间的学习。相反，当我们在微笑的过程中让知识的芬芳缓缓进入学生的心灵，让知识的蜜汁融入学生的心田，那不但能让学生更高效地掌握知识，而且这些知识就可以渐渐化育成学生优美的性灵，就可以渐渐让学生的人格更加和谐美满，教育就可以发出令人艳羡的人性光辉，知识与学生的品格建构就会融为一体。

改革开放以来，我们不断加重知识教育的砝码，试图让学生掌握更多的知识以适应我国快速发展的需要，然而知识的比重与学生身心健康的比例、知识的扩充与其所带来的效益不但不相称，反而还有反向扩张的趋势，对许多学生而言，知识越多，身心状况越差，知识急剧增加，为人处世的效能却急剧降低，甚至有些学生满脑子的知识，却连一般的生活都不能自理。这与我们把笑赶出课堂、赶出校园不无关系。

所以，真正懂得教育的人就能够深刻领会笑在教育中的含义，阿莫那什维利就总结出了一条特殊的教育规律，他把这条规律称作"相互律"："但愿教师时时刻刻都急着要走到儿童们中间去，为与他们每一次见面而感到喜悦。这样，儿童们就会每天急着要到学校里来，而与自己老师的每一次见面而感到由衷的喜悦。"①所以,他告诫老师,"要经常地把莫姆斯——嬉笑之神——请到课堂上来,以便赶走莫尔飞——酣睡之神。"②他曾声言:"对我来说,笑声是一个重要的教育问题。在我的课堂上,孩子们常常发笑,'一本正经'地发笑。"③不但他与他的学生一起发笑,而且他建议他的学生把自己的笑声与自己的亲人和熟人分享。美国的教育家们在研究有效教师基本特征时,发现其中一个普遍的共同的特征就是"经常微笑",并认为这是教师之所以为有效教师的非常可贵的"激励性人格:热情、热心幽默、可信任感。"④所以,珍视教育中的微笑就是珍视教育中的生命活力,就是为学生插上人性化的健康成长的翅膀,而且让学生永远快乐。

所以,教师不仅是知识的使者,还更应该是"笑"的天使。让知识乘着"笑"的快意润泽学生的灵魂,让"笑"插上知识的翅膀荡涤学生的心扉。从此让学校请走沉闷、窒息和枯燥无味的瘟神,还教育以充满笑声的生命春天。

教师要掌握"笑"的教学艺术,首先就要保持一颗诗意的充满情趣的童心。儿童之所以天真烂漫,笑声荡漾,就是因为他们有这样一颗心灵。教师年纪不论有多大,如果能保持这样的心灵,就不会缺乏笑声,决不要因为自己是老师就老成,是老师就严肃,是老师就和学生不一样,既然处在学生中间,就应该有和学生一样的心灵,就应该和他们一样欢歌笑语。阿莫那什维利就是这方面的典型,在他的教学生涯中,他就完全融化到了学生中间,在他的眼里,孩子的脸永远是洋溢着笑容的脸,在他的耳朵里,孩子的"叽叽喳喳"声永远是"乐器的音律",而且他也坚信:"笑声不仅可以促进认识过程,而且它本身也是认识的方式和成果之一。""儿童们的清脆的笑声将给我们的课堂增添光辉。"⑤"谁爱儿童的叽叽喳喳声,谁就愿意从事教育工作,而谁爱儿童的叽叽喳喳声已经爱得入迷,谁就能获得自己职业的幸福。"⑥这种童心,不但给教师带来了年轻的生命,而且给学生带来了无限的快乐,这就是教育的幸福。

如果使笑能变成教学过程中的艺术,还必须培养教师浓厚的幽默感。幽默可以使生活获得趣味,使情感获得快慰,使人格获得健美,生活中没有了幽默,就像饭菜中没有了调料一样。而笑声就来自不同程度的幽默,恰到好处的幽默就能使人发出由衷的笑声。幽默在任何地方都不匮乏,它就像漫游在生活各个

---

① Ⅲ·А·阿莫那什维利:《孩子们,你们好》,教育科学出版社 2002 年版。
② 同上。
③ 同上。
④ 唐纳德·R·克里克山克等:《教学行为指导》,中国轻工业出版社 2003 年版。
⑤ Ⅲ·А·阿莫那什维利:《孩子们,你们好》,教育科学出版社 2002 年版。
⑥ 同上。

角落的氧气一样,只要轻轻擦拭你的火柴,它都会助你燃烧并让你光亮起来,当然,当你胸中没有任何像样的火柴,它也就没有了任何的力量。所以,当教师有了幽默,那富有浓郁的人情味的情怀就会荡涤在整个课堂,知识顿时就可以生发特殊的魅力而牢牢地吸引住学生,教育不但会变得轻松愉快,而且能够产生意犹未尽的教化作用,教育的效果就会成倍地增长。所以,教师没有幽默,就是课堂的一大遗憾,课堂没有幽默,就是教学的一大遗憾。

能把相应的教学任务通过一定的“笑”的形式传递出来,这是现代教师应该钻研的一门教学艺术。笑声可以使课堂增色,从来没有笑声的课堂一定是失败的课堂。并不是一切知识、技能都与笑声无缘,关键是看教师如何以“笑”的艺术组织它们。如有一位高中历史教师,他从来不“讲”课,而是以不拘一格的形式“唱”课,虽然这不能成为大家可以共同模仿的教学艺术,但就其本人而言,极富有特色,而且得心应手,使课堂充满欢乐,学生非常喜欢他的课。再比如,许多老师善于运用游戏,他们把所要教的知识都渗透在精心设计的各种游戏中,通过游戏使整个课堂生动活泼起来,这也取得了良好的效果。当然,“笑”以怎样的形式出现,会因不同的教师、不同的课堂而大相径庭,但只要我们懂得笑的意义,懂得谁都希望拥有开心的笑,那么,我们就会千方百计地去寻找各种恰当的笑了。

充满笑声是快慰人生的体现,笑声充满的课堂是富有生机的课堂,在爽朗的笑声中,学校就会变成师生共同向往的幸福生活的殿堂。在这样的学校里,教师不但可以轻松快乐的教授学生,而且可以幸福地沉浸在自己的职业生涯中,学生不仅可以获得能融入自己心灵的知识,还可以获得和谐美丽的人格。

(3)教育中愉快生活的大边界

生活,从最广泛的意义上说,就是生命活动的全过程和全部内容,一个人在他的一生中所经历的或要做的都属于生活的范畴,尽管对某一个人来讲,他一生的空间和内容可能会有所不同,但从普遍意义上来讲,我们不能在某一个方面定位生活的空间和内容,特别是对成长中的学生而言,更是如此。所以,我们只能从最广袤的空间和最广泛的内容上来看待生活,亦即生活的空间和内容都是无限伸张的。

但是,当我们把教育看成学生愉快生活的一个过程的时候,生活的边界在哪里呢?是不是也无限伸张呢?应该说,既然教育是学生愉快生活的一个全过程,那么这里的生活就不应该再做特殊的规定,生活原本有多大的边界,教育中所谈的生活就有多大的边界,否则有违我们所谈的这个命题的意义。但是教育又有它的特殊性,教育和生活不是完全同一的,这样,在教育和生活的关系问题上,就有不同的选择模式。

杜威的模式。杜威提出的口号是"教育即生活",如何把生活变成教育,他的基本主张就是应该把学校看成学生生活的基本场所,应该把生活浓缩后放进学校,然后让学生在这样的生活中获得学习,受到教育。所以,他把学校看成了一个浓缩的社会,要求把社会移植到学校中来,让学生感受具体生活的气息。非常明显,虽然杜威没有窄化生活的边界,但却限制了生活的空间,这与当时美国较为完备较为规范的教育制度有关,因为在那近似成熟的教育制度当中,不可能推倒学校的围墙,让学生跑到社会上去感受所谓的生活,由没有边界的生活获得教育。实际上,杜威的主张在美国的社会背景下很好地解决了教育和生活之间的关系。

陶行知的模式。陶行知的口号是"生活即教育",他的口号不是简单地把杜威的口号打了一个颠倒,而是要改变杜威教育和生活之间的关系,他所主张的不是把生活浓缩后放进学校里,而是生活在哪里,教育就在哪里。因此,他要求教员和学生要走出学校,甚至就不要学校的围墙,直接在真实的社会中进行学习,获得教育。所以,要学种田,就来田间学习,要学做工,就来工厂学习,因此,他也理所当然地要把学校里的一切伸张到社会生活中去。这与当时我国的教育现状有关,当时我国的教育基本处在初创阶段,各方面条件非常落后,绝大多数地方才开始办学,其迫在眉睫的任务就是扫盲和学一点职业技能,这自然是学什么就得到什么地方去,这是最简洁也是最有效的方法。

在杜威和陶行知的设想中,教育基本是按人性自然应有的方式展开的,这不仅体现了社会发展的需要,更体现了人性完善的需要,不仅遵循社会发展的规律,更遵循人性发展的规律。所以,他们的模式都抓住了时代的脉搏和人性固有的属性,从而使教育在他们那里闪射出智慧的光芒。但现在,我们不能重复他们的模式,我们要在他们提供的教育财富中,根据今天时代的需要,寻找让人性能够舒展的并能够给社会带来繁荣的新的途径。

在当今社会中,既然我们要把教育过程当成人们愉快生活的过程,就必须面临这样一种在表面上看似矛盾的事实:学校是比任何地方都优越的最善施教的场所,但学校又不能等同于我们前述的生活,否则,教育和生活就不会出现分隔的现象。如何解决这一矛盾?我们的基本主张就是以学校为依托实现生活的最大边界化。

何谓以学校为依托?所谓以学校为依托,就是教育无论如何也不能脱离学校,社会越发达,学校也越发达,学校越发达,教育越要在学校当中进行。所以,在教育生活化的过程中,我们绝不能淡化学校,更不能取消学校,否则就是教育的倒退。因此,现在的问题不是要不要学校的问题,而是如何让学校成为老师和学生更好生活的场所。我们前面所强调的要把生活当成生活,要把握生活的本质,目的就是要抓住生活的本质来改造当今的学校,使学校显现出生活本应有的生机和活力,成为吸引人的地方。实际上,学校生活也是一种生活,只要它体现了我们所说的生活的本质和意义,就可以变成我们希望过的一种生活。但目前的许多学校只让人们匍匐在符号化的、与生活相隔十万八千里的所谓知识面前顶礼膜拜,除此之外,几乎不关注其他任何事情,因而人们在学校里生活了多年,相反却变得不会生活,这既是对教育的背叛,也是对生活的背叛。因此,只要我们能扭转这个方向,还学校以真正生活的面目,那么我们就大可不必抛离学校而谈所谓的教育生活,我们完全可以以学校为依托实现教育愉悦化的生活过程。

何谓实现生活的最大边界化?当我们讲以学校为依托的时候,我们绝不是说学校就是生活的一切,像目前的许多学校一样,让教学寸步不离学校,甚至紧闭学校大门,把学生严格关起来进行教学,这实际就是消灭学校的生活气息。因此,所谓的实现生活的最大边界化,就是学校应该有的生活必须有,不要把学校变成一种教师在上面严肃地讲,学生在下面严肃地听的生活。学校作为教育人、让人健康成长的最主要的场所,它应该有丰富多彩的生活内容和情趣,学生由家庭和社会走进学校的时候,更让他们感受到一种有别于家庭和社会的生活气息,就让他们产生要生活在其中的巨大冲动,学生一走进学校,就像"走进了一座异常神奇美妙的宫殿,一下学生亲眼目睹了许多有趣的事物。"①教育的宫殿就是生活的花园。这不是把学校的生活最大边界化了的吗?

同时,我们也看到,学生来到学校,并不是一个纯粹的我们所认为什么都不想、只听老师讲课的一个学习者,在他们身上,有他们全部的生活经验及苦乐感受,如果我们不仅仅关心的是他们是否认得几个字,是否会做几道数学题,而是关心他们真正的成长的话,我们就要关心他们的全部生活,由他们的全部生活出发培养他们才是真正的教育。如果我们拒绝了他们的其他生活而只讲学习上的效果,这就可能使学生越来越不会生活,越来越不会处理生活中的问题,随着知识的累加,他们生活的色彩不但会变得越来越苍白,而且人格也会变得越来越危险,自私、乖张、与他人不能相处、故意犯罪、轻易自杀。所以,凡是有着良好教育绩效的老师都会关注学生的其他生活,在调适好学生的其他生活后,才去胸有成竹地建设学生的知识楼阁和智慧大厦。阿莫那什维利根据多年来的研究提出了一条非常重要的原则:"使儿童的生活在课上得到继续的原

---

① Ⅲ·А·阿莫那什维利:《孩子们,你们生活得怎么样》,教育科学出版社2002年版。

则。"①而且情不自禁地说："让每一个儿童都带着自己的全部生活来到学校吧！我要请他们告诉我——他们的老师，他们每个人今天有什么使自己激动、焦急和难以忘怀的事。"②因为他相信"儿童不可能把自己的生活、自己的印象、自己的感受通通丢在校门外，怀着纯而又纯的愿望来到学校。……各种各样的事件、印象、感受，儿童可以暂时不去想它，但要把它们忘得干干净净，全神贯注于认识别的事物，不是一件容易的事。"③所以，教育就是要实事求是地对待学生的生活，而实事求是地对待学生的生活才能展开真正的教育。这样，学生把他们的生活带进学校，带进课堂，也是学校生活边界扩大的一个重要体现。

儿童及其他正在受教育的人也是丰富多彩的天才般的生活者，大自然赐予他们的本性就是生龙活虎地去生活，户外、公园、院子无不强烈地吸引着他们，一切他们都想去看一看，去摸一摸，去试一试，这样的事经历得越多，他们就越有生活经验，越有生活经验，心智就越灵活，心智越灵活，生活就越有色彩。假如学生没有这样的经历，让他们回到书本中，让他们聚在校园里，他们能顺利地学习和快乐地生活吗？肯定不能。"丰富多彩的童年生活犹如一块最肥沃的土壤，在上面可以播下最美好的人类经验的种子。""儿童的童年生活经验愈是丰富多彩，就愈能顺利地使他长上最丰富的人类经验的翅膀。"④所以，尽管学生处在校园中，但我们应该让他们有丰富的生活体验。我们可以学习杜威，让学校更多地像社会，把诸多的生活移植到校园中来。我们也可以学习陶行知，把学校延伸到大自然当中去。同时，我们要给学生充足的假期，让他们通过假期投入到各种各样的生活中去。这样，我们就可以实现学生生活的最大边界化。

总之，我们要绝对克服目前学校教育存在的抽掉学生一切现实的生活只让学生端居在书本当中的极端做法，把学生的真实生活还给学生，让学生在最广大的生活范围内去认识世界，去和世界交往，去丰富自己的经验，从而获得真实的成长。陶行知当年曾经讲过，有什么样的生活，就有什么样的教育，有什么样的教育，就有什么样的心灵。我们由此就可以推出，没有什么样的生活，就没有什么样的教育，没有什么样的教育，就没有什么样的心灵，有了干瘪的生活，就有了干瘪的教育，有了干瘪的教育，就有了干瘪的心灵，但经过丰富的生活，就会获得丰富的教育，经过丰富的教育，就会获得丰满的心灵，这就是生活教育的魅力。

---

① Ⅲ·А·阿莫那什维利：《孩子们，你们好》，教育科学出版社 2002 年版。
② 同上。
③ 同上。
④ Ⅲ·А·阿莫那什维利：《孩子们，你们生活得怎么样》，教育科学出版社 2002 年版。

下篇 **02**

教育伦理的基本命题

综上所述,我们已经非常清楚地得出结论:教育的过程就是让学生健康成长、很好生活的过程,在此过程中积极培养学生一颗饱满的善心。所谓教育伦理的基本命题就是在此前提下审视教育过程中的诸要素而得出的合乎伦理本质的命题。当然,要得出教育伦理的基本命题,我们就得首先分析教育过程中的基本要素。而教育过程中的基本要素非常多,人们的看法也不尽相同,有三要素说,有五要素说,还有七要素说。但我们所要考虑的是,在现代社会背景下,教育得以进行的基本条件什么,教育的基本要素就是这些条件。

现代教育必须在一定的机构或场所里进行,没有这样的机构或场所,教育就会处在漫无边际、无法组织的无序状态中。这样的机构或场所就是学校。

学校的组织很多,活动也很多,但有一个主要的组织和活动,那就是教学或课堂,没有对教学的组织或活动,那就没有学校,教学或课堂就是学校得以存在的最基本的形态。

教学是不能单独存在的,它必须有必要的支撑要素,否则就不会有教学的雏形。在这些要素当中,首先要有人的要素,因为教学最简单的方式就是人教人的活动,教人者为教师,被人教者为学生。其次是教师教学生所凭借的东西,这些东西就是课程。最后是教师用什么样的方法把课程内容教给学生,学生用什么样的方法去学习,这就是方法。

这样,我们所谈的教学过程中的基本要素就是学校、教学、教师、学生、课程和方法。在这些要素中,教学是中心,其他要素都是围绕教学这个中心展开的,学校是教学得以进行的环境和基本设施,教师、学生、课程和方法是教学内含的最基本的四个因子。教育伦理的基本命题就是关于这些基本要素的命题。

　　既然教育是培养学生一颗饱满的善心,实现教育伦理的两个基本条件是让学生健康的成长和很好的生活,那么从这样的视野和角度审视教育过程的基本要素或让这些基本要素符合教育伦理的本质和条件,我们就会得出这样一些基本看法:学校是化育学生性灵的圣所;教学是成就学生人生的桥梁;教师是缔造自身幸福的使者;学生是完成自身性情的主人;课程是滋润学生心田的汁液;方法是开启学生智慧的明灯。这些认识就是教育伦理的基本命题。有了这样的命题,我们就完成了对教育全过程的认识,也完成了比较彻底的洞察教育伦理的使命。

一、学校是化育学生性灵的圣所

学校何以能够产生,我们不必仔细考证,但有两点是肯定的:一是认为人们所形成的最精粹的东西需要传递下去,二是需要塑造具有良好德性的人。简单地说就是传承优秀的文化,培养好的人。把这两方面结合起来,就是培养掌握优秀文化的好人。因此,学校原本就是为能培养这样的人而存在的。在优秀的文化中,我们不能排除滋养人的生存能力的技能性、生产性的知识,但最初的学校重心并不在此,而在于传递如何构建和谐人际关系的伦理知识。这其中的原因大概有二:一是有关认识世界、求得生存的技能性、生产性知识,可以在实践中直接进行传递,没有必要形成专门的学校去讲习这些知识,相反,学校还不便于这些知识的传递和教习;二是只要有了好的人,这不但是一个家族、一个部落的荣耀,而且由此可以引领社会风尚、构建和谐社会,使人们安居乐业,也就是说,只要一个社会充满了具有伦理德性的人,那么这个社会就是和谐美满、兴旺发达的社会。所以,在学校产生之初,它就执着于人的伦理德性,企图化育人们美好的性情。所以,孟子就这样阐述学校:"夏曰校、殷曰序、周曰庠,学则三代共之,皆所以明人伦也。"(《滕文公上》)也就是说,在当时自然状态下产生的学校,不论怎样称呼,都是教以人伦的,即让人们明白做人的道理,让人成为品德良好的人。

不但如此,学校从来都是人类文明的摇篮,而把人从野蛮状态解救出来的文明就是人所创造出来的文化成果。就我国而言,至春秋战国时期,经过长期的蓄积和酝酿,形成了我国文化的第一座高峰,产生了孔子、孟子、老子、庄子、墨子、荀子、韩非子等诸子百家,他们收徒讲学,产生了"四书""五经"等具有"文化元典"意义的成果,而这些成果无不是围绕如何做人、使人具有什么样的品行而展开的,这就像孔子所言:"君子之道者三,仁者不忧,知者不惑,勇者不惧。"亦即做人应该具备仁、智、勇三种品德,有了这三种品德,人们就可以获得无忧、无惑、无惧的内在心灵善和外在生活美的伦理状态。学校的职能就是集这些文化精粹化育人的性灵。就西方国家而言,至古希腊时期,逐渐形成了西方文化的高峰,在此也产生了诸多的文化巨匠,尤以苏格拉底、柏拉图、亚里士多德最负盛名,苏格拉底率先树起"美德就是知识"的大旗,使人在知识的聚合作用下,产生做人的光亮和美德。柏拉图在他的《理想国》第四卷里,就提出著名的"四德性"说,认为国家每一个阶层都有自己所独具的品德和特长,都有自己善于做的事情,治理者善于谋划,他们的德性是智慧,保卫者善于战斗,他们的德性是勇敢,劳动者安分守己,他们的德性是节制,假如人人都按照这样的德性做自己的工作,那么整个城邦就获得了正义。这就是说,柏拉图的目的就是想通过培养每一个人适合的德性来建立理想的国家。亚里士多德就把研究人、完善人的学问从哲学中独立出来,创立了一门新的学科,叫伦理学,而他所讲的德性就是使人完善的那些特性。人为什么要具备良好的德性,亚里士多德是从一般事物推导出来的,他说:

> 眼睛的德性,就不但使眼睛明亮,还要使它的功能良好,马的德性也是这样,它要使马成为一匹良马,并且善于奔跑,驮着他的骑手冲向敌人。如若这个原则可以普遍运用,那么人的德性就是使人成为善良并获得优秀成果的品质。①

所以,他专门写了《尼各马克伦理学》,研究人们到底应该具备什么样的德性而完美起来。由此看来,在中西文化中,有一个共同的地方,那就是在他们所创造的一切文化中,其内核就是化育人的德性。当然,这些文化云集学校,使学校的职能再也明显不过了,那就是陶冶人的美好性灵,尽管我们还可以看到许许多多的其他功能,但这种化育人的良好德性的功能的核心地位、先导作用是不能动摇的。

然而,学校的这种神圣而美好的职能受到了挑战,这种挑战主要有两种,一种是来自统治阶级的。统治阶级为了维护自己的统治,就把学校看成了最方便最有力的工具,一方面把学校看成宣传其统治思想的最有效的场所,通过鼓吹其统治的优越性使人们心悦诚服地接受其统治,另一方面通过学校来培养其所需要的人才,任何一个统治阶级都期望把人们培养成服从其统治秩序和为其统治力量效忠的"顺民",因而他们历来都很重视学校的办学方向和培养什么样的人的问题。另一种是来自科学知识的。学校是知识云集的地方,传授知识是其神圣的使命,这本来是无可厚非的,但在传授的方式方法上,由于单纯追求传递知识的效果,学生渐次被看成了一个简单接受知识的容器,认为学生来到学校的唯一任务就是尽可能多的、尽可能快的把老师所传授的知识接受下来,在这个过程中,要求学生排除一切私心杂念,排除一切从家庭和社会带来的各种情绪,排除一切外界的干扰。这样,传授知识的方法越来越单一,对学生的管理越

---

① 亚里士多德:《亚里士多德全集(第八卷)》,中国人民大学出版社1997年版。

来越严格,学生在学校唯一被看重的价值就是坐在教室里听老师上课,其余一切都是无足轻重的。特别是随着知识的不断增加,学生的学习负担越来越重,加上老师又以特别密集的方法不断进行操练,以至于学生几乎再没有其他生活内容了。这样的学生,即使掌握了大量知识,也会变得机械、呆板,进而酿成顺从、被动的性格特征,没有自主性,也没有创造性,真可谓成了满载知识的"废物",乃至于应付起码的日常生活和处理简单的人际关系都有一定的困难,要求其开拓、创新,做创造性的工作就更谈不上了。所以,美好的学校变成了很不好的地方,学生的身心在那里受到不同程度的摧残,许多人对此做过辛辣的批判。

洛克就认为当时英国学校鱼龙混杂,染上了各种恶癖,妨碍了"绅士"的顺利成长,以至于要求人们远离学校,而求助于家庭教育。卢梭把法国的学校贬得一钱不值,认为法国的教育不但不利于儿童的成长,相反大大危害了学生的身心健康,所以,他要让他的爱弥尔远离学校到真空——大自然中去修行。对学校做出最全面最辛辣的批判要属夸美纽斯,他说当时的学校就是"儿童恐怖的场所,变成了他们才智的屠宰场,大部分学生对学习书本感到厌恶,都匆匆离开了学校,跑到手艺工人的工场,或找别种职业去了。"①

我国的教育发展到今天情况又怎样呢?南京师范大学刘彩云博士深入江苏的一些中小学进行了长达七个月的观察研究,结果发现,在儿童的眼里,学校仅仅是一种令人尴尬的场所:

学校是鸟笼,是学知识的地方,是不许乱玩的地方;是爸妈管不到的地方,是整天担惊受怕的地方,是冷酷无情的场所;学校是监狱,是抑制少年天性的地方,是使人变成动物的地方,是强调循规蹈矩的地方,是受罪的地方,是世界上最恐怖的地方;学校是满汉全席上的一道菜,在教育学生做人的道理的同时,又在内部上演着人性的丑恶,对内一套,对外一套,一面强调给学生充分的自由,一面又制定各种框框约束他们;利用学生尊师重教的心理,说一些永不兑现的谎言;学校是充满幻想、激情又总被浇灭的地方;学校是培养顺民的地方,是培养一模一样"好人"的工厂,是告诉你要有思想、有创造力而又把你往一个模子里放的地方;学校是一个上要受上级压力、下要承受学生怨的吃力不讨好的地方;学校是老师谋生的地方,学校有一大堆试卷;学校是一个比来比去还是觉得只能在此打发青春的地方……学校是一个等级社会,是一个现代化的工厂……学校是围城,进去的人想出来,出来的人想进去的地方;学校里没有滑梯与秋千,学校是几栋楼加一块空地,学校是整形医院,是监视器,是体验"成者为王,

---

① 夸美纽斯:《大教学论》,教育科学出版社1999年版。

败者为寇"、"三十年河东,三十年河西"的地方;学校是比监狱好一点的地方,学校是未成年人的集中营,是教师最神气的地方;学校是常常有"种族歧视"的地方,好学生尽情遨游的知识海洋,坏学生自由受束缚的牢房,学校是想培养优等生却生产高分低能者的工厂;学校是舞台,看不同的老师对成绩不一的学生表演不同的戏;学校是教师思想与学生思想剧烈冲突的地方;学校是统一穿校服的地方,是爸妈最放心的地方,是禁止谈情说爱的净土,是优胜劣汰的战场。

至此,我们已经非常清楚学校的面目是什么了,所以,我们要坚决去掉使学校变质的各种流弊,还学校以本来的面目,把学校变成人性化的学校,让学校以人为最高目的,开启人性的潜能,帮助人走到其发展的最高峰,使人既在学校内部能获得愉快幸福的生活,又在学校外部能开拓愉快幸福的生活,使人成为一个真正的人,能拥有自身的幸福生活。为此,我们必须把学校看成化育学生美好性灵的圣所,并变成我们从教的至尊的信念,这一信念主要包含以下几重含义。

(一)学校是现代社会最神圣的地方

如果我们把现代社会的生活像中世纪一样分成世俗生活和神圣生活两部分,把世俗生活看成没有精神信仰、没有内在信念、只停留在柴米油盐吃穿住行中的生活,把神圣生活看成追求全智全能的境界、存留纯洁的信念、寻找精神的皈依的生活,那么这个神圣的地方就是学校,世俗的地方就是学校以外的其他地方。因为在现代社会,纯粹的宗教不可能以"教堂"的形式慑服人心,也不能以"上帝"的存在吸引人的思想,但学校可以像教堂一样使人在一切精粹的文化中受到陶冶和洗礼,人通过学校教育可以达到像上帝一样的完美状态,尽管这是一个永无止境的过程。所以,学校就是现代社会的教堂,对人性的完美追求就是现代社会对上帝的信仰。除了学校,我们再很难找到这样一个神圣的场所。

其实,人们很早就注意到了学校的这种神圣性,杜威就曾提到天主教中有一支名曰耶稣军的人,他们以重视教育而著名,他们中的一个教育家说:把小孩给我,到八九岁的时候还你。这就是说,孩子的教育是非常神圣的事,不宜有任何的亵渎,经过八九年神圣的教育和洗礼,基础已经打好了,这才把孩子还回来。洛克这样描述教育的神圣性:

因为教育上的错误比别的错误更不可轻犯。教育上的错误正和错配了药一样,第一次弄错了,决不能借第二次、第三次去补救,它们的影响是终身洗刷不掉的。①

亦即教育不得有任何的轻慢。夸美纽斯写《大教学论》的目的就是想恢复学校的这种神圣性,他说他这本《大教学论》的主要目的在于:

寻找并找出一种教学方法,使教员因此可以少教,但是学生可以多学;使学校因此可以少些喧嚣、厌恶和无益的劳苦,多具闲暇、快乐和坚实的进步;并使基督的社会因此可以减少黑暗、烦恼、倾轧,增加光明、整饬、和平和宁静。②

著名高等教育哲学家、耶鲁大学教授布鲁贝克谈到现代大学的时候就指出,现代大学提供的不仅是职业技术,甚至不是"治学"的场所,而是"一种生活方式",是一种"世俗化的教会",大学不仅"具有教学和科研的职能",而且还应加上"社会领袖的职能",即成为造就学生心灵——造就公众心灵的"圣殿"。③

所以,如果我们不把学校看得神圣起来,随意创办几所学校,随意请几个老师,随意就开始给学生上课,这就是对教育的一种亵渎,永远也培养不出我们所希望的心灵优雅的人来。

(二)学校唯一的目的是人

学校是教育人的地方,人自然是学校的全部核心。如果说社会其他人可以变成某种手段或工具的话,那么学校是最能保住人的目的性的场所。所谓目的性就是一切为了人,一切服务人,一切为人的成长、发展、幸福、快乐而存在,而不是反过来让人为了其他诸如金钱、财富、权力、地位而存在。衡量人的目的性的一个根本标准就是看人能否在伦理道德意义上按照自己的意愿做自己想做的事情,内在地可以保持这种意愿,外在地可以实现这种意愿。学校之所以能完成人的目的性这种崇高的使命就在于:当老师饱学人类文化经典或形成人类文化的珍馐并希图把它传递下去的时候,能教化出一代又一代的英才,学生在禀承人类文化精华的同时,能开掘其潜力,形成其能力,养成其人格,获得真善美的成长。这都是人的本真意愿,也是人的禀赋在这里放射出的最艳丽的光亮,因而教书和学习都是非常快慰和幸福的事情,都获得了人的目的性。

然则,学校并不能保住这种神圣的目的性,在我们基本取缔了把学校变成统治阶级的工具这一流弊后,就我国目前而言,学校又变成了一架考试升学的

---

① 约翰·洛克:《教育漫话》,教育科学出版社 1999 年版。

② 夸美纽斯:《大教学论》,教育科学出版社 1999 年版。

③ 夏人青:《强化人文教育,培养时代新人》,载《外国教育研究》,2007 年第 4 期。

机器,教师和学生就是这台机器上的核心部件,教师为考试升学而教,学生为考试升学而学。特别是当千军万马都拥向这一个独木桥的时候,教师和学生就不得不拼命在这台机器上超负荷、超速度运转,那种身体上的疲累、精神上的痛苦真不堪言状,加之考核、评比的杠杆不断撬着他们,奖金、升学的馈赠不断诱惑着他们,行政的命令不断催逼着他们,大有不把教师和学生的心智搞不到消耗殆尽的地步决不罢休的态势。在这种情况下,教师和学生很难再探究到内在的目的性而去体会做人的尊严和神圣,人生的快乐、幸福在这里逐渐销声匿迹,教师教上多年书就变得寡言、保守、木讷、不适应社会,学生经过学校的教育变得呆滞、愚钝、冷漠,不会再思考问题。这是多么可怕的教育。

所以,学校必须回到人的身上,必须让人获得主体性的愉悦,始终让人感受到自身的目的性。也就是说,生活在学校中的教师和学生,必须有内在的生命活力被不断激发、扩充、创造、升值的感觉,有精神饱满、思想丰溢、智慧闪烁的感觉,有一步步生发出内在巨大力量、一步步迈向生命巅峰的感觉,有一定程度的自由、生动、高兴、快乐、崇高、神圣、光荣、自豪、有价值、有意义的感受,真正达到马斯洛所说的"高峰体验"和"自我实现"的境界。若此,教师和学生不但获得了高度的目的性状态,而且幸福情感和创造力量就会在他们的心底流溢。

(三)成就人的本质就是成就人的"性灵"

人是一个完整的人,培养人也就是要培养一个完整的人。但如何培养一个完整的人,在实际的教育过程中,总有一个重心,总有一个关键环节,总有一个持之以恒的对象,而这样的重心、关键环节和持之以恒的对象只能是与人的内在心灵相关的东西,因为只有这样的东西才与整体的人联系在一起。我们可以把其叫做"精神"、"性格"、"人格"、"心性"、"性情"、"心灵",或者直接就叫做"心",尽管这些名词有一定的侧重点,也呈现出一定的差异性,但这些名词都指向人的内心世界,都指向人之为人的本质,都与人的完整性联系在一起。所以,在这里我们不必仔细区分它们之间的差异,可以直接选用"性灵"这个词,因为:第一,这个词一般就指人的精神、性情、情感等,把人身上人性化的内容都包含在内,具有浓郁的人性意味;第二,这个词反映了把人的智慧、能力、性情等消融在一起所表现出来的特有的灵动特征,具有生命的活力;第三,这个词以"性"做前导,它既非常明快地表达了人的精神取向,更不忘人的"本性"基础,易于引导把人培养成一个真实、灵活、完整的人。第四,这个词比其他任何一个词更接近人们的情感,更受人们的青睐和接受。这样,我们讲学校是化育学生美好性灵的圣所就更符合人的特征,更易深入人心,更易形成良好的教育信念,更易发挥出教育的实际作用。

实际上,教育无他,只有抓住学生的性灵使其产生变化,才能说明教育的意义,如果仅仅给予学生传授一大堆只呈现客观事实的知识,让学生只知道一大堆技术性的原理,或者让学生只形成做某件事的操作性技能,这都未和学生的内在心灵联系起来,都没有触动学生的人性内容,因而学生的心灵空间没有扩大,学生的人情因素没有勃发,学生的智慧胚胎没有生成,学生的人格魅力没有扩展,一句话,学生的性灵没有得到滋润、呵护、生长和繁茂,学生的精神世界依然是一个没有发育的侏儒。这其中的道理很简单,也就是说,我们只用现代电脑或制作出的精密机器人就可以达到上述教育效果。如果说我们在人身上实施的教育可以让一个电脑或机器人代替的话,那么我们就不是在教育人,而是把人当成了更好利用的工具,这就是教育的倒退,是教育的悲哀。

所以,为了避免教育落到连人物都不分的地步,我们首当其冲的任务就是要化育出人所特有的东西,让人性的因素郁郁葱葱的生长,而不是让物性的东西妨碍人性的发育。这样,当我们教授学生知识的时候,一定要触动学生的思维、生发学生的智慧,润泽学生的情感,当我们教授学生能力的时候,一定要通达学生的信心,磨砺学生的意志,唤起学生的责任意识,当我们与学生交往的时候,我们一定要让学生懂得人情的可贵、友谊的价值与和谐的人际关系的意义。总之,要让学生的性灵凝聚成通人性、懂人性、美化人性的浓浓情感和意识,要让学生的言行放射出人性的善美,要让他们在内心体会到做人的尊严和价值。

(四)人性生长的途径是化育

人性的种子只有在富有人性的环境里才能生根、发芽、开花、结果,而在非人性的环境里孕育的一定是非人性的东西。而区分人性与非人性环境的一个基本标准就是看人们能否体验到关爱的情怀。关爱的情怀有很多表现方式,但最重要、最有效的方式就是在和谐融洽的人际关系中把人类美好的东西以潜移默化的方式渗透到人们的心田。这就像墨子提出的一个命题:人性如染丝,染于苍则苍,染于黄则黄。也像法国近代唯物主义哲学家爱尔维修所坚信的:人就是环境的产物。这都是讲潜移默化的效果。在这个问题上,我们应该清楚,知识和能力是通过显性的方式教授的,这种显性的特征越明确,越清晰,越突出,效果就越好,而良好的性灵是通过非显性的方式教育的,这种非显性的方式越隐含,越潜在,包容性越强,效果就越好,这就是我们所看到的一种现象——为什么知识浅薄、能力孱弱的教师培养不出好的学生,为什么轰轰烈烈的学雷锋、做好事运动不能培养出性情优美的学生的缘故,当前者的教授需要清晰、明确、强烈的时候,却显得非常暗淡,当后者的教授需要温和、含蓄、潜化的时候,却显得异常强烈。

要通过潜移默化的方式达成美化人的性灵的效果,就要避免通过强力进行教育。现在许多学校都采取了这种类似暴虐的方式,打、骂、讽刺、挖苦,高强度的练习,甚至与家长联合起来千方百计向学生施压,这虽然在学业上可以取得暂时的效果,但绝对损伤的是学生的长远发展,凡是有成就的人都不是通过打、骂、压等教育方式成长起来的,长期经受打、骂、压的学生也很少能做出什么成就,且与人性的生长不利,因为这其中缺少了"关爱"的人情味。实际上,人性的生长就要靠其本身吸收某些环境的因素发生变化,仅靠人力的挤压、揠拔都无济于事,这就像一个弹簧,你用强力拉它,它可以伸长,你用强力压它,它可以缩回,但当你不用力的时候,它就恢复原状,如果你反复而过度地拉压它,它的性能就被摧毁了。所以,自身不发生变化,任何外力是难以让人的性灵结出什么好果实来的。

所以,修品养性,成就人的性灵,就是通过春风化雨般的暖融融的潜移默化的方法获得的,这种方法备受人们的推崇,王符在《潜夫论·德化》中曾说:"人君之治,莫大于道,莫盛于德,莫神于化。"这就是说,化育是最神奇的方法。《淮南子·泰族训》对这一效果做过淋漓尽致的描述:"孔子弟子七十,养徒三千人,皆入孝出悌,言为文章,行为仪表,教之所成也。墨子服役者百八十人,皆可使赴火蹈刃,死不匹踵,化之所致也。"为什么化育有这样神奇的效果?有学者做过这样的揭示:第一,化的落脚点是放在人的"心"上,人心得到转变,化就达到了效果,人心未转变,化就没有起到作用。第二,化的结果,不但能使受教育者的心理发生转变,而且可使其行为方式乃至整个气质都发生变化。第三,化是在不知不觉中进行的,受教育者在不知不觉中接受教育者或环境的影响,从而也不知不觉地在心理与行为方式上发生变化。第四,化的功效不是短时间所能取得的,要经过一个较长的过程,虽难收到立竿见影的效果,但却对人产生深刻而持久的影响。① 所以,一个美好的性灵绝对不是强制出来的,而是以温馨的方式化育出来的。

----

① 汪凤炎等:《德化的生活——生活德育模式的理论探索与应用研究》,人民出版社2005年版。

二、教学是成就学生人生的桥梁

学校的核心工作是教学,其他一切工作都是围绕教学展开的,没有系统的教学,就没有学校存在的必要,在某种意义上说,教学就是学校存在的另一种形式,亦即学校是教学得以进行的基本场所和设施。

教学由教和学两个词组成,在本原意义上它们只是一个字,都写作"斅",意为"模仿"或"效法",后来,"斅"变成了教,去掉"攵"变成了学,但基本意义仍未变,只是侧重点不同:"作斅从教,主于觉人。秦以来去攵作学,主于自觉。"①很明显,教学就是模仿或效法,在模仿或效法的过程中,教者不只扮演楷模的角色,而根本点在于启觉效仿者,学者也不是扮演模仿者的角色,重心是能够觉悟到教者的意义,这时教学才能达成,方成为教学的一种境界。所以,教学原本就是教者不仅在于教会学者表面应该掌握的东西,学者不仅在于学会教者传递过来的所能模仿的东西,而且在于教者启觉了学者内心人们所看不见的东西,学者领悟到了教者要他内心发生变化的东西。具体一点说,从表层看,教学就是知识技能的一个传递过程,从内层看,教学就是启人心智、变化气质、润泽情感的一个过程,而从教是"主于觉人"、学是"主于自觉"看,显然后者是重心、是根本。实际上,经验也告诉我们,如果没有内心的启觉和领悟,外在的东西很难被接受,而启迪领悟的效果良好,即使没有表层的传递,知识和技能也可以举一反三、触类旁通而自动获得或取得更大的效益。教学的这一含义对我们理解教学的本质非常重要。

把教和学融通起来,使人们的外在能力和内在性灵一同变化,把教学看成涵育人性的过程,从来都是我国教学的一贯传统,教学不仅使人学成"技",而且使人成"人",学成的"技"是成"人"的外显力量,成"人"才是教学的关键。所以,在我国传统社会,哪一教之人不是特定时代条件下的"圣贤"之人,他们博大

---

① 段玉裁:《说文解字注》,上海古籍出版社 1981 年版。

的学识颐养的就是人性的魅力，人之所知和人之本性在他们那里完全融合在一起。同时，哪一个学之人不是因垂慕师者人格之魅力和思想之伟大而沐浴在他们的门下，而学的过程也无不是人性的德性与学识的智慧一起生发滋长的过程，因此，教学之下无不是人性的完善和伟大。

即使在西方国家，也没有偏离教学的这一轨道，被誉为西方孔子的苏格拉底可以说就是践行这一教学理念的典型，他一辈子都在探寻智慧而教导青年，他最基本的教学思想就是让知识在人身上焕发出美德的生命来，或让美德使知识变成有益于人性生长的最好的营养品。苏格拉底当时在哲学上提出了这样一个口号："首先并且主要地要注意到心灵的最大程度的改善。"①即哲学的重点应该由世界本原问题转向人及人的心灵问题，通过知识教育使人的心灵为智慧武装，从而使人变成有德之人。所以教育人的本意也是要造就心灵完美的人，自然，心灵完美的人就是用知识武装起来的人。以后柏拉图秉承苏格拉底的传统，亚里士多德创立伦理学，芝诺把伦理看成哲学的灵魂，都充分说明人类优秀的教学归根到底就是要造就完善的人。

然而具有本原意义的这一教学特征，以后却渐渐偏离了方向，乃至于在今天也未扭转过来。首先，这是由于统治阶级试图把每一个人都变成适合他们统治的一个工具的结果。在统治者的眼里，他们所代表的社会就是至高无上的目的，其他一切人都应该成为社会存在和发展的手段，社会需要什么样的人，人就得变成什么样的人，社会需要人做出什么样的牺牲，人就得做出什么样的牺牲。这样，学校教学的基本任务就是培养他们所需要的这种工具性的人，就像一个砖瓦厂源源不断地生产建造一幢幢大楼所需要的砖瓦一样。如西方国家，在中世纪，宗教具有至高无上的地位，因而一切学校也就得变成宗教学校，它不但在信仰当中让人们跪拜在上帝的面前，而且在现实当中也让人们匍匐在统治阶级之下，除此之外，甚至连很现实的科学内容统统都被扼杀了，制造出像布鲁诺这样的惨剧。我国也一样，在春秋战国时代培植起来的思想百花园，在汉代以后就变成了一枝独放，并很快凝练成以"三纲五常"为核心的教化机制，使每一个人都成为适合封建统治的忠孝仁义之士，一切学习都要围绕这一主旨展开。

其次，这也是知识主义凌驾于人之上的结果。学校是知识的摇篮，无论教学的目的做怎样的变化和歪曲，但教学互动的基本内容就是知识，如果没有知识这样的中介，教学就不能存在了。如果说在人类社会的早期由于人们认识的局限性、科学的不昌明、知识还相对较少而且大多局限在人文知识方面的话，那

---

① 冒从虎、王勤田、张庆荣：《欧洲哲学通史》，南开大学出版社 1986 年版。

么现代社会却由于科学的发达使各类知识特别是非人文性的知识超速增加,而且随着"知识就是力量"、"知识可以改变命运"等口号的推波助澜,知识爆炸式地向学校集中,并要求人们尽可能快、尽可能多地存储、复制、传递知识信息,加上高度紧张的社会竞争,人们就不得不不遗余力地为知识而奔忙,甚至从一出生就投入到了学习中,惟恐比别人迟半步,知识的传递由此也层层下移,未进幼儿园就要学好多东西,幼儿园开始学小学的内容,小学开始学初中的内容,初中开始学高中的内容,高中开始学大学的内容,大学则要求发表论文,出研究成果,同时知识的密度和难度一天天加码,这样,教师和学生都变成了最苦最忙负担最重的人,为此他们几乎抛开了与知识无关的一切生活,仅为"知识"而奋斗。

尽管"知识"已经变成了教师和学生几乎背负不起的重担,但当人们开始教学知识的时候又陷入了另一种更加艰难的境地。人们为了传授知识的方便和直截了当地检测传授效果的好坏,就把知识统一化、规范化、标准化,在检测方式上只用一种简洁的办法——考试,考试所得的分数就是对教学效果的最高说明。由此我们就看到了这样一种现象,只要是同一个年级,那么就不分老师,不分学生,不分性别,不分民族,不分地域,大家都用同一种教材——标准化的知识,教学效果到底怎么样,大家又用同一种试卷、同一种考题、同一种答案来进行检测,其余的一切因素都可以忽略不计。而且这种方式越来越规范,越来越标准,越来越制度化,以至于教师手里最终只拿三本书——教学大纲、教材和教学参考书,所有的学校最终也只看向高一级学校特别是向大学送进多少学生这一个指标。这导致的直接后果就是,既然一切都是标准化的,那么教师和学生个体性因素就没有必要考虑了,甚至连知识本身也没有意义了,只剩下考试所得的分数,分数代表一切,也决定一切。至此,知识主义也变成了分数主义,知识决定命运也变成了分数决定命运,分数就是教学领域中至高无上的"神",是马克思所讲的"拜物教",教师和学生不是支配分数,而是分数反过来以其强大的力量支配教师和学生,人完全沦为他自身以外某种无形力量的奴隶,并且没有一点抗拒的余地,这才是真正意义上的异化。

教学教人适应社会,教人以各种知识原本并没有错,而且它们就是教学的两大职能。教学试图让人处在社会之中,与社会各方面建立和谐的关系,这就是成人的最基本的路子,是人立足社会最坚实的基础。教学试图让人获得尽可能多的知识,使人面对这个世界心中能明亮起来,由此选择正确的人生之路,构建自己各方面的能力。然而,差之毫厘,谬之千里,对任何一种正确教学观的一点点歪曲,都有可能使其陷入不只是荒谬而且是近乎灾难的境地。这就像一列火车,本想把满载的旅客送至目的地,但如果偏离了轨道,那灾难性的后果就可想而知了。比如在西方的中世纪和中国的封建社会,由于教化人们要服从当时的社会秩序,因而使宗教教义成了熔灭人性的铁炉,使儒家礼教成了吃人的血盆大口,那时候的人简直就成了砌在社会统治秩序之上没有一点人性欲望的简单砖石了。再比如现在的知识教学,它不仅是使人身心不堪负重的巨大累赘,而且是束缚人心灵的精神枷锁,它不但要排挤人除了坐下来教和学外的其他一切鲜活的人性激情和欲望,而且要通过教和学这种单一的活动占满人的时间空间,用教和学所得来的所谓知识占满人的头脑空间,使人从此失去轻松生活的能力和再进行创造的热情。在这种情况下,人除了寻找各种途径逃避教学外,再就没有其他什么冲动了。所以,如果我们不固守教学的真理性,我们就会让教学变得何等的谬误。

所以,我们必须回到教学的原初轨道上来,把教学看成成就人生的一个最好的过程,通过一系列的教学活动,使人寻找到安身立命的资本,通过这样的资本,创造人生,通达人生。所以,教学就是成就学生人生的桥梁,这就是我们所倡导的又一个重要的教育伦理命题。

(一)教学活动的核心是人

这本来是无可辩驳的不言自明的客观事实,教者为人,学者为人,教学的核心自然是人,除了人之外,可以说再寻找不到什么更重要的因素了,但现实状况却不是这样,人就偏偏被排挤掉了。目前的教学不是以人为核心,而是以教材、考试、分数等完全外在于人的东西为核心。比如,在许多人的观念里,教师就是教教材的,学生就是学教材的,教师和学生就应该围绕教材旋转,至于教材对教师和学生的意义是什么,能给教师和学生带来多少探求知识的快乐和获得知识的幸福,他们却从来不过问。相反,如果教师在传授教材当中出了什么问题,就要被严厉指责,甚至遭受身心的巨大折磨,如果一个学生没有学会教师暂时所教的知识,就要遭致嘲讽、漫骂甚至殴打、开除的特别待遇,乃至于连人的起码尊严也难保。考试成了最主要的教学手段,甚至教学最后就演变成了训练学生如何考试的一个过程,教师在忙不迭地印制试卷,学生在忙不迭地做试卷,周考、月考、中期考、学期考乃至于大规模的汇考,使教师和学生都成了考试的奴仆,无法寻找到自我的地位和考试给自己身心发展和健康带来的意义。考试所带来的分数就是教师价值的计量器,就是学生命运的指南针,一个教师将被摆在什么样的位置,在什么样的学校教学,拿多少工资奖金,获得什么样的职称和荣誉,都是由分数计量后精确定位的。一个学生是什么样的人,升哪一类学校,谋什么样的社会地位和职业都是由分数标示的。在这种情况下,人有什么中心地位可言?

人是教学的核心,其实最根本的是一个教学理念问题,即我们有没有这样一种信仰:人是主宰教学活动的本质力量,其他一切活动都是为人服务的,最终都要以是否有利于人的健康成长和愉快生活为衡量标准。凡事都需要有点信仰,教育更是具有信仰的事业,有了这样的信仰,一切教学活动就可以体现出人性的情味、人格的尊严、人快乐生活的主观感受,人就会成为教学的核心。所以,具有这样的信仰对教学就是至关重要的。

自然,信仰不是现实,要把信仰变成现实,在行动中必须注意这样三个方面:一是一定要寻找到教师和学生的内源性动机,使教师愿意教、高兴教,使学生愿意学、高兴学。自己所愿、自己所乐的事情,就有了相应的核心地位。二是一定要有宽松、自由的环境和氛围。人要做自己的主人,首先就要寻找到自己的自由,自由就是一个人实现自己主体地位和中心地位的前提条件,剥夺了人的自由,人就可能身不由己,就可能受到外物的支配,所以,在宽松、自由的环境和氛围中,人就可以享受更多的自由,就可以寻找到自己的主体地位,就可以表现作为一个主人的一切。三是越是达不到教学理想的人,越要被关心。我们强调人在教学过程中的中心地位就是要让人成为一个人,成为一个更优秀的人。因此,在一切教学活动中,谁达不到我们的教学理想,谁就是需要我们关心的对象。所以,所谓"差生"不但不是我们歧视的对象,反而是我们关爱的核心,因为他们已经远离了我们的教学核心,如果我们不使他们向教学的核心转移,那么人是教学的核心就得不到更有效的保障。

凡是优秀的教师都是以人为中心的教师,不但因为他们自身的优秀而充分体现了他们的价值,而且由于他们关爱一切学生,使学生能真正获得健康的成长和愉快的生活,因而教师和学生一并都处在了教学的中心地位。蒙台梭利、苏霍姆林斯基、阿莫那什维利等著名的教育家都是把人当成教学核心的典范,这种核心何以表现出神奇的效果,有我们领悟不尽的意蕴。

(二)教学活动的意义是成就人生

虽然我们可以把一切教学活动指向人,但如果仅此而已,我们并没有解决任何问题,因为当我们谈教学中的人或以人为核心的时候,往往就会导致这样两个结果:一是把以人为核心置于理念层次上,仅仅作为宣传的一面旗帜和口号,不需要在实践层次上做任何探讨,因而最终变成空洞无物的东西。二是通过以人为核心使一切教学活动都合理化,用老师们惯用的一句话说就是:"我们好歹都是为了学生。"这样,骂是为了学生,打也是为了学生,即使过激的行为也是恨铁不成钢。所以,任何一种教学活动一经展开,统统都是人道的,都是为人的,只不过方式不同罢了。这实际上就等于取消了以人为本的信仰。因此,在以人为核心的信仰之下,我们还需要更进一步指明,以人为核心到底要解决人的什么问题。

当我们把目光落到人身上的时候,并且抱着真正解决人的问题的时候,最起码、最简单的一种意识就是如何能让一个人较顺利、较满意地走完自己的一生。在任何一种意义上,只要一个人能较顺利、较满意地走完自己的人生道路,那就可以说把人的问题解决好了。当然,在许多情况下,最简单的问题也是最复杂的问题,就像牛顿问"苹果为什么会落地"、瓦特问"开水壶的盖子为什么会动"一样,尽管这些问题长期以来人们都熟视无睹,但它们却分别引起了物理学和工业界的革命,使整个世界都变了样。何谓较顺利、较满意地走完自己的人生道路,这是一个无法穷尽其内容的无限开放的问题,从一个人到另一个人,从一个时代到另一个时代,从一个民族到另一个民族,都大相径庭,即使这样,我们依然要去面对这样的问题,它依然是我们生活的一个目标。

一个人所受的教育直接与他的人生相关,而且一个人所经受的教育有设计谋划人生、成就建树人生的发端意义和基础意义,亦即一个人究竟过怎样的人生,可以在他所受教育中找到原初的印记和最早的基础。所以,教学活动的目标就是人生,它所有的内涵和活动都有助于设计人生和为人生打下良好的基础。

人生不是短暂的一刻,也不是一天、一周、一月、一年,而是漫长的从出生到死亡的全部过程,教学要着眼人生,自然就指这样一个漫长的过程。由于教学有为人生做原初的设计和打基础的特征,所以,教学的目的就是从三个方面为人生寻找支撑点,有了这三个方面的支撑点,人生就比较顺利,也比较满意。

一是识见上的支撑点。教学最根本的一点就是要给予人们一双明亮的眼睛,让人们明了事理,给人们深邃的智慧,让人们洞穿事物的本质,从而使人们能清清楚楚、明明白白、顺顺当当地活人。所谓教给学生一定的知识,就是要给人们这样的眼睛和智慧,使人们能够获得对自然、社会、人生的透彻识见,在这样识见的指导下,能够描绘人生的美丽图画。这就是对人生最好的一种成就,否则,让再多的知识充溢人们的头脑,不但不利于人们眼睛的明亮和头脑的聪慧,相反成了人们认识这个世界的屏障,成了陶行知所说的一种"死"的教学,只知目前为学生教点什么,而没有看到整个人生,不知道为学生整个人生打基础。

二是人品上的支撑点。我们非常清楚,我们每个人不仅仅是一个人,而且还要成为一个真正的人。所谓真正的人,基本的底线就是不要混同于动物而具有人的最起码的品性。判断一个人是不是一个真正的人,就是看他是不是在人的善良品性指导下说话、行为和生活。自然,品性关系到人的一生,关系到人的本性,它不是一时或偶然在人身上表现出来的东西,也不是仅仅从我们过去的行为就能完全证明了的东西,更不是在别人的强迫和监督下所做事情的行为和方式。有学者说:"所谓品性,就是在没有他人注意的情景下,我们所说的和所做的,它不是指我们已经做过的事情,而是指我们的本性所在。"①所以,对"人品性的建构从婴儿期就开始了,它贯穿了人的一生,直至死亡。"②而教学是人一生经历的最重要的阶段,无疑就要通过每一堂课、每一项活动来铸造人的品性基础,如果忘记了铸造人的品性基础,只给予人们智力上的开发和纯粹知识,那无疑是漠视人的本质存在,并且给整个人类带来不安宁,这是人们早已预料过的事情:"仅仅从智力方面培养人,而忽视其道德方面,这无疑使教育培养出来的人成为社会的威胁和隐患。"③所以,教学本身就是以教师的人格点亮学生的心灵从而使其放射出人性光辉的一个神圣的过程,我们绝不能忽视这一点。

三是做事的支撑点。人是活生生的人,是在现实中运动的人,不可能只活在自己的内心,也不可能抛开现实去增加自己的识见,铸造自己的人品。在这一点上,马克思是高明的,他扬弃了对人的抽象思辨,认为人是实践中的人,人的一切问题只有在具体做事的实践中才能得到说明。由此他把我们的视线引向了现实,引向了做事,我们的一切目的无不是在现实中能做事,会做事,多做事,做好事。做事既涉及如何处理人际关系的问题,也关系到个人的素质和能力问题,还与个人所取得的成就密切相关,因此,做事包含着一个人全部的素质和内容,不会做事,无法说明一个人的内在品质,不会做事,无法检验一个人所获得的知识,不会做事,无法说明一个人的人生过程和人生目的。因此,教学的每一个环节都是引导学生做事的一个台阶,能在教学中学会做事,也就奠定了一个人在其他方面做事的根基,尽管这中间有很大的差异,但在本质上是相通的。比如:

---

① 玛多娜·墨菲:《美国蓝带学校的品性教育》,中国轻工业出版社 2002 年版。
② 同上。
③ 同上。

当学生们及时上交作业的时候,他懂得了自律的价值;当他们在回答问题事先举手时,就懂得了礼貌的价值;当他们准时到达教室的时候,就懂得了守时的价值;当他们听到教师强调好与坏、正确与错误之间的区别时,就了解到良好判断的价值。当他们开始明白和理解教育与"真实生活"之间的联系时,道德判断就形成了。①

如果教师和学生都能体验到并且实实在在地注意到这些做事的价值,那么学生不仅是学习,而且是做事了。

(三)教学活动的过程是成就学生人生的桥梁

桥梁就是通过它把人们送达目的地的意思,至少是为人们到达目的地而铺设的一条平坦的道路。在这里,我们必须注意两个不可缺少的非常重要的方面,一是目的地,二是桥梁。对于前者,它反映的是人的本性问题,即人是有目的性的动物,只要是身心健全的人,在做事之前,一般都会预想其目的,没有任何目的而行动的人是很少的。对于后者,它反映的是人们做事的手段问题,即不论人们完成什么样的目的,都是借助一定的手段来完成的,没有手段,目的也就不可及,这就像我们睡觉需要床,吃饭需要碗筷一样。在我们的观念中,即使我们非常清楚目的和手段之间不可分离的辩证关系,总有这样一种倾向,目的是重要的,而手段是次要的。因此,教学的一个传统定义就是:教学是为未来生活做准备的。尽管这有一定的合理性,但我们必须清楚另一方面的含义:手段是目的所凭借的手段,没有手段不可能达到目的;运用什么样的手段必然影响到目的;在特殊情况下,手段也可以决定目的,通过什么样的手段就达到什么样的目的。比如,亚里士多德就认为,许多德性的获得就是由一定手段决定的,他说:

正如其他技术一样,我们必须先进行现实活动,才能得到这些德性。我们必须制作所要学习的东西,在这些东西的制作之中,我们才学习到要学的东西。例如,建造房屋,才能成为营造者,弹奏竖琴,才能成为琴手。同样,我们做公正的事情才能成为公正的,进行节制才能成为节制的,表现勇敢才能成为勇敢的。②

---

① 玛多娜·墨菲:《美国蓝带学校的品性教育》,中国轻工业出版社 2002 年版。

② 亚里士多德:《尼各马科伦理学》,中国人民大学出版社 2003 年版。

手段的这种意义在教学中显得尤为重要,一方面,教学的核心是人,教学的目的意义在成就人生,它的每一项活动不仅仅作为手段而被简单借用,同时都要进入学生的心灵,成为学生到底将会成为一个什么样的人的目的。另一方面,学生在学校生活长达十几年,这十几年是人生的关键部分,成就人生决不能排除成就这部分人生。所以,教学活动的具体过程就是人生的目的之一,杜威批判"为未来生活做准备"的教学论,主张"无目的"或"浅近目的"的教学论,斯腾豪斯反对目标教学法,主张过程教学法,就是这个原因。所以,教学过程的目的和手段实在是相融在一起的统一体,把二者彼此分割开来会产生重大的误解,并导致不良后果,所以,我们要正确理解桥梁的含义。

第一,既然是桥梁,必然有比桥梁更长远的意义。不认识这一点,教学就会得"短视病",就会陷入急功近利的怪圈,这就是我国教学目前受到批评的最集中的一个方面。许多教师不懂、也不顾及教学的长远意义,只停留在所教课程的表面,衡量自己的教学总以学生是否掌握了自己所教的内容为准,总以是否有一个良好的教学秩序为准,因而,当有的学生没有掌握老师所教的内容的时候,他就可以大发雷霆,甚至不惜打骂学生,致使师生关系紧张,影响彼此的感情,以至于在学生的人格上留下不可磨灭的阴影。比如,学生因一次迟到、因一次没有交作业、因一次写错了字、因一次做错了题、因一次违反了纪律,就会导致严厉的惩罚。但当学生未遵守老师设定的纪律、未掌握老师所设定的教学内容的时候,老师很少反省纪律自身是否存在问题,也很少反省自己的教学方法是否有效,更不反省这些学生的个性和特点以及他们的教学方法和内容是否适合学生,从而把学生一概定位为"差生",并从人格、情感上放弃了他们,从人格上不尊重他们,从情感上不关心他们,甚至千方百计地污蔑、欺凌他们,使他们从自己的教学中脱离出去,或者直接申言不要他们,把他们开除出教室。一个成年人对待一个孩子以这样的态度,简直有些残忍,一点也不合乎人道。正因为他们在纪律和学习上有了困难,才需要我们更多地去关心他们,爱护他们,帮助他们解决相应的困难,在这时候,教学才真正体现出它的价值和光辉来,才真正有了成就学生人生的意义,在这个时候放弃学生,就是对学生人生的不负责任,就是没有发挥桥梁的作用。所以,我们应该认识到,教学并不仅仅让"好"学生出类拔萃,只扮演锦上添花的角色,还要让"不好"的学生能渐渐好起来,扮演雪中送炭的角色,而且后者才更有人性的情怀,才更具有伦理道德的意蕴。

作为桥梁的学校,最基本的职责就是要让每一个受教育的学生能通过这个桥梁走向更美好的人生,因而每一位教师的主要任务就是认识清楚每一位即将通过这个桥梁的学生,给予适合他们自己的特别的帮助,然后使他们能走上更远的将来,成就他们的人生。在这个过程中,教师不但要有耐心接受每一位学生,"有教无类",而且更要有善心把每一位学生送过这个桥梁,"不落下任何一个孩子"。同时必须认识目前的工作对孩子发展的长远意义,不仅让学生当下受益,而且要让学生一辈子受益。所以,每一位教师坚决要排除急功近利的思想,真正在统合了学生的一生后再来审视、设计整个教学活动,使每一个教学活动、每一堂课能成为学生走向未来的坚实的一步,成为学生走向更高人生的一个台阶,从而使教学成为成就学生人生的真正桥梁,通过这个桥梁能真正寻找到更加辉煌的人生。

第二,既然是桥梁,必然要重视桥梁自身的重要价值。教学活动的主要对象是儿童、青少年和未成年人,他们主要是从现实寻找生活的意义,而不是从长远的目标当中寻找生活的价值,他们急不可耐地想从目前的生活中得到快乐,而不是期望在将来的生活中得到幸福,他们把绝大多数兴趣放在当前,而不是把注意力放在遥远的将来。因此,对于他们,只有重视目前的生活,才是关照他们将来的生活,只有重视他们目前的所作所为,才是关照他们将来的所作所为,只有重视他们目前的成就,才是关照他们将来的成就。一句话,只有重视教学自身的价值,才能造就学生一辈子的良好人生。所以,我们不要以将来的理想和目标作为借口,严重忽视目前的每一个教学环节、教学活动和教学过程。

而且,如果我们把教学的核心看成人,把人的核心看成心灵品格的建构,那么我们的每一节课都是建构学生心灵品格的一个步骤和一部分内容,这些内容和步骤并不随着将来的目标实现就自动消除,就像脚手架随着一幢大楼的落成就要被取消一样,相反,它们是实实在在地成为已实现目标的重要组成部分。所以,从这个意义上讲,重视当前的教学活动更有其至关重要的意义。

重视目前的教学活动最有价值的地方应该体现在三个方面,这三方面都可以触动学生的心智或者就是从学生的心智深处生长发展起来的。

一是教学的吸引力。最有魅力的教学就是能把学生吸引到自己的课堂,从而最充分地投入他们的注意力、思考力,无学生关注的教学,令学生生厌的教学,不但不能为学生的健康成长和愉快生活带来益处,相反会给学生带来巨大的身心破坏,如自信心的不足,生活兴趣的淡漠,内在精神动力的匮乏,甚至悲观厌世、消极待人等等。所以,如果我们能使每一节课首先充满吸引力,那么,久而久之,课堂就会成为令学生神往的地方,他们就想极力投入这样课堂,积极参与一切活动,获得自己愉悦的发展。

二是融洽的师生关系。人的心智建构必须通过融洽的师生关系,而且师生关系就是在教学过程中存在的现实关系,如果说人就是一切社会关系的综合,那么师生关系就是使学生成为一个人的非常重要的关系,可以说就是最本质的关系,学生的许多社会性内容,比如学生是开朗还是内向,是吝啬还是慷慨,是热情还是冷峻,是文质彬彬还是粗放狂野,是勤奋还是懒散等,这虽然与学生的天性及家庭环境有很大关系,但亲密的师生关系也起着非常重要的作用,特别是在学生人生观、价值观形成的关键时期,更是如此。所以,有什么样的师生关系就有什么样的学生精神面貌。自然,只有亲密、和谐、融洽的师生关系才能赋予学生良好的人性内容,才能使学生受其陶冶而显现出良好的精神风貌。

三是学生必须有所得。重视教学目前价值的可以用来具体衡量的一个尺度就是看学生在教学过程中得到了什么,这可以在每一节课将要结束的时候,由教师引导学生总结自己的收获,如果学生明确意识到了自己的收获,教学就比较成功,如果学生没有意识到自己的收获,教学就极有可能失败了。同时,我们不但要让学生意识到自己的收获,而且要让学生体会到收获的喜悦,使这种喜悦融入到学生的情感世界变成学生心智的一部分,并激发学生欲求更多的知识,这样就可以建立起学生良性的学习机制,使学生一步一步走向学业的巅峰。

三、教师是缔造自身幸福的使者

教师是教育的主角,他们作为教育人的人,必然是有头脑、有思想、有信仰的一群具有特殊价值的人,不论他们在表面从事多么繁忙、多么凌乱、多么具有差异性的活动,必然有一种内在的追求,否则一个教师不会走多远的路,就会放弃他们对教育的执着和热情。所以,教师一般不会停留在表面的教学活动中,必然有一定的内在信念做支撑,从这一信念出发,他们的教学活动才能获得乐趣,获得意义,才能进行执着的彻底的负责任的教育。

那么,这种内在的信念是什么呢? 如果我们承认这一点的话:

一个民族的将来如何,全在于父母的教育、学校的教育和自我教育。一个民族如何培养教师,尊重教师,以及在何种氛围下按照何种价值标准和自明性生活,这些都决定了一个民族的命运。①

那么,我们就应该从整个民族命运的角度来考虑这个问题,由此出发,我们也不难回答这一问题,因为任何一个民族永远都在追求并试图获得自身的幸福,再没有什么目标能超越这一点。既然一个民族的命运依赖于教育,而教师是教育的支柱,那么教师就是通过缔造所有受教育者的幸福而达到整个民族的幸福。如果受教育的人不幸福,那么一个民族的幸福也难以企及。这样,我们就可以得出这样的结论:学校就是缔造一个民族幸福的发源地,教师就是缔造一个民族幸福的使者。

而且,我们也会看到,教育一定是人对人的影响,人不同,对人的影响就不同,要培养出一批具有幸福感的人,培养者需要找到自身的幸福,否则,从无职业幸福感的人怎么能给予他人幸福或增进他人的幸福呢? 所以,我们只有让教师找到了自身的幸福,他们才能幸福地教育学生,也才能教育出幸福的学生。以前,我们的一种观念就是忽视教师的幸福,或者试图通过牺牲教师的幸福来

---

① 雅斯贝尔斯:《什么是教育》,生活·读书·新知书店1991年版。

增进学生的幸福。所以,我们对教师的基本观念就是甘做人梯,甘做铺路石,为别人做嫁衣裳,燃烧自己照亮别人等表面充满了溢美之词而从骨子里把教师贬到苦海里的观念,因而也很少有人愿意从事这一职业。如果把教师贬到苦海里,教师也很难把学生送上幸福的彼岸,或者根本不情愿把他们送上幸福的彼岸。

从伦理学的角度而言,任何伦理意向都是要通过各种各样的途径找到人们心灵深处可感可体会的幸福,坚决反对把人们置于痛苦或不愉快的境地,它的本质就是要把人们从痛苦的境地拯救出来,送上幸福的大道。教师作为教育领域中最重要的角色,教育伦理的基本使命也是寻找教师的幸福,而不像以往的道德学说只为教师提供一些只让他们在艰辛的道路上燃烧自己的不可逾越的规范。

同时,我们也注意到,幸福作为一种人内心深处的心理体验,并不像现实当中物质财富一样,给予他人一份自己就少了一份,只有牺牲了自己的财富才能增进别人的财富,相反,给予了别人幸福,自己才能幸福,只有与他人分享幸福,自己才能真正感受幸福。所以,孤家寡人很少能获得幸福,吝啬的人也距离幸福很远。因此,在教师和学生的交往中,我们一定要明白,增进了教师的幸福,就能增进学生的幸福,教师给予了学生幸福,自己也就获得了幸福。我们一定要从过去那种只有牺牲了教师的幸福才能增进学生的幸福的窠臼中解放出来。所以,我们必须从"幸福"这一特殊的角度出发来探究教师的伦理问题。

(一)这是一个需要幸福的时代

幸福是人类永恒的追求,早在古希腊时期,人们就已经把幸福看成人生最基本的主题,并受到思想家们的强烈关注,而且作了许多精辟的论述。但在那时候,毕竟受严酷的生活环境和较低生产力水平的限制,使人们无法获得较大的幸福,人们只能在与严酷的自然环境作斗争的过程中把幸福寄托于人类的未来。现在,经过人类两千多年的奋斗,人们已经创造了人类幸福的基本条件:

第一,物质财富已相对丰富,已经大大满足了人们吃穿住行等基本的物质需要;

第二,人类生存、发展的能量相对提高,有能力认识和掌握自己的生存环境并与之和谐相处;

第三,人与人的关系、国家与国家的关系相对缓和,其主题就是和平与发

展,基本免除了人与人之间相互格斗及国家与国家之间相互战争的危险;

第四,社会生活已相对丰富,能够满足人们多方面的生活需要;

第五,知识经济的时代基本到来,各种科学技术给人提供了各方面便利的条件;

第六,财富、知识、科技既奠定了社会发展的基础,也奠定了人发展的基础,每个人可以获得充分发展,可以充分实现自我价值。

由此可见,我们有理由把我们的社会建设成一个幸福的社会,使每个人过一种有内在幸福体验的生活。当然,幸福的内涵也不断地发展,昨天的幸福已经不是今天的幸福,今天的幸福在明天就可能不幸福,因此,人们要获得幸福,就必须不断创造。另外,在我们已经具备一定幸福条件的同时,又有威胁人类幸福的许多隐患,如生态问题、环境问题、能源问题、局部战争问题等等,它们就像一颗颗定时炸弹安置在人们的幸福王国里,随时都有爆炸的可能,这又使人类不得不重新认识它们、预测它们、预防它们、避免它们,从而更加努力地去保护和追求人类的幸福。

对于绝大多数普通民众来讲,社会已经为他们创造了充足的幸福条件,他们就希望通过学习、工作和生活来享受已有的幸福,在享受已有幸福的过程中创造更多的幸福。他们绝不会抛离已有的幸福,也会极力反对破坏人类幸福的各种行径。因此,他们的基本心理趋向就是保护幸福、享受幸福、创造幸福,即人生的整个经历应该是一个充满幸福的过程。

所以,我们这是一个需要幸福的时代,每个人的学习、工作、生活应该是一个体验幸福的过程,也是一个创造幸福的过程。如果没有这种幸福的体验,人们就不能很好的学习、工作和生活,不能给人类增添新的幸福。这已经成为我们讨论问题的出发点。

(二)教师幸福的重要性

幸福是人类共同的目标,不论人的身份、地位、性别、种族有多么不同,也不论人们对幸福理解的差别有多大,幸福总是人们追求的目标。教师是人类优秀文化的传承者和创造者,他们的事业关系到人类的前程和人类生活的质量,他们有义务为人类的幸福作出自己的贡献,或者说,他们就是缔造人类幸福的使者之一,但幸福的使者必须拥有自身的幸福,否则他们不能真正幸福,更不能创造幸福,所以,教师自身的幸福具有特别重要的意义。

1. 教师的幸福包含着健康人格的魅力

人格虽然是人比较稳定的心理倾向,稳定地表现在人的行为活动中,但一个人的人格是否健康并且表现出特别的魅力,与人的内在幸福体验密切相关。就一般常识而言,一个不断体验到内在幸福感的人,不可能孕育出人格上的怪胎,而一个丝毫体会不到内在幸福感的人,就很难产生人格上的魅力。有了内在的幸福体验,人们就会对自己的行为活动产生强烈的满足感,进而对自己所处的环境及其生活条件产生满意感,这种满意感就会消除个人与社会、个人与他人相对抗、相冲突的可能。既无内在的心理冲突,又无外在的社会冲突,人的整个精神世界就会处在和谐圆润的境界,这样的精神世界就会孕育出稳定、宽和、大度、和气等心理品质,这些心理品质又会滋润人的气质、情感、道德、智慧,使人的气质趋于文雅、情感趋于柔和、道德趋于高尚、智慧趋于广大,这样就创造了健康的人格魅力,这种魅力就是化育他人良好人格的重要资材。教师教书育人的魅力就在人格魅力上,没有了人格魅力,教师的教育将是非常有限的,他仅仅传递的是一些知识信息,很难起到构建人的美好心灵的作用。

2. 教师的幸福包含着教书育人的热情

教书育人是一项持久的富有耐心的非常艰辛的工作,要取得良好的效果,必须依赖于教师全身心的投入,而且是自觉自愿的、热情洋溢的投入,否则,教师的教育很难取得成效。而教师教书育人的持久意愿和热情来自哪里呢?只能来自教师所体验到的内在幸福。因为只有人们从事一项工作感到深深的内在幸福的时候,才能产生从事这项工作的真正意愿和热情,相反,当一项工作给人们带来了内心的痛苦并看不到幸福希望的时候,谁还会继续从事这项工作?除非是迫于生计和其他强制性的措施。人们之所以能感到内在的幸福,就是人们的外在活动在人们的情感世界里引起了高兴、愉快、舒畅、美好、满意等心理感受,这些感受是每个人都期望出现的心理感受,因此,当这些心理感受出现时,人们就希望它们能永久地保存下去,即使受某些因素干扰而暂时消失了,人们也希望重新找回它们,这样,人们就会执着于产生这些美好的心理感受的外部工作,因而就产生了从事这些工作的强烈意愿和极大热情。如果没有这些内在的幸福感受,那么从事那些外部工作的意愿和热情就会统统消逝。

3. 教师的幸福包含着自我创造的能量

教师工作虽然平淡,但平淡中包含着创造的成分,因为教师每天面对的都是活生生的不断变化发展着的人,面对不断变化发展的劳动对象,劳动者就得不断改变自己劳动的方式以进行有效的劳动,这种改变本身就包含着一定的创造成分,而教师有没有这种内在的创造能量,就与教师的内在幸福体验有关。

当教师有这种内在幸福体验的时候,他们就会关注自己的劳动对象,热爱自己的劳动对象,然后积极地去了解他们,研究他们,与他们建立良好的关系,有针对性地开展各项教书育人活动,这就形成了内在的创造能量。如果教师体会不到内在的幸福感受,就不会对自己的劳动对象产生过多的兴趣,甚至厌恶他们,不愿意接触他们,这样,他们所进行的一切都是疲于应付,都是"例行公事",这种心态自然不会有内在的创造能量。所以,教师创造力的源泉就在于教师的内在幸福感受,教师的幸福可以酝酿教师教书育人丰富的能量。如果没有内在的幸福感受,教师的心灵就成了一片荒漠,有知识,没有人文意蕴,有学识,没有人的情感,对于教育,这本身是非常可怕的。

(三)教师幸福沦落的危险

在教师身上,有许多耀眼的光环,如"教师是太阳底下最光辉的职业"、"教师是人类灵魂的工程师"、"教师的事业是人类最伟大的事业",如此等等。但这些光环给教师带来了幸福体验吗?只要我们稍对教师的职业生活加以思考,就会发现,教师的幸福存在沦落的危险。

首先,教师的职业生活比较单调、平淡。教师的工作在很大程度上具有重复性,一旦一个教师开始了教学生涯,他就被固定在相对不变的学校、相对不变的专业、相对不变的年级、相对不变的教学内容、相对不变的校园生活,这样,教师年复一年日复一日地重复着同一种生活,加之教师的基本活动场所在校园,没有其他社会活动和交往,也没有时间和精力去参与社会活动和社会交往,因此,教师的生活就显得特别单调、平淡。人的幸福体验来源于各种目标(事业目标、生活目标、交往目标、活动目标)实现后所引起的深深的满足感,但教师单调、平淡的生活方式就排除了这一点,因而教师的内在幸福体验就很难实现。

其次,教师的职业生活比较繁忙、辛苦。教师一旦被安排一班学生,这些学生在校园里的一切都归属教师,教师不但要一点一滴地教会他们各方面的知识,而且要事无巨细地对他们进行管理,即使学生离开了校园,他们又得备课、批改作业、从事教研活动等。更为重要的是,教师每天每周每年的活动时间被严格规定好了,教师必须按照这个时间活动,一分都不能差。在有些情况下,即使教师有了病,也不能耽误学生上课,因为别人替代不了。所以,教师一旦进入他的工作岗位,就被固定在这个岗位上,忙忙碌碌,辛辛苦苦,很少有自己的自由和时间。当一个人长年累月被固定在一定的时间繁忙工作的时候,他的幸福源泉就可能枯竭。

再次,教师的职业生活很难发现自我成功的支点。教师劳动的最大特点就是为别人的成功铺平道路,虽然这也可以看成教师成功的标志,但毕竟和其他行业的成功有所不同,其他行业把所有的成功都建立在自我身上,通过自我的具体业绩和成就来体现。然而,教师的成功都是通过学生来体现的。虽然学生在某一方面的成功与教师的劳动有关,但与学生自身的因素关系更大,特别是现代社会,信息资源的渠道越来越广泛,一个人不可能单独依赖某个教师的劳动取得成功,这就更降低了教师对学生走向成功的作用。所以,教师要找到自我成功的支点就很困难。当一个人找不到自我成功支点的时候,他也就很难有自我幸福的体验。

(四)教师幸福的特点

教师是一个特殊的职业,没有波澜壮阔的经历,没有轰轰烈烈的行为,没有惊天动地的举动,仅仅是在每天的教书育人过程中孕育知识的力量、智慧的力量、人格的力量,并把这种力量传输渗透在学生身上,依靠学生体现出来。所以,教师的职业真可谓宁静而致远,默默地为人们立足社会、立足将来进行知识储备、智慧训练和品格修养,虽然寄托着人类的未来,但却在自己的教学过程中外显不出来,虽然影响着学生的一生,但却不立即显示它的效应。所以,教师的幸福有他自身的特点。

1. 教师的幸福是宁静意义上的幸福

一般来讲,幸福是人生的崇高理想实现后在心灵上引起的愉快和满足的感受,这有一个确立理想、积极奋斗到最终实现的过程,在这个过程中,人们都可以找到幸福。在理想确立的时候,由于理想的崇高、伟大或者可以在将来给自己或社会带来预期的利益而体会到那种"理想本身的幸福"。在为理想奋斗的过程中,由于人们为一种崇高、伟大的事业付出了自己辛勤的汗水甚至生命的代价,可以体会到那种"奋斗的幸福"。当理想实现时,由于人们谋求的事业终于变成现实,并使自己、他人或社会受益于这种事业,人们可以体会到那种"成功的幸福"。这是一个动态的过程,而且泾渭分明,特别是当理想实现的时候,有明确的标志,为此,人们可以欢呼雀跃、庆贺、进行特别的纪念等。但贯穿教师始终的就是教书育人,确立的理想就是教书育人,奋斗的过程也是教书育人,实现的理想也是教书育人。虽然这其中有职称、工资、奖金、待遇等的提升所带来的某种高兴,但它们都不占主流,只是教师教学过程中必须具备的东西,因此,教师的一生非常宁静,一生就教书育人这一种状态,没有明显的阶段,没有惊异的变化,也没有特殊的效果。教师的幸福也只能寄托在这种宁静的人生状态中,寻找和体会这种宁静中的幸福。宁静也不失为人生幸福的一种状态,它不但给人以平和的心态,不受过多的纷扰,又能使人静下心来从事自己喜欢的工作,酝酿更多的思想和能量,因而使人生道路更少羁绊和挫折,又使人内在的世界充实和幸福。

2. 教师的幸福是一种更加深沉的幸福

幸福是人们情感上的愉悦感受,当人们体会到的时候,都有一段或长或短的直接表现,如欢乐、高兴、微笑、庆贺、激动、跳跃等等,但教师的幸福与此不同,由于他们的职业生涯一直处于"宁静稳定"的状态,没有里程碑式的人生标志,因而也没有特别外观的"幸福"表现,所有幸福都变得含蓄而深沉。虽然这种幸福很少带来情感上的冲击波,但却比外观的幸福更加持久,更加有价值。教师的幸福之所以是深沉的主要有这样几种原因:第一,教师的幸福是由教师的职业意义带来的。在现代社会里,任何人可以没有其他经历,但必须有接受教育的人生经历,而这种人生经历是由教师参与完成的,任何国家可以选择自己发展的特殊模式,但无论什么发展模式都必须以教育为基础,而教育的基础是受教师制约的。所以,教师在一个人的人生经历中,在一个国家的发展中,都具有超越其他一切职业的特殊意义,对这种意义的理解和把握就沉淀在人们的思想和价值观念中,而不可能以激动或欢乐情绪表现出来。第二,教师的幸福是由知识的力量带来的。知识就是财富,使人的精神世界变得富有和充实,知识就是能力,使人能够驾轻就熟、游刃有余地做自己的事情,知识就是力量,把人生的事业不断推向成功,知识就是人生的价值,使人变得自信而有意义,知识就是尊严,使人变得自豪而骄傲。把知识所带给人的这一切综合在人的心灵中,必然就会变成人的幸福情愫。第三,教师的幸福是由教师的才华带来的。无能贫庸之辈与幸福无缘,但才华横溢的人很少有人不幸福。所以,只要一个人具备了一定的才华,就会在自己的职业范围内创造出自己应有的幸福。教师以自己的特殊知识撒播真理的种子,以自己高尚的品格塑造优良的灵魂,以自己的才能培养出类拔萃的人才,他们的积极工作就成了一个社会"真、善、美"的风景线,他们的辛勤劳动迎来了满园的花团锦簇,他们的无私奉献铸造了各条战线的功臣,他们由此怎能不感到幸福呢?

3. 教师的幸福是一种纯粹精神的幸福

教师是脑力劳动者,特别重视精神的意义,精神对他们的影响非常大。因此,他们的幸福更多的来源于精神性的东西,即使物质性的东西,也要在他们那里体现出精神的意义,否则也不能成为幸福的因素。这种精神性的幸福主要体现在两个方面,一方面是交往的尊严感。教师的确掌握着人类部分智慧,也传播人类的智慧,完全应该获得尊严。任何尊严都是在交往中实现的,教师的尊严也只能在教师与社会和学生的交往中实现,如果在教师与社会的交往中,有来自社会的赞扬、社会的关心、社会的重视,在与学生的交往中,有来自学生的尊重、学生的爱戴、学生的感激,那么教师就会处在深深的幸福之中,因为社会和学生给予教师的这些东西就像一个个灯塔,导引着教师幸福的大船,如果失去这一点,教师的心灵就会变得非常孤寂和荒诞。二是工作中的和谐感。把幸福放在人的现实行为中,它的前提条件就是人们所感受到的多方面的关系和谐,关系和谐了,人们干一切事情就顺畅、便利,这就是幸福,如果关系不和谐,干什么事情都会遇到障碍和挫折,这就不可能幸福。教师不创造直接的物质财富来改变自己的工作条件,也不掌握直接的社会权力支配其他力量,他们的全部行为就是在国家社会所创造的一定教育条件下从事自己的工作。因此,他们最大的需求就是精神性的和谐感受,能和谐地处理各方面的关系,能和谐的从事自己的教育事业,就是他们最大的幸福。

(五)获得幸福的思维方法

幸福是一个非常复杂的伦理范畴。它既带有历史时代的色彩,又带有个性的色彩,在不同的历史时代,幸福的内容和形式大相径庭,不同的人,其幸福感受也完全不一样。所以,我们很难给出一种方式,使人们按照这种方式就能够获得幸福。但我们结合教师的职业特点和生活内容,我们可以探讨如何获得幸福的基本方向和道路,沿着这样的方向和道路,运用自己的智慧就能够获得应有的幸福。

1. 幸福需要一定的信仰来支持

人的本质在于人是理性动物,人的任何切肤感受与深沉的体验必须触及人的理性或直接与人的理性联结起来,不与人的理性联结的任何东西都是过眼烟云,都是暂时一点刺激带来的神经兴奋,当兴奋过后,伴随的就是人的消沉、迷茫与痛苦。幸福是人类永恒的追求,它存在于人的精神王国,虽然不排除许多感性因素在人的幸福中的作用,但真正的幸福、持久的幸福、能够超越现实世界的幸福完全存在于人的内在精神生活中。所以,当人在内心深处确立了某种精神支柱——信仰,那么在此信仰的支撑下,人的相关活动就变成了幸福的内容。当基督教徒在自己的内心确立了上帝的信仰,当当年的共产党人在思想上确立了共产主义的信仰,那么他们为了上帝的爱,寻求精神的王国,为了实现人类最美好的社会,他们不论处在什么样的环境之下,都能感受到内在的幸福,这种幸福超越了外在严酷的环境,超越了敌人对自己身体的折磨。如果这是非常极端的例子的话,那么在正常人的生活中,当人们寻找到和"上帝"及"共产主义"相类似的信仰的话,他们同样也会获得超越一切物质条件和功利性因素而沉湎在幸福当中,如德谟克里特,他有非常强烈的求知欲望,以探求事物之间的因果关系为最大快乐,他曾经说过:"宁可找到一个因果解释,不愿获得一个波斯王位。"①当费尔巴哈由神学转入到哲学王国后,他高兴地给哥哥写信说:"亲爱的哥哥,我从神学转入到哲学。哲学之外没有幸福!"②"哲学给我永生的金苹果,向我提供现世永恒福祉的享用,给予我以自身的相等。我将变得丰富,无限的丰富。哲学是取之不尽、用之不竭的源泉。"③这种发自内心深处的幸福就来自于他们对哲学的信仰,认为能够对世界进行最高的哲学思想就是人类最大的幸福,这种观念就给他们提供了全部的人生动力,他们的全部幸福就维系于此。所以,真正的幸福在有信仰的人的头脑中。

2. 幸福需要丰富的生活去充实

执着于自己坚定的信仰,但没有为此信仰努力奋斗所构成的充实的生活内容,同样可能与幸福无缘。游手好闲和无所事事的人常常感受到的是他们沮丧、无聊的心情。当然,这种生活的充实不是庸俗的生活舒适,也不是东游西逛、吃喝玩乐,这种人表面上看似生活充实,其实由于脱离了一定的精神信仰,他们的生活往往容易产生厌倦,很难有幸福。叔本华就曾批评过这样的人:"那些只图个人安逸的人生就像一幕拙劣的戏剧一样,虽然也有广度,却无深度,只不过是浮生式的可怜虫罢了。"④所以,这种生活的充实是建立在与个人和社会价值目标一致上的充实,是能够带来个人和社会进步的充实,是能够有益于自我身心健康和他人、集体、社会各方面利益的充实。因为任何人的幸福体验必须有来自他人和社会的认可和支持,这种认可和支持才是幸福的源泉。所以,一个纯粹自私自利的人,完全停留在个人狭小圈子里的人很少能体验到幸福。

---

① 韩树英:《通俗哲学》,中国青年出版社1982年版。
② 许俊达:《费尔巴哈三部曲:神性·理性·人性》,中国工人出版社1993年版。
③ 同上。
④ 叔本华:《爱与生的苦恼》,华龄出版社2002年版。

相反,那些为人类的解放事业、为社会的进步和他人的幸福而不断奋斗的人,却常常有非常深的幸福情愫。这样,我们生活充实的主题就是为他人谋取幸福、为社会谋取进步,其他吃喝玩乐只能是这个主题的补充和调节,否则,长期的吃喝玩乐带来的一定是生活的无意义感,与我们追求的幸福完全背道而驰。

3. 幸福需要用正确的态度去认识

如果辩证一点说,永恒的幸福不存在,永恒的痛苦也不存在,世界就是痛苦与快乐编织在一起的交响乐,在这支交响曲当中,我们到底听到了什么,关键在于我们的态度以及从这种态度中所做出的选择。如果我们的态度是乐观主义的,我们特别容易听到欢乐的曲调,如果我们的态度是悲观主义的,我们就容易听见痛苦的曲调。因为当一个人乐观了,在欢乐的时刻,他会享受这种欢乐,当痛苦的时候,他相信痛苦马上就会过去,而当一个人悲观了,在痛苦的时候,他会被这种痛苦所击倒,而当欢乐的时候,他会担心这种欢乐转瞬即逝。所以,同样的世界,如果我们的态度是乐观的,那我们到处都会找到幸福,但如果我们是悲观的,我们所见无不令人痛苦伤心。这种态度,我们也可以形象地用"半杯水的效应"来说明。在我们非常想喝水的情况下,当有半杯水的时候,我们是高兴呢? 还是痛苦呢? 有些人看到的是杯子下面有水的部分,因而感到非常高兴,庆贺自己已经得到了一些水,但有些人却只看到了上面无水的部分,反而埋怨为什么只有半杯水,因而感到非常遗憾。同样是半杯水,给一些人就带来了欢乐,给另一些人却带来了痛苦。教师的职业到底怎么样,作为人类最普遍而且必然存在的职业,到底会给人带来什么样的感受,与人的认识态度不无关系。

4. 幸福需要一定程度的忙碌

幸福就是一个人对自己劳动、工作、创造及其成果的体验和享受,没有了自己的劳动、工作和创造,就没有了深刻的自我幸福体验,而劳动、工作和创造就需要人投入一定的时间和精力。因此,幸福的人必须是一个比较忙碌的人。一定程度的忙碌就是一定意义上的幸福,在忙碌中做出大量的工作,在忙碌中创造出一定的财富,在忙碌中为社会他人作出一定的贡献,由此不但实现了自我价值,获得个人尊严,而且也赢得了社会的肯定和赞许,无疑这一切都会变成幸福的源泉。当然,这样的忙碌也要有一定的价值取向、自我意愿和一定程度的限制。从价值取向讲,这种忙碌要和人类文化艺术的繁荣、社会的发展进步以及自己和他人的健康成长相一致,从自我意愿上讲,这种忙碌是个人自由自愿选择的结果,不是异己的某种力量逼迫的结果,从度的意义上讲,这种忙碌不是忙得让人没有任何消遣、娱乐、休息和放松的空间,而是能忙中偷闲,使人可以获得既紧张又轻松的学习、工作、生活节奏。但无论如何,无所事事、游手好闲绝对与幸福无缘,当一个人一旦完全空闲下来,没有任何事情可做的时候,他马上面临的就是无聊、孤寂、苦闷、心慌等心灵上的痛苦与磨难。叔本华就曾经评论过这一点:

闲暇的结果会造成各种能力可怕的停滞,那就是厌倦。为了消除这种可悲的感觉,人们又求助于仅可取悦于一时的琐事,从中得到刺激,并借此唤醒停止的才智。①

所以,一定程度的忙碌就构成了人们幸福的基础。

5. 幸福不依赖于别人去创造,而依赖自己对生活的积极建构

人类社会发展到今天,已经为人们提供了相对充实的物质财富和精神财富,在这种财富的基础上,社会为人类又提供了起码的生存秩序、安全等一些基本的生活保障。一个人能否获得幸福,已经不是社会和他人的事情了,而在于自己对生活的创造性建构。比如,在同样生活的条件下,有一些人的生活就充满幸福的蜜汁:本职工作出色,上下关系和谐,妻女爱戴,同事欢迎,自己也充满自信,乐观大度,面带微笑。我们很难在他们身上发现烦恼和苦闷。但有些人,却与幸福无缘:工作暗淡,同事冷漠,家庭没有生气,自己没有希望,好像他们总处在生活的磨难当中一样。人们何以有这样重大的差距? 其中根本的原因就在于,前者是生活的创造者,他们认为现有的一切已经给自己提供了很好的生活条件,何不在这样的基础上去积极创造幸福呢? 因此,他们就不断地在各方面为自己也为他人编织幸福的生活之网。而后者是生活的依赖者,他们看不到现有的一切已经为自己提供了创造幸福生活的条件,而总期望他人、社会给他们直接赐予"牛奶和面包",有了工作,不把工作干成令人垂羡的事业,有了同事,不积极构建温馨的人际关系,有了家庭,也不注意去呵护这块圣洁的天地。这样,什么能够给他们带来幸福的意义呢? 幸福在于我们生活的这个世界,也在于我们自己的辛勤劳动,当世界已经为我们提供了安身立命的基本条件后,我们就要用勤劳的双手去绘制自己幸福的图画。直言之,幸福就在于一个人对生活的建构,他可以使生活幸福,也可以使生活不幸福。

(六)幸福教师的本质

何谓幸福的教师? 我们认为,在当今时代,直言之,幸福教师就是学者加真

---

① 叔本华:《爱与生的苦恼》,华龄出版社 2002 年版。

人,我们可以用一个非常简单的等式来表示:

教师 = 学者 + 真人

1. 学者

何谓学者,在一般人的观念中,学者就是专家、教授,就是在某一专业领域有所造诣或获得巨大成就的人。这固然不错,但这种概念过于狭窄,学者不仅仅是指这一点。明代学者吕坤在其《呻吟语》中说:"事事有实际,言言有妙境,物物有至理,人人有处法,所贵乎学者,学此而已。无地而不学,无时而不学,无念而不学,不会其全、不诣其极不止,此之谓学者。"显然,在他看来,学者就是时时处处不断学习的人。这就是对学者所做的非常通俗的解释,也较全面、较准确地揭示了学者的内涵。

那么,教师为什么首先要做一个学者呢?

(1)学习是做教师的应有之意

按韩愈给教师所下的最为传统的定义——传道、授业、解惑——而言,教师要完成其中的任何一个使命,都需要教师去勤奋学习,只有勤奋学习,才知"道"以传、懂"业"以授、明"惑"以解。按现在的观点看,教师是传授人类科学文化知识的使者,如果要保证有丰富的科学文化知识可传,并且与时俱进,教师也必须去做一个孜孜不倦的学习者。所以,做教师先得做学生,只有先成为一个地道的学生,才能成为一个地道的教师。教师的内在含义就是"学高为师"。

(2)学习是教师工作的基本属性

教师的基本工作就是教授别人学习。教授别人学习的人怎么自己不是一个学习的人呢? 只有自己首先成为一个学习的人,才有资格教授别人学习。这其中不仅有一个教别人学什么的问题,教别人学什么,自己就得先于别人学习掌握这些内容,而且有一个率先垂范的问题,把自己学习的行动树立为别人学习的榜样,以榜样的力量激励别人学习。所以,只有作为一个学习者,才能缔造其他许许多多的学习者,不学,根本激不起其他人学习的欲望和信心。

(3)学习是时代赋予教师的最新使命

在以往的社会,教师一次充电就可以享用一辈子,因为知识几乎不做多大的更新,但今天就不一样了,教师反复充电,也适应不了社会的需求,因为社会发展的高速列车带动知识加速更新。据英国预测家马丁讲,在当今社会,人类知识每隔三至四年就更新换代一次。也就是说,如果一个人不学习,在三四年之后,他的知识就老化过时了。所以,现在的时代是知识的时代,现在的社会是学习的社会,新的时代所赋予教师的使命就是学习、学习、再学习。无能去学习的人,也是无能去教授别人去学习的人,这样的人根本不能在新的时代去做一个称职的教师。

(4)学习是教师良好素质的一个主要标志

教师的主要行为是教书,但如何教好书,不在教书本身,而在教书之外。喜欢学习,善于学习,学有所悟,学有所成,自然而然就有"教"的资本,也有了"教"的心愿,我国许多古代思想家从孔子到康有为都是在"学"的成就上产生了强烈的"教"的愿望,然后才授徒讲学,而这种在学的基础上奠定的讲学,无不对其学生产生巨大而深刻影响。所以,一个教师"教"的素质来源于其"学"的素质,"学"的素质才是一个教师良好素质的根本标志,一个不学习的教师根本没有教好学生的希望。

(5)学习是教师完成教学任务的一个根本方式

现代教学不再是知识信息从一个头脑向另一个头脑的简单流动,教师和学生也不再是知识信息的存储器,它已经开始强调教学过程中的"探索性和研究性"的问题,不渗透探索性和研究性因素的教学已经不是促进教师和学生发展的教学,是不包含创造性的教学,也是不成功的教学。研究问题和探索问题也不是对以往经验的重复,而是在新的领域当中超越以往经验的大胆尝试和发现。这就要求教师不断地去学习,只有不断地去学习,才能探索,才能研究,也才能胜任现代教学工作,完成现代教学任务。

既然从哪一方面讲都要学习,那么只有做一个学习的人,才能获得做一个教师的资质。具有一定的资质然后再从事相应的工作就是迈进人生幸福殿堂的第一步,因为顺应自己的资质而从事相应的活动,就是表露自己的才能、发挥自己的潜能、实现自己的价值、获得自己尊严,它们都是幸福的源泉和最基本的幸福体验。

人类的进步实际上就是因为人善于学习而不断推动的结果,这已经在人的自身构成了一种情结,在任何人的心理深处,无论他承认不承认,只要投入学习,他就坦然了,他就踏实了,对自己,能获得自信和自尊,对他人,能迎来崇敬和羡慕,因为这毕竟是"人间正道",没有一个人因静下心来学习、抽出空来学习、专心致志学习而被历史所鄙弃。历史所担心的就是人们不去学习,一个民族历史车轮的快慢是掌握在人们学习的劲头中的,学习劲头足,这个民族将进入历史的快车道,而没有学习的劲头,这个民族的历史车轮将慢下来,甚至停顿下来。所以,顺应历史的要求而行动的人,就会在心灵当中找到幸福的基本方向。

学习的人本身就是幸福的人,就外在方面而言,人所有的"立德、立功、立言"都来源于学习,学习是人功高德望的策源地;就内在方面而言,只有人们获得了比较完满的心智生活,才能体验到幸福的真谛,因为人毕竟是智力动物,没有相当的智力生活,就没有幸福在心底的流溢。所以,古希腊许多学者就把运用智力本身看成人的快乐和幸福,如毕达哥拉斯发现勾股定理后,就举行百牛大会来庆贺和分享这种智力成果的快乐,亚里士多德认为哲学始于惊异,沉思本身就是最高的享受。因此,不学习的人永远也体会不到学习的人那种博大而深沉的幸福之流。

以自我内在的素质轻松满足社会正当需要的人也是幸福的。在社会发展的每个过程,它对人都会提出一定的要求,特别是当人从事某一职业或担任某一社会角色时,社会就非常明确地提出了人们的职业追求和角色倾向,如果人们的行为与这些职业追求和角色倾向相一致的话,他们就必然会为社会赞同和支持,如果人们在满足这些职业追求和角色倾向的时候,做出了一定的贡献,社会就会鼓励和褒奖。实际上,人的幸福情感就是在赢得社会赞同和支持、获得社会鼓励和褒奖的过程中产生的,如果一个人的行为和价值取向与社会背道而驰,受到社会的排挤,为社会所压抑和打击,那么他就不可能获得真正的幸福。现代社会崇尚教师的学习,鼓励教师的学习,支持教师的学习,因此,只有学习的教师才有可能是幸福的教师。

2. 真人

何谓真人,这不仅仅是现代社会所探讨的一个问题,真人的概念在我国古代思想家那里早已经出现了,并且作过较为充分的论述。比如崇尚自然、主张无为而无不为的老子就认为真人是"赤婴",因为"赤婴"没有接受过多的人为的东西,心底无私、纯洁善良、天真烂漫、任其自然,与那些充满固执和偏见、斤斤计较个人私利、与别人明争暗斗、在仁义礼智下干着坑蒙拐骗的事,甚至不惜牺牲别人的利益、置别人于死地的一些成年人相比,那是何等的真啊。庄子也讲真人,他所讲的真人就是具有"逍遥游"胸怀的人,亦即他们潇潇洒洒,无拘无束,自由自在,没有任何心灵之负,能够按照自己的意志生活的人。如果一个人为外物所累,严重被他人所束缚,几乎完全失去自我意志自由的人,怎能算作一个真人? 在此基础上,庄子还特别提到,真人应该最大限度的超越社会现实,从而获得思想上的自由,如果一个人能超越现实而驾上思想的独轮车驰骋大地,能追求精神上的自由而展开智慧翅膀遨游太空,那他就达到了完全率真的地步了。

"真人"就是针对"假人"而言的,假人就是一个人的言与行不符、名号与实际能力不符、外在包装与内在素质不符。隐瞒已经发生的事,捏造不曾存在的事,立的是贞女的牌坊,做的是淫奸的勾当,这都是地道的假人。与此相对应,真人就是言行一致,胸怀坦荡,不隐瞒错误,不夸大成绩,尊重事实,不歪曲真相,真诚待人,不欺蒙,不虚浮,不哄骗,一句话就是做人坦荡,为人真诚。真人与假人的根本区别就在于一个人内心所有的东西和他外在所表现出来的东西是否相一致,真人在这两方面达到了高度一致,而假人在这两方面就不一致了。

今天,我们之所以需要真人,就是因为"假人"泛滥,甚嚣尘上,以至于我们一走出自我的边界就可能陷入"假"的陷阱,坑蒙拐骗,经常可见,假冒伪劣,防不胜防,瞎编乱造,司空见惯,这样,我们面对什么,什么就有可能是"假","假官位"、"假官衔"、"假校园"、"假教授"、"假文章"、"假文凭"、"假医院"、"假医生"、"假药物"、"假警察"、"假案子"、"假犯人"、"假市场"、"假货物"等举不胜举,以至于有人说,在当今社会,一个人除了他母亲是真的,其余都是假的,还有人更加悲观,他们说,即使一个人的母亲,也有可能是假的。一个社会到处造假,那这个社会还有什么希望?因为没有比虚浮的东西更容易走向自我毁灭了,这就像一个肥皂泡沫一样,吹到一定的地步,一切都会化为乌有。所以,一个社会最要紧的是让自己的成员变成实实在在的"真人","真"是一个民族屹立于世界之林的骨气和灵魂,是一个民族稳步发展的基石和原动力。

那么,培养真人、塑造真人应该从哪里开始呢?这只能从塑造人、培养人的基本阵地——教育领域开始,而教育当中首要的角色就是教师,教师是人类灵魂的工程师,是人类发展的灯塔,他们担当着孕育一个民族的基本精神、培养一个民族的基本灵魂、塑造一个民族的基本人格的重大使命,教师的"真"就是一个民族真的关键,就是一个民族真的源头,就是一个民族真的基础,所以,教师的基本内核怎么能首先不是一个"真人"呢?

对于一个教师而言,真人就是用知识的细胞砌起的高尚的人格和灵魂大厦。

真人,首先是人格和灵魂的真。只有人格和灵魂真实的人,才是一个地道的、统一的人,才是一个属于他自己、占有他本质的人,才充分保证他为人的完整性和言行的一致性。实际上,人格和灵魂真实是活人的一种美好,这样的人,无论什么时候,都没有害怕揭穿谎言的担心和恐慌,没有见人说人话、见鬼说鬼话的伤脑与费神,没有人格和灵魂被分离后造成的精神创伤与心灵剧痛,无论什么时候,都可以直面自己的人生、自己的世界、自己的熟人、亲戚、朋友和同事,无论什么时候都很坦荡、洒脱和轻松。真实了,心里就可以踏实,真实了,生活就可以自在,真实了,人生就可以自如,由此,人性也走向了完美,心灵也走向了健康,人生就走向了幸福,这是所有人都希望的一种人生境界和状态,真实的人格和灵魂就是通向幸福之地的充满人性光辉的坦途。

一切不真实的人,由于其言行不一,行为动机不纯,活动目的有诈,最终伤及的是自己的人格和灵魂,陷入巨大的精神灾难。一方面,在他的精神世界里裹藏着自私自利、自我中心、坑害他人等严重的劣质人性,因为人若不违纪、不坑害他人是不会工于心计、千方百计做假的,这是在自己和他人关系中制造不和、仇视,甚至杀戮的种子,谁会在这种人生关系中体会人生的美好呢?另一方面,他的生活就是如何设计假面具,如何带好假面具,如何以这个假面具应酬一切人和事,同时要提防假面具被戳穿并应付戳穿后的后果,这样,就使自己的心灵负担变得格外沉重,以至于就失去了人生的欢乐和轻松,在这种心灵阴影之下,怎能得到人生的多彩阳光呢?怎能驾驭坦率的人生大船呢?在不和谐的人际关系中,在沉重的精神压力之下,人格就会分裂,灵魂就会扭曲,精神就会崩溃,从此也就不会有健康人的心态和生活,就远离人性美的花圃,激越、活泼、奔腾的生命之流就消失在这种心灵的荒漠中。所以,擎起人格和灵魂的真实性就擎起了人生的大厦,背离了人格和灵魂的真实性,就走向了人生不幸的深渊。

真实的人格和灵魂对教师尤为重要。自从《中庸》篇把"诚"确立为万物存在之基、人行为之本后,人们就把"诚"看成其他一切人伦道德生长的基础,"不诚无物",没有诚,人的一切就无从谈起,而且,人格和灵魂的"诚"在任何文化领域里都被看成是人性熠熠生辉的美德。在古希腊文化中,当人们谈及人类美德的时候,其中就包含了诚,在印度文化中,尽管他们带有浓厚的宗教色彩,但是一切"善人"修成正果的前提都是心诚,在我们中国文化中,到处都充满了"诚"的教诲和意义,"以诚为本","正心诚意","心诚则明",每一个贤达之人无不以崇诚开启中国文化的大门。在某种程度上,如果我们把人性看作一座体现万物之灵的宝塔,那么这座塔的全部基石就是人格和灵魂的"真诚",失去这样的基础,人性必然黯淡无光,充满了邪恶的阴影。

教师是文化的传播者,是人类灵魂的引导者,是人格大厦的缔造者。教师首当其冲就应该在自己的身上凝聚人类美德的情愫,体现人类美德的魅力,播下人类美德的种子。所以,人们在无形之中就把教师当成了人类道德的楷模,人们应该在哪里问询美德的津梁?在教师那里,人们应该在哪里寻找美德的范本?在教师那里,人们应该在哪里得到美德的陶冶?在教师那里。所以,教师就是人类伦理圣洁、道德圣明的最高象征和最基本的保证。人们可以原谅其他一切社会空气的污浊和灰暗,但不能原谅教师德行中的阴影,当社会道德滑向令人气愤的泥潭时,人们还抱有很大的希望,因为教师是真正的道德津梁,但当教师道德的灯塔熄灭时,人们的希望就破灭了。所以,真诚的人格和灵魂首先就要由教师体现出来并传播下去,这样,整个民族和社会才有希望建造人性的光辉大厦。

　　教师是传播人类真理的使者,许多学生在开启真理大门之时,是教师给予他们第一束真理的阳光,是教师给予他们对待真理的态度,是教师奠基他们对真理的信仰。布鲁诺可以为真理献出生命,李时珍可以用生命尝遍百草,马克思可以为真理不屈不挠,许许多多的科学家可以为真理呕心沥血,一切都是为了寻找真理,捍卫真理。而这种为真理献身的精神就凝结成人格的真实和灵魂的纯真。这样,作为传播真理的教师就应该在自己的精神世界生长起这种人格和灵魂,不但在这种人格和灵魂的指引下把真理传递给学生,而且激励、催发学生走上新的探求真理之路。如果教师把真理的圣树推倒,没有面对真理的神圣感,在教学过程中信口开河,随意糊弄学生,那么就不会在学生心灵中培植崇高的真理大树。教师崇尚真理的精神是催发学生热爱真理、追求真理的人格发酵素和灵魂的动力。

　　如果在过去我们讲人格和灵魂的真实性,只满足于一个人本分、老实、不说假话、表里如一、对待人真实的话,那么现代社会的真实就不仅仅局限于此。在现代社会,一个人的真诚已经和时代的脉搏联系起来了,已经和时代的要求融合在一起了,如果时代要求一个人具备什么样的素质,而他却没有这样的素质,那么他的真实程度就比较低,相反,如果时代要求他具备什么样的素质,而他通过自身努力获得了这样的素质,那么他就是真实的人。现代社会是一个知识经济时代,"知识"已经超越其他一切因素而成为促进社会进步的核心因素,知识可以改变命运,知识可以创造未来,知识可以促进国家民族的发展。而教师就是知识的存储者、管理者、传播者和创造者,知识在教师这里存储,使教师成为知识的象征,知识在教师这里归纳整理,使教师成为知识的管理者,知识在教师这里继承和传播,使教师成为知识的传承者,知识在教师这里创新和发展,使教师也成为知识的创造者,所以,教师本身就是知识的化身、知识的载体,没有说哪一个没有知识的人可以当教师,也没有说哪一个知识浅薄的人会成为一个好教师,教师无不以相当的知识作为自己存在的前提,教师无不以传承一定的知识作为自己神圣的使命。教师掌握知识的程度完全与自己的工作水平和影响成正比。一个胸无点墨、囊中空空的人不可能成为一个教师,跟不上时代的步伐,不能更新自己知识的人也不能成为一个好教师,即使拥有知识而不能有效地归纳、整理、传播、创新的人也不能成为一个好教师。同时不能把知识有效地传递给学生,点燃学生探求知识激情的教师,也不能成为一个好教师。所以,教师最大的资本就是自身的知识基础,一个教师掌握知识、传递知识、运用知识、创新知识的能力就与一个教师的真实度融合为一体,一个教师知识程度越高,他就越真实,没有知识的教师就是一个假教师,知识程度不高的教师就是一个不称职的教师,不能与时俱进地吸纳和创新知识的教师也将是被淘汰的教师,所以,一个教师的素质和形象就是由内在知识建立起来的。

综上所述,很明显,在现代条件下,对教师来说,真人就是用知识的细胞砌起的高尚的人格和灵魂大厦,在这个大厦里,学生既可以享受知识的力量,也可以尽览人格的魅力。把知识和人格灵魂汇合起来无疑就是铸造现代社会最丰满的人性和最优秀的人才的最佳途径和方式。

3. 学者与真人合成的幸福

只有教师 = 学者 + 真人,教师才有了获得幸福的根本保障。

首先,作为一个学者,教师就获得了体验幸福的活的源泉。从人的心理出发,一个人要体验到幸福,最起码的一个条件是他有不断进步的感觉。由于人的生命本身就像柏格森所描述的是一条汹涌澎湃的"江河",是一团不断升腾的"火焰",它必须前进和进步,必须获得一定的发展,不能原地踏步或无所事事,否则,不论人处在什么样的起点上,不论过着什么样的生活,对生命活力来讲,都是一种约束和限制,都是让生命变得没有力量,没有价值,因而在人的心理体验中也是厌倦、无聊、没有意义。但是如果一个人顺应生命活力,不断奋斗,不断进步,不断发展,不断成长,那么,在人的生命体验中,他就充实、就快乐、就幸福,即使在艰苦的环境中,在贫困的物质条件下,也可以有渗透生命的幸福体验。对于教师而言,要顺应这种生命的特征,那就是做一个学者,做一个不断学习的人,这样,教师的内在心灵就不断充实,外在能力就不断增强,整个精神世界就在不断发展变化,由此,一种幸福的涓流就会在自己的心间流淌,不论别人是否会感受到,而教师自己一定会享受到其无限的惬意和安适。

其次,作为一个真人,教师就获得了幸福的人格保证。真正作为一个真人,他就会胸怀坦荡、心性率真、表里如一、旷达自然,不需要掩饰、做作、造假,不需编织漂亮的面具隐藏自己真实的面容,也不需担心自己的阴谋被人揭穿。所以,真实的人就自然、就轻松、就幸福,尤其对用知识的细胞砌起高尚精神大厦的教师而言,更是一种特别的幸福。因为对自己而言实现了自我的统一,对他人而言赢得了别人的敬意,对社会而言,孕育着良好的社会风尚,由此,也就可以获得安宁的精神世界,赢得一定的自豪,得到一定的声誉,这都是能使心灵幸福的主要因素。另外,以知识作支撑,教师可以开发自己的潜能,可以施展自己的才华,可以认识事物、分析问题、解决难题,可以帮助他人、服务社会、作出贡献,可以为自己和他人创造一定的物质财富和精神财富,这些都是人生幸福的来源。所以,包含了知识的真实人格和灵魂本身就是一种幸福。

总之,教师能集学者与真人于一身,不但获得了教师的资格,而且也能享受到实实在在的个人幸福。

(七)教师幸福的内容

任何人的幸福都和自身的生活实际相联系,亦即任何人都是通过自己的实际生活来体验幸福意蕴的。当然,从事不同职业的人其生活方式也不一样。教师的职业就是教书育人,其生活实际也是教书育人,因此,教师的幸福必然由此来确定。何谓教书育人? 教书育人实际是由三步程式组成。从职业前提讲,教师首先获得知识,获得知识的一个基本途径就是读书,我们称此为教师的"读书生活";从职业过程来讲,教师就是要把自己获得的知识传递给学生,通俗地讲就是教书,我们称此为教师的"教书生活";从职业发展来讲,教师既要归纳整理人类已积累起来的知识,又要不断创造新的知识,这就需要去写书,我们称此为教师的"写书生活"。所以,教师幸福的基本内容就集中在这"三书生活"中。

1. 读书

我们可以想象人生的一种美好状态:精神的花坛,百花齐放,心灵的园地,郁郁葱葱,个性的世界,浩瀚渺茫,生命的激情,丰满有力。这样的状态从何而来? 我们可以肯定地说,从读书而来。

(1)人与书的情缘

毫无疑问,人是从动物进化而来的,当人与动物相辑别之后,有许多东西把人和动物区别开来,如劳动、意识、理性、语言、会使用工具等等。但是,仔细想来,这一切当中还渗透着一个非常重要的东西——书,正是在人逐渐形成自己特质的过程中,人创造了书,借助书的力量才使人固守住自己的特质并使这些特质一点一滴发展起来,变得丰满而郁郁葱葱。如果没有书,人肯定不会距离动物太远,甚至就和动物一样。在文字和书还没有产生之前,我们不是称此段历史为人类的蛮荒时期吗? 那就意味着人和动物还没有真正分野,还过着行尸走肉、茹毛饮血的动物式生活。但是随着结绳记事的开始,人就有了创造文字、创造书的冲动,这样人也就逐渐超越了动物,开始按人的方式创造自己的生活了,最终使人远离了动物。所以,人与书的情缘是非常深的。

书使人远远超越了动物。虽然凭着大自然给我们人所装备的本能,我们人远不如动物,但人却远在动物之上,那就是因为人可以把自然界及人的活动记录成书,人可以去读书,在读书的过程中吸取以往的一切经验并总结新的经验,而动物除了本能外不能记录任何东西,也不能从自己的同类当中吸取任何经验而增长自己的生存能力。所以,由于没有书,动物的生命是单个的生命,是重复的生命,每个生命没有通过经验积累而相互关联,而人的生命是集体的生命,是不断累加的生命,以前的生命智慧,通过书的形式就传递给以后的生命,以后的生命就可以集合起以往所有生命的智慧而累加在自己的身上,这样,人的生命力量就远远超过了动物的力量。如果没有书把人的智慧记录累加起来,人就远不如动物的生存能力。所以,书就是能把人和动物相区别开来并远远超越动物的一个非常重要的因素。

书开启了人类文明的历程。什么是人类文明? 人类文明就是人类创造的一切物质财富和精神财富的总和。就物质财富而言,尽管在人之初,人类对物质生产可以不依赖书,单凭口耳相传就可以传授人类劳动的经验,但随着人类社会的发展,人们创造物质财富越来越借助知识的力量,特别像今天,我们已经进入了知识经济的时代,知识在物质财富的创造中占绝对优势,而知识最主要的载体就是书。对精神财富而言,它就直接和书关联在一起,因为只有文字的产生才揭开了人类文明的第一章,而人类在创造文字的同时就在创造书,到现在,人类一切精神的内容几乎都在书中,在书中,磨砺我们的意识,提升我们的智慧,丰富我们的思想,积聚我们的文化,延展我们的文明,没有书,几乎就没有了我们的精神世界。所以,在某种意义上,有了书才有了人类文明史,况且以后一切人类文化创造都离不开书,或者绝大多数就是以书的形式出现的,在此意义上,我们怎能不说书开启了人类文明的历程呢?

书使人洞穿了历史的黑洞。历史的路在脚下延伸,一代又一代离我们远去,如果没有书,当一代又一代远离我们的时候,时间就像降临的夜幕遮蔽了人类历史的一切轨迹,我们遥望过去,就像遥望无限的黑洞,什么也不知道。但是,有了书,它们就像一盏盏明灯,使我们可以探知历史的任何一个角落,遥望历史的每一个星空。因此,历史也不再是一个黑暗的世界,而是一个澄明的世界,面对过去,人既可以很好地了解历史,也可以借助历史的经验创造自己美好的明天。

书发展人的智慧。在某种程度上,人就是智慧动物,但天生不是智慧动物,只有经过后天的训练才变得有智慧。这种训练有两种途径,一是人的现实交往,二是理论知识的学习。在这两种途径中,现实的交往有很大的局限性,它仅仅为人提升智慧提供了一个环境,如若不在这样的环境中,亦即不在人与人的交往中,人要发展自己的智慧是很困难的。但是,有了这种交往,人只获得了一定智慧的基础,还不能提升和发展智慧本身。只有有了书,人的智慧才获得了长足发展的条件,因为在读书过程中,人们可以获得知识,在获得知识的过程中,人们可以进一步思考,思考就可以磨砺人的智慧。另外,我们著书立说,这一方面是人的智慧显现的过程,另一方面更是人的智慧训练的过程,所以,一本书就是人类智慧的一份结晶。

书是推动人类历史进步的精神动力。社会的前进和进步依赖于生产力的发展,但生产力何以能够推动历史向前发展呢？这里面包含着极其复杂的因素,其中有一点完全可以肯定,那就是人的劳动,生产力的基本状况就体现在人的劳动中,但仅仅有人的劳动,生产力不一定能获得发展,如重复性的简单劳动就可能使生产力永远处在同一个水平,只有当这种劳动在以往经验的基础上,不断改进,越来越智能化,越来越成为科学的时候,生产力才得以发展,而对以往劳动经验的总结,对人类智能化过程的记录,对科学的基本原理的阐释都要借助于书的形式,没有书,这一切都失去依托。所以,书就是人类生产力发展的阶梯,与其说生产力的发展是在人的作用下劳动资料与劳动对象相结合的结果,还不如说书为人类生产力发展提供了内在动力,书中集结的人类经验、智慧、知识就是推动生产力发展的最有效的因素。

书使人变得优雅而富有教养。人的一切美好品质是依赖一定的知识建构起来的,没有知识的人就处在愚昧甚至低级野蛮的状态,很难获得美好的品质,但知识特别是能够让人的德行美起来的知识就在书里面,因此,走进书,就是走进自己的心灵美,热爱书就是渴望自己的性情美,沉浸在书中,就是沉浸在自己美好心灵的洗礼中,因而,始终与书为伍并深爱书的人,他们的言行就有人的禀赋,有人的气质,有人的境界。如果远离了书,人就逐渐变得平庸、粗俗,没有思想,没有头脑,没有洞见力,甚至变得游手好闲、无所事事,一生都没有什么大的作为。

所以,书使人从宇宙中脱颖出来,使人变成宇宙的精华,书使人从动物中脱颖而出,使人高于一切动物之上,书使人从历史中脱颖而出,使人登上文明的金字塔,书使人从自身无知中脱颖而出,使人变得高尚而优雅。所以,书和人结下了最深的情缘,没有这样的情缘,人难以成为今天这样一种状态,斩断这样的情缘,人就会渺小到犹如蠕虫,这样的情缘深,人性因素就博大,这样的情缘浅,人性因素就疏淡。所以,与书结下深厚的情缘才使人真正像一个不带动物野性的人。

教师是传播人类文明的火种,是教化人的使者,是开启人类智慧的信使,他们必然是与书最有情缘的人,因与书情缘难解,才去做一个教师,因与书情缘不断,才去教书育人,因与书的情缘日久弥深,才有了执着和满腔热情。与书无缘,何以积淀一个教师的基本素质? 与书无缘,何以传道、授业、解惑? 与书无缘,何以洞察现实,展望未来? 正因为与书有缘,才使一个教师更像一个教师,才使一个教师更有能力做一个教师,才使一个教师成为一个优秀的教师,失去与书的情缘,一个教师必然丧失他应有的魅力,只徒具教师的皮囊,误人子弟,误国误民。

(2)读书的蜜汁

沉浸在书里,就是沉浸在生命的蜜汁中,这是一种生活的境界,也是人生幸福的一种标志。记得有人讲过这样一个故事:她有超过其他许多同学的才智,但自己守着校园与书为伍,而这些同学在商海中一天天富起来了,她心理不平衡。后来,她一狠心,离开书,跳进了商海,通过多年的拼搏,她终于拥有自己的公司,拥有自己的资产,她富了。但越来越感觉到内心的难堪与痛苦,无休止的忙碌和疲倦夹杂着巨大的失意充满她的心间,她失去了自我,领略不到生命的美好与幸福。有一天,在她做完所有的事情后,回到自己久违的书房,倒上一杯清茶,拉亮台灯,捧起书,慢慢深入进去,突然,她感到头脑充实起来,思想活跃起来,心灵舒适起来,一种博大的快慰的情绪哗然而至。她似乎找到了人生的航标,也找到了自己,从此,她再也不愿离开书,把书看成她生命中最重要的组成部分,由此感悟人生的意义,体验人生的幸福和满足。这就是读书的蜜汁,它正如许俊达在《费尔巴哈三部曲:神性·理性·人性》一书中描述的哲学一样:"哲学工作就在于不断的静静的散发着思想领域中的蜜汁,哲学本身就是自我意识之福的露滴。"① 这与其说是哲学,不如说是书:一本深透的书就是静静的散发着思想的蜜汁,沉静在书中,人的生命就会尝到它那沁人心脾的露滴和甜蜜,由此,人生就有了最深最大的幸福。

实际上,在偌大的世界里,人应该找到自己的一隅,使自己经营的人生流淌出自己可体验到的蜜汁,这种蜜汁固然有各种各样的途径,如爱情的幸福、事业的成功、工作的顺利、生活的如意等等。但在所有这些蜜汁中,唯有来源于书的蜜汁最甜美、最博大、最深沉。书何以能给人带来如此美好的东西呢? 总括读书人的体验,它主要来源于书给人带来的以下几个方面的享受:

第一,书是人生命的精神食粮,使人的精神世界无限充盈。人的生命是非常复杂的有机体,我们大概可以把它分为两种类型:一是肉体的生命体或物质生命体;二是精神的生命体或意识的生命体。生命本身包含着无限的活力,它总处在冲动之中,由此展开人生的画卷,创造人类的历史。然而,这需要一定的

---

① 许俊达:《费尔巴哈三部曲:神性·理性·人性》,中国工人出版社 1993 年版。

能源供给作后盾,没有能源供给的生命必将枯萎死亡。这种能源也来自两个方面,一是物质的能源供给,二是精神的能源供给。物质能源供养人的物质生命体,精神能源供养人的精神生命体。物质能源就是人可食用的一切物质及生存所必需的物质设施。精神能源就是满足人的兴趣、爱好、学习、生活、娱乐、思想、创造等需求的一切对象。物质能源来自于广袤的大自然,精神能源就来自于书,我们纵然不排除人的其他活动,可以满足人的精神需求,但是没有书的依托,其他活动满足人的精神需求是极其有限的。另外,我们也发现,人之所以是人,其生命的本质不在于具有物质的生命,因为动物甚至植物都有这样的生命,而在于人具有精神的生命,精神的生命才表明人与其他生命的区别。所以,人的精神生命状态就决定着人的生命价值,人的幸福蜜汁就来自于这种精神生命的状态。而书的最大意义就在于为人的精神生命提供巨大的精神食粮,从而使人的精神生命变得非常充盈,只有精神世界变得充盈的人才能体会到生命自身的美好和人生意义的可贵。如果人的精神生命一贫如洗,非常贫乏,人就会轻浅人生,虚度人生,以至于消极厌世,悲观炎凉。所以,与书为缘,就可以使人的精神饱满有力,充满无限活力和生机,这种充盈的生命力就构成了酝酿人生一切蜜汁的源泉。实际上,当人站立在茫茫的世界中,处在巨大的社会潮流中,哪有什么东西能比人感到自身精神世界的充盈而幸福美好呢?它带给人的自信、力量和踏实感,是任何其他东西都不能取代的,人的生命充盈了,人就有力量、有能力、有兴趣干一切可干的事情,人的精神空虚了,一切都是无聊和孤寂的,哪有美好的情怀去做各种事情呢?所以,书就是人的精神生命最好的食粮,是人的精神生命永不陨落的太阳。

第二,书是人心灵的抚慰剂,使人心胸豁达。人的心灵世界是一个奇妙的世界,任何外部活动都能引起人的心灵波澜,而一颗幸福的心灵就是要让这个心灵之海平和自然,旖旎美好。何以达到这样的境界?这不仅仅是外部世界的问题,更重要的是自身心灵修炼的问题,面对同样的大自然,有的人心胸广袤,超然豁达,有的人却心事重重,难以轻松。面对同样的社会,有的人乐观大度,豁达开朗,有的人却悲观伤怀,不能忍受。同样的自然、社会怎么能引起如此不同的心境呢?这固然与人的经历、性格、当前的处境有关,但在某种意义上也与人的读书程度有关。如果一个人能广泛阅读,积累深厚的文化素养,那么,到一定程度,他就会超然若释,心灵旷怀远大,深明事理,以自然乐观的态度对待人间的万事万物。这样的人也就很少事事不如意,件件不称心,即使遇到人生的不幸,他也会以自己博大的心灵消解它们,或者就会沉浸在书里,找到心灵的抚慰剂。书之所以有这样的作用,就是因为书读得多了,对人对事的态度就会改变,就不会斤斤计较个人的利益得失,就不会围绕眼前的利益旋转,真正可以达到"不以物喜,不以己悲"的境地,甚至就可以超脱一定的名利,进而追求一种就像庄子所描述的"逍遥游"的真人境界。曾有这样一个故事:有一个财主见一书生非常热爱读书,就和他打赌:给他提供一间书房,供应他所读的书和其他所需,如若他能不出书房而读一年的书,他就把他财富的一半转让给他。此书生一听甚喜,心想:我既可以读书,又可以得到一笔财富,一举两得。所以他就答应下来。自此以后,这位书生就不出书房而孜孜不倦地读书,眼看一年的期限已到,这位财主开始心慌,唯恐自己的财富被这位书生分去一半,就在最后的一天夜里,财主派人去谋害这位书生,但当这人走进书房后,书生已经离开,桌面上只留下一张纸条,上面写着:财主大人,一年的读书使我非常富有,我的财富已经远远超过你所能分给我的财富,谢谢你给我提供了这么多的书,也谢谢你使我明白了这个道理,再见! 由此可见,书可以改变人的心境,使一个人在读书前后的心态完全不一样,未读书之前,其心灵常常被区区小利所蒙蔽,读书之后,其心灵逐渐撑起了精神之光,使人明白了人生的意义和追求,把人提高到了一个新的境界。

第三,书提供人生的禅机,使人的生活恬淡自然。人生微妙而玄秘,我们似乎明白它其中的意义,又不得其解,对绝大多数人来说,人生是迷津,在这个谜底未破解之前,人们已经走完了自己的人生历程。但是,我们明显地可以看到:有些人,尽管各方面都非常优秀,但很难发现他们心灵当中的幸福,他们的心灵永远得不到安宁。相反,对另外一些人,尽管我们很难发现他们在哪些方面胜过了其他人,但他们生活得如此安闲自然,我们似乎能体会到清澈的幸福之流就洋溢在他们博大的心胸之间。人为什么会有如此大的差异呢? 这就是人生的"禅机"。前者把自己的人生浸润在世俗的小利当中,患得患失,后者把自己的人生放在自我精神的快慰当中,极大地超越了外物的束缚,而求得自我精神的坦荡自然。谁会懂得这一禅机并且使这一禅机深居自己的心灵呢? 唯有读书,当书读到一定程度,当书读到一定的境界,这种禅机自然就会在自己的心胸悄然而生,有了这种禅机,就会改变自己的心灵状态和人生面貌,这是何等美丽的一种人生境界啊! 我们仔细解读这其中的意蕴,就会发现,它的本质之处就在于恬淡自然。所谓恬淡自然,就是一个人可以把自己的心灵放在大自然的造化下,让其尽情舒展自己的性能,就像许多植物能迎着春天的微风绽放自己多彩的花蕾又能在夏日的热浪中孕育自己丰裕的果实一样,顺性而为,自然成功,由此获得人生的安慰和乐趣。许多人负累重重,苦不堪言,常常超越自身的条件欲求自己得不到和容纳不下的东西,这自然会造成人生的坎坷,甚至夭折。

所以,书读得多了,人生的玄机就会解开,人生美丽的"花蕾"就会盛开在自己心间,人生丰裕的果实也会逐渐积聚起来,而其他一切不必要的负累就会逐渐消遁,人生丰盈而轻松,充实而恬淡,这就是再好不过的人生了。

第四,书张扬人的自尊,增添人生的优越感。马斯洛在他的需要理论当中提出,人除了有生理、安全、爱的需要外,还有自尊的需要,就是人自己肯定自己,也希望别人肯定自己的一种复杂的人类高级情感和心理倾向,特别是有一定文化素养的人,其尊严要求和尊严感特别强烈,他们试图通过尊严象征自己在社会中的地位。人的尊严感尽管可以通过丰富多样的人生价值来实现,但真正使人获得尊严感的不是人外在已经表现出来的价值,而是人潜在的能够源源不断地向外表现的内在价值,没有内在价值,就表现不出外在价值,外在价值是人已经具备的内在价值的外在表现。所以,人的内在价值就是人生尊严的基石。而人的内在价值获得的首要途径就是读书学习。通过读书学习,人就逐渐认识掌握了自己所处的这个世界,直至上知天文,下知地理,前知古人,后知来世,同时人的精神世界也逐渐丰满起来,孕育无限丰富的潜能,能够游刃有余地在这个世界学习、工作、生活和创造。这样的人就获得了足够的自信,获得了极大的自尊,获得了非常高的优越感。实际上,自古至今,没有什么比读书还能获得更高的自尊和优越感,当书读到一定的程度并使人的内心世界极大地充盈起来的时候,人的自尊不仅仅是来自外部世界的肯定和褒扬,更重要的是自己肯定了自己,自己使自己超越了其他一切世俗物理而显示出了可贵的自尊和无限的优越感。

(3)读书的境界

书与人有不解的情缘。读书表征人之所以为人的精神世界和精神生活,读书可以不断开拓人生道路,使人生道路越来越宽广,读书不断完善人的精神世界,使人的精神世界充满难以言说的蜜汁。然而,在读书的过程中,我们发现,处在不同的读书阶段,人们会有不同的读书境界,在不同的境界,人有不同的收获,从而也使整个人处在不同的精神状态。

一般来讲,人们读书总有自己的目的,总想从中获得一点东西,没有任何东西可得,读书就没有意义,也不可能维持人们读书的兴趣。当然,在不同的读书阶段,人们读书的境界也不一样,从这个角度看,读书有三种境界。

第一,读知识。在某种意义上,书就是人类文化知识的结晶和载体,人也总是在继承以往人类文化知识的基础上完成自身的生活,开辟人类历史的征程。所以,人们需要书,需要读书,需要从书中获得人们所需要的一切知识。这样,人们读书的直接目的就是获得知识,通过读书,认识某一方面的事物,知道某一方面的道理,懂得某一方面的技能。这种读书关键在于弄清楚自身以外的世界是什么,其本质就是一个"知",书读得越多,其知识就越丰富,这个世界就愈明了,自己就愈能掌握这个世界。处在这个阶段的人的读书兴趣基本是一些工具类的书、技术类的书、原理类的书,这些书讲述的知识具体而明确,读了之后,完全可以按此去操作实践。

第二,读思想。放眼盼望整个历史大世界,能让历史闪烁智慧光芒的不是那些"术科"知识,而是人类的思想,因为那些"术科"知识会随着时间的流逝而淘汰,但人类思想却在历史的长河中滔滔不绝,这思想的涛声不仅包含人类的智慧,而且包含人类的航向。书读到一定境界,就是要超越那些"术科"知识,领略人类思想的智慧,使这些智慧在自己的头脑中延伸,把自己也变成一个富有思想的人,并进而洞穿人类前行的航向。因为我们深深地懂得,只有我们不断领略别人的思想,才能培育自己的智慧,只有培育起了自己的智慧,才能形成自己的思想,只有形成了自己的思想,才能把握人类发展的方向。所以,这种人就把读书的兴趣放在了思想之上,每拿一本书,不是首先看重其知识,而是看重其智慧,不是把握其原理,而是把握其思想,有智慧、有思想,就是一本好书。而且,与书中的智慧摩擦多了,与书中的思想交汇多了,就希求书能点亮自己的智慧明灯,能打开自己的思想大门,使自己的智慧灵感闪烁,使自己的思想开始生长。

第三,读生命。生命本身就是一条精神的河流,这条河流就发源于人类精神的山峰,没有人类精神的山峰流淌下来的细流,就汇不成生命的江河。而一本本书就是一座座精神的山峰,它就是人的精神生命的源头,所以,书读到最高境界就会明了读书的生命内涵:读着书,就会体验到生命的存在;读着书,就会体验到生命的活力;读着书,就会体验到生命的意义。读书,会给生命带来给养,使生命获得成熟;读书,会给生命带来能量,使生命获得力量;读书,会给生命带来解放,使生命获得自由;读书,会给生命带来欢愉,使生命获得幸福。所以,读书达到此种境界,一个人就会把读书当成他生命里的一个组成部分,有书可读,就会觉得生命充实,心灵平和,生活有意义,不读书,就觉得生命枯萎,生活无聊,人生就没有了任何光彩。所以,书就是生命最好的伴侣。

2. 教书

教师的天职不是读书,而是教书,读书仅仅是获得教师资格的前提条件,只有教书才使教师成为真正的教师。不曾拥有自己的学生,书读得再多,也仅仅是一个学者,不是一个教师,教师从来都是与学生相对的一个概念。

当我们主张读书能读出幸福蜜汁的时候,我们也同样主张教书能教出幸福的蜜汁。实际上,当我们回望历史的时候,大凡有成就的"教师",都有"教"的幸福体验,如苏格拉底、柏拉图、亚里士多德、孔子、孟子等一系列人物,从他们博大的思想情怀及授徒讲学的成就看,他们的心胸无不荡漾着幸福的蜜汁,正如孟子所说:"得天下英才而教育之,三乐也。"(《尽心上》)能教出一帮活泼可爱的学生,正如画家欣赏自己的画幅,音乐家谛听自己的乐曲,作家阅读自己的作品一样,那是一种难以言表的幸福。

然而,如前所述,在教师这个职业当中,要寻找出自己的幸福也非易事,所以,教师必须在自己的内心建立起某些东西,然后再去教书,否则,根本就没有幸福可言。根据教师工作的特点,教师教书的幸福只能从以下三方面突破。

(1)魅力因素的蓄养

从事教师这一行业与其他行业最大的不同就在于他是与人打交道,在于他通过自己的劳动让学生的心灵完善,精神美好,智慧澄明,思想丰富,如果不能在学生身上产生这样的效果,教育就没有多少意义。而要产生这样的效果,根本的一点,就是教师要有魅力。如果教师自身感受到了自己的魅力,能吸引学生,学生也感受到了教师的魅力,的确能被教师所吸引,那么教育的奇特效果就产生了。否则教师不能富有感染力地去教书,学生也不能由衷地投入到教师的活动中去学习,这样,教育就必然会陷入平淡或没有意义。人对人工作的奇特效果就蕴含在这种特殊的魅力当中。

实际上,不只是奇特的教育效果蕴含在教师的魅力当中,教师的幸福和学生的快乐也都蕴含在教师的魅力当中。对教师而言,如果他能真切感受到自己的魅力,那么,一方面,他有了肯定自己、欣赏自己的内在心理感受,因而自信、乐观,有预期的价值感和成就感,这就是幸福心灵的原始胚胎,或者说他的心灵本身就是幸福的,另一方面,有来自外在方面积极的肯定,如领导的表扬,同事的羡慕,学生的崇敬,甚至学术界、同事圈、学生层围绕他形成一定的中心,不时充满鲜花和掌声,此时,作为一个教师是多么的幸福。幸福的蜜汁在很大程度上就来源于他人的微笑、鲜花和掌声,谁赢得了这些,谁就赢得了幸福,谁失去了这些,谁就失去了幸福。对学生而言,一方面,在整个社会评价当中,因为自己获得了一个好老师,就感到非常的欣慰和高兴,谁不因为自己占有优势的社会资源而感到由衷的高兴呢?另一方面,在与老师的具体接触中,的确为老师的魅力所折服,由衷地垂慕老师、追随老师,老师的教诲在他们那里生发着奇特的力量,从而引导他们达到发展的最高地步。当学生受老师的激励而走上积极发展的正道的时候,他们怎能不幸福快乐呢?所以,教师的魅力因素是教育最可贵的资源,是教育幸福的最大资本,教师的职业幸福就是从蓄养教师自身的魅力开始的。

关于教师的魅力问题,有很多人做过研究,尽管他们很少使用魅力这个概念,如美国的唐纳德·R·克里克山克等人所著的《教学行为指导》一书就指出:

大多数人认为,好教师是支持学生并体贴关心学生的幸福,对所教学科拥有渊博的学识,能够与家长、学校的管理者、同事友好相处,真正热爱所从事的工作。①

同时分三种类型总结了有效教师的八个特征:

激励性人格:热情、热心幽默、可信任感。

以成功为向导:对成功的高期望、鼓励与支持。

专业品行:有条理、适应性与灵活性、博学。②

美国的史蒂芬森博士在其主编的《非常教师——优质教学的精髓》一书中,把非常教师的特征浓缩为6条:

非常教师对他们的工作饱含热情。

非常教师知道该教什么,如何教,如何提高自己。

非常教师创造活跃的课堂气氛。

非常教师擅长与学生交流。

非常教师能激励学生去挖掘出自身的潜力。

非常教师的教学效果十分理想。③

这些研究或多或少已经透射出了教师的魅力所在,但他们多从教学这个环节挖掘教师工作的有效性,而不是从教师内心建树教师的魅力。所以,我们认为,如果要让教师自身真正散发出"魅力"的芳香,至少应该具备三方面的涵养。

第一,读书的涵养。教师能折服人心的一个很重要的方面就是他是否有读书的习惯,是否把读书看成每天生活的一个组成部分,如果答案是肯定的,那么至少可以在教书育人的生涯中奠定这样几个基础:①正儿八经是以教书育人为生的人,而不是在教育领域混饭吃的人;②正儿八经是把自己的学业向纵深发展的人,而不是在自己的专业领域里没有任何作为的人;③正儿八经是在教育领域里有内心造诣的人,而不是教了一辈子书什么也没有积淀的人。有了这三点,就足以飘起一面旗帜吸引一大批学生,更不用说,读书所带来的视野开阔、

---

① 唐纳德·R·克里克山克等:《教学行为指导》,中国轻工业出版社2003年版。

② 同上。

③ 史蒂芬森:《非常教师——优质教学精髓》,中国轻工业出版社2002年版。

智慧犀利、思想深厚、心胸宽广、人品敦厚等一系列心灵上的魅力了。所以，教师的魅力从读书开始，读书蓄积下教师教书育人的一切能量，它犹如一座灯塔，当这座灯塔亮起来之后，其他方面都有了色彩，如果这座灯塔黯淡下来，其他方面无论如何都是逊色的。

第二，思想的涵养。教师虽然以传承人类科学文化知识为使命，但教师不是一个知识的中转站，否则，现代电脑完全就可以代替教师的角色，因为电脑的存储、检索、传播的功能远胜于教师。然而，教育不能由电脑来承担，必须由教师来从事，教师是把知识消化吸收后变成自己精神意识的思想者，这种思想蕴含了教师自身的世界观、人生观、人品、德性、情感，所以，当由教师传播知识的时候，它已经不是一个简单地知识转移的问题，而是人与人之间心灵的沟通，是一个人对另一个人心灵的建构，是一个人在另一个人心田里的播种与耕作，只不过他更多地利用了知识这个原料。当然，我们谁都清楚，原料毕竟是原料，它犹如砖瓦一样，不同的人运用它，所建造的房屋就不一样，教师作为一个思想者的魅力就在于，他不是脱离了个性因素的一个知识的传播者，而是把知识融入到自己心灵闪射出思想光芒的一个教育者，这种光芒既犹如天上的太阳，可以让学生的心灵大地复苏生长，也犹如智慧的火种，可以点燃学生的头脑，也犹如指路明灯，可以指点学生的人生道路。所以，从严格意义上说，只有具备一定思想的人才能成为教师，没有思想的人，只是学生一个简单的组织者和管理者。当教师思想绽放光彩时，他的教育自然魅力无穷，而当教师的思想贫弱时，他就缺少吸引人、教育人、影响人的力量。

第三，人品的涵养。教师的天职就是教书育人，他不但向学生传承人类优秀的文化，更重要的是以高尚的人品影响学生的心灵，所以，人品是教师的第一素质，人品是一种楷模，为学生树立形象，人品是一种力量，催发学生积极向上，人品是一种灵光，使学生的知识、能力生发道德的光芒，因此，只要教师的人品之塔永远闪亮，教育永远都不会偏离正确的航向。当然，教师的人品不是空洞的概念，高尚的人品必然具有丰富的内涵。首先，教师的人品是丰富的知识和深厚的思想积淀而成的敦厚的个性，因为教师影响学生的心灵不是空洞的道德说教，而是丰富的知识和深厚的思想衍生出来的道德情操对学生心灵的一种陶冶、洗礼和养育。脱离知识和思想的人品不但空洞，而且没有力量，更显现不出应有的魅力。其次，教师的人品是洋溢着浓厚的关爱他人的人伦情怀，因为教师工作的对象是人，而且教育的基本目标就是要把人塑造成"既美且善"的人，因此，无论如何都应该从教师的心底流溢出浓郁的尊重人、关心人、爱护人、帮助人、理解人、同情人、怜悯人等伦理情怀，有了这样的伦理情怀，不论一个教师热情也罢,冷峻也罢,宽和也罢,严厉也罢,都会把学生放在心上,精心养育学生的心灵之花,培植学生的善美之果。再次,教师的人品是清除了社会上污浊空气后的清纯人格,在某种程度上,教师应该是一个过滤器,社会上的污浊空气在经过教师这里的时候,要得到最大程度的净化,否则,社会上有什么肮脏的东西,教师就把这些肮脏的东西泼洒在学生身上,那不但不是教育,而且有辱教师的尊严。所以,教师不但要抵挡社会上的污浊空气,而且要洗刷自己心灵的污垢,诸如功利主义、实用主义、自私自利、无上进心、无责任心、不能公正地对待学生、欺侮学生、殴打学生等,只有清除了这些污垢,教师的人格才能清纯明亮起来,才能招引学生、净化学生。

（2）活力课堂的打造

学校最主要的场所就是课堂,课堂是实施一切教育的主渠道,如果说教育是一门艺术的话,那么课堂就是表现这门艺术的最佳舞台,教师和学生既是这个舞台的演员,又是这个舞台的观众,教育的效果就取决于这一出出戏表演得怎么样,只有教师带领学生演好了这一出出戏,而且欣赏这一出出戏,才能获得大家满意的教育效果。

实际上,打造富有活力的课堂从来都备受人们的关注,我国教育家叶澜就做过深刻的阐发:

我们把教学改革的实践目标定在探索、创造充满生命活力的课堂教学,因为,只有在这样的课堂上,师生才是全身心投入,他们不只是在教和学,他们还在感受课堂中生命的涌动和成长;也只有在这样的课堂上,学生才能获得多方面的满足和发展,教师的劳动才会闪现出创造的光辉和人性的魅力,教学才不只是与科学,而且是与哲学、艺术相关,才会体现出育人的本质。[1]

美国有两位学者为了弄清楚优秀的课堂到底是什么样的课堂,进行了仔细地调查研究,最后得出的结论是,优秀的课堂主要表现在以下几方面:

学到了特定知识和技能。

学生进行学习活动并完成了任务。

学生进行了深刻的反思,产生了新的见解。

学生被卷入到学习活动中,并感受到其中的乐趣。

极少有破坏行为出现。

教师与学生之间的关系是合作的、和谐的。

---

[1]　叶澜:《让课堂焕发生命活力》,载《教育研究》,1997 年第 9 期。

　　教学方法是有效的。①

　　但非常明显,这只看到了富有活力课堂的结果,没有搞清楚当一个教师具备了什么样的素质,才能出现这样的课堂。而我们的目标恰恰就在这里,因为富有活力的课堂是教师带来的。根据我们的观察,如果一个教师要带来富有活力的课堂,必须具备至少以下几方面的含量。

　　第一,智慧的含量。富有活力的课堂一定是智慧潺潺流动的课堂,也一定是智慧散发巨大光芒的课堂,这种智慧不但可以感染教师,又可以感染学生,使教师和学生都能享受到智慧的芳香。所谓智慧,它不仅仅是教师具有了渊博的知识,而是教师具有了把渊博的知识融会贯通之后所形成的综合性素质,有了这种素质,无论教师从事什么样教学活动,都能给人一种智慧的感觉,语言有智慧的魅力,理解有智慧的见地,讲课有智慧的底气,课程设计有智慧的方法,指导学生有智慧的思想等等。所以,只要教师有了智慧,整个课堂就有了活的源头,课堂中散发的不仅仅是知识的信息,而且是所有人整个心智世界被激动起来的一种活跃的状态,他们思维敏捷、情感快慰、思想闪烁,内心充满智慧的阳光。正因为如此,古代的一些至圣贤哲才那样富有魅力的授徒讲学,才那样充满一批批追随者,他们的整个教学过程才那样富有活力,以至于经过了几千年,仍然能动人心魄。

　　第二,自我的含量。富有活力的课堂一定是教师凭借“自我”的全部能量建立起来的课堂,有真切的自我,有丰满的自我,有鲜明的自我,有独特的自我。所谓自我,就是有我的知识,有我的智慧,有我的思想,有我的情感,有我的特点,有我的风格,有我的一切。在整个课堂上,学生感受到的不是脱离教师这个人而独立存在的所谓单纯客观的知识,而是教师这个具有巨大内在含量的人,从头至尾,学生目睹的是教师心智的高山,谛听的是教师思想的涛声,感受的是教师情感的雨露,一切客观的知识都融进了这样的高山、这样的江河、这样的雨露,因此在学生的内心激荡的不仅仅是知识进入自己心胸所带来的快慰,而是教师浸染自己整个精神世界的个人魅力。所以,最乏味的课堂,就是那些教师没有自我含量的课堂,在这样的课堂里,教师只知道照本宣科,只知道僵死刻板的知识,只知道程式化的教学模式,就是不知道鲜活的“自我”在课堂中的意义。

　　第三,搅动学生的含量。教育是否有效的关键,就是教师能否引起学生身心的积极反应,如果能,则较为有效,如果不能,则没有效果。所以,好的教师就具有强大的搅动学生的含量,只要他一走进课堂,就像一颗炽热的太阳,整个课

———————————

　　①　唐纳德·R·克里克山克等:《教学行为指导》,中国轻工业出版社 2003 年版。

堂就沸腾起来了,就像一个著名的演员,整个课堂就骚动起来了,就像一个出色的主持人,整个课堂就跟着他旋转起来了,总之,能立即抓住学生的注意力,能立即调动了学生的情绪,能立即让学生全身心地投入到整个教学活动中去并情趣不减,意犹未尽。当然,教师能否这样搅动学生,内在的学识是很重要的一个方面,缺乏内在的学识,就缺乏内在的能量,但"表演术"也是一个不可忽视的因素,正如美国的史蒂芬森博士所说的:

非常教师相信他们每一次走进教室都有奇迹发生。①

教室是他们的舞台,他们珍视在学生面前表演的每一个机会。②

在某种程度上,好的教师就是一个好的演员。另外,我们还需注意,教师要能充分搅动学生,就必须牢牢抓住学生的生活,教学一旦触击学生的实际生活,触击学生熟悉的生活,触击学生正在过的生活,那么学生立即就有了注意力,课堂也就立即活跃起来了,正因为如此,福禄培尔才说:

每一个群体都有其独特的生活内容。并且他们应当有这种生活内容。如果正确地抓住了这些机会,教学便会渗透到儿童的生活中去,而生活将会进入教学中去。③

(3)美好情缘的积淀

在现代化程度很高的今天,教育之所以还不全面实行网络教育、远程教育、多媒体教育,而要强调师生之间面对面的交流互动,一个很重要的原因就是,人是一个情感动物,无论进行任何活动,都希望伴随情感的互动,在某种程度上,只有在人的情感王国里悦纳的东西,才能在人的心智世界里可以被接受,进而发生特殊的意义,如果在人的情感世界里被排除的事物,要进入到人的心智世界就非常困难了,这就是"动人必先动其心"、"动心才能动其意"的道理。

在传统的社会里,一个可贵的因素就是师生之间有深厚的情感因素的积淀:一方面,教师工作比较单一,全部心思都在学生身上,只为了教授学生;另一方面,教师既负责学生的学习,也负责学生的生活,既在课堂中与学生打交道,也在课堂外与学生一起生活,同时,学生数量不多,班级规模比较小,教师可以充分地与每一个学生交流。所以。在整个教学过程中,教师与学生相濡以沫,非常亲近,真正是教师手把手在教每一个学生,每一个学生都是在教师的栽培下一步一步成长。在这个过程中,教师看着自己亲手培养的学生一个个长大成

---

① 史蒂芬森:《非常教师——优质教学精髓》,中国轻工业出版社 2002 年版。

② 同上。

③ 福禄培尔:《人的教育》,人民教育出版社 2001 年版。

人,怎能不由衷的高兴? 学生真切地感受到了教师的教育之恩,怎能不心存感激? 因而,师生之间就无形积淀下了深厚的情谊,教师总忘不掉自己的学生,而学生总感念自己的老师,他们中间有那么多说不完道不尽的故事。正是这种情谊,才给教师带来了极大的快乐和深沉的幸福,教师和学生一辈子都会荡漾在这幸福的潮水里,真正有"一日为师,终身为父"的感觉。

但是,现代教育给教师和学生之间的情缘增添了许多阴影,一方面,现代教育技术(尽管给教育带来了很多的便利)把教师和学生之间的互动转移到教师依赖多媒体课件教学、学生依赖多媒体课件学习的教师和学生相互分离的局面上去了,另一方面,今天的教师也不是单纯教书,他们有比教书更重要的教育科研、发表论文、晋升职称、升学考试、竞争上岗等一系列任务,这就大大分化了教师的时间和精力,甚至相当一部分教师就完全抛弃了与学生的交往而直接经营自己的"自留地",即使一些教师不得不面对学生,但也是匆忙应付,既不交心,也不交情。同时,现在的学校管理也直接依赖制度、依赖分数说话,担心教师和学生之间过多的接触会产生不必要的人为因素,进而影响对教学的科学评价,因而主张程序化的规范教学,实行考教分离,使教师和学生交流有了更多的障碍。所以,在现代教育中,教师和学生之间的情缘是非常欠缺的,这是教师容易产生职业倦怠、缺乏职业幸福感的关键所在。

人与人打交道最重视情缘,无情缘则人生悲凉了许多。教育是教师和学生之间纯粹"人"的交往,最浓烈的因素也是情缘,可以说,动了情缘的教育才是最持久、最深厚、最有价值的教育,即使教育当中所追求的功利因素如考试、分数、升学、所要掌握的知识和技能欠缺一点,但有了这份可贵的情缘,则可以培养起学生尊重人、关心人、爱护人、帮助人、理解人、同情人、重感情、重友谊、重交往的美好的人情因素,这比那些只掌握一点知识和技巧的冷血动物要强得多,前者给人间带来了温暖、友情与和谐,而后者却给人间带来了冷漠、无情和隔阂,甚至灾难。所以,在教师生涯中,最可贵的因素就是在教书育人的过程中积淀下了美好的师生情缘,这既可以滋润自己的情感,又可以养育学生的情感,还可以为社会贡献美好的情感。

第一,做传授文化知识的微笑天使。最温暖人心的情感就是人们脸上的笑容,有了笑容就有了亲近,有了笑容就有了信任,有了笑容就有了人心沟通的可能,所以,只要知识带上温暖的笑容就产生了动人的魅力。可以想象,当一个教师既有渊博的知识,又在脸上始终荡漾着温暖的笑容,以渊博的知识通透学生的智慧,以温暖的笑容沟通学生的心灵,那么学生就会不由自主地喜欢他,崇慕他,以上他的课为荣,以与他交往为乐,久而久之,师生之间必然会播下友谊的种子,给师生带来人生的蜜汁,用这种蜜汁不但可以维系天长地久的友谊,又可以润泽一切人生的坎坷和曲折,甚至抹去人生的痛苦和阴影。所以,不会微笑的教师也许会教书,但教不出师生之间的友好情谊,不会微笑的教师也许会育人,但育不出师生之间温暖的情感,最令人失望的教师就是脸上从来不显示由衷笑容的教师,这样的教师一方面以自己的不会微笑扼杀学生的微笑,另一方面,在特殊情况下会对学生格外的无情,这样,师生之间不但不能培植友谊的种子,而且极有可能从此就毁灭学生建立人与人之间情谊的希望。没有微笑的人生就像天上的太阳总被阴云遮蔽,没有情谊的人生就像人们一直都在暗夜里潜行,只有拨去阴云才能见到太阳,只有驱除黑暗才能享受光明。所以,做一个面带微笑的知识天使,既能使自己成为教育天空中的太阳,又能给学生心田带来无限的光明,那才是教育中最惬意的事情。

第二,做解救学生困难的实际帮手。人生不可能一帆风顺,任何阶段任何类型的学生都有一定的困难,比如,一般的学习问题、交往问题、恋爱问题、生活问题、家庭问题、经济问题、是非问题、上网问题、酗酒问题、抽烟问题、职业问题、专业问题、前途问题等,对越来越多的独生子女而言,自我中心问题、惟我独尊问题、自私自利问题、贪图享乐问题、吃穿攀比问题、不尊重父母问题、不下工夫学习问题等,对问题家庭的学生来说,家庭不和问题、父母离异问题、父母犯罪问题、单亲问题、不由父母抚养的问题等,另外还有不正常的社会冲击波造成的世界观问题、人生观问题、价值观问题、心理问题,以及平时出现的骂仗、打架、闹纠纷、搞别扭问题等。这些问题始终困扰着学生。所以,现代教师不只是传播知识的使者,更是解决这些问题的实际帮手,只有解决了这些问题,才能为学生顺利地传授知识打下基础,传授知识也才能带来更大的人生意义、生活意义和人性意义。一份关心就是一份情感,一份帮助就是一份友谊,教师在多大程度上为学生解决这些问题提供了实际帮助,就在学生心目中积淀下了多少情感,就在学生心目中培养了多少友谊。现在师生之间的情谊之所以淡薄,就是因为教师只一股脑儿向学生传授科学文化知识,只向学生索要成绩,不正视学生的问题,忽视学生的问题,回避学生的问题,甚至不允许学生有这些问题,因而愈教问题愈多,愈教师生之间的关系愈紧张,师生摩擦不断,甚至还激发校园犯罪。因此,只有教师走入学生的心底,深入了解学生各方面的情况,帮助学生实际解决这些困难,才算真正的教书育人,也算收获沉甸甸的师生友谊。

第三,做学生日常生活的知心朋友。在过去,尽管社会比较落后,但教育就容纳在学生的生活中,教师基本就是一个"孩子王",整天"混"在学生中间,教学生学习,教学生生活,因而教师是学生最大的朋友,他们之间的情谊自然源远流长。但现在的教育距离学生的生活比较远,甚至与学生的生活就不相干,加之教师的教学任务比较繁重,除了师生在课堂上相见外,在其他方面几乎从来不相认,即使在课堂上,也多是你教你的,我听我的,彼此很少交流沟通。所以,师生之间彼此连姓甚名谁都不知道,怎么能谈到友谊问题呢?一切友谊都产生在彼此的交往当中,交往越频繁,交往越深刻,交往越生活化,友谊就越有可能产生并长成参天大树。所以教师不但要在课堂上打破师生之间的界限,融入学生中间,彼此"熟"透,而且在课余,要与学生一起玩,一起乐,学会"泡"在学生中间,甚至在校外生活中也与学生交融在一起,如一起看电影,一起打篮球,一起逛公园,一起郊游,一起参观等等,这样相濡以沫的交往,教师就会一天天变成学生的知心朋友,师生之间自然情相眷,意相恋,友谊的种子就会一天天生长起来,而且终生不衰。

3. 写书

尽管教师的基本职责是传承人类优秀的科学文化知识,但教师绝不是一个"拿来主义者",也不是一个简单的"给予主义者",教师是把人类优秀的科学文化知识消化吸收变成自己的血脉后再传递给学生,当教师储备这些血脉的时候,当教师要把这些血脉传递给学生的时候,当教师要真正成为人类科学文化知识的一部分的时候,当教师的所思、所想、所感、所悟要有痕迹的时候,当教师的智慧思想开始酝酿并要生成具体成果的时候,教师怎么能没有"写"的任务、"写"的情怀和"写"的欢乐与幸福呢?"写"就内含在教师的职业生涯中,其他职业可以不写,但教师这个职业绝对不能不写,写才写出教师的生命,才写出教师的智慧,才写出教师的思想,才写出教师的品位,才写出教师教书育人的光辉历程。在某种程度上,写才能做一个完整的教师,不写,才是一个"半截子"教师,永生也难以完整。

(1)教师写书的理由

劝使教师写作,怎么说也不为过,因为教师就是文化人,就是写作人,在过去,哪一个"先生"不会写作,只要遇到"写"的情形,非"先生"莫属,如果"先生"不会写,就会被人们笑掉大牙。而在当今时代,人们似乎看淡了教师的写作,许多教师不写作,结果导致了一系列问题,如教师的内涵降低,素质下降,不思进取,不读书,不学习,不研究,教什么就浮光掠影的知道一点什么,其余一片黑暗,一辈子都停留在同一个水平,没多大出息等。所以,教师必须写作,我们至少可以给出以下三点理由:

第一,读书、教书、写书完美生活格局的形成。有时候,我们可以这样设想,一种理想的生活就是具有生态气息的生活,在这样的生态中,各个生态因此彼此相依,相互促进,共同发展,相得益彰。教师的基本生活就是教书,但如果仅仅单打一地教书,没有其他生活的依托,那肯定教不出成效,即使教出了成效,也要付出巨大的代价。因此,教师生活也应该有完整的生态格局。根据教师职业的特点,教师生活完整的生态格局应该是读书、教书、写书一体化的生活格局。作为教师,必须先读书,只有书读得多了,才能有知识的积淀、思想的形成,这样教书才能融会贯通,旁征博引,教出风采,教出成效。当读书读出兴趣、教书教出意韵的时候,写作就开始了,一方面,写作可以把读书的感想写下来,把教书的体会记录下来,这样读书的兴趣就不会衰减,教书的意韵就不会降缩,另一方面,当写作不停辍的时候,又会激励新的阅读,从阅读中找灵感,从阅读中找思想,从阅读中找素材,同时,也会激励新的教书,在教书中展现自己写作的成果,鉴别自己写作的水平,完善自己写作思想,并引发进一步写作。由此以来,教师完整的生活生态就形成了,读书促进了教书和写书,教书要求读书和写书,写书激励读书和教书,读书的兴趣日益浓厚,教书的境界日益攀升,写作的成果日益突出,读书有了内敛学者的形象,教书有了旷达教师的形象,写书有了浓厚专家的形象,同时,由于这三个生态因子相互支撑,相互协调,相互促进,也保证了教师生活的幸福指数。

第二,知识、智慧、思想良好精神世界的形成。尽管每一个人都有自己的精神世界,但这个精神世界的深度、广度是不一样的,有的人的精神世界仅仅是他对目前世界的一种意识,缺乏人的精神应有的见地,有的人的精神世界就像一条浅溪流过沙滩,流一点就消失一点,最终没有什么收获,有的人的精神世界却像一个收藏地,日积月累,无限丰富,有的人的精神世界犹如汇聚各地小溪,随着时光的流转,最终汇聚成了江海。实际上,人的精神就是要通过积累,只有在一点一滴的积累过程中才能逐渐走向丰富。而能把人的精神世界积淀起来由小变大、由弱变强,由单一变丰富的最好办法就是写作,只要不断坚持写作,各种知识之流就会涌进人的精神世界,变成活的养料,只要开启写作的大门,思考的光电就会闪烁,照亮人们的智慧路程,只要在写作的大地上不断耕耘,各种收获就会纷至沓来,装满人们思想的粮仓。伴随着写作,教师的心底就会降生知识的力量,就会流溢智慧的光亮,就会涌动思想的大潮,活的知识之源、灵动的智慧之光、丰满的思想之果就会充满人的精神世界,那种浓郁、广袤、丰富、博大的精神世界就形成了。以这样的精神世界面对学生,那该多么丰厚!以这样的精神世界教书育人,那该多么有成效!

第三,传承、创新、发展的职业之路的形成。如果把教师也看成人类文化领域的一个工作者的话,那么教师就应该肩负三项使命,一是传承文化,二是创新文化,三是发展文化。如要传承文化,就必须对人类已有的文化进行整理、加工、挖掘、鉴别等,这个过程就是一个初步写作的过程,不写作,理不清人类文化的脉络,建立不起基本的框架,鉴别不清良莠好坏;若要创新人类文化,就必须开动脑筋,努力思考,在原有的文化基础上创造出新成果,而新文化的生成在很大程度上是由写作完成的,不写作,则没有文字的记录,没有理论的阐发,没有成果的展现;如要发展人类文化,就要对原有的文化去伪存真,去粗取精,推陈出新,这更是一个写作过程,不写作,则没有批判,没有扬弃,没有与时俱进。所以,传承文化要写,创新文化要写,发展文化更要写。而且,在一个教师的生涯中,面对自己的专业,不可能无所思、无所想,也不可能只有认同和接受,当一个教师的思维神经在自己的专业领域开始游走的时候,独特的传承方式、不同的创新视野、积极的发展要求就已经初露端倪了,而能否把这一点一滴的阳光抓住,最后汇成新文化的巨大光亮,自然就依赖写作,否则这些阳光就会一闪而过,重新归于黑暗。只有一个教师抓住了写作,才能完成一个文化工作者传承、创新、发展人类文化的职业之路,并最终作出贡献。大凡历史上有光辉的写作成果的人,在人类文化的传承、创新和发展过程中都有自己的一席之地。

(2)教师的写书方式

既然写作已经内含在教师的职业之内,教师写书也有充足的理由,那么一个注定要做教师的人,必然就是在写作路上行走的人,一定要把写作养成一种习惯。凡是在教育领域里有突出成就的人,没有一个不写作。苏霍姆林斯基原本就是一个中学的校长,就是通过写作,才变成了世界级的教育家;魏书生原本就是一个普通的教师,就是通过写作,才成为我国当今著名的教育家。写作就把教师引向了不同凡响的人生道路。尽管教师的类型很多,工作的侧重点也不一样,其写作肯定会不一样。但以下三种方式的写作是必须的,特别对初走上工作岗位的教师而言,更是如此。

第一,写日记。能日积月累进行写作的人都有写日记的习惯。对人而言,任何风波都可以吹动情感的涟漪,任何事件都可以拨动思想的琴弦,任何读书思考都可以酿成精神的汁液,写日记的人就是能把这些涟漪的波纹、这些琴弦的声音、这些汁液的味道记录下来的人,久而久之,他们就会架起写作的长线,在这条长线上,就可以收获各种各样的果实。比如,周国平、魏书生他们就得益于写日记。周国平曾说:

一个真正的写作者不过是一个改不掉写日记习惯的人罢了,他的全部作品都是变相的日记。①

这实际上就是他写作心声的独白,他那么多的可以深入人心的作品与此不无关系。魏书生也说:

我看到,那些春夏秋冬,年复一年坚持长跑的人,都变得身体健康、强壮有力。能不能有那么一种锻炼方式,倘长年坚持不懈,就能使人的心灵健康、强壮、开阔呢?我觉得写日记就有这种作用。②

所以,他自己不但写日记,而且也要求他的学生写日记,并把这种写作称为"坚持道德长跑"。

第二,写随笔。随笔最能吸附思想,也最能养育思想。它与写日记的不同之处在于,写日记比较随便,比较简单,主题与思想并不突出,只要能把生活记录下来就行,但写随笔有突发的灵感,有特别的眼光,有特别的笔触,有特别的主题,也有特别的思想,最终要形成语言优美,文风凝练、思想饱满的能给人以启迪的文章。所以,随笔和日记同样是纯粹的私人写作,但随笔是对自己心灵的升华,是对自己人生的升华,是对自己的思想的升华,有对生命的体察,有对生活的体察,有对人情世故的体察,既可以吐露自己的心声,又可以触动他人的智慧,既可以挖掘自己的思想,又可以教化别人的心灵。所以,高品位的随笔都有经久不衰的魅力,永远如涓涓细流,流淌在人们的心田,滋养着人们的精神家园,如培根的论说文集,帕斯卡尔的思想录,罗素的论人生等,都能把人们带入高境界的沉思,都能触动人们的心灵,并使人们思绪起伏,联想翩翩。周国平的作品之所以能为很多人喜欢,也是因为他的作品基本上都是随笔,余秋雨的文化苦旅之所以能打动人心,也是有随笔的深厚意韵。所以,当一个教师习惯于写随笔的时候,就有了自我,就有了心灵,就有了灵魂,智慧的灵光就游走于思想的天空,思想的天空就布满智慧的光芒,名言佳句就会凝聚在笔端,精粹美文就会酝酿于胸怀,为此他就获得了深厚的自我内涵,也有了教化学生的巨大的精神力量。

第三,写专业。当然,每一个教师都有自己的专业,而在自己的专业领域里读书研究,积累发展,最终有所思、所想,形成了相应的研究成果,写作就是必不可少的事情。而且,只有当一个教师在自己的专业领域里动起笔的时候,对专业的思考、对专业的研究才能进入实际的操作过程,并促成相应成果的产生。特别对一个大学教师而言,只有有了致力于本专业的研究和写作,才有可能成

---

① 周国平:《周国平小语》,广东人民出版社2001年版。
② 魏书生:《班主任工作漫谈》,漓江出版社1993年版。

为一个融会贯通本专业的专家，才有可能走到本专业的最高端，才有可能形成自己独特的见解和成果，以至于自己就变成了一个独一无二的"专业"，这才叫造诣，这才叫水平，这才叫大学里的教师。当然，对绝大多数教师而言，每个人的专业领域、兴趣爱好不一样，写作也可以不一样，既可以是诗歌、散文，也可以是小说、剧本，既可以是研究报告，也可以是专业论文，总之，只要在专业领域里有研究、有写作、有成果就行。如果一个人教了一辈子书，对自己专业一字不著，那肯定对这个专业了解得不怎么样，也肯定没有教好书，更谈不上对这个专业的贡献与发展了。

（3）教师写书的品位

尽管现在要求做研究型、专家型的教师，加上评职称的要求，许多教师都走上了写作之路。本来写作是非常能养育人心的活动，就像周国平所说的，是"最基本的健身养生之道"，随着一个个文字的生成，智慧、思想在人们的精神世界里不断扩充，从而陶冶人的认识、洗礼人的观念，提炼人的智慧，丰富人的思想，把人带入很高的境界，给人以慰藉，给人以充实，给人以自信。然而，在现实中，许多教师却感受不到这一点，以至于一提到写作就苦恼，就劳心，就烦闷。这里的主要症结就在于，一些教师没有从职业生涯一开始就培养自己的写作情趣、写作能力，没有养成良好的写作习惯，没有建立起博大的写作营养地，以至于突然写作任务来临，盲目应对，自然就有点强人所难、给人痛苦的感觉。当这个问题解决以后，写作的感觉就好多了，对那些长期致力于写作的人来说，如果不写作，倒很不舒服。当然，在我们进入写作的领域后，我们还必须注意写作的品位，否则，我们不但感觉不到幸福的滋味，而且还有可能制造大量的文字垃圾，毁坏文风，玷污学术殿堂，把写作搞得一团糟。

第一，抛却功利。现代人都很讲功利，但功利是非常奇怪的东西，尽管它一再光临我们的家园，甚至让我们的家园蓬荜增辉，但它就像叔本华所描述人的欲望满足后的那种情形，一旦人们的某种欲望满足了，烦恼就会穿着灰色的褂子破门而入。单纯的功利就带足了这种灰色的褂子，让人很难摆脱它的阴影。当然，在我们今天这样的社会里，让教师完全抛却功利既不现实也不必要，但在这里，我们必须摆正一种关系：我们是追着功利的步伐进行写作，还是通过写作引入功利？尽管这两种情形都会促使人们去写作，但带给人们的结果却大不一样，如果是前者，有一些人根本没有写作的积淀就去写作，结果是瞎折腾，乱拼凑，即使有些人有一定的写作积淀，也可能唯利是图，见利忘义，这两种情况不但产生不了人们满意的作品，也糟蹋人们善良的心境。但如果是后者，人们自然由职业的需要积淀写作的能力，由内心的灵感激发写作的火花，由扎实的研究引领写作的路向,在一定程度上这是自然天成的事情,是已经积淀起来的智慧的自然涌动,是已经丰富起来的思想的自然表白,是已经出现的研究成果的自然表达,没有压力,没有做作,没有急功近利的成分,完全是自己内心已有的东西的展露,当这些东西展露出来的时候,人们无不感觉欣慰和自豪。同时,由于这些东西是人们真实打造的东西,是人们最真实的"成果",社会和他人会给一定的褒奖,并带来相应的功利。所以,只有在出发点上抛却了功利,功利就会在结果点上以更加优雅的姿态走来,如果在出发点上瞄准了功利,尽管有些人最终也抓住了功利,但功利从来都不会附带过多的心灵蜜汁。

第二,阅读涵养。周国平是写书的人,他有一段关于写作的话讲得非常中肯:

我承认我从写作中也获得了许多快乐,但是,这种快乐并不能代替读书的快乐。有时候我还觉得,写作侵占了我的读书的时间,使我蒙受了损失。写作毕竟是一种劳动和支出,而读书纯粹是享受和收入。①

所以,阅读是他写作的全部基础,他特别珍惜阅读,以至于阅读就成了他写作的前奏曲,甚至由阅读直接导向写作,他说:

我衡量一本书的价值的标准是:读了它之后,我自己是否也遏制不住地想写点什么,哪怕我想写的东西表面上与它似乎全然无关。②

因此,一个善于写作的人一定是一个善于阅读的人,当阅读达到一定的境界,也即每一次阅读都能融通他的心灵,激发他的灵感,搅动他的思想,他已经情不自禁地想写作了,这时候,不但写出来的是好东西,而且写作的心境也非常好,这或许就是写作的幸福。所以,不阅读,就开始写作,那简直是异想天开。

第三,写出自我。真正幸福的写作不但是由衷地想去写,而且能够写出自我,不想写,写出的东西全然没有自我,既没有意义,也是心灵的磨难。现代社会一个最大的特点就是,在没有培养起人们写作的情趣和写作的资质的情况下,由功利主义引导开始写作,结果在发达的信息技术的支持下,致使一些人养成了很坏的毛病,从一开始就把写作看成了下载、剪辑、拼凑、粘贴、组合、改头换面等。虽然有些人也是高产写作者,但在自己所"产"的作品中几乎找不到自己的话语,更不用说自己的观点和自己的思想了,甚至有的人就变成了抄袭专家。所以,有些人一辈子都进不了写作的格局,一辈子都做着这些虚妄的事情。因此,真正的写作是写出自我的写作,真正幸福的写作也是包含自我的写作。

---

① 周国平:《周国平小语》,广东人民出版社 2001 年版。

② 同上。

所谓自我,就是有自己的心愿,即愿意写作,喜欢写作,内心已经孕育出来的智慧、思想、观念迫使他不得不写作,不把这些东西写出来就郁闷,就憋得慌;有自己的眼光,即是自己眼光的观察,是自己眼光的辨析,有自己独特的视角,有自己独特的见地;有自己的思想,即有自己的审思,有自己的态度,有自己的理解,有自己的观点;有自己的文采,即一切言语都是自己的言语,有自己的文风,有自己的色彩,有自己的气度。只要写作能回到自我,通过写作磨砺出的智慧、析理出的思想以及由此带来的精神上的饱满就已经够人幸福了,更不用说写出的东西给人带来的成就感、自豪感、价值感了。相反,一辈子在文字堆里抄抄拼拼的人,就像街头的乞丐一样,尽管乞讨了一些东西,但没有一样是自己的,更不用说用这些东西支撑自己的尊严和幸福了。

四、学生是完善自身性情的主人

　　如果说人类任何活动过程都要产生相应的成果的话,那么教育活动的成果就必然由学生来体现。当然,我们绝不能把学生看成与其他产品一样的成果,因为其他产品都是客观的实体,都是人类支配和加工的对象,是僵死的东西,它们的变化、成形实际上是人的活力的体现。而学生是活生生的人,他们决不可能被"加工",教育只是对他们的一种"影响",而是否很好地影响了学生,又包括一系列复杂的机制,如学生认可不认可、接受不接受、喜欢不喜欢、愿意不愿意等一系列态度和情感反应,如果学生不认可、不接受、不喜欢、不愿意,那么教育就是无效的,就不能很好地影响学生。

　　实际上,人是需要教育的动物,如果脱离了教育,人就很难由一个物质意义上的人转变成一个精神意义上的人,从严格意义上说,是教育使人成为了人。正因为如此,教育与人相伴而生,人类越文明,越需要教育的支撑。但在这里,我们必须清楚,教育是人的需要,而不是强加在人身上的外力,如果没有这样的需要,强加上去的力量只能起相反的作用,就像一粒种子,如果它自身不生长,我们强加上去的任何力量都是对它的摧残。所以,教育必须以满足人的需要的形态出现才能实现其目的,才能进入人的心灵对人起积极的促进作用。

　　更进一步讲,学生是教育的主人,他们只有以主体的形态出现,表现出对教育的需要,同时教育又切准了他们的需要,并恰如其分地服务于他们的需要,这才摆正了教育和学生之间的关系。如果颠倒了这种关系,任由教育支配、主宰学生,那么除了少数学生恰好适合这种教育外,大多数学生都很难在这种教育中健康成长起来,因为它在着意培养学生某些素质的同时,一定在摧毁学生的其他素质,而被摧毁的东西往往是学生内心真实存在的东西,但着意要培养的东西未必就能从学生的心灵中健康成长起来。所以,教育就比其他任何工作更应该谨小慎微,教育的任何错误都是无法挽回的错误,而摆正这一关系就是避免这一错误的前提。

　　如果说人对食物的需要是为了健康的身体，那么人对教育的需要是为了什么呢？是为了知识？为了技能？为了智慧？为了情感？教育必然会给人带来这些东西，但人真的就是为了这些东西吗？如果我们把教育对自己的目的仅仅局限在任何单一的方面，都可能使人片面发展，这就像我们获得食物就是为了脑的发展、四肢的发展或心肺的发展一样说不通，教育的首要目的是为了完整意义上的人，当然，知识、技能、智慧、情感等都可以为这样一个人发挥巨大的作用。

　　任何事物要成为它所渴望的事物都有一个前提，那就是它得以成就的基础，这就像木材是成就一把椅子的基础、铁是成就一把斧子的基础、砖瓦是成就一幢大楼的基础一样。那么人要成为一个完整意义上的人，它的基础是什么？它是刚刚从母腹里孕育出来的婴孩吗？虽然我们可以这样讲，但如果就此回答了这个问题的话，那么人的教育就像做一把椅子、造就一把斧子、建一幢大楼那样简单了，而事实并非如此。这样，我们就有必要深入人的内心，认真探察人到底具有什么样的天性，这样的天性到底适合成为什么样的人，如果我们找到了这样的天性，就等于找到了培养真正适合其天性的人的钥匙，这就像让西瓜的种子长成西瓜，让葫芦的种子长成葫芦一样顺其自然而各尽天分。但是人从来都没有实现这一点，我们从来都不会从一个婴孩身上看出他到底是适合于长成一个"西瓜"，还是适合于长成一个"葫芦"，但是依赖人的天性而培养人又是人的一个执著的信念和不懈的追求，这样，我们的教育到底如何解决这一问题呢？

　　雅斯贝尔斯曾经断言："教育的界限不能事先规定，而只能在实际中观察把握。"①也就是说，我们并不能根据教育决定人将成为什么样子，而是仔细观察现实当中的人，根据这样的人来决定应该实施什么样的教育。进一步说，一个人有他内在的天分和可能性，我们只有根据他这样内在的天分和可能性才能实施良好的教育。当然，一个人的内在天分和可能性不是天然外显的，也不是非常清楚地就可以观察到的，更不是非常准确地就可以把握的。在这种情况下，我们就要优先实施我们所认为的合理的教育，通过这样的教育刺激或唤醒一个人内在的天分和可能性，或者让它们得以充分的暴露，然后再根据这些天分和可能性进行恰当的教育。所以，雅斯贝尔斯这样说是非常深刻的：

　　教育只能根据人的天分和可能性来促使人的发展，教育不能改变人生而具有的本质，但是没有一个人认识到自己天分中沉睡的可能性，因此，需要教育来唤醒人所未能意识到的一切。每一种教育的作用也并非事先能预料的，教育总

---

　　①　雅斯贝尔斯：《什么是教育》，生活·读书·新知书店1991年版。

是具有无人事先能想到的作用。①

在这里，我们已经深刻地懂得：教育的主体一定是受教育者，教育最好的基础就是受教育者的天分和可能性。但教育也不是被动的，并不是等完全研究透了受教育者的天分和可能性再实施相应的教育，而是在积极教育的过程中发现受教育者的天分和可能性，一旦教育发现了受教育者的这种天分和可能性，教育就应该顺其性促使受教育者达到他们发展的最高水平。马斯洛对此做了深刻的分析说明：

为了成为一名好的教师或好的帮助者，教师必须接受学生的现实，并帮助他理解他已经成为何种类型的人，他的有价值的原材料是什么，有价值的潜能是什么；要关心他，即欣赏他的成长和自我实现；要像罗杰斯所主张的那样给予学生"无条件的积极关注"；其次，教师应摒弃那种视学生为机器式的外在强化手段，让学生更多的依赖"内在强化"，允许学生从基本需要的满足中，从高峰体验中获取学习、前进的"内在奖赏"。②

同时，我们也意识到，没有学生自身受教育的欲望的觉醒，没有自己要成为一个什么样的人的积极冲动，任何强加上去的教育都是皮毛，人不到学生的骨肉之中，不但没有效果，甚至会起到更坏的作用。夸美纽斯就讲过这样的道理，他说：

强迫孩子去学习的人，就是大大地害了他们。因为他们能够期望什么结果呢？假如一个人没有食欲，却要被迫去吃食物，结果只能是疾病或呕吐，至少也是不消化、不痛快。反之，假如一个人饿了，他就急于要吃食物，立刻把食物加以消化，容易把它变成血肉。所以爱索拉提斯说："凡是热忱求学的人就会是具有学问的人。"昆提利安也说："知识的获得要靠求知者的志愿，这是不能强迫的。"③

所以，他也主张："应该用一切可能的方式把孩子们的求知与求学的欲望激发起来。"④

由此，我们就没有理由不把学生推到教育的前台，不得不承认学生才是自己真正的教育者（当然是在我们提供了充分的教育条件后，我们提供的教育条件越充分，学生越能做自身的教育者），所以，从教育的真谛而论，学生才是完善

---

①　雅斯贝尔斯：《什么是教育》，生活·读书·新知书店1991年版。

②　彭运石：《走向生命的巅峰》，湖北教育出版社1999年版。

③　夸美纽斯：《大教学论》，教育科学出版社1999年版。

④　同上。

自身性情的真正主人。

以学生的天分和可能性为基础从事教育，最重要的问题不是传递知识，而是培养他们完美的性情，完美的性情才是一个完整而丰满的人的全部内涵。我们可以想象一个性情完美的人是多么富有人情味，这种浓郁的人情味又包含多么美好的人性内容，如明亮的智慧、敏捷的思维、具有亲和力的情感、优雅的气质、高尚的品德、脱俗化圣的境界、旷远的精神世界等，特别是不虚伪，不欺诈，襟怀坦白，胸怀坦荡，可以自由舒适地徜徉在自己的精神家园和社会生活中，这就是一个真正的人。同样，我们也可以想象，当一个人的性情有缺陷或苍白无趣的时候，那是一幅多么可怜的"非人"景象：麻木的头脑、苍白的情感、怪异的性格、庸俗甚至动物式的生活方式、自私的心态、令人厌恶的举止，更有甚者，抛却自己的人格，只沉浸在对金钱、权利、名誉、地位等外在物的追求当中，虚伪刁钻，背叛自己的情感、背叛自己的亲人、背叛自己的良心，或许他们的权力可以倾人，财富可以盖人，名誉可以耀人，地位可以过人，但精神萎靡、人格分裂、道德败坏，披着人的外衣过着非人的生活。如果说这两种倾向都包含在人的天性和可能性中的话，任何人和任何教育都应该引导前者，而避免后者，都应该让人的性情完美起来，而避免其遭致不应有的缺陷和畸形发展。所以，作为培养人的教育，就应该把其最基本的出发点和最高的追求放在人的完美性情的引导和开发上，尤其到了新的世纪，在人自身以外的各项事业都得到充分发展的情况下，我们更应该注意培养人的完美性情，使人以更完美、更优雅、更高贵、更可爱的姿态出现在新的社会里，使人的确成为宇宙中最完美的奇葩。

（一）认识学生

认识一个对象比解决围绕这个对象产生的一堆问题更重要，因为没有对该对象的认识，就不可能正确地解决相关问题，所以，认识学生比教育学生更重要，对学生没有任何认识并形成相应的学生观的人，就不可能对学生实施良好的教育，对学生没有正确认识而形成了错误学生观的人，可能不是在正确教育学生，而是在无形中伤害学生。

大凡历史上的教育家都致力于认识自己的学生，都提炼出自己特殊的学生观。亚里士多德就把人心比作一张白板，板上什么都没有，但什么都可以涂画得上，倘若一个书法家或画家在其上书写而不成功，错处绝对不在白板上（除非它本身有缺陷），而是因为书法家或画家对白板不了解的缘故。夸美纽斯就相

信人内心有其本应有的东西,教育就是把这内心的东西点燃:

倘若内心的灯没有点燃,只有奇思异想的火炬在外旋绕,结果便如一个关在黑暗的土牢里的人身外有火光旋绕一样;光线确乎可以透进罅隙,但是全部的光亮并不能够进去。①

洛克就不能想象儿童自己怎么会成为一个邪恶的人,他说:

倘若父母以及其他接近儿童的人,不把邪恶灌输给儿童,不在儿童刚能接受邪恶的时候便把邪恶的种子向儿童注送,我不知道儿童会有什么邪恶?②

福禄培尔就相信人是绝对善的,他说:

人的本质本身肯定是善的。并且人本身有良好的品质和追求。人绝对不是生来就坏的,他也不是生来就有坏的和恶的品质和追求的。③

苏霍姆林斯基认为,教师的重要任务之一就是判断每个学生的能力、天分、禀赋和爱好,确定他在学习上所能及的难度,按量力性原则对拔尖学生和困难学生分别施教。阿莫那什维利就认识到儿童的主要特点是顽皮,但顽皮不是儿童向坏的方面发展的性向,却是向好的方面发展的独特的天分。正是从这些学生观出发,他们才提出了不朽的教育理论,创造了教育的财富,走出了一条成功的教育实践之路。因此,教育的确是从认识学生开始的,这不仅是富有人性化的教育的开端,而且是教育成功的关键。

学生是受教育者,教育的目的就是让学生成长为一个身心健康的人,而教育是否最终达到了这样的目的,不是教育一厢情愿的事情,否则教育就是万能的了,但也绝对不是达不到这样的目的,否则教育就是无用的了,教育万能论和教育无用论都是错误的,这其中的奥秘不是别的什么,完全就是人,因为教育无论如何都是人的问题。所以,在认识学生之前,我们有必要对人的一般特性做以简要的分析。

每个人只要不是严重的残缺不全,都会成长为一个人,无论他成长的道路是什么,也无论他将来成为一个什么样的人,都有两种东西在人身上存在,并且是人成长的前提和基础,其一就是人的天性,其二就是人的可能性。

人是由遗传而来的,因而人必然带有遗传的东西,遗传不仅具有鲜明的体貌特征,而且也有我们很难发现的精神特征。在一粒种子生根、发芽、开花、结果的过程中,我们就能体会到人由一个受精卵成长为一个胚胎、由一个胚胎成

---

① 夸美纽斯:《大教学论》,教育科学出版社 1999 年版。
② 约翰·洛克:《教育漫话》,教育科学出版社 1999 年版。
③ 福禄培尔:《人的教育》,人民教育出版社 2001 年版。

长为一个婴孩、由一个婴孩再成长为一个少年、青年直至中老年是一个什么样的过程,它就是把内在遗传的东西一步步展开的过程,这种被遗传的东西就可以称为人的天性。这种天性有两个重要的特征,一像一粒种子遇到适当的气候、土壤等条件就会生长起来一样,当人的天性遇到适当的社会条件也会自然的生长起来,这就叫自然天成;二像一粒种子遇不到适当的气候、土壤等条件就会停止生长一样,当人的天性遇不到适当的社会条件,就会处于沉睡的状态,这就叫阻止或扼杀人的天性。一般来说,除了"狼孩"那样的特殊情况外,人都会处在一定的社会条件之中,人的天性或多或少、或这方面或那方面都有所成长,绝对停止下来的情况是没有的。自然,人的天性会成长发展到何种高度完全取决于人所遇到的各种社会条件。既然人的天性是人的生命本身已蕴含的东西,它就具有强烈的试图显现出来的冲动,只要我们仔细观察,我们就会发现这种冲动,不过,这种冲动有时候也很脆弱,一遇到打击和阻止,立即就会萎缩甚至夭折,一错过适当的时机,就再也难以显现出来。所以,对待任何一个成长中的人,我们都应该谨小慎微,不可粗枝大叶,马马虎虎,一旦疏忽大意,自以为是,就可能酿成大错。

除了人的天性之外,还有一个巨大的空间,这就是人的可能性。这种可能性不像天性那样注定要生成某种东西,不能生成就会死灭,它倒像亚里士多德所说的白板,只要我们愿意在上面书写涂画,它就会留下痕迹,而且书写涂画什么,它就是什么。它也像土壤,人们喜欢种什么,它就生长什么,而且对种子也不是非常挑剔。这种可能性也有两个特征,一是它反映了人生长发展的巨大灵活性和可塑性,教育就是在这个领域表现出了巨大的力量;二是它像人们心灵中的园圃,善经营,它就郁郁葱葱,琳琅满目,丰富多彩,不善经营,它就凋零疏散,冷冷清清,荒芜凄惨。正因为这种可能性,人的成长发展就取决于后天的学习和教育,学习和教育不同,人所拥有的东西也就不同,由此分出人的高低贵贱、有能与无能。

人的天性和可能性就真实地存在于人的内心,它们有时候是分开的,抓住人的天性教育人,人就可以顺利地甚至很快地成为其天性所指向的人,由此可以不顾及人的可能性。抓住人的可能性教育人,人就可能是教育所刻意培养的人,由此也可以不顾及人的天性。但它们更多的是交织在一起的,人的天性深刻地影响着人的可能性,顺人的天性教育人,人的可能性空间就非常大,而且极容易变成现实性。相反,逆人的天性而教育人,人的可能性空间就非常小,而且极有可能取得不了什么成效。人的可能性也深刻地影响着人的天性,人的可能性就是人的天性在未来空间的延伸,许多可能性实现之后就说明人原本有这种天性,至少是人的第二天性。正是天性和可能性这种复杂的关系,使教育对人的培养也绝非一件容易的事情。

我们也非常相信雅斯贝尔斯说的一句话:

教育只能根据人的天分和可能性来促使人的发展,教育不能改变人生而具有的本质。①

但是我们相信的前提是,除非人的天性和可能性是非常明确的。而问题恰恰出现在人的天性和可能性是不明确的,因为我们很难针对一个具体的人直接说出他具有什么样的天性和可能性,由此我们谈人的天性和可能性的意义就在于:其一,教育一定有其前提性的基础,它绝不是空穴来风,也不可恣意妄为;其二,好的教育是对教育对象好的认识,没有这样的认识,教育就会陷入空洞或无效;其三,教育的过程既是触发人的天性和可能性的过程,也是仔细观察人的天性和可能性的过程,人的天性和可能性一旦被挖掘出来,我们就绝不可忽视它们,我们就要不失时机地抓住它们,进行"自然天成"的教育。所以,这其中的本质还在于对学生的认识。

自然,我们对学生的认识并不是探究每一个学生的天性和可能性是什么,因为这是探究不清的,而是我们应该对学生抱有什么样的观念才易于公正的对待他们并使他们的天性和可能性容易显露出来,从而使我们的教育能建立在这一基础之上,这样,我们才既不忘学生的天性和可能性,又有了对学生的正确态度。

从教育学的角度而言,教育并不是要把学生塑造成什么样子学生就可以成什么样子的一个过程,而是把学生激发到什么样的程度学生就可以成长到什么样程度的一门学问,教育的本真意蕴在于对学生的激发,正是从这个特殊的意义出发,我们才有对学生如下几方面的认识。

1. 学生是渴望被唤醒的主人

人与任何其他动物的区别就在于人是有内在意识、内在精神的主体,而人无论处在人生的什么阶段,最终的目的就是让人的内在意识和内在精神丰富起来、独立起来、自由起来,使人成为他自己,从而也使人成为一个真正的人。任何依附于他物的人都不是真正意义上的人,教育也无不是从人的心理深处培养人的独立性,使人成为他自己。

人要走向独立性也不是一件容易的事。在人类社会的早期,由于认识上的局限性,面对变动不居的自然界,人们就相信,在这个世界背后一定有各种各样

① 雅斯贝尔斯:《什么是教育》,生活·读书·新知书店1991年版。

的神,于是对这样的神顶礼膜拜,因而丧失了人的独立性。随着人们对自然的认识,神的影子渐渐远去,但在茫茫的人海中,人生沉浮不定,前面的路似乎总难预测和确定,何以有些人会豪华富贵? 何以有些人会破败不堪? 这些难以把握的答案又使人屈服于命运。而当社会取得极大进步之后,命运或多或少可以掌握在自己的手中,有什么样的奋斗,就可以取得相应的收获,至于收获的大小,那是个人能力问题,而不再是命运问题,但人很快就被自己所要获得的东西俘获,金钱、权力、地位、名誉等变成了新的崇拜对象,人又无可奈何地把自己交于它们,人的独立性又受到极大的挑战,以至于在物欲横流的社会当中,人们常常发出"我是谁"的慨叹。所以,在今天,教育的首要任务就是要把人确定为"主人",使人在"主人"的感觉和体验下,让精神徜徉起来,让心灵自由起来,让行为自主起来,从而实现人在心灵家园中的自我回归。

人所具有的意识和精神就是人的独立性生长的天然基础,其他事物由于没有意识和精神,因而也就没有独立性可言,人的全部殊荣就蕴含在这里面,否则人就可能屈居于任何动物之下,因为其他动物都有比人更强的带有本能意义的生存能力。人天然的具备了意识和精神,并不意味着这样的意识和精神就会天然地给人带来人之为人的一切东西,虽然我们可以说人的意识和精神是一个巨大的矿藏,包含了我们前述的人的天性和可能性等一切成分,但它们原本就处在沉睡状态,没有外物的呼唤很难自发地苏醒过来。人的社会关系及各种实践就是唤醒人们沉睡的意识和精神的丰富多彩的因素,其中教育就是最重要的因素之一,教育最大的职能就是把人们沉睡的意识和精神唤醒,从而培养起人各种各样的素质和能力。

这样,我们就会对学生有一个基本的认识:学生是渴望被唤醒的主人。

教育中的主人就是无论在什么情况下,我们都必须把学生当成一个完整的人看待,把人本应有的一切都容纳在教育过程中,始终以人的方式对待学生,做到真实全面,客观公正。当然,没有老师承认自己没有把学生当成完整意义的人,也没有老师承认自己没有以人的方式对待学生,也很少有老师承认自己没有真实全面、客观公正地对待学生。但是,我们只要反思一下这样两种现象,我们就可以明白他们到底以什么样的态度对待学生。一种现象就是分数好的学生就是好学生,分数差的学生就是差学生;另一种现象就是学生一旦进入教室,就应该把一切与学习无关的思想和情绪丢在教室外面。分数决定一切不就是把学生考试能力当成了学生一切吗? 一个完整的人怎么只能通过分数来体现呢? 单纯拿分数衡量学生怎么能算以人的方式真实对待学生呢? 学生的其他方面统统都被忽视了,这能叫真实全面、客观公正吗? 让学生坐在教室里面只保留学习这一种思想和情绪,这是把学生看成一个完整意义上的人吗? 只关心学生的学习,这能叫以人的方式对待学生吗? 对学生的其他思想和情绪,视而不见,无动于衷,这能叫真实全面、客观公正吗? 课堂是教师和学生一起生活的课堂,目的就是让学生能成为一个完整的人、真实的人,所以,我们不能按照我们的意愿随意分解学生,只要什么,不要什么,只看见什么,不看见什么,这不仅教育不好学生,相反却是对学生的一种伤害。

教育的玄机就是教师恰似教育的主人而学生才是实际的主人,谁能领悟并实际做到用表面上的主人支撑起实际的主人,那谁就是最成功的教师,不能领悟这一点,仅仅是混饭吃,领悟后而不能支撑起这个实际的主人,就是不合格的教师,只把自己当成教育主人,还是教育的门外汉,有意把学生从主人的地位上赶下来,就是糟蹋教育。

要使一个人成为教育的主人,不仅要使他成为他所进行的一切活动的主人,而且要使他成为他自己的主人,也就是说,一旦一项活动开始,这项活动要么是自己发起的,要么是自己积极选择的,要么是自己乐意接受的。心目中始终有这样一个明确的信念:这是我的活动,是我自己要完成的活动,尽管有别人的帮助和指导,但别人的帮助和指导是我的一种需要,是由于我的能力有限而要求他人提供的一种支持。由此牢牢地确立自己主人的地位。

教育的真正主人是学生,因为教育最终培养出的一定是自己能做自己主人的人。如果要在教育的"末端"出现真正的主人,那么就在教育的"开端"及全过程中把其当成主人,否则就不会有主人出现,这就像一个木匠做一把椅子,他从一开始及整个过程就必须把其当成椅子来做,否则最终就不会有椅子出现。所以,在教育的过程中,教师能否把学生当成主人就是教育成败的关键。在过去,由于教育的条件不充足,学生不得不作为自己的主人而进行自我教育,因而他们的主人地位相反还有一定的保障,但在今天,随着教育条件的不断改善,学生被全方位的包揽下来而进行有目的、有计划、有系统的教育,学生的主人地位反倒受到了威胁。但当今社会的发展,又无不要求人成为一个独立的主体,这样,正确解决教师和学生之间的关系,把教学活动让位于学习活动,由教师"给"学生知识转变成由学生自己"征服"知识,把教学过程由教师过多的"自教"表演变成学生大量的"自学"活动,已经成为一个巨大的挑战,而这一挑战又是我们必须面对的。联合国教科文组织国际教育发展委员会早就指出了这一点:

在这一领域内,教学活动便让位于学习活动。虽然一个人在不断地受教育,但他越来越不成为对象,而越来越成为主体了。……他是依靠征服知识而获得教育的。这样,他便成为他所获得知识的最高主人,而不是消极地接受知识者。

未来的学校必然把教育的对象变成自己教育自己的主体。受教育的人必然成为教育他自己的人;别人的教育必然成为这个人自己的教育。这种个人同他自己的关系的根本转变,是今后几十年内科学与技术革命中教育所面临的最困难的一个问题。

教育自然建立在从最近的科学数据中抽取出来的客观基础知识的基础上,但它已不再是从外部强加在学习者身上的东西,也不是强加在别人身上的东西。教育必然是从学习者本人出发。

我们今天把重点放在教育与学习过程的"自学"原则上,而不是放在传统教育学的教学原则上。①

这无疑向全世界昭示,今天的学生一定要成为他自己的主人,不论他在什么时间接受什么样的教育。

教育要把学生当成他们自己的主人,就必须重视他们的内在意识,因为主人永远都是由他的内在意识生成的,只有人的内在意识所发出的命令和意向才是一个"主人"当家做主所发出的命令和意向,忽视这一点而屈居于某种外部声音和命令,那永远都不是主人。当然,人的内在意识也是一个复杂的系统,它所表达的命令和意向,有的是人能意识到的,有的是人意识不到的,有的是明晰的,有的是模糊的,有的是强烈的,有的是微弱的,有的是持久的,有的是转瞬即逝的,但无论它处于什么样的状态,我们都应该从这里出发来培养学生的"主人"意识。当学生的内在意识所发出的命令和意向是学生能意识到的、明晰的、强烈的、持久的时候,我们就要寻找各种各样的条件和途径让其充分发挥出来,这无疑是实现学生潜能的最好办法,也是学生之所以是他自己的有力证明。反过来,当学生的内在意识没有明确的命令和意向,或这些命令和意向是学生意识不到的、模糊的、微弱的、转瞬即逝的时候,我们就要充分发挥教育的力量,使教育成为唤醒他们沉睡的各种内在天性和可能性的最敏感和最有效的因素,就像温暖的春风吹拂万物、可贵的春雨浇灌大地一样,在它们之后,就会有万物吐翠、大地披绿的生机景象。这也正是教育存在并产生巨大魅力的原因所在。如果教育唤不醒学生内部的"春天",只想凭自己单方面的力量让其像一个"春天",那仅仅是人工制造的几个盆景或花卉,永远都没有鲜活的生命力和创造力。

自然,每一个幼小的生命都等待成长,而且渴望健康的成长,因此,没有一

---

① 陈桂生、赵志伟:《现代教师读本——教育卷》,广西教育出版社 2006 年版。

个儿童最初是不渴望受教育的,没有一个儿童不渴望在受教育过程中获得快乐的,除非教育要毁灭他,除非教育是一个漫长的折磨人的过程。当然,满足他们这种渴望的最根本的途径还是唤醒他们的天性和可能性,让他们以主人的心态自我成长和自我教育。

既然学生是渴望被唤醒的主人,在教育当中最忌讳的一点就是强迫教育,这是不尊重学生的主体地位及内在因素而想当然的教育,这种教育的一个基本信仰就是:我把你教育成我所希望的人。被教育者仅仅是教育者为实现自己教育意图而准备的材料,就像一个木匠想做一张桌子而找来的各种木料一样,适合者就是好木料,不适合者就是差木料,很少想这些木料还能做其他什么。学生就是在这种教育意图中丧失了自己的"主人"地位,并逐渐尝试教育的失败,进而开始厌恶教育,同时也失去了在教育中发展自己的信心。

强迫教育有好几种形式,一种是强迫学生接受根本没有主观意愿的教育意图;二是整个教育过程充满了教育者主宰受教育者的各种力量,没有受教育者自由活动的空间;三是限制学生在自己感兴趣的领域做自己的发展和探索。不论强迫教育以何种形式出现,它们都是不可取的。许多人给这种教育以强烈的批判。洛克就说过:

可以说,他们学习应学的事情的时候,巨大而惟一的阻碍是,把事情吩咐他们去做,当做他们的任务,因此去窘辱他们,斥骂他们,使他们战战兢兢地去做,或者他们本来愿意去做,可叫他们做得太久,使他们感到十分疲倦,这都是太侵犯他们所极端看重的、固有的自由了。①

我相信有许多的人,他们一生一世憎恶书本,憎恶学问,原因就是当他们正在厌恶一切这类约束的年岁,被强迫与被束缚去读了书的缘故。这种情形正同吃得过饱一样,饱食之后所生的憎恶是消灭不了的。②

夸美纽斯也说:

强迫孩子们去学习的人,就是大大地害了他们。因为他们能够期望什么结果呢?假如一个没有食欲,却又被迫去吃食物,结果只能是疾病与呕吐,至少也是不消化、不痛快。反之,假如一个人饿了,他就急于要吃食物,立刻可以把食物加以消化,容易把它变成血肉。③

所以,对于青年人,这是一种酷刑:1.假如强迫他们每日听六堂、七堂或八

---

① 约翰·洛克:《教育漫话》,教育科学出版社1999年版。
② 同上。
③ 夸美纽斯:《大教学论》,教育科学出版社1999年版。

堂课,外加自习。2. 假如使他们过度受到默述、练习和需要记忆的功课的压迫,以至产生恶心甚至痴癫。如果我们拿一只厂口的瓶子(因为我们可以把它比做一个孩子的才智),把大量的水猛烈地倒进去,而不让它一滴一滴地滴进去,结果会是什么呢?毫无疑问,大部分的水会流到瓶子外边去,最后,瓶子所盛的水比慢慢倒进去的还少。有些人教学生的时候,不是尽学生所能领会的去教,而是尽他们自己愿意教的去教,他们的做法也一样蠢;因为才力是要加以支持的,不可负累过度,教师和医生一样,是自然的奴仆,不是自然的主人。①

所以,一般而言,长期在强迫中接受教育的人,是得不到什么教育结果的,除非他们会迅速把强迫的力量转化成内在的兴趣和动机,否则,即使他们接受了很多教育,也要么是寻找一种途径反抗这种教育,就像在过多的纪律约束下的人并不是很好地遵守纪律的人一样,他们往往会成为违法乱纪者,甚至反社会者,要么把自己获得的教育置于无用的状态,宁愿做一个没有受过这些教育的人,也不愿做受过这些教育的人,因为强迫教育不但不能使他们成为自己的主人,相反使他们受过太多的伤害,或负累太重,目前他们的意愿就是不触及他们所曾受过的伤害,使自己的心灵能够轻松下来。

人本身是丰富多彩的,不失却道德也不违法乱纪的人都是我们应该接纳的人,所以,我们既反对以同一种"人"的模式对待人,也反对人去做同一种模式的人,这也是保障人的"主人"地位的一个根本要求。我们现在的好多做法就是动不动用同一种尺度衡量人,用同一种纪律约束人,让人整齐划一地生活,这除了在军队训练中可以派上用场外,绝不是对待人的好办法。它既戕害人鲜明的个性,又破坏人丰富的生活,最终使人变得呆板、单调,没有任何生机。所以,在道德和法律的范围内,我们无不要以人的原本状态对待人,只有这样,一个人才能以自己的方式成长,也才能以自己的方式生活,才能保证自己做自己的主人。这里,以人的原本状态对待人有两重含义,一重含义就是以特定的年龄来对待人。人原本是一个抽象的概念,任何具体的人都处在不同的年龄阶段,不同的年龄阶段有不同年龄阶段的生活,人就应该过他们在不同年龄阶段的生活,如果抹杀这样的生活或超越这样的生活,就是对人的一种无法补偿的伤害。所以,对待儿童就要以儿童的方式,对待青年就要以青年的方式,不能任意拔高,任何拔高都无异于揠苗助长,例如,如果把儿童或青年的生活过早地成人化,强烈地以成人的眼光和心态看待和要求他们,那就像让一棵未及生长的果树开花结果一样,不但目前他们不可能很好地开花结果,而且到将来他们也许就永远

---

① 夸美纽斯:《大教学论》,教育科学出版社 1999 年版。

地失去了开花结果的功能,即使我们偶尔看到了儿童或青年开出了成人的"花",结出了成人的"果",我们也不要欣喜地就把他们当成成年人,这种对年龄的僭越一般都是对这种超常的"花"和"果"的毁灭,而不是保护,因为儿童和青年的生活目的并不在这些"花"和"果"上,而在心灵的生长和羽翼的丰满上。另一重含义就是以特定的个性来对待人,即一个人是张三,我们就以张三的态度对待他,一个人是李四,我们就要以李四的态度对待他,因为人毕竟有鲜明的个性差异,无视这些差异,就不能很好地对待人。如果我们长期以同一种方式来对待人,那就等于让我们面对的所有人"同一"化,消灭人的差异性。如果把人的差异性都消灭了,不但意味着人的活力、人的创造性及丰富的、有趣味的生活会受到限制,而且意味着要把不能适合我们这一方式的人排除在教育之外。有时候,我们发现,教育的精髓就在于一个老师能否找到最恰当地对待学生的方式,如果找到了这种方式,教育就会产生特殊的魅力,如果找不到,教育也就没有了意义,因为万事万物只有在适合自己的方式中才能得到很好地生长和发展。

2. 学生永远都有渴望向善的心灵

教育最细微最深奥之处就是一颗心灵对另一颗心灵在善的意义上的启迪、引导和帮助,没有深入心灵的人与人的交流,教育就不可能产生良好的效果,忘却了善的启迪和引导,教育就不可能达到良好的目的。所以,教育永远都应该是善的使者,在人间哺育善的种子。而教育要充当善的使者,就必须解决人是否为善的问题,不解决这个问题,教育就无从起步。

人是否为善,马克思给我们提供了可以很好解读的方法论:不可抽象地看待人性问题,人是社会关系的产物,我们必须在具体的社会环境和社会关系中历史地具体地看待人性问题,而且没有永恒不变的人性。这等于告诉我们这样的道理:社会环境和社会关系是决定人性善恶的具体条件,有了社会环境和社会关系的善恶才有了人性的善恶,有善的社会环境就可能有善的人性,有恶的社会环境就可能有恶的人性,而且,社会环境和社会关系发生了变化,人的善恶属性就可能发生变化。但是我们决不能就此而止步,从而曲解了马克思主义,因为社会环境和社会关系恰巧是由人构成的,人是影响社会环境和社会关系善恶的关键因素。社会和人的这种辩证关系就不允许我们把人性善恶问题搁置起来只谈社会环境和社会关系问题,恰恰要求我们在当前的社会环境和社会关系下如何使人性能变成善的,进而发挥人的主观能动性,把不善的社会环境和社会关系改造成善的,把善的社会环境和社会关系变成更善的,这样,人的问题就突显在我们面前。并且,从教育的角度而言,我们所面对的是一个个具体的人,而不是边界非常模糊的社会环境和社会关系,这也要求我们从事教育的时候,先有一个把教育对象看成什么人的问题,看法不一样,教育的方法措施就会大相径庭。所以,人的善恶问题就是我们从事教育的一个焦点。

从纯粹教育的角度而言,教育从来都以具体的人为对象,不论人到底具有什么样的属性,而教育本身是把人当成善的一种执着的追求:无善,教育要赋予善;有善,教育要挖掘更大的善;是恶,教育就要把这种恶改造成善,有善有恶,教育就要扬善避恶。所以,在教育者的眼里,学生永远都是善的主体,或者就是能够变成善的主体,谁坚信这一点,谁就有教育的信念,谁不坚信这一点,谁就放弃了教育。教育之所以存在,就是由于教育永远抱着对学生善的信念,而且这个信念丝毫动摇不得。

能够深刻理解教育的人,就能够深刻理解人的这种善性,并且执着地让人们相信这种善性。如果夸美纽斯还仅仅是笼统地宣称"人是造物中最崇高的、最完善的、最美好的"①话,那么其他诸如洛克、福禄培尔、蒙台索里、卢梭等就从人的原初存在上说明人就是善的,即从儿童身上,只能肯定人的善性而不能想象他们的恶性。

福禄培尔就直言不讳地说:

人的本质本身肯定是善的,并且人本身有良好的品质和追求。人绝不是生来就是坏的,他也不是生来就有坏的和恶的品质追求,除非我们把有限的、物质的、暂时的、肉体的东西说成本来是恶意的、坏的和错误的,除非我们把这样的东西的性质及其必然结果,即人为了使自己成为善良、能干和有德性,他必须有犯错误的可能,为了使自己有真正的自由,他必须有可能使自己成为奴隶,也列为坏的、恶的、错误的。②

因为人本身是倾向于抛弃缺点的,因为人是倾向于走正路而不愿做坏事的。③

使人,即少年期孩子变坏的大多是别人,是成年人,往往是教育者自己,这确是一条深刻的真理,否认这条真理,会给日常生活带来严重的恶果。④

亚里士多德就站在理性的高度不但对人,而且对万事万物就做过这样的判断:"善是一切活动的目的,万物都是向善的。"⑤马斯洛对人性做过深入的研

---

① 夸美纽斯:《大教学论》,教育科学出版社 1999 年版。
② 福禄培尔:《人的教育》,人民教育出版社 2001 年版。
③ 同上。
④ 同上。
⑤ 亚里士多德:《尼各马克伦理学》,中国社会科学出版社 1999 年版。

究,认为每一个人都具有一种高于一般动物的、实际上是生物基础的内部天性,而他对人的内部天性做了这样的判断:

这种内部天性是热爱、创造性、娱乐、幽默、艺术的根基或源泉。破坏性、虐待性、残酷、恶意等并非内在的,相反,它们似乎是内在需要、情绪、智能受挫的一种猛烈反映。①

由于人的这种内部本性是好的,或中性的,而不是邪恶,所以最好是让它表现出来,并且促进它,而不是压抑它。如果容许它指引我们的生活,那么,我们就会成长为健康的、富有成果的和快乐的。相反,如果人们的这个基本核心遭到否定,或受到压抑,那么就会引起疾病,引起成长或自我实现或完美人性的不足。②

显然,他认为人的内部天性是好的,而不是邪恶的,而且他还从婴儿、人的原始部落等方面做过充分的论证。

罗杰斯也持基本相同的观点,他说:

虽然我对现今世界中数量惊人的破坏、残酷与令人惊惧的行为知之甚详——大至战争威胁,小至街头暴力——但我仍找不出邪恶是人类遗传的本性的证据。特别是在有助于个人成长与自由抉择的气氛中,我从来没有看到过有人会选择罪恶与破坏的方向去做。在此种气氛中,每个人所选的都是更社会化,更能与人建立良好关系的。这样的经验让我确信人之所以会做出恶行,是受其社会文化影响的结果,所以我看到每一个人,就像其他物种一样,其天赋本性基本上均是建设性的,只是在成长过程中给毁了。③

由此我们可以推断,人性原初就是善的,我们之所以不承认它是善的,而指责它是恶的,恰恰是我们不爱它的这种善并随意破坏的结果,就像一片漂亮的草坪,我们不善加呵护,当被踩踏得不成样子的时候,然后说它原本就是这样,这是不负责任的,也是荒唐的。自然,教育首先表现为对人性的一种善的态度,它绝不允许忽视人性的善,更不允许在忽视人性善之后再采取一种不善的态度,摧毁了人的善又试图建立另外一种自认为善的方式本身就是对人性的一种极大破坏,它并不会达到我们想象的结果,相反诸多的恶就蕴含在其中。因此,教育所要做的一切就是珍视人性的这种善,并试图沿着这种善确立我们的教育路线。

---

① 彭运石:《走向生命的巅峰》,湖北教育出版社 1999 年版。
② 同上。
③ 江光荣:《人性的迷失与复归》,湖北教育出版社 1999 年版。

既然人性是本善的,那么无论在什么样情况下,我们都应该有这样一种观念:每一个学生都有一颗渴望向善的心灵,特别是小学生。正因为有这样的心灵,我们才有希望以教育引导出这样的善,并使其发展成善的累累硕果,否则教育就没有任何价值和意义。

但是,我们为什么缺乏学生的心灵原本就是善的信念呢?这其中有非常复杂的原因,我们至少可以归纳为以下几个方面:

第一,学生原本是五彩斑斓的万花筒,每个人都以自己特别的方式洞察和对待这个世界,因而也有了自己特别的思想观念和行为方式,这其中并无恶意,但由此也可能会彼此带来冲撞,特别是我们要求他们遵循我们的规则而行为的时候,他们就会冲撞这些规则,这样,我们就会把这些"冲撞"看成是"恶"的。

第二,对于儿童来讲,当他们面对这个他们初来乍到的世界的时候,他们充满了各种各样的"好奇心",他们尝试着以各种各样的方式"探究"这个世界,并试图获得关于这个世界的奥秘,但由于"无知",他们会发生各种各样的错误,我们就把这样的错误看成是"恶"的。

第三,每一个时期,每一个社会,每一种教育都有自己的价值趋向,它们无不期望每一个学生的行为都符合这种价值趋向,达到自己所指望的目的,但由于这种价值趋向是单一的,而学生又是多种多样的,必然有一部分学生达不到这样的目的,由此,我们就会断定这些学生的行为是不善的。

第四,当学生按照他们独有的天性、他们所遭遇的各种事件造成的心境以及他们的身心条件做出特有的行为并和我们的想象不一样的时候,我们就会把他们理解为恶的。

第五,当学生活泼的天性四处"撒野"并忘记了我们要让他们所做的事情的时候,我们就会认为他们是恶的。

从以上这些情况来看,学生之所以是"恶"的,原因是从"我们"这个角度看是"恶"的,因为他们没有遵循我们的秩序,没有达到我们的期望,没有完成我们的任务,没有遵循我们的规则,如果没有"我们"这个标准,以学生自身为标准,那么"恶"的问题就不存在了,一切就变得合情合理了。所以,学生的善恶纯粹是一个看事情的角度问题,纯粹是一个是否以学生为本的问题,我们根本无法从本性上把学生定位为恶,一旦我们把学生从本性上定位为恶,那么教育的整个大厦就坍塌了。

3."顽皮"和"差"并非学生的痼疾

当我们清理了学生本性为恶的观念之后,并不是说学生自然就善了,自然就不会为恶了。万事万物都是一个辩证的矛盾统一体,如果我们只确认学生在本性上是善的,而并没有善的作为,或者把学生本来是善的表现当成是恶的端倪给以毁灭性的打击或制裁,学生的善就发挥不出来,甚至就永远失去了。就像一粒种子,我们不提供土壤、温度、水分等条件,它怎样发芽、开花、结果呢?而当它发了芽,如果我们踩掉了这个芽,它又怎么再很好地生长呢?因此,我们从学生出发,积极表现出对学生的善的行为,努力呵护学生善的表现,学生的善自然就会闪现出他们应有的光芒。所以,给予学生以善,呵护学生的善,让学生的善充足地生长起来就是教育的全部真谛,就是教育之所以为教育的最高价值。为此,我们必须谨慎而小心地分辨学生的现实表现,恰到好处地运用教育的力量,把学生的善发挥出来并使其达到最高的境界。当然,要做到这一点,我们教师就必须抱着极大的耐心和高度的热诚仔细对待每一个学生的行为,决不妄下判断,也不妄加教育。然而,这里有两个重大的问题必须搞清楚,否则,失之毫厘,谬之千里,因为学生就处在善恶的十字路口,我们任何一点教育行为,都可能会把他们推向不同的善恶道路,特别是极易让他们滑向"恶"的道路而无法挽救。这两个问题就是如何正确认识"顽皮的儿童"和"差学生"。

可以肯定地说,顽皮就是儿童的天性,就是学校第一次接受他们所面临的现实,因为他们活泼、天真,有充沛的精力,对世界充满了好奇心,他们以自己的方式试探这个世界,研究这个世界,但对成人已经了如指掌的东西却盖然不知,即使知道又想做自己的实验和体验。同时,他们由无组织的非常自由的家庭环境中突然来到有组织的学校和班级,还没有组织这个概念,更不能自动适应在一种有序的组织里生活,因而有可能超越一切组织依然保持自己自由的个性和自己对待这个世界的方式,尽管这是儿童认识世界、不断成长的一种方式,是保持儿童自我鲜活个性的一种方式,是保持儿童自我好奇心的一种方式,但由此必然要暴露出与我们的传统教育秩序不相一致的"调皮"甚至"捣蛋"来。这是教育不可回避的事实,按教育的常规而言,我们一般先要对学生的基本事实作出价值或善恶上的判断,然后再确立教育上的对策,既先认识学生,再教育学生。

在传统的意义上,人们为了教学的方便,强调纪律至上,认为一切教学活动都是在纪律所确认的特有的秩序下进行传递知识的活动,没有纪律和秩序,这种教学活动就难以进行。所以,他们把儿童的顽皮就看成与教学纪律和秩序完全不相容的性向而加以压抑和制裁,这暗含的一种认识就是:学生顽皮是不利于教学的"恶"的因素。然而,我们仔细反思,它真的就是"恶"的因素吗?当我们压抑和制裁之后,我们就会获得相对较好的教育价值了吗?阿莫那什维利的教育实验完全否认了这一点,他不但没有把儿童的顽皮看成教育上的"恶"的因素,相反,看到了它"闪光"的教育价值,并且认为由此出发,可以把教育奠定在坚实的人性基础上,可以获得巨大的教育成就。

阿莫那什维利曾对儿童的顽皮做过很高的赞颂,他说:"顽皮的儿童是一些机智、头脑灵敏的儿童,""顽皮的儿童是乐观愉快的儿童,""顽皮的儿童是具有强烈的自我发展、自我运动倾向的儿童,""顽皮的儿童是有幽默感的孩子,""顽皮的孩子是乐于与人相处的人,""顽皮的儿童是积极的幻想家,"所以,"没有儿童的顽皮,没有顽皮的儿童,就不能建立真正的教育学。儿童的顽皮和顽皮的儿童给我们提供了养料,可以使教育思想前进,使教育者始终不渝地思考,表现出革新的精神和教育的敢作敢为的精神。"①由此,我们就可以得出这样的一个基本认识,儿童的顽皮在教育上绝对是一种善的因素,而不是一种"恶"的因素,这是因为:

第一,只有从学生基本事实出发的教育才是最真实的教育,才可能获得积极的成果,任何忽视学生基本事实的教育,都可能是空中楼阁,都可能是瞎忙乎。

第二,教育不是教师单方面传递知识的过程,而是学生作为一个积极的主体探究知识的过程,这种教育只有照顾到学生的一切才能取得相应的成效。

第三,教育只有适应了学生,学生固有的天性才能发挥出来,学生在教育中才更像自己,不像是从同一个"工厂"里加工出来的同一种产品。

第四,学生只有体会到教育的关怀、学习环境的宽松自由、自己充分生长的空间,才会更加喜欢学校,更加喜欢学习。

第五,学生只有在鼓励中学习生活,才能更加积极,更加活泼,更有开拓精神,更富有创造力。

因此,如果我们是一个真正的教育者,我们就能够根据儿童身上迸发出来的活力和好奇心进行教育,不论他们表现得多么顽皮和捣蛋,只要我们尊重了他们的活力和好奇心,我们都能演绎教育上的奇迹,教育也才真正可谓是对学生的引导、开发,而不是对学生的压抑和制裁。

正因为如此,阿莫那什维利才研究了课间休息的教育学,才研究了在课堂上让学生快乐生活的教育学,从而使学生的顽皮演化成教育的力量,才使我们看到了他的学生那种"春色满园关不住"的朝气和活力。

"差生"是比"顽皮儿童"更难对付的一个问题,它也是考验教育工作者的智慧、才能及教育艺术的一个问题,也是教育到底能在一个特定的学生身上发

---

① Ⅲ·А·阿莫那什维利:《孩子们,你们好》,教育科学出版社 2002 年版。

挥多大作用的一个问题。面对这样的问题,人们有各种各样的看法,归纳起来大致有两种情况:一是不承认"差生",认为"只有教不好的老师,没有教不好的学生。"二是肯定有差生,常说"某某不可救药"。实际上,这里不是承认不承认的问题,而是面对学生的"基本事实"我们采取何种态度的问题。所谓"基本事实"就是基于这样几个理由:第一,以同一种方式教育不同的学生,学生肯定表现出一定的差距,差距比较远的学生就是差生;第二,以同一尺度衡量不同的学生,肯定有些学生符合这个尺度,有些学生不符合这个尺度,不符合这个尺度的学生就是差生;第三,要求不同的学生做同一件事情,肯定有些学生做得好,有些学生做得不好,做得不好的学生就被定义为差生。总之,由于学生的参差不齐,"差生"的基本事实从来都不能回避。

即使不承认差生的人,也承认这样一种基本事实,比如,有人主张不把差生叫差生,而叫"其才能未被开发的人",①这就等于他们也不回避学生当中存在的这样一种事实。

既然学生当中存在这样一种事实,我们就要认真对待这种事实,教育的真正魅力不是把"好"学生教育好了,而是把"不好"的学生教育得使其向好的方面转变了。

冷静地分析,差生有两种情况,一种是学习上的差生,一种是行为上的差生。学习上的差生又分三种,一种是由于智力上的障碍而导致的差生;二是由于不用心学习而导致的差生;三是由于不适应这种教学方式而导致的差生。在行为上的差生也有三种情况,一种是不守规则和秩序,融不到集体的行为中,我行我素;二是沉溺于某些坏的习惯而不能自拔,如抽烟、酗酒、痴迷网络和电视等;三是危害他人的行为,如打架、偷盗、抢劫、欺人等。当然,这两种差生往往会交织在一起,学习上的差生,慢慢就会成为行为上的差生,行为上的差生慢慢就会成为学习上的差生。不过,这也不是绝对的,有些学习上的差生并不一定是行为上的差生,有些行为上的差生并不一定是学习上的差生。

任何事情我们都要用发展的眼光来看,以上两种差生,仅仅是在特定时间段上所表现出来的差生,他们并不统统必然永远都表现为差生。所以,用发展的眼光看,差生又可以分为两种类型,一种是真正的差生,一种是假的差生,真正的差生就是随着时间的推移,不能遏止或改变其"差"的状态,这种差生也可以叫做不可遏止的差生。所谓假的差生,就是随着时间的推移,可以遏止或改变其"差"的状态,这种差生也可以叫做可遏止的差生。从严格意义上讲,在上

---

① 钱焕奇、刘云林:《中国教育伦理学》,中国矿业大学出版社 2002 年版。

述几种情况中,只有一种情况为差生,即智力上的障碍导致的学习上的差生,其余都是假的差生,都是可遏止的差生。但从宽泛的意义上讲,无论我们如何改变教育教学策略,在一段时间内都不能遏止其差的状态,上述六种情况都可以算做真正的差生,否则,除了智力障碍的学生,我们都可以把学生教育成好学生,教育就成了万能的了,这显然是错误的。

在认清差生的基本情况后,我们就要树立正确地对待差生的态度,可以说,态度就是解决差生问题的关键,因为态度既包含了对差生的认识,也包含着对差生所采取的策略,实际上,差生的前途和命运就包含在老师对待他们的态度中。

第一,要树立对待教育的最大信心。教育的基本信念就是不放弃任何人,如果教育存在选择的话,那就不是教育。原因就是人人都具有可教育性,教育可以使人人发生变化,特别是把我们认为"不好"的人可以教育成"好"人,因此,面对任何人,我们从来都不应该放弃对教育的信心,即使到了监狱里面,教育依然也是我们的希望,依然可以发挥有效作用。

而学生大都处在成长成人的阶段,他们正需要教育的帮助和扶植,他们越表现得不好越需要教育,他们越差,说明教育还不到位。如果在这个时候放弃了教育,我们或许能证明某些学生的确"不可救药",但那不是学生必然不可救药,而是我们放弃了对他们的教育。我们把任何一个人和教育隔离开来,把他置于"无人"的境地,让他长成一个人都是非常困难的,更不可能发展他的智力和才能了,"狼孩"不是一个典型的例子吗? 所以,对任何学生,教育永远都是他们的希望之烛,唯有教育才能使他们燃烧起成人成才的激情,唯有教育才能让他们振奋精神,信心百倍地走向光明的前程,如果在这时候熄灭了他们的希望之烛,他们就只能在黑暗中摸索,除了触礁、翻船,就很难达到理想的彼岸。因此,有教育家就主张取消"差生"这个概念,呼吁所有的教育工作者包括家长和社会,对所有发育正常的孩子都要树立两个基本的信念:

一要坚信天生其人必有才,天生其材必有用;二是坚信人乏全才,扬长避短,人人成才,发现长处,助其成才。①

实际上,这就是我们面对学生应该抱有的最高信念,没有这样的信念,我们很难正确面对差生,不能正确面对差生,教育就显得微不足道,也很难判断一个教育工作者的价值了,因为其他学生在其他人的教育下也可以达到你所教育的成就,但在教育差生上就不同了。

---

① 钱焕奇、刘云林:《中国教育伦理学》,中国矿业大学出版社 2002 年版。

第二,要慎重鉴别差生。在教育过程中,学生肯定参差不齐,但我们不能轻易对学生进行分类,认为哪些学生是好学生,哪些学生是差学生,这种判断很容易把非真实的情况变成真实情况,好学生果真有可能成为好学生,差学生果真有可能成为差学生。这其中有很微妙的心理作用。我们所熟悉的罗森塔尔和雅各布森实验就说明了这种心理作用。这两位美国心理学家到一所学校去对学生进行"预测未来发展的测验",他们向校方提交了一份故意随便拟订的名单,并向老师说明,根据"预测",这些学生有很好的发展倾向,还要求教师保密。8 个月后他们再次进行测验,发现凡列入名单的学生,成绩果然有了进步,而且"更有顺应能力",有"求知欲强"、"情谊更深"等倾向。这就是著名的"罗森塔尔效应"。这种效应说明,老师对学生如何定位对学生有至关重要的甚至决定性的影响,这就要求我们不可轻易把学生列入"差生"的行列,否则他们就可能成为差生了。

同时,我们还要看到这样一种事实,如果仅仅让学生适应学校的教育,许多很有天赋的学生就不是什么"好学生",有学者就做过这样的判断:

几乎所有的天才人物在学校读书时都不是"好学生",都有过与当时的教育制度作斗争的经历。可以毫不夸张地说,他们的成才史就是摆脱学校教育之束缚而争得自主学习的自由的历史。①

爱因斯坦和爱迪生就是典型的例子。爱因斯坦上大学时,一入校就很快发现自己不具备一个"好学生"所需的一切特性,诸如专心于功课,遵守课堂纪律,认真记笔记和做作业等,因此,他也只能满足于做一个有中等成绩的学生。爱迪生一入校,就被老师断定为格格不入的"差生",并很快被母亲带回家中进行教育。所以,一个教师决不要以自己所实施的教育制度作为鉴别标准,把学生就定位为差生,差的教师、差的教育制度往往就会把好学生看成是差学生,这实在不应该屡屡发生。

第三,要相信差生是能够转变的。无物常往,一切皆流,世界上从来都没有固定不变的东西,人一生都处在变化过程中。所以,即使我们遇到了差生,我们决不要把他们看成永远的差生,差生也会变化,只要我们用心教育他们,他们也会变成好学生,有多少有智慧的老师就把他们遇到的"差生"转变成了好学生甚至优秀的学生。最令人感动的就是海伦的老师安妮·莎利文教育海伦的故事。在一岁零七个月时,一场突如其来的猩红热使海伦失明、失聪,成为一个集盲、聋、哑于一身的残疾人。由于聋盲儿童没有获取正确信息的途径,心灵之窗被

---

① 陈桂生、赵志伟:《现代教师读本——教育卷》,广西教育出版社 2006 年版。

禁锢造成她性格乖戾,脾气暴躁。7岁那一年,安妮·莎利文老师来到她的身边,用她的爱心和耐心打动了海伦,感化了海伦,从此她们朝夕相伴半个世纪。海伦一生创造的奇迹,都与这位杰出的聋哑儿童教育家密不可分,在她的帮助下,她热爱生活:会骑马、滑雪、下棋,还喜欢戏剧演出,喜爱参观博物馆和名胜古迹,并从中得到知识,学会了读书和说话,并开始和其他人沟通,而且以优异的成绩毕业于美国拉德克利夫学院,成为一个学识渊博、掌握英、法、德、拉丁、希腊五种文字的著名作家和教育家。这就是教育的奇迹。

苏霍姆林斯基遇到的差生也可谓不少,这些学生在入学的时候,智力迟钝,似乎根本就是不学习的料,但令人惊讶的是,他一生培养了100多名这样的学生,最终都使他们成为完全合格的有教养的人,其中还有13人完成了高等教育,这也是教育的奇迹。

安妮·莎利文和苏霍姆林斯基的故事说明,再差的学生在高超的教育智慧和教育艺术之下依然可以变为好学生。

历史上许多著名人物都曾被置于“差生”的行列,但不也实现了奇迹般的转化吗?著名的诗人华兹华斯,作曲家华格纳、舒伯特,大画家罗特列克、马奈,政治家罗斯福,他们从小就被父母认定是缺乏能力的孩子。而像达·芬奇、牛顿、瓦特、裴斯泰洛齐、安徒生、爱迪生、爱因斯坦、拿破仑、史各脱、林奈、海涅、黑格尔、拜伦、萨克莱、易卜生、达尔文、爱伦坡、东琴、丘吉尔、左拉、柴可夫斯基、巴斯德、赫胥黎等人,在小时候也被认为是“笨”孩子,但他们不但实现了由“差”到“好”的转变,而且创造了一个又一个伟大的成就,为世界政治、经济、文化、艺术、科学做出了不朽的贡献。

所以,并没有天生的笨人,人之所以愚笨就是由于环境、教育等各方面的因素埋没、限制或根本没有触及到他的智能,只要教育得法,愚笨的人是完全有可能转化为聪明的人的。

第四,要研究差生教育学。我们的教育学仅着眼于大众学生和一般学生,很少有比较透彻的专门研究差生的教育学。既然每一个班级、每一位老师都会遇到“差生”,而“差生”绝大多数又能转变为好学生,甚至会成为有成就的人,那么教育学就不应该有这方面的空白。如果一种教育学能指导人们把差学生教成好学生,那么这种教育学对成就人、完善人的价值和意义就会彻底和完整的体现出来。

阿莫纳什维利在教育学生没有取得应有的成绩的情况下,他曾这样对自己的学生说:

这一次你没有获得像你所有的同学那样的成绩,这不是你自己的过错!我不会把你称做"差生"、"智力落后儿童"的。我讨厌这种用语。最好把我自己的教学法称做"差教法",因为它对你是无效的。我将改变我的教学法,探索其他的方法来帮助你解脱困境。孩子,把头抬高些,挺起胸来,你看着吧,广播里会提到你的名字的,奇迹很快也会在你的身上出现!……①

这就给了我们一个非常生动的启示,正当学生感到差的时候,就说明学生遇到了某方面的问题,有了一定的障碍和难关,我们必须返回来探究这些问题,解决这些问题,帮助学生突破这些障碍和难关,当他们突破了这些障碍和难关,他们就和其他学生一样了。如果我们不帮助他们突破这些障碍和难关,他们就会停留在那儿,就与大家越差越远,以后再要赶上,那就困难得多了。所以,研究"差生教学法",克服学生学习中的一切障碍,那才是真正的教学法,忽视了这样的教学法,就等于忽视了一大批学生,就等于把临时遇到困难的学生弃于荒野而不管,这是失却人道的做法。

学生的发展是不可预测的,人的生命本来就是地球上的奇迹,人的发展更是地球上的奇迹,我们从来都不可能预测人的发展轨道,也不可能预测人的发展会达到什么样的程度。谁设计这样的固定轨道,谁就把人限定在什么样的发展范围,谁就是愚蠢的。正是人的发展有不可预测性,才使人充满了神奇的无限的活力。

人的发展为什么充满了如此神奇的魅力,我们只能从人自身寻找答案。

与其他所有的动物相比,人刚一降生下来是最弱小、最没有生存能力的动物。其他动物依赖自己的本能很快就投入到了独立的生存当中,但人要经过漫长的襁褓期、婴儿期、少年期,虽然人也有本能,但人却不能依赖本能生存。可以说,人的发展起点就是零。但是,人最终远远超过了一切动物,培养起了自己巨大的能力,而动物从学会生存那一天起,有多大能力,终生就停留在那个能力上,中间几乎就没有什么弹性。人从零开始,到以后获得巨大的能力,说明人的发展空间是何其广袤,在这样广袤的空间里,我们如何能规定人的发展轨道和人的发展程度?

从历史的长河看,人的发展也不是永远不变的一个高度,原始人是怎样的发展水平,现代人是怎样的发展水平,过去的人做出了什么样的成就,现代人又做出了什么样的成就,过去人做着什么样的事情,现代人又做着什么样的事情,在这中间又有多么大的差距,在这巨大的差距中,我们又怎么能确定人的发展轨道和发展高度呢?

---

① Ⅲ·А·阿莫那什维利:《孩子们,你们好》,教育科学出版社 2002 年版。

在日常生活中,我们也看到,既有普普通通的人,也有才能非凡的人,有的人的才能几乎达到了"神化"的地步,这中间的差异又是多么的巨大。这种巨大的差异只能说普普通通的人没有得到很好的发展,而有非凡才能的人得到了很好的发展,这不也同样说明人的发展空间是巨大的吗?

实际上,人之所以有如此巨大的发展空间,就在于人有一个神奇的大脑:

人脑是由 1 千亿个脑细胞构成的;

每个脑细胞都比今天地球上大多数的电脑强大和复杂许多倍;

每一个细胞可以长出多达两万个"分支",以传输和存储信息;

神经细胞做不同连接的可能数目也许比宇宙中的原子数还要多,它们就像一个国际电话自动交换局那样瞬时可以将信息传递开去或交换,这样的脑在孩子出生时就已经存在了;

如果将 1 千亿个细胞在其两万个分支上按不同的方式相互组合,那么这种组合的可能数就是无限的,而每一种未曾有的组合就是人的创造力的表现。①

所以,人们就叹服人脑的复杂和美丽程度在世间万物中无与伦比。它所留存的巨大的空间不能不使我们承认:"世界上最不同寻常的未开垦的疆域是我们两耳之间的空间。"②而且这种开发并不是非常艰难的事,有时候在某些方面非常容易,比如婴儿对语言的学习,那就非常神速,就像英国心理学家托尼·布赞所说的:

婴儿出生那一刻,就真的已经是"才华横溢"了。仅仅两年时间,他就学会了语言,比任何一位哲学博士都要好,并且,到了 3 岁或 4 岁,他在语言方面就是一位能手了。③

福禄培尔也说过这样的话:

为了正确评价和尊重幼儿和少年的这种内在活力,我们绝不要忘记我们一位伟大德国人所说的这样一句话:从一个婴儿到一开始说话的儿童所取得的进步要大于从一个学童到一个牛顿所取得的进步。④

所以,当我们接近任何一个学生的时候,不论他多么调皮和捣蛋,我们都要想到他的发展是不可预测的,甚至是无限的,这也正是教育的希望所在。

那么,是什么使学生的发展没有达到我们所预想的高度?是什么使学生的

---

① 珍妮特·沃斯、戈登·德莱顿:《学习的革命》,上海三联书店 1998 年版。
② 同上。
③ 同上。
④ 福禄培尔:《人的教育》,人民教育出版社 2001 年版。

潜能没有得到充分的发展？这其中有很复杂的原因,但至少有两点特别需要我们注意。

一是没有找到学生特别的发展轨道。人的发展有其共性的地方,更有其特别的地方,其共性可以使我们用相同的方法来教育学生,其特别的地方就需要我们用特别的方法教育学生。也许在简单的基础教育当中,我们可以采用共性的方法,但是当我们要引导学生把其内在的潜能充分发挥出来,使其走到发展的最高境界的时候,我们就需要按特别的轨道教育他了。找不到这样的轨道,就不能引导其发展。在某种程度上,一个人的发展水平越高,他的道路就越特别,甚至完全可以脱离我们的常规教育。

一个人的独特的发展轨道在哪里？美国哈佛大学心理学教授霍华德·加德纳早在 1983 年在他的著作《智能结构》一书中就涉及这个问题。加德纳教授认为,人的智能是多方面的,其表现形式也是多种多样的,这不仅是对一群人而言的,也是对一个人而言的,即我们人类的智能不仅表现在诸多的个体身上,而且在一个人身上也表现着诸多的人类智能,当然这种表现不论对群体而言还是对个体而言都是不均衡的,有着巨大的差异性,在一个人身上,有些智能就强,有些智能就弱,有些智能就一般。所以,加德纳指出:"问题不在于一个人多聪明,而是怎样聪明或在哪些方面聪明。"[1]这实际上暗含了这样一个道理,我们大多数人在聪明程度上都一样,但当一个人找到他特别的智能结构时,他就会很快聪明起来。所以,一个人聪明与否,就是看他是否找到了这样特别的结构。据此,加德纳经过仔细研究发现,人的独特智能特别多,甚至就是无限的,但明显而突出的有八种:即语言智能、数学—逻辑智能、空间—视觉智能、运动—身体智能、音乐—节奏智能、人际交往智能、自我认识智能、自然观察智能。虽然人的智能不仅仅局限于这八种,但这些智能在每一个人身上或多或少都存在,当然它们并不是齐头并进地发展的,有的强,有的弱,有的快,有的慢。由此,只要我们能找到那些强的、发展快的智能,用适合这些智能的方法学习和生活,那么就能取得非常好的效果。

新西兰神学教授劳埃德·吉林在他的杰作《在今日的世界中》也对人的智力或理解事物的类型作了归纳,认为有八种类型的人:

外向思维型:多存在于管理部门、军事策略部门以及一些科学部门。

内向思维型:常常对他们自身的目的感兴趣。

外向情感型:对其他人极其感兴趣。

---

① 余新:《多元智能在世界》,首都师大出版社 2004 年版。

内向情感型:包括那些受世界问题的折磨,但又把其内化并作为一种负担承受着的人。

外向感觉型:运动爱好者,寻求刺激的人,寻求快乐的人。

内向感觉型:那些发现外在世界并不有趣,也不会令人满意,于是转向内寻求完美的人,包括一些伟大的神秘者。

外向知觉型:带着极大的热忱进入一个新的关系,却不总是可靠的那些人,他们能够很快地从一个兴趣转移到另一个新的兴趣,是新事业的促进者,有征服或建造世界的梦想。

内向直觉型:包括从他们自己内心引发思想的空想家和梦想家。①

尽管劳埃德·吉林的归纳较笼统,但他再也明显不过地告诉我们,每个人都是不同类型的人,促进一个人的发展就是要按照他的不同类型发展,超越了这样的类型,他将做不出什么成绩,甚至就一事无成。

综合加德纳和劳埃德·吉林的研究,我们就会相信这样一种观点:"每个孩子都是潜在的天才儿童——只是经常表现为不同的方式。每个人都有他或她自己所倾向的学习类型、工作方式和气质性格。"②"要想最大限度地发挥每个孩子的潜能,关键在于教育方式要适应他们的学习风格。"③

然而,我们的教育基本上采取了"工厂式"、"作坊式"的大一统教育,成千上万的学生只在一种模式下接受教育,最多也是几十个人接受同一个老师的教育,而且,我们的教师也都遵从"班级授课制"的传统观念,根本没有细致入微地去发现学生的学习风格、学习类型,他们只知道如何教授自己所要教的知识,只知道维持课堂的纪律和秩序,根本不懂得学生还有不同的学习类型和学习方式,即使有所觉察,也懒于主动地去适合学生,因为这将会打破他们传统的易于驾驭的教学方式。所以,只有那些偶然适合教师教学风格的学生才会聪明起来、优秀起来,才会取得长足的发展,其他学生也就只能是这种教育制度的下的"笨人"、"平庸之人"了,学生无限发展的可能性就到此终止了,或者说已经没有多大进步了。

二是泯灭了学生的好奇心。人是大自然的产物,自然赋予人以特别的灵性,正是这种灵性使人充满了对大自然各种各样的好奇心,就是这种好奇心,使人揭示了大自然一个又一个的奥秘,创造了人间一个又一个奇迹。在某种程度

---

① 珍妮特·沃斯、戈登·德莱顿:《学习的革命》,上海三联书店1998年版。

② 同上。

③ 余新:《多元智能在世界》,首都师大出版社2004年版。

上,人的认识能力和创造能力与人的好奇心成正比,一个人有多大的好奇心,就有多大的认识能力和创造能力,当人的好奇心衰竭和泯灭的时候,人的认识能力和创造能力也就寿终正寝了。所以,保护人的好奇心是教育最不可轻慢的事情,有了人的好奇心,人的智慧就活跃起来了;有了人的好奇心,人认识世界的能动性就滋生形成了;有了人的好奇心,人的创造力就获得了巨大的动力。人类伟大的事业都是由人的好奇心催生的。

爱因斯坦可谓我们人类中的天才,为人类科学事业建立了不朽的功勋,然而,是什么使爱因斯坦能产生如此巨大的智慧呢? 没有其他特别的地方,在他的有关论述中,我们只发现了两个重要的东西:

一是"神圣的好奇心",即探究事物的强烈兴趣,以及在这探究中获得的喜悦和满足。另一个是"内在的自由",即不受权力和社会偏见的限制,也不受未经审查的常规和习惯的羁绊,而能进行独立的思考。①

实际上,前一个才是爱因斯坦生发智慧的真正魅力所在,后一个是保障他的神圣的好奇心的心理条件或者就是好奇心的直接体现。可以想象的见,如果没有了这种神圣的好奇心,爱因斯坦还能是爱因斯坦吗?

牛顿也是天才式的人物,他创建的"力学三定律"可谓建立了传统物理学的基础,没有他的力学三定律,就没有传统的物理学。然而他的这种建树又来源于哪里呢? 无疑,也来源于他对大自然的"神圣的好奇心"。当年,当他在苹果树下的时候,一个苹果从树上掉了下来,为此他就好奇的不得了,执意要问:"为什么苹果会掉在地上,而不飞到天上?"对这样一个司空见惯的问题,他却连生好奇心,就是这种好奇心,引导他发现了地球的引力,引导他发现了物体之间的力,引导他一步一步弄清楚了力与力之间的关系。如果没有这种好奇心,他可能只尝尝苹果而已,根本不可能发现什么"力"的奥秘。

爱迪生、达尔文等许多科学家都是因为他们不可遏制的好奇心才使他们做出了常人难以企及的发明创造,才使他们发现了常人难以发现的科学真理。所以,保护人的好奇心、激发人的好奇心远比给予人一点知识重要得多,有了神圣的好奇心,人们就会自动地、有趣味地、不屈不挠地探寻一个又一个知识的珠宝,但当只满足于人们所给的一点知识的时候,这点知识也是黯淡无光的,在知识之内是平庸者,在知识之外一片漆黑。

正因为如此,人们特别看重人的好奇心,罗素就说:

智力生活的天性基础就是好奇心,好奇心的初级形式我们在动物身上也能

---

① 陈桂生、赵志伟:《现代教师读本——教育卷》,广西教育出版社 2006 年版。

找到。智慧要求一种活泼机灵的好奇心，但它必须是一种确定的好奇心。①

这样，他自然就认为："从学生的角度看，教学的目的部分是为了满足他们的好奇心，部分是为了使他们获得所需的技能，以便他们能自己去满足他们的好奇心。但是，即使学生的好奇心与校内课程不相干，也不可稍加阻挠。"②深感教育意趣的苏霍姆林斯基也是千方百计地保护儿童的好奇心，他说：

我相信：要使儿童的求知欲、好奇心、活跃的智慧和鲜明的想象不仅不熄灭而且得到发展，那么我们所上的那种所谓"思维课"是很有必要的。③

所以，他也就主张我们的"'课本'就是我们周围的世界，就是太阳、树木、花朵、云彩、蝴蝶，各种颜色和声言，自然界的各种各样的复杂的音乐。"④

好奇心是触发学生智慧的火山口，是打开学生探求知识之门的金钥匙，在学校，它就应该得到最充分的关注。但是，我们的学校没有给学生好奇心以太多的地位，它不是顺着学生的好奇心引导学生学习，更不是通过学习激发学生的好奇心。

首先，高度规整和纪律严明的课堂就是对学生好奇心的限制和约束。好奇心本是灵活的、随机的、偶发的、自由的，当一个人总被规定要做什么，总被规定在特定的范围内做什么，那么他的好奇心就会慢慢熄灭，以至于只等待别人要求他做什么，能给予他什么，而没有好奇心的冲动。当然，我们不是坚决反对这样的课堂，而是反对每个课堂都千篇一律是这个样子，学生的所有教学生活都是这个格调，它们都不利于学生好奇心的生长和培养。其次，繁重的教学内容塞满了学生的心灵，学生在每一个时间点上面对的都是没有生活机趣和自然灵性的抽象的知识符号，几乎丧失了心灵的自由和闲暇，无休无止的作业令学生几乎都喘不过气来，哪还有好奇心被释放出来并被相对自然地得到满足，即使有好奇心的火花迸发出来，那也只能让其像夜空中的流星一闪而过，不能让它像星星之火，在心灵中，在生活中燃烧起来。再次，我们教育的层层目的都是为了考试，在考试中取得好成绩，最终以好成绩为资本而进入一个好大学。这样就完全排除了与考试无关的好奇心，等到学生上了大学之后，已经迟钝麻木到几乎无所感的地步，更不可能依赖他们去发现什么、创造什么了。总之，我们今天的教育不是因情因性的人道的教育，而是无情无性的强迫教育，这就是人们

---

① 陈桂生、赵志伟：《现代教师读本——教育卷》，广西教育出版社 2006 年版。
② 同上。
③ 同上。
④ 同上。

应有的"神圣的好奇心"的大敌。所以,在一定意义上讲,谁摆脱了这种教育,保存了自己的好奇心,谁就有可能超越常规,有所发现,有所创造,有所建树,如果谁完全臣服于这种教育,即使这种教育会把他送到较高的社会地位,他也不可能给这个社会增加什么新的东西,为这个社会真正作出新的贡献。

通过以上分析,我们的确可以发现,学生的发展是不可预测的,每一个学生,只要身心健全,都可以成为"天才"人物,只要我们能找到他们特殊的心智发展的轨道,只要我们不阻抑他们的神圣的好奇心,那么我们的每一个"天才"人物都会闪射出他们神奇的探寻世界奥秘的火花来。

(二)学生成长的困境

人是一个复杂的动物,尽管我们相信每人都有向善的心灵,然而人构成的社会却易于使人偏离善的轨道。因此,人从来都不是自动为善的,而是通过教育为善的。

社会是造化人的场所,离开了社会,人的本质和属性难以形成,即使形成也难以发挥作用或就会丧失掉。为什么说人会因社会而可能脱离善的轨道呢?实际上,这就是人成长的困惑,正是在社会中,面对自己的同胞,面对人所创造的一切成果及作出的种种行为,人才审视善恶问题,并带来如何成长和发展的困惑。

这其中的原因大概要归到人的欲望上。动物依赖本能来生活,而人依赖欲望而生活,本能是原本就有的东西,不需要培养,也无法灭除,但欲望却有较大的弹性,会因外界事物的变化而产生巨大的差异。在某种程度上,人的欲望由两部分组成,一部分是欲望本身,另一部分是满足欲望的要求。前者是环境刺激的产物,后者是人们为满足各种欲望做出的努力,社会的进步和发展蕴含在这个过程中,人成长的困惑也基于此而产生。

在人生的早年,由于少年儿童的各方面能力还没有培养起来,面对自己所处的环境,他们更多的是接受环境的刺激而滋生各种欲望,有了相应的欲望,他们也不是运用自己的能力去实现这些欲望,而是要求父母提供一定的条件去满足这些欲望。从严格意义上来说,人的成长发展并不是期待他人来满足自己的欲望,而是自己创造条件实现自己的欲望,一个总期待他人满足自己欲望的人,很少能培养出什么能力,从而体现人生的价值。同时,我们也可以看到,现代社会既能刺激人的欲望,又能满足人的欲望,因而少年儿童就有可能在这种刺激的引导下沉溺于各种享受之中,这种沉溺就排除了他们发展自己各方面能力的冲动。更为糟糕的是,社会刺激和满足人的欲望,总是从感性的、物欲的方面入手,这又降低了他们各种追求的格调。所以,在现代社会中,少年儿童的成长面临许多困惑。

1. 社会环境的困惑

我国今天的社会发展可谓是日新月异,一日千里,其速度和繁荣程度都令世界刮目相看。然而,任何一个社会的高速发展,都会带来人的成长环境的困惑,因为"高速发展"的龙头是经济,而经济发展的标志是利润、金钱和财富,当人们驾着利润、金钱和财富的大小船只航行的时候,一方面,人们都希望自己的利润、金钱和财富会无限增加,这其中绝不可能都是纯而有纯的道德手段,必然夹杂着不道德的手段,而且,一旦一个人用不道德的手段谋取利益没有遭到惩处的时候,许多人就会趋之若鹜,由此,不道德行为就会不断泛化。另一方面,任何人都不希望在经济的大河上翻船,但经济大河恰好就是一个瞬息万变很难让人揣测的大河,无论一个人多么谨小慎微,都会遇到使船倾覆的危险,在这个时候,人们运用道德的手段能避免过这场灾难,那自然再好不过了,但不能运用道德的手段挽救这一场灾难的时候,人们自然就会不惜采取其他手段了,因为没有人会心甘情愿地让自己的利润、金钱和财富付诸东流。在这种情况下,人们的道德堤岸就会崩溃。最为严重的是,只要人们来到经济大河中,每一个人都是其他人的竞争对象,而这种竞争在很多的情况下也是不设道德堤岸的,它的负面影响也是可想而知的。

而且,道德发展有一个基本的规律,当道德的堤岸不能为经济的发展护航的时候,道德也就模糊了自身的善恶界限,开始以经济自身为自己的标准——凡是能够带来经济利益的就是道德的,凡是有损于经济利益的就是不道德的。并且,当一个领域里道德界限模糊了以后,其他领域里的道德界限也就不清晰了,有经济实力的人不崇尚道德了,其他人的道德就没有多少说服力。这样,整个社会就形成了一股贬抑道德的潜流,这股潜流就腐蚀着整个社会的根基,社会因此就变得乌烟瘴气。英国学者阿·赫胥黎曾就描述过这种现状:

人道主义是显然一天比一天削弱了;对于强权、暴力以及能运用此种权力的人的偶像崇拜一天比一天发达了。更不堪的是,黄色的新闻纸,雨后春笋似的小报,秽气触鼻的报尾巴,一年之中,每一个早晨夜晚,不知要流行到几千百万份;而每一周、每一月,臭味相同的定期刊物又不知要推销到几千百万册,名为增加"知识",促进"兴趣",而实际的内容,总不外一些人的自白、影星的"韵事"、侦探的奇案、男女的秘密,越是中篝不可言之事,越是帷簿不修之事,越要绘声绘色,刺刺不休;而一日之中,在宫殿式的电影院里,在万目睽睽之下,又不知要转动过几千百万尺的片子,名义上据说也是社会教育的一种,而究其实际,则就道德言之,十九是臭不可当;就艺术而言,是俗不可耐;就知识而言之,是蠢不可及。几千百个广播电台也高明不到哪里去,以言音乐,则大半是下里巴人;以言宣传,则大半是无事生风,任情污蔑。而这一类肮脏的东西,化成长波短波以后,一日二十四小时之间,总有十八小时要把轻清上浮的大千世界弄得乌烟瘴气。①

审视我国的文化环境,应该承认,也存在与赫胥黎描述相似的状况。教育人健康成长的问题主要是人的精神健康和道德健康,而精神健康和道德健康主要来源于人们所汲取的文化养分,所以,在一些不良的文化影响下,学生怎能不感到困惑? 有的学生在学校文化和社会文化的剧烈冲突中,矛盾、苦闷、彷徨,找不到自己的崇高信仰和价值取向,追求不定,情感漂浮,性格怪异,偶尔表现出极端行为。有的学生把学校教育看成是虚伪的说教,甚至是欺骗,因而厌恶学校的教育,抵制学校的教育,逃避学校的教育。有的学生直接偏向于社会低俗的文化,沉溺于追星,迷恋于时髦,崇尚吃喝玩乐,讲究哥们义气,喜好打打闹闹,甚至直接表现出玩世不恭、反社会、反道德、反正义的行为。所以,他们年纪轻轻就陷入了庸俗、陷入了无所事事,陷入了堕落。虽然这些学生是少数,但却让其他学生或多或少染上了他们的色彩,至少降低了正义感,不能有力地反对和抵制他们。

2."两电"的困惑

单纯从人自身的角度而言,人类社会的进步就是人所欲求的一切通过人的创造力逐渐满足的一个过程,人有什么样的欲求,人们就试图创造相应的条件和途径去满足这种欲求,人的欲求是无限的,满足人的欲求的过程也是无限的,社会的进步也是无限的。然而,人也是一个喜欢享受的主体,哪些东西能满足人们的欲求,人们就会沉溺于这些东西的享受之中。一般而言,人们的享受性要胜于人们的创造性。面对人自身产生出来的欲求,人们首先会在当下的条件下去寻找满足的途径,而不是直接去创造新的满足途径,只有当当下的条件不能满足人们的欲求或不能满意地满足人们的欲求的时候,人们才会创造新的满足途径。然而,人们的享受有一个显著的特点,即人从来都不会长期停留在同一个享受之中,当初被认为是一种享受的东西,经过一段时间后,就不认为是一种享受,由此,人们就会寻找新的享受途径,这种寻找就会带来一定的劳动和创

---

① 陈桂生、赵志伟:《现代教师读本——教育卷》,广西教育出版社 2006 年版。

造,同时,享受也有另外一种特点,即人们享受的是同一种事物,但这种事物能够不断变化,更能满足这种享受或使这种享受更加惬意,那么人们就会沉溺这种享受之中。

现代社会是一个高度市场化的社会,所谓市场就是不断刺激人们的欲望又不断想着法子满足人们的欲望并从中获取一定财富的一种机制,在这种机制中,人的欲求迅速产生,也被迅速满足,一种欲求满足之后又即刻产生新的欲求,新的欲求又被快捷地得到满足。所以,这是一个欲求丰富而旺盛的时代,也是一个欲求能被最大限度地满足的时代,自然也是一个人们能很好享受的时代,以至于达到了这样的程度:人们有什么样的欲求,社会就提供什么样的满足方式,人们就以这样的方式追求享受。很明显,这是一个充分释放人性能量的社会,也是一个充满活力的社会。

但是,我们也必须清楚地看到,就一个人的成长而言,特别是对一个青少年的成长而言,把人的各种欲望都抖落出来并加以充分满足并从中谋取一定财富的社会并不是一个完美的社会,一方面,刺激人们的一些欲望并让人们沉溺于这些欲望的享受之中,会直接阻止人的发展,因为享受是对社会财富的一个消耗过程,并不催生人的什么能力,也不培养人的什么能力;另一方面,人的欲望并不都是尽善尽美的,有些欲望促使人上进、奋斗、创新,干各种各样的事业,有些欲望就促使人腐化、堕落、格斗、为恶、污染社会道德风气,而后一种对未成年人的负面影响远胜于前一种对未成年人的正面影响,因为未成年人的鉴别力很差,意志力很弱,沾染恶习比养成良习惯要容易得多。另外,让人的欲望无限的迸发,也让人的欲望尽情地满足,使成人的社会生活几乎完全暴露在未成年人面前,诱导未成年人过早地接触和尝试成年人的生活,这很不利于青少年的成长,如成年人的酗酒、抽烟、打麻将等正常的生活就诱使青少年去过成年人的"瘾",结果使未成年人陷入不良的发展道路。

最能体现现代社会生活的事物有两个:电视和电脑。我们简称"两电"。他们之所以最能体现现代社会的基本特征,一是它们是现代社会发明创造出来的事物;二是一旦它们被发明出来后,它们以特别高的速度迅速普及,甚至渗透到了人类社会的各个角落;三是它们与现代社会息息相关,现代社会生活的内容与它们完全交融在一起,没有了它们就没有了现代社会;四是人们几乎每天都与它们打交道,它们是人们生活不可缺少的重要组成部分,乃至于就是现代人与非现代人相区别的基本标志。"两电"是现代文明的标志,也是促进现代文明发展的有效工具,而且越来越显得重要。当然,教育也和它们融通在一起,它们对教育也产生了深远的影响,现代学生就是在与"两电"的接触过程中接受教育的。然而,"两电"在发挥它们巨大作用的同时,也给学生的成长带来不可回避的困惑。

首先,任何教育都试图让教育的对象做自己的主人,但"两电"排挤人们做这样的主人。"两电"以势不可挡的潮流涌入人们的生活,其间所承载的一切内容都试图说服人们按这样的内容来生活,人们纵然可以在频道的转换和鼠标的点击中做自己的选择,但无论人们怎样转换频道,点击窗口,它们都试图把人们变成"它们"的人,而且变着戏法,运用各种招数,让人们成为"它们"的人,那就像各种广告,它们铺天盖地而来,唯一的目的就是推销他们的产品,让人们运用他们的产品。"两电"中的内容虽然不是广告,但是一种隐身的广告,它们都在劝说人们相信它们,跟着它们走。如果"两电"有单一一致的内容,人们也许就成为这种内容影响下的人,但它们的内容五花八门,无奇不有,因而人们的大脑在它们的冲击下,什么东西都难以立足,"两电"中流行什么,他们也就变成了什么,"两电"中谁的力量大,人们也就跟着谁走,人轻易地变成了"两电"控制和支配的对象。人自己创造出来的工具实际上把人变成了它们的工具。

由于成年人有了比较成熟的思想和价值观念,也有了一定的鉴别力和自我控制的力量,一些还可以直接参与到"两电"内容的创制之中,因而或多或少地缓和和减轻了"两电"的影响,但对于成长中的学生而言,没有任何可以阻挡它们的围墙和篱笆,所以,"两电"进入学生的世界就像进入无人之境,它们可以肆无忌惮地冲击和影响学生的整个世界。学生也就最容易成为"两电"控制和支配的对象,无法立起自己"主人"的骨架。

其次,任何教育都试图让教育者自己能支配自己的时间,但"两电"试图占有人们的一切时间。无论电脑和电视,尽管它们的内容非常丰富,无所不有,但无论它们呈现什么样的内容,都暗含一个目的,就是千方百计地提高电视的收视率和网页的点击率,它们不但想要越来越多的人聚集在它们面前,而且要让人们尽可能长时间地待在它们面前,这既是衡量它们实际效果的一个标志,又是衡量电视人和网络人是否成功的一个标志。因此,它们就设计扣人心弦的电视连续剧,就播放竞技性很强的体育节目,就设计不断升级的游戏,就存放各种令人好奇的新闻和图片。总之,无论什么样的人,只要到了"两电"前,它们都会有相应的方式把他们无限制地留下来,即使暂时离开了,它们也会想方设法把他们再拉回来。任何一个人的成长都是由自己支配时间并在自己亲身活动中才能获得良好的效果,任何教育也都是要给予人们充分的时间让人们有自己亲身活动的机会。但"两电"除了让人们自始至终坐在它们面前外,几乎剥夺了人们从事其他活动的一切时间。这种情况对于正在成长和发展的儿童来说尤为严重,许多儿童只要一回到家中,就无不想着"两电",因此都成了"两电"迷,几乎没有家长不为这样的"迷"而苦恼。

再次,任何教育都试图培养人的各种各样的能力,但"两电"却排斥了对人们能力的培养。一方面,人的任何能力都是在人的真真切切地实际活动中完成的,没有人的实际活动过程,就没有人的实际能力的生长,当"两电"占有了人们的时间后,人们就没有时间去做与实际能力有关的活动,这自然就排除了人的能力的生长和发展。另一方面,人的各种能力的生成是与人的读书学习紧密联系在一起的,读书学习是培植人的各种能力的智慧土壤和知识基础,虽然我们不排除"两电"有这样的作用,但它们绝对代替不了读书学习,因为它们缺乏针对性、系统性、专一性。非但如此,一旦当人们沉溺于它们之中,就没有了读书学习的时间,从而丧失读书学习的兴趣,而不能对读书学习发生兴趣的人一定不会产生多么高的能力,让这样的人无论做什么样的事情都不会有好的成就,我们没有发现在各行各业有卓越贡献的人,哪个是坐在"两电"前长大的,哪个是停留在"两电"中发展起来的,相反,他们都是远离"两电"而认真学习和刻苦锻炼的结果。另外,除了少量内容外,"两电"大量的都是观看性质的,而任何人无论如何是不能在长期观看"两电"中发展起什么能力的。所以,"两电"又窒息人们的潜能,抑制人们的才华,使人们在舒服地观看中变成了平庸的人。

另外,任何教育都试图选择最适合人们成长的内容教育儿童,但"两电"一股脑儿把社会存在的一切都摆在了儿童的面前,尽管有人认为我们应该向儿童呈现社会的真实存在,社会有什么样的现象,我们就应该让儿童了解什么样的现象,这样,儿童才能知道社会的原本状态,进而增强应对社会问题的能力,提高自己的生存技巧。但我们必须注意到:第一,人生是一个过程,在不同的阶段应该有不同的生活内容,在有些内容上,各个阶段的生活不能相互僭越,决不能让儿童提前目睹和尝试成人的有些生活。第二,尽管社会是巨大丰富的,但不同的人应该生活在不同的场景,儿童就应该生活在儿童的生活场景,决不能把儿童置于成人的生活场景,因为儿童的生活与成人的生活是截然不同的。但"两电"就不做这样的区别,它们把社会存在的一切都呈现在儿童面前。尽管里面有儿童的生活世界,但它们基本上是成人化的,尽管人们不要儿童窥视成人的有些生活,但由于强烈的好奇心,这些生活相反却成了儿童观看和尝试的主要内容,难怪很早就有人骂"两电""是传播犯罪技术的学校,是没有屏障的妓院。"而且,随着社会环境的宽松,一些电视人和电脑人为功利心所驱动,一味迎合一些人的低级情趣,使"两电"在有些方面变得越来越庸俗,甚至淫秽不堪。这些内容对成年人来说尽管有极大的腐蚀作用,但他们毕竟有了丰富的社会经验,而且也丧失了一定的新鲜感,影响不会太大。但对未成年人来讲,它们就像一颗颗无形的炸弹,谁接触到,谁的心灵就会被炸毁,如现代青少年中,有些神情恍惚、无意学习,有些沉迷网吧、迷恋电视,有些早熟早恋、好吃懒做,有些无所事事、消极厌世,有些甚至抽烟、酗酒、打架、斗殴、偷盗、抢劫、淫乱等,年纪轻轻,就走上了犯罪道路。青少年本应天真无邪,意气风发,但却误入邪道,这一定是某些社会因素教唆的结果,毫无疑问,"两电"就是其中的因素,它们所传播的有些内容,对成年人来说是正常的,但对未成年人来说却是触发堕落和犯罪的根源。

总之,"两电"是人类社会走向文明的标志,今天的社会也越来越离不开它们,但它们所包含的令青少年成长极为困惑的问题也是不容忽视的。可以说,在某种程度上,这种困惑是难以消除的,因为它们是以成人文化和自由文化为基本取向的,而青少年又极易陷入其中,对成人来说正常的文化,许多到了青少年这里就成了不正常的文化,正是这些文化损害了儿童的健康成长。

3. 代际的困惑

总体而言,儿童的成长是上代人对下代人影响的结果,这种影响的方式是各种各样的,包括营造的社会环境、传播的社会文化、教育的基本观念和方式、日常生活习惯、对学习工作的基本态度等。如果说得严重一点,上代人的一举一动、一言一行无不对下代人产生相应的影响,而且隐含在上一代人中看不见的东西比我们所能看得见的东西影响还要大。比如上一代人的思想意识、价值观念、生活方式、行为习惯等,这远比明确建立起来的教育制度、直接推行的教育内容、专门搜集的言论对下一代人影响大。

自然,上一代人所追求的目标就是让他们的影响成为下一代人健康成长的基本条件和重要途径,但这是不以人的意志为转移的。上一代人的影响能否成为下一代人健康成长的重要条件虽然与上一代人的思想文化和基本言行有关,但这不是关键因素,关键因素是上下两代人所构成的关系,如果上下两代人的关系非常和谐,相互具有认同感,那么这种影响就会发生一定的作用,一般而言,都能促进下一代人健康成长,但如果上下两代人的关系不和谐,相互没有足够的满意感,那么上一代人的影响就发生不了作用,甚至就不利于下一代的健康成长。

在以往传统的社会里,上一代人的影响和下一代人的成长几乎是同步的,上一代人有什么样的影响,下一代人的成长就是什么样的,一般没有多大的差异和冲突。这取决于两个重要的因素,第一,社会发展缓慢,两代人所经历的社会状态没有多大的变迁,上一代人过着什么样的生活,下一带人就承继什么样的生活,这样,上一代人就积极地以他们的生活影响下一代人,下一代人也积极顺应上一代人的生活,因此,他们之间的关系比较和谐,下一代人就是在上一代人的影响下成长起来的。第二,以往传统的社会是以成人为核心的社会,用社会学的术语说,成人是社会的中心,而其他人是社会的边缘人,也就是说,成年人掌握着社会权力资源、知识资源和经济资源,一个人只有顺应成年人的价值观念,遵循成年人的要求,才能不断走向社会中心,不断分享成年人所掌握的各种资源,否则永远就是社会边缘人,无法在这样的社会中取得立身之地。由此成年人积极吸引未成年人,让他们走到社会的中心来,未成年人也渴望在成年人的引导下走到社会中心去,这样,上下两代人相互配合,容易建立和谐的关系,在这种关系中,下一代人就顺利地成长起来了。

但是,在今天,这两个条件都不存在了,从社会发展的速度来看,今天的社会日新月异,一日千里,人们稍不努力,就有落伍的感觉,人们刚跨进中年的行列,已经感到跟不上时代的步伐,到了老年就难以与社会时代为伍了。从谁是社会的中心人物来看,至少已经打破了"中心人"和"边缘人"的界限,谁能做时代的"弄潮儿",谁就是社会的中心人,显然,在这方面,上一代人远不如新一代人,老年人远不如青年人。如果说,下一代人的成长就是上一代人影响的结果的话,那么这种影响的力量和权威已经被大大削弱了,甚至被怀疑,由此就产生了新一代人成长的困惑。

由于上代人的影响在快速变迁的社会面前受到了极大的挑战,因此,上下两代人失去了往日的相互认同感、满意感,取而代之的就是相互矛盾、相互冲突,在这样的情形中,上一代人产生了如何教育下一代人的困惑,下一代人也产生了如何发展自己的困惑,在这种困惑中,带来的要么是迷惘,无所适从,要么就是偏执,选择自己所认可的一个方面,孤注一掷,要么是放任自流,任其自然。这对上下两代人都是比较难堪的事情,最终带来的是对下一代人不利的影响。

在目前社会快速发展、价值观念多元化、成人世界越来越受到挑战的情况下,在两代人之间形成的基本局面就是,两代人在思想观念、价值取向、行为方式上出现了巨大的分歧,没有相互的认同和欣赏,没有相互的满意和支持,相反,是相互的抱怨和指责,是相互的惋惜和蔑视。这反映在两代人的具体交往中,家长和子女无法沟通,交流减少,甚至发生激烈的冲突,大多数家长不满意自己的子女,大多数子女也不满意自己的家长,教师和学生之间缺乏心灵上的默契和感应,教师和学生之间的情感系数大幅度降低,教师的教育在学生那里得不到起码的呼应,教师和学生之间变得越来越冷漠,各种冲突时常发生。近几年家长和子女、教师和学生之间的伤害甚至致死事件就是这种状况的极端反映。教育的效力只有在两代人相互满意甚至相互欣赏的情感气氛中才能发生，但目前两代人之间的这种状况等于是取消了教育，一方面，家长和教师不满意自己的子女和学生，渐次失去了一颗最能生发教育力量的爱心，也越来越没有了使教育最终能结出丰硕果实的耐心，进而在他们的行为中表现出来的不是关怀、呵护、鼓励和支持，反而是训斥、谩骂、指责和殴打，最终由于缺乏必要的信心而放弃了教育。另一方面，子女和学生不满意家长和教师，经常蔑视他们的权威和教育，把他们看成是"老土"和"保守"势力的代表，不但从表面上抗拒他们的教育，而且从心底深处形成逆反心理，有意无意反对他们，甚至离经叛道，专与他们作对，这样教育不但显得软弱无力，而且往往还会引起相反的结果。

家长与子女、教师和学生之间之所以普遍不满意，就是因为家长、教师对子女、学生所报的信念与子女和学生所追求的生活方式严重不一致所造成的，家长与教师对子女、学生的信念是，"在学习中成为佼佼者，在将来能出人头地。"所以，他们期待自己的子女和学生一直处在积极的、认真的学习状态中，因而限制和压制他们学习之外的生活。而现代子女和学生却追求自我天性的自然释放，崇尚现代时髦的一切事物，喜欢娱乐、喜欢明星、喜欢电脑、喜欢电视、喜欢交往、喜欢消费、喜欢个性等。所以，他们更加看重时尚的东西，要求有更多的享受。显然，两代人之间就有了明显的差异，相互不欣赏、不满意。这样，如果家长和教师对子女和学生所报的信念，或者子女和学生所追求的生活方式，只要有一方比较执着、不让步，那么都有可能引起他们之间尖锐的矛盾冲突，甚至酿成不良后果。

总之，这是代际之间最不满意的时代，上代人和下代人的矛盾冲突，不但令家长和教师困惑，给他们带来不尽的无奈和苦恼，而且令青少年困惑，给他们带来巨大的心理负担和挫折。这是我们今天的教育在短期内很难消除的一个难题。

（三）树立适合学生成长的教育理念

在现代教育中，我们非常强调这样几个因素：知识、技能、情感、实践和创造。我们也看到，如果在学生的身上能生成这几种素质，那不仅是学生的健康成长，而且也是他们人生价值的最大体现，由此带来的不仅是个人事业上的成就和生活上的幸福，而且也是社会财富的增加和社会历史的进步。然而我们也深深地懂得，如果要达到这样的效果，我们不能就知识要知识，就情感要情感，就创造要创造,就像我们不能就鸡蛋要鸡蛋,就苹果要苹果一样。如果教育这样直接,那教育就变得非常简单了,一个人需要什么样的知识和技能,需要什么样的情感和实践,需要什么样的创造,我们直接给予他们就行了。但实际上我们根本做不到这一点,教育没有能直接给予人的东西,教育是一个漫长的过程,在这个过程中,我们所能做的就是尽可能引导、培养学生,使他们能从内心深处生长出这些东西来,本质是学生内在的生长而不是我们的直接给予,这就像我们需要鸡蛋先养鸡,需要苹果先植树一样。所以,问题的关键不是知识、技能、情感、实践、创造等因素本身,而是通过什么样的教育过程,使学生可以渐次达到它们并不断向更高境界攀升。

自然,这是一个完整的人的生成过程,而完整的人的生成就需要在完整的人的生活过程中来完成。所以,前面我们详细论述了教育和生活的关系问题,而且坚决主张把人放在真实的生活过程中来教育。然而,当我们拥有了生活教育的这样理念之后,我们绝不是自然而然就获得了这样的人。所以,在我们把教育生活化之后,我们还必须明白我们在教育的全过程中,应当突出什么样的教育理念,才能真正使教育生活化,也才能让学生健康地成长起来,并就像鸡可以生出蛋,苹果树可以结出苹果一样,让学生自身就自然地拥有知识、技能、情感、实践能力和创造能力等。根据教育生活化的本质,总结我们以往教育的得失,我们至少应该在教育的过程中掌握以下几方面的教育理念:率性教育、自主教育、开放教育、闲暇教育、读书教育和思想教育。

1. 率性教育

尽管我们完全可以肯定,教育就是培养人的过程,但培养并不像神话所讲的,某个神抓起一把泥土,随手一捏,就造成了人,而是人们内心有长成一个什么样的人的种子,我们就让这颗种子长成什么样的人,我们要让这颗种子获得最好的养分,获得最好的气候,不受任何外在的干预和破坏,并且提早剪掉不利于自身完善的多余的枝蔓,那么,这颗种子就会生长到它最完善的地步。

当我们从宇宙论的角度来观察这个世界的时候,我们就可以发现,整个世界的发展就有一种明显的不断完善化的趋向,完善化是这个世界的永恒目的。这为许多哲学家所赞同,比如苏格拉底就认为,"万物的存在和发展都追求一种完满性准则,例如人之所以有腿用来走路,有手可以拿东西,有舌可以发出明晰的声音,都是由于一种目的,即趋于完善或好。"柏拉图、亚里士多德也表达了相似的观点,认为"整个世界,万物都具有这样的目的性。"①而且,这种完善化的

---

① 冒从虎、王勤田、张庆荣:《欧洲哲学通史》,南开大学出版社1986年版。

倾向在人身上表现得最充分,苏格拉底就对人的眼睛、耳朵、牙齿等的完美做过这样的描述:"比如因为眼睛是很娇嫩的,就用眼睑来保护它,好象两扇门似的,当必要用视觉时就打开,而在睡觉时就闭上。又使睫毛长得像帘幕,免得风伤害眼睛。在眼睛上面用眉毛做一个遮檐。使头上流下的汗不会妨碍它。使耳朵长得能接受所有各种声音,而又从来不会被阻塞住,使所有动物的门牙都长得适宜于咬东西,而后面的臼齿则适宜于从门牙接受食物并且来咀嚼它。"①人的各种器官都能达到如此完善的地步,人的心灵也绝不会向相反方向发展,它自然可以向更精致、更完善的方向生长。

所以,最好的教育就是不与人的天性相执拗,而是率性教育。所谓率性教育,就是从学生的内在天性出发,学生有什么样的性向,我们就根据这种性向教育,学生没有这种天性倾向,我们就不施加那种教育,让学生处在天性的最大解放和最大满足之中,剔除一切不必要的捆绑和束缚,学生始终呼吸的是自由的空气,沐浴的是个性的阳光,绽放的是一切有价值的东西。显然,如果我们能进行率性教育,教育自身不仅是新鲜活泼的,而且每一个学生也将是自由的,是具有个性、活力和自我价值的生龙活虎的独立实体。当然,这可能会打破原来井然有序的教育秩序,会给教育带来一定的难度,但打破一种秩序,能让学生的个性舒展开来,能在他们个性的基础上结出更大更具有创造意义的果实,那么这种教育是值得的,而且是更高境界的教育。对人成长而言,让个性舒展的教育远胜过使个性遭到束缚和压抑的教育,强调秩序和规范的意义胜于个性自由活泼的发展永远都是一种拙劣的教育,教育并不是要把大家培养成同一规格和型号的产品,并不是当受教育者具有同一价值观念和行为方式的时候才算成功。在教育的过程中,只有当每一个人闪射出个性光辉并发出独特的自我价值的时候,教育才显现出它的魅力。

也许,有人怀疑,率性教育自然可贵,但我们根本就搞不清楚学生的"天性"到底是什么,与其在我们捉摸不透的"天性"上进行教育,还不如就按我们的教育理想刻意塑造学生。这纵然可以行得通,但如果我们所奉行的教育恰恰与学生的天性相执拗的话,我们的教育就不是在促进学生成长,而是在阻碍学生成长,而这对学生一生所造成的损失是无法估计的。自然,当我们的教育与学生的天性恰恰相吻合的话,那学生就幸运得多。但我们的教育绝不是这样两种极端——要么完全不适合学生,要么完全适合学生,在绝大多数情况下,都是部分适合,部分不适合,只是其中的比例不同罢了。但是,当我们普遍感到教育中的

---

① 邓小芒、赵林:《西方哲学史》,高等教育出版社 2005 年版。

自由空气不足、人们普遍压抑、教师厌教、学生厌学时候,我们就会怀疑,这种教育已经与人的天性相左,率性教育就是必不可少的了。

其实,我们稍加注意,万事万物都有鲜明的天性,鱼就必然要在水中游,鸟就必然要在天上飞,狼虫虎豹就必然要在地上跑,就是植物,也有喜阴、喜光、喜干、喜潮等的区别,人更是千姿百态,如幼儿园的小朋友就喜欢唱歌、跳舞、画画、听故事,小学生就喜欢玩耍、游戏、户外活动、探究世界中的奥秘,中学生精力旺盛,追求才气、追求自由、追求个性,开始向自己喜欢的学科饶有兴趣地进军,大学生就喜欢读书、研究、辩论、实践、创业等,如果我们不以特别的功利因素,如升学、就业等干扰他们,他们的天性就会充分显露出来,因此,如果我们能就此进行教育,我们绝对可以培植一个个富有"潜力"的巨大宝藏,形成我们干事创业的巨大财富。而且,根据学生的天性进行教育正是教育的艺术所在,否则任何教育都可以按一种程式来施行了。

率性教育就是要研究人的天性,就是要按人的天性进行教育,就是要把人的一切成长都建立在人的天性的基础上,就是要人们率性而为,最终做一个率真的人。

2. 闲暇教育

世界上的万事万物虽然都处在永恒的运动变化中,但这种运动变化都有一定的间歇性,时而快速运动生长,时而休息放松。一年有春夏秋冬四个季节,万物在春天渐渐复苏,在夏天迅速生长,在秋天慢慢衰退,在冬天就沉寂下来。一天分白天和黑夜,白天和黑夜使所有的生物也有了活动和休息的交替。没有一种事物是完全"着紧用力"或经常"休息安眠"的,人是这个世界当中最精致的一部分,自然也会精致地体现这个世界的基本原则,只有精致地体现这一原则,人才能健康生长,也才能保证在各个方面获得成功。

教育是人一生中最重要的活动过程或活动阶段,特别是有系统、有计划、有目的的学校教育,它的重心在于开启人的心智,使人在身体的成长过程中开出心智之花,结出心智之果。我们会毫不犹豫地说,人的心智的生长具有连续性,直至人死去的那一天,心智都在不间断地生长。但是我们同样也可以说,这种生长有它的节奏性和间歇性,它的连续性的生长正是建立在这种"着紧用力"和"放松休息"的节奏性和间歇性上的。如果说一种教育一直不间断地对人的心智"着紧用力",促使其快速成长,那么这种教育的效果不但不佳,而且极有可能像无限制地拉橡皮筋一样,最终会断裂。在这种情况下,教育就成了悲剧,给人酿成惨祸。因此,教育最应该遵循这种节奏性和间歇性原则,实行闲暇教育。

所谓闲暇教育就是让学生在任何受教育阶段都要获得必要的、合理的闲暇时间,让学生既要有紧张的学习过程,也要有自然的放松过程,既要有老师支配的过程,也要有学生自己自由活动的过程,既要有完成统一的学习任务的过程,也要有自己任性发展的过程,只有这样的交替活动,才能催生学生内在的心智活力,使其健康生长。由此我们可以清楚地看到,闲暇教育实际上是要恰当地把握三对相互矛盾着的关系。

一是学习和放松的关系。有人认为人脑具有无限的潜能,即使一个人用尽一辈子的力气开发它的潜能,充其量也只能开发它的三分之一,由此他们就断言,人就应该不断地学习工作。其实,这是一个错误的判断,无论如何,人既是一个劳动工作的动物,更是一个休闲娱乐的动物,在某种意义上,后者才是人的目的和本质,正是为了休闲娱乐,人才劳动工作,休闲娱乐的本能才衍生出了劳动工作的要求,正如人们想吃苹果才栽苹果树,想住房子才盖房子一样,如果没有前者,后者就没有必要。所以,人休闲娱乐是完全必要的。另外,说人脑具有无限的潜能,并不等于说人就可以无限地学习工作下去,这完全是两回事,人脑的潜能是指人的心智生长的可能性,学习工作是人的实际生活过程,而且前者完全受制于后者,当学习工作利于人的心智生长的时候,前者就是无限的,但当不利于的时候,前者就不可能是无限的,因为前者的无限性是建立在后者休息、缓解的基础上的,如果只看到前者无限性,而取缔后者的休息、缓解,人的能量就会迅速耗尽,人的心智生长就成了一句空话。从这个意义上讲,休闲娱乐也是必要的。至于学习工作的时间和休闲娱乐的时间谁大谁小,这要因人因事而异,有些学习工作就要求有更多的休闲娱乐,有些学习工作就要求少一些休闲娱乐,有些时候,学习工作的时间就大于休闲娱乐的时间,有些时候,休闲娱乐的时间就大于学习工作的时间,如果一个人短时间的休息娱乐就能够迅速恢复体力和能量,那么学习工作的时间就完全可以大于休闲娱乐的时间,否则则相反。总的原则是要保持二者的平衡,并以不影响学习工作的效益为前提。但无论如何,人绝不能只有学习工作的时间而没有休闲娱乐的时间,而且,随着社会的进步,休闲娱乐的时间一定要大于学习工作的时间。

二是受他人支配的时间和受自己支配的时间的关系。从严格意义上讲,无论何时,我们必须把人当成一个独立的主体,即使襁褓中的孩子,我们也要有意识地培养他们的独立意识,不是让父母或他人大包大揽。当一个人真正独立的时候,我们才可称之为基本成熟的人。当然,我们最终要培养的是具有强烈独立意识和能独立生活的人,如果在教育的过程中,我们能有意识地让学生独立地支配自己的时间,独立地做事,那么这样的人就易于形成,但如果我们忽视了这一点,事事让他人包办代替,受他人的支配和命令,总让学生处于依附状态,没有发言权,没有自我行动的权力,那么这样的人就难以形成。

实际上,人的独立人格是很难形成的,特别在我国。一方面,人是所有动物当中依附性最强的,从降生那天起,人就依附在父母的卵翼下,离开这样的卵翼,人几乎是不可能成长的。另一方面,我国有崇尚"权力"的传统,人们已经习惯于把优于自己的一切人看成权力的象征,愿意听从他们的吩咐和安排,在任何人际关系中,几乎都有支配和被支配的一方,如上下级关系、父子关系、夫妇关系、师生关系等都不脱离这样的窠臼。这样,要让人们的人格独立起来就很困难了。

教育在很大程度上就承袭了这种习惯,因为学生正处在成长的阶段,他们有天生的依附性,同时,师道尊严也使教师惯于支配学生,因此,学生的独立人格就受到了极大的威胁,这种威胁典型地体现在学生的一切时间由教师支配,学生的一切学习活动由教师控制,学生就像教师手中的棋子,教师要放在哪儿,他们就处在哪儿。这样,教师固然可以教给学生一系列的知识,但遗憾的是教师没有把学生的独立人格培养起来,学生总处在这样一种情势中:有教师的驱使,就活动,没有教师的驱使,就不活动,教师这样驱使,学生就这样活动,教师那样驱使,学生就那样活动。在这种情况下,教师所给予学生的知识也全然没有了用场,因为学生没有独立性,自身不能独立支配、运用它们,这样,教育也就失败了。真正的教育不是教师把学生黏附在自己的手上,而是尽可能早地让学生独立起来,不能把学生送到独立的道路上,无论教师多么辛劳,都是徒劳的。

因此,教育的真谛不仅在于教师如何恰当地安排学生的时间,更在于教会学生如何有效地支配自己的时间。在教师的安排下,学生习得了一定的知识,在学生自己的要求下,教师为学生教得了一定的知识,这二者虽然结果一样,但在效果上却大相径庭,前者学生不知其有何为,后者学生就知其为而为之,前者是依附性人格的养成,后者就生发出自我独立的精神,前者的知识是死的,后者的知识就具有了鲜活的生命力,并蕴含着巨大的创造力。没有学生独立支配的学习活动时间,就没有好的教育。

三是完成统一的教学任务和学生任性发展的关系。学校教育最大的特点就是把学生集合在一起进行系统的教育,这是必要的、合理的,也是有效的,没有集体的、统一的教学,学生很难获得集体所给予的熏陶和力量,也很难从相互比较中获得启蒙和新的发现,况且,人就有过集体生活的习性,集体教育也可以充分利用有限的教育资源极大地提高教育效率。但我们必须认识到,每一个学生又是一个独立的个体,除了接受共同的教育之外,还有自己特别的发展欲望,再高明的集体教育,它最多照顾的是学生的共性特征,而很难触及每一个学生特别的发展。这样，为了使每一个学生获得健康充分的发展，就必须兼顾两个方面，一方面要进行生动活泼的统一教学，使学生的共性得到充分的发展，另一方面要给予一定的时间，使学生能按照自己的个性自由发展。在锤炼学生共性的基础上，使学生的个性能得到张扬，这实际上就是在培养一个真正的人，而且是按人的本来面目培养人，因为人类原本就是共同的类特征和独特的个性特征相互平衡、相互协调的产物，失去共同的类特征，人将不成其为人，失去个性特征，人将不成为与他人能够区别开来的独一无二的人。

然而，我们教育最大的弊端就是自从有了统一的班级授课制以后，教师和学生就只有一项工作，即共同完成统一的教学任务，而且随着教学的规范化，这种统一程度越来越高，统一教学大纲，统一教材，统一教学内容，统一教学进度，统一教学模式，统一教学时数，统一教学方法，甚至也统一教学过程，而且不断加大统一的量，使教师和学生只在统一的教学任务下忙碌，毫无时间顾及统一教学任务之外的任何个性发展，教师也渐次养成了这样一种习惯和心理定势：所谓教学就是在教师的统一指挥下完成统一的教学任务，在教师支配的时间范围内是这样，在非教师直接支配的时间范围内也是这样。由此，学生一进入学校，就必须面对没完没了的规整的课堂教学，就必须去做永远也做不完的作业，繁重的学习任务既使他们扛不起越来越重的书包，也使他们卸不掉越来越沉的心理负担，由原来渴望进入学校渐渐变得害怕学校，由学习热情高涨渐渐变得奄奄一息，由活泼灵动、对一切都充满好奇心渐渐变得呆滞愚钝、对一切都麻木不仁。这种教育虽然完成了统一的教学任务，达到了所要求的教育目标，甚至把学生也一批一批送进了大学，送到了工作岗位，但就在学生似乎已经取得成功的时刻，我们在他们身上看不到精神的鲜嫩与灵动，看不到才情的勃发与流溢，看不到"恰同学少年"那股力量和抱负，相反，我们却有他们才智被耗尽的感觉，有仅仅让他们过一般的生活都较迟钝的感觉，有再难有大的作为的感觉。教育到了这个份上，那就太悲哀了。教育应该在任何时候都让人的生命和精神勃发生机，就像春天的阳光，春天的雨露，春天的暖风，让大地充满生机，充满活力，充满不尽的希望，它绝不能让人的生命和精神渐次沉寂和麻木，使人经过教育之后心智再也无力承担任何事情了。

所以，我们不但要在统一的教学时间外充分考虑学生的个性发展，而且要在统一的教学时间内充分考虑学生的个性发展，当学生的个性在哪一方面突现出来的时候，我们就要顺从这种个性努力加以培养，不要在统一的教学任务之下掐掉他们个性的嫩芽，也不要再用繁重的教学任务压迫他们的个性。用繁重而统一的学习任务压迫学生，用大量的作业挤占学生的时间，实际上这是非常愚笨的教育,它不但使学生不能有效地完成学习任务,而且压灭的是学生一颗鲜活灵动的心和可以让智慧燃烧起来的个性。

早在古希腊的时候,亚里士多德就提出了"优雅教育"的思想,他认为,教育的基本目标就是培养富有智慧和思想的有教养的人,而要实现这样的目标,就必须具备两个条件:闲暇和自由。闲暇才能保证一个人有充足的思考,充足的思考就是磨砺智慧的通道,自由才能保证一个人无所顾忌的思考,无所顾忌的思考就是培养思想的途径。智慧和思想就是有教养的人的两翼。我们所主张的闲暇教育就是汲取亚里士多德教育思想的精华,让学生先支配一定的时间,进而支配自己的学习,最终变成学习的主人,由别人填充知识转变为自己要获得知识,从而使一切教育变成学生心灵在活动、思维在探究、智慧在提高、思想在形成的一个内在力量生成的过程。事实上,只有当一个人拥有了一定的闲暇,才能回到"自我"的世界当中,发掘和培养"自我"应有的一切东西。

3. 自为教育

不论我们人在幼年时期多么具有依附性,最终我们必须做一个"自为"的人,自为是人立于天地之间谋求各方面生活的本质要求,也是一个人之所以成为他自己的必备的条件。同时,当我们真正开始认识、行动、实践、存在的时候,我们才感受到自为的重大意义,因为这些活动只能是我们自己的活动而不能成为他人的活动,只能由我们自己来组织实施而不能由他人来代替,只能由自己亲身经历和体验而不能由他人经历和体验,如果我们把这些活动都转嫁给他人或由他人来代替,那么就等于我们没有活动。

实际上,人就是一个完整的统一体,他本身就具有高度的自为性,从生理条件上讲,人就是一个完备的自组织系统,不需要人有意识地去指挥和调节,它就会高度协调化的运行,提供人从事其他一切活动的身体基础。从心理条件上讲,人的精神世界更具有高度的自组织能力,凡我们从外界获得的一切精神因素,它都能够进行有效的整合,保持高度的协调和秩序,很少发生紊乱。从人和社会的关系上讲,尽管有这样那样的矛盾冲突,人都会有意无意地进行调节,要么使自己适应这个社会,要么使这个社会适应自己,也很少使自己不能在这个社会当中生存下去。人的一生就是自为的一生,尽管我们依附许多条件,但这些条件归根结底都是在自我的组织下为自我的生活服务,离开人的自为性,任何条件仅是一些条件,产生不了作用。正是有了人们的自为性,这些条件在不同的人那里就有了不同的效用,因而不同的人也就有了不同的生活,自为才真正创造人的本质。

人的自为性是一种客观存在,是人不可失却的本质属性,它是建立在这样两个鲜明而充分的条件基础上的：一是人的先天条件，即人从一降生，自身就包含了人可以发展出各种各样能力的潜能，就像最初的一个受精卵可以发育成一个完整的婴儿一样，所以，顺其天性，人必然可以发展出一定能力；二是人的意识系统，这样的意识系统使人有了主观能动性，使人摆脱了第一个条件下的"本能"性，可以积极主动地发展自己各方面的能力。正是这两个条件使人的自为性才突现出来。人的自为性就是人明白无误地利用周围的一切条件让自己的潜能最大限度地发挥出来，或者使其达到最好的状态，或者使其发展到最高水平的一种意向、能力和具体的实践活动。

教育就是顺应人的天性使其达到最完善状态的一个积极努力的过程。既然人在本质上是自为的，那么教育一开始就必须把人当成自为的人，时时处处注意培养人的自为性，实行自为教育。所谓自为教育就是人自己组织各种条件积极主动地发展自己的过程，它的基本特点就是以"自我"为基点，由自我自觉地组织和运用其他一切条件，它突现的是强烈的主体意识，是积极发展自我的自觉性、主动性和创造性。

如果我们仔细考察教育对人所能发生的效果，我们发现，这种效果，即使非常微小，都是建立在唤醒人的主体意识并促使人的主体意识自我生长的基础上的，没有这种主体意识的觉醒和生长，教育永远处在人心之外，丝毫影响不了人，因而都是徒劳的。所以，最好的教育就是把教育交给人自己，最大限度地由受教育者本人来完成，人所受教育的成果乃至于将来所取得的人生成就完全与这种教育成正比，自为教育越底的人，教育效果就越小，相反，自为教育越大的人，教育的效果就越大，大凡在历史上有卓越成就的人，为人类做出巨大贡献的人，都是高度自为教育的结果。

当然，人的自为教育不是自然而然就能够实现的，由于人最初来到这个世界的时候，对一切都茫然无知，包括对自己也茫然无知，因此，任何人都有生长的需求，都有发展自我的需求，但却不明白如何生长，如何发展，更不知道最好的道路和策略在哪里。所以，自为教育从来都不是自发教育，从来都不是任其自然或放任自流的教育。一块土地，撒上再好的种子，如果没有一定的呵护和看管，那也是禾苗和杂草一齐生长，而且常常会遭致病虫害侵袭，最终会荒芜不堪。同例，一个人的教育，如果任其自然或放任自流，最终也可能是这样的结果。所以，自为教育就像我们管理田间一样，不但要培植好土壤，不断地浇水施肥，而且要除杂草，捉虫子，不但要提供最好的教育环境和条件，而且要抵制一切不良因素的干扰，这样，才能引导一个人积极健康地发展自己。

但是，当我们创设一切教育条件，引导学生发展的时候，切忌包办代替学生的一切,俨然把学生当成泥土随意捏造,俨然强迫他们接受我们的一切,俨然命令他们遵从我们的教导,这正是自为教育的大敌,是剥夺学生主体性的最粗俗的做法,不管这其中有多少"爱心"、"恒心",也不管这其中有多少"科学的方法"和"必须掌握的知识和技能",它都是对学生自为教育的漠视,都是对学生主体意识的压灭,都是对学生独立人格的毁损,即使我们给予了他们许多有价值的东西,那就像输入到了一颗主体意识沉睡、主体人格死灭的心灵,没有任何效果。

所以,自为教育的关键就是触发学生的内在动机,一切教育都是在自我觉醒和自我需求的条件下进行的,只有我们激发起学生内在的学习愿望并提供适当的教育资源,学生的学习问题才能解决。自为教育就是要从学生的内心下工夫,而不是从学生的外部如教师的教法、教学的内容等方面下工夫。当然,学生的内外世界是有联系的,有时候外部因素就是打开学生内心世界的钥匙。但无论如何,脱离了学生的内心世界,只在外部下工夫,那就像给瞎子演戏、为聋子唱歌一样,都无济于事。

教育要触发学生的内在动机,很重要的一个认识,就是任何学生的成长发展都是学生心灵自身成长发展的结果,外部因素只是为其提供适合生长发展的环境和条件,起促进、帮助、辅佐的作用,无论多么优越的外部条件都代替不了他们内心的生长,这就像学生身体的生长一样,我们除了为他们提供食物和水外,不能做其他任何工作,尤其不能代替他们生长个子。所以,在教育过程中,我们不能只注重给予了学生什么东西,而应始终关注学生内在的需要和变化,如果学生的内心没有变化,无动于衷,那就像大洋上面阳光明媚,而大洋深处依然黑暗一样。因此,我们所能做的工作就是看我们能从学生的心灵中引出什么,而不是灌输进了什么,这就像我们面对一个西瓜种子,无论费多大的力气,也只能让它结出西瓜来,而面对一个桃树,除非我们有孙悟空的本事,否则我们也只能让它结出桃子。所以,面对学生,我们所做的工作只能是因其性而恰当地引导而已。正因为如此,人们才这样断言:

教育的原初含义就是"引出",把个体内在天赋本性引发出来,从自然性引向社会性,从个体性引向总体性,从单一性引向普遍性,从现实性引向历史性,把人的心灵、精神从低处引向高处,从黑暗引向光明、温暖。[①]

实际上,如果方法得当,我们所引发出来的东西就是人性的东西,如人的智慧、思想、情感、品性等,让这些东西在人的心灵中郁郁葱葱地生长,再进一步,

---

① 刘铁芳:《沉重的书包与教的权力》,载《清华大学教育研究》,1999 年第 4 期。

如果我们能引出学生的求知欲和向善性,让求知欲和向善性成为学生内心强烈的渴望与冲动,那么我们就已经完成了教育的百分之九十九,剩下的工作就是我们如何为他们提供一定的教育资源问题了。

当然,能唤醒学生内心生长的一切东西,那就是我们教育工作者的基本艺术了,任何一个高明的、成功的教育工作者从事的都是唤醒学生内心的求知欲望和向善性的教育,或者是激活学生内心智慧的嫩芽,引发善的泉源。可能这种艺术会有千万种,在不同的教育工作者那里有不同的表现形式,但不论这种形式是什么,有两种效果是基本一致的,一是教师自身的魅力或吸引力,二是引起了学生极大的学习兴趣或激活了学生内在的学习动机,能达到这两种效果的任何形式的教育都是成功的。实际上,这两种因素具有极强的相关性,教师的魅力之所以称作魅力就是能吸引学生,可以激发学生的学习兴趣,学生之所以能从内心流溢出浓郁的学习愿望就是因为教师的魅力和吸引力起了决定性的作用。

尽管教师展示自身魅力的方式有多种多样,但不论我们怎样描述,最重要的应该是四条:

第一,具有智慧的灵光,其谈吐往往能摄人心魄,洞穿人的心智,表现出深远的活力和影响力。

第二,具有浓郁的人情味,使人感受到亲切、温和,既能激发人的尊敬之心,又能使人容易接近。

第三,经常面带微笑。

第四,具有学习的激情。

具有这四种品质的人既像温暖的春风,能够吹拂每一个学生的心田,使学生的自然天性万木葱茏,竞相生长,充满无限的生机与活力,又像一面鲜亮的旗帜,总在吸引着学生,召唤着学生,使学生自觉地聚在这样的旗帜下,快乐地为自己的美好人生奋斗。由这样的教师和这样的学生一起学习生活,就已经是非常好的自为教育了。

陶行知当年就曾表达过一种非常好的教育思想:教是为了不教。这个思想的本质就是让教育一开始成为自为教育,让学生一开始就成为一个自为的人,教育在自为的条件下,才能在学生的心灵中生根、发芽、开花、结果,学生在自为的条件下,才能把一切教育变成滋润自己的心灵、让自己的身心健康发展的有效资源,自为教育才是成就学生、促使学生健康成长的最为良好的教育。

4. 开放教育

万事万物没有一个是在自身范围内求得存在的,即使一块石头,它也要寻找到自己可以依附的对象,然后求得自己安稳的存在,其他有机物和高级生命更是如此,如果它们不在自身以外寻找到相应的能量源泉,它们就根本不可能存在,任何一个植株,它们试图在地下延伸自己的根须,就是为了获得充足的养分,试图伸展自己的枝叶,就是为了获得充足的阳光,它们没有一个不是开放自己的边界而获得更大、更充足的生命意义。任何一个动物,也不能从自身范围内获得能量的源泉,它们无一不把自己的生命之根延伸到自己生存环境的各个方面,从而求得最充足和最顺畅的联系。所以,整个宇宙就是一个开放的相互联系的庞大系统,而且,生物进化越高级,这种特征越明显,越依附于它们赖以生存的开放系统。

人是宇宙中最高级的生命形态,无论从什么意义上讲,都是开放的。开放,就像把人置于春天的阳光雨露之中,每一个人都会盛开生命的花朵,都会结出丰满的果实。囚闭,就像把人置于无任何生命资源的地窖之中,每一个生命都会枯萎,直至死亡。从生理层面讲,人的所有的营养都来源于外物,没有什么营养可以从人自身产生,人自身的生理机能仅仅在于对外物进行有效地加工,然后把它们变成适当的养料分配到全身。即使不直接进入人体的外物,如阳光、空气、水分、气候等,也无不与人的生命息息相关,并且对人的生命以至关重要的影响。就人的精神层面而言,人的每一份精神因素都是与外界世界相交流的结果,目所视、耳所听、口所言,脑所思,会谈交流,访古览今,博览群书,析字赏画,生活工作,无不使人产生相应的感觉、观念、情感、思想等,人的精神世界由此就活跃起来,丰富起来,如果杜绝了人与外界世界的交流,人将不成为其人。所以,人性的丰富及质量的高低统统蕴含在人的开放性上,有开放,就有健康的人性,无开放,就无健康的人性,人开放到什么样的程度,人性就发展到什么样的程度,人以什么样的方式开放,人就呈现什么样的状态。

从本质而言,教育就是要给人以各种各样的"营养",帮助人健康成长,因此,它必然是一个开放的系统,在这个开放的系统中,人有了各方面的接触、感受和了解,从而有了源源不断地获得各种各样的"营养"的通道,也有了全面健康成长的条件。相反,如果教育把自身封闭起来,置人于单调的环境条件下,那么教育自身不能发展,人更不能全面健康的成长。

所谓教育的开放性,有两层含义,其一,从我们办教育的姿态上讲,我们必须呈现出完全开放的姿态,让时代的最新空气都能吹拂到我们的校园,我们应该和这个时代同呼吸、共命运,与时俱进。邓小平同志在 20 世纪 80 年代讲,教育要面向世界,面向现代化,面向未来,就是讲我们的教育要有这样的开放姿态。其二,从教育的实践上讲,我们必须有开放教育的具体作为,从具体的教育行为中表现出我们的开放性。长期以来,我们所倡行的素质教育就是要求实施具体的开放教育。如果我们要把开放教育的这两方面含义结合起来,真正实现教育的开放性,那我们还必须做到以下几个方面:

第一,校际的开放。所谓开放,简单地讲,就是一个独立的主体或事物向其他主体或事物开放,和其他主体或事物有多方面的沟通和联系,尽可能多地获得其他主体或事物的信息,从而使自己在观念和行为上更新与进步。这样,每一个学校或教育机构作为一个独立的主体,就应该向自身以外的其他主体开放。当然,这里讲的开放,是指大开放,既向学校开放,也向社会开放,既向同类学校开放,也向其他教育机构开放,既向本地区开放,也向其他地区开放,既向本国开放,也向国际开放,只有这样,一个学校的血脉才能通向社会的各个方面,获得自己最需要的信息和养分。而且,当每一个学校都开放了,各个学校上下左右才能开放,开放的每一个渠道才能畅通。

校际的开放主要通过现代网络平台,使人们能够无所阻滞地了解整个学校的面貌、运行机制、教学活动和基本的办学理念,即每一个学校要把自己置于他人可访问之下,而且保证访问的是最新的内容。其次,在信息、业务、教学等方面各学校要保持友好往来,互通有无,建立广泛的合作关系,从而相互支持,相互鼓励,相互促进。

第二,教师的开放。所谓教师的开放,就是一个教师能够走到其他教师的世界中去,其他教师也能够走到这个教师的世界中来,然后彼此之间可以进行广泛的交流。比如教师之间可以相互访问,可以相互召开各种形式的座谈会和交流会,可以相互观摩其教学活动,可以相互咨询、求教等。只要教师之间能够保持这样的开放态势,教育领域一定会充满蓬勃的生机和活力,因为它可以带来这样几个好处:其一,具有开放姿态的教师一定是很有进取心的教师,他们一定会在自身的业务领域里不断探索,不断研究,不断进步。其二,具有开放姿态的教师一定可以相互取长补短,相互鼓励、相互激发,因而可以不断提高他们的教学水平;其三,具有开放姿态的教师一定会处在相互监督、相互支持之中,因而他们的教学将更加认真、更加负责、更加有效。所以,有教师的开放,就有教师的进步,有教师的相互激励,有教师的相互监督,从而使教师的全部教学活动处在良性运行机制之中。

第三,学生的开放。学习就是在开放的系统下进行的,学生是学习的主体,他们必须开放,如果他们没有开放的心态,就没有学习的良好状态,没有开放的行动,就没有学习的良好效果。

学习是学生内在心灵不断变化的过程,这种变化就是学生在与外界进行各种信息的交流与沟通中完成的,也就是说,在学习中,学生的心灵必须开放,一方面使外在必要的信息能够及时进入学生的心灵,另一方面使学生心灵产生的各种信息也能够及时表达出来,这样的双向互动,既能使学生获得广泛的知识,又能孕育学生丰富的智慧和思想,从而达到真正学习的目的。

因此,学生的开放包括两个方面,一是获得性开放,即打开自己心灵的门扉,让一切有益的信息广泛地进入心灵空间,丰富自己的心灵世界,这就是一个知识获得的过程,它要求学生要向承载人类优秀文化成果的一切书籍开放,向丰富的大千世界开放,向生动活泼的社会生活开放,开放的空间越大,人的心灵世界就越大,开放中接触的信息越多,人的心灵世界就越丰富,如果说人原有的心灵真如一块白板的话,那么这块白板上所产生的一切图画都有待于此开放的程度。二是表达性开放,即敞开自己的心灵大门,让自己的心灵所思、所想、所疑、所发现的一切能够找到一种恰当的方式表达出来,这就是一个向外表达自己心灵的过程。只有人们不断表达自己心灵中的一切,人们的心灵才会活泼生动起来,产生特有的智慧和思想,因为思想只有在心灵处于实际的思想过程中才能达到,智慧只有在心灵处于实际的智慧磨砺过程中才能得到孕育。所以,这种开放就要求学生广泛地疑问,广泛地思考,广泛地讨论,广泛地交流,广泛地写作,积极地提问,积极地发言,积极地演讲,积极地研究,这样,学生的内在心灵才能发生深刻的变化,逐渐变成一个智慧的殿堂、思想的宝库。实际上,学生的这两种开放,孔子早就做过概括:“学而不思则罔,思而不学则殆。”(《为政》)倡导学思并重,这里的学就是第一种开放,思就是第二种开放。

第四,课堂的开放。生动活泼的课堂一定是学生最大限度接受信息的课堂,一定是学生最大限度发展的课堂,一定是学生最大限度开放的课堂。学生之所以喜欢课堂,就是由于课堂具有灵活多样的开放性,就是由于学生能获得多方面的信息,就是由于学生有新鲜、轻松、活泼、丰富的心灵感受。学生之所以不喜欢课堂,就是由于课堂陷入封闭、单调、僵死的过程,单一的信息、单一的活动方式、单一的节奏和进程,不但抑制了学生生动活泼的心灵,而且扼杀了学生鲜活的生命力。

课堂的开放首先在于教室里的每一个人都是课堂活动的主体,都有在课堂中活动的机会和位置,都能充分地表现自己,都是信息源,都是信息加工者。这样,人人都处于开放的姿态,不但都能传播足够的信息,而且都能获得足够的信息,因而整个课堂就呈现出全面互动、多方激励、共同发展的良好态势。开放的课堂最忌讳单极化的活动模式,特别忌讳由一人主宰的活动模式。

其次,课堂的开放性表现在课堂活动方式的多样性上,既有适当的紧张,也有适当的放松;既有适当的严肃,也有适当的笑声;既有适当的纪律,也有适当的自由;既有适当的静坐,又有适当的活动;既有适当的听,也有适当的说;既有适当的写,也有适当的做。总之,让课堂呈现出生动活泼、色彩斑斓的局面,不能每堂课都是老师一说到底,都是学生静坐不动,都是静悄悄没有一点声息。开放的课堂最可宝贵的一点就是要把课堂打扮成不同的面孔,以多样化的方式呈现给学生,这样,学生每天都在与新鲜的事物打交道,从而积极地参与到课堂中来。

课堂的开放还表现在课堂内容的适当开放上,一方面,课堂活动的内容不总是教师教书本学生学书本这样一种内容。教材的内容都来自生活,我们可以把教材的内容尽可能地还原成生活,尽可能地让学生在生活中学习。所以,大自然是我们的课堂,社会也是我们的课堂,农村、工厂、社区都可以成为我们课堂的一部分,有了这样的大课堂,教室内的课堂才更直观,更有效果。另一方面,课堂中的每一个问题、每一部分内容都具有开放性,允许把更多的问题、更多的内容引进来,让学生获得更大的思考空间。每一个课堂绝不仅仅是只解决一个问题,只学习一部分内容。开放的课堂应该是点燃学生智慧的一把火,是开启学生头脑的一把钥匙,在这样的课堂里,学生的智慧之火应该越烧越旺,学生头脑中的宝藏应该越开发越多。

总之,开放教育就是打开一切资源,打开一切通道,为教育所用,为学校所用,为教师所用,为学生所用。所以,只有适当的开放,才能让人们眼界开阔,知识丰富,思维敏捷,与时俱进,博采众家,精益求精,获得最佳发展。

5. 思想教育

人与其他一切事物的区别就在于人拥有智慧,智慧的意义在于思考,思考的目的就是获得思想。因此,相对成熟的人的一个基本尺度就是他有思想,特别是经过多年教育的人,其头脑必定是一个思想的头脑,否则,我们人与其他动物就没有泾渭分明的区别。

与此同时,人类社会的一切进步也是因为人拥有思想的结果,动物没有思想,它们才在本能的意义上重复同一种生活,才微弱地在环境的作用下一点一滴地进化。正是因为人有思想,人类才超越本能的意义,才超越环境的局限,才超越个体的局限,创造性的生活,创造性的发展。所以,思想是人类最可宝贵的财富,如果人类失去了思想,人类比一切动物都苍白无力。

思想是人类的闪电,它能在黑暗的夜空划出一道亮光,思想是霹雳,它能在沉闷的世界里让人们惊醒,思想是甘霖,它能浇注人们干涸的心灵,思想是春风,它能使人们的头脑迅速复苏,思想是创造,它能引领人们开辟新的前景。所以，人类教育的最高境界是思想教育，是让人们拥有丰富思想的教育。

讲思想教育，必须排除两种误解。一是把思想教育误解为道德教育，让人们识别道德上的善恶，明晰行为上的基本规范。二是把思想教育误解为政治教育，让人们懂得国家的大政方针，维护政治的统一和团结。这两种教育属于我们传统意义上的思想政治教育，不是我们这里所说的思想教育。

讲思想教育，必须首先搞清楚什么是思想。所谓思想，就是人们进行智慧性思维而获得的智慧性成果，其中思维的过程及成果是基础，智慧是关键。

智慧是自古至今人们探讨最多、也是运用最多的概念，人们给予它的说法有成千上万种。其实，简单地说，它就是人的一种思维品质，从思维的过程来讲，是能洞明事理的品质，从思维的结果来讲，是它洞明的事理具有底蕴性（触及事物的根源）、大道性（蕴涵深厚的道理）、启发性（能使人茅塞顿开）、真理性（反映事物的本来面目）等品质。

所谓思想教育就是要人们能够进行智慧性的思维并能获得智慧性思维成果的教育。它的目的就是培养有思想的人，许多人批判我们现在培养的学生有头脑，没有思想，有知识，没有智慧，有思考，没有创造，有情感，却不能为情感进行正确的导航，有技术，却不能领悟技术中的社会价值和意义。思想教育就是针对这种现状而提出的。

实施思想教育有一个关键和三个重要环节。一个关键就是思维，因为任何富有成效的学习都来源于思维。两千年前孔子就把思维看成学习的灵魂，认为没有思维，整个学习过程就是僵死的、无益的，因此，他要求学生积极地思考，积极地提问，积极地举一反三。古希腊哲学家苏格拉底也把学习看成一个论辩思考的过程，他所创立的"助产术"就是一种师生风云集会、精彩辩论的方法，由此集出人的智慧，辩出万物的真理。

能够触动学生思维神经的焦点就是问题的产生和问题的解决。大凡教育大家，都是先激起学生的问题意识，然后鼓励学生发现问题，解决问题。一个富有思想的头脑就是看它产生了多少问题，并积极去解决这些问题，不能产生问题的头脑永远也不可能产生属于自己的思想，甚至就不属于学习，至少不属于真正的学习。现代教育就把学生的问题意识降到了最低点，而把接受教材所表述的知识抬到了最高点，结果在学生的头脑中堆砌起了知识大厦，但这样的大厦却建立在思想的荒漠上。有人就这样批评当代大学生："有些大学生，甚至研究生，他头脑里是什么问题都没有，是一片平原，甚至荒漠。问题是一个山峰，酝酿出来后,你才会有兴奋点,才会捕捉东西,'用一双好奇的眼睛去发现世界。'"①为什么犹太人在思想方面优于我们中国人,原因也出自这种教育:中国的孩子放学回家后,家长们问的第一句话差不多都是这样的:"今天的作业做完了吗?"而以色列的家长问的第一句话却是这样的:"你今天在学校向老师提问了吗?"所以,即使我们中国人头脑里闪射出思想的火花,它也很快就被熄灭了,而犹太人头脑里闪射出的思想火花却越燃越旺。由此,我们中国人多诞生思想的平原、思想的荒漠,而犹太人却不乏思想的大山、思想的大河。

对思维最有效的训练就是让学生自己去发现知识。在人身上生发的一切能力都是人亲自实践的结果,要想学会游泳就必须在游泳过程中去锻炼,要想学会烹调就必须在烹调的实践中去摸索,要想具备慷慨的美德就必须在一连串的慷慨行为中去积聚,如果没有类似的亲身实践,任何能力都获得不了。同样,要学会掌握知识,培养一个富有思想的头脑就必须在自己发现知识的过程中完成,如果仅仅等待他人的灌输,即使他人解释得非常清楚,自己也仅仅是一个知识的存储器,它只是在鉴别一个人的记忆力,而没有思维上的更深触动。所以,美国著名的教育家布鲁纳说:

只要可能,教育的目标应该是引导学生自己去发现,向学生灌输现成的知识,并根据这些知识来测验儿童,不可避免地要造成一些只会用功的学习者,而他们的学习动机是外来的——取悦于老师,升入大学,人为地维持自尊。鼓励发现有两方面好处:儿童能把所学的东西变成自己的,而且,发现给予儿童的自信心是学习的最好奖励。②

联合国教科文组织的专家们也指出:

教师的职责现在已经越来越少地传递知识,而越来越多地激励思考。除了他正式职能外,他将越来越成为一位顾问,一位交换意见的参与者,一位帮助发现矛盾论点而不是拿出现成真理的人。③

所以,只有让学生自己去发现知识,学生才会用自己的智慧洞见一切,用自己的思维发现一切,因而最终获得饱满的思想。

因此,教育过程与其说是让学生获得知识的过程,不如说是训练学生思维的过程,知识的多少并不能衡量教学效果的好坏,而思维的深刻程度却是决定教学效果的关键。所以,一堂课优劣的标准不是知识量有多大,学生掌握的程

---

① 罗永源:《走进魏书生》,漓江出版社1999年版。
② 同上。
③ 同上。

度有多高,也不是一堂课被搞得有多热闹,而是学生是否在进行积极的思维,而且体会到思维的快乐和兴致,一个思维的头脑远远胜过上百个存储知识的头脑。

实施思想教育的三个环节分别是获得思想、寻找思想和学会思想。

所谓获得思想就是直接以"思想"为对象而进行的学习。人类历史走过了几千年,留下了许许多多宝贵思想,他们犹如璀璨的群星,闪闪烁烁,照射着人类历史的星空,给人以无限的启迪。每接近一个思想家,就是去访问那里卓越的思想和丰厚的人生体验,每次登上他们思想的山峰,就是饱享人类精神世界的浩瀚与美丽。因此,在他们思想的浸润下,我们的心田犹如肥沃的土壤,会渐次孕育思想的幼苗,长成思想的大树,结出思想的硕果。所以,如果我们不引导学生深入到人类优秀的"思想"中,只局限在"术科"的学习中,这等于无视学生还有心灵、精神、思想、意识,仅仅是培养会技术而不能思想的肉体机器和高智商的工具。我们从他们身上发现不了人性化的东西,更不可能期望他们有新的创造。

当然,获得思想对不同层次的学生来讲,有不同的要求。在小学阶段,主要集中在能包含人类优秀思想的故事、童话中,用这样的故事和童话激活他们幼小的心灵,使他们能有所思、所想,如阿莫那什维利组织小学生去读法国作家安托万·德·圣埃克苏佩里的童话故事《小王子》,这本书就使孩子们的心灵跟着书中的思想情感一起搏动,当孩子们叙述他们对这本书的感受时,他们已经是在思想了。在中学阶段,主要是引导学生走进富含人类优秀思想的各种书籍,让他们能沉浸在这些书中而感到骄傲,能叙述书中的人物、情节和蕴含的哲理,这样,他们的思想就会被人类历史上的优秀思想所浸染,从而也渐次丰满起来。在大学阶段,他们就要站起身来,高瞻远瞩,遍览一个个思想的山峰,让这些山峰能注入自己的心间,并时时和他们对话,倾听他们思想的声音,然后汲取他们的养分,开始铸造自己的思想王国,用自己的眼睛洞察世界,用自己的心灵解释世界,用自己的思想"建筑"世界。大学生,的确应该是有思想、有头脑的人,决不能是只装着一些知识、只掌握一些技术的放逐了一切思想的庸俗之辈。

所谓寻找思想就是在一切非思想的表面现象或活动中找到思想的养分或精神的底蕴。尽管大千世界是一个物质的世界,但人却富有思想、拥有一个博大的精神世界。所以,在人看来,大千世界不仅仅是一个博大的物质世界,而且是一个需要人去感悟其内容的精神世界,否则,万千事物进入不到人的心灵,人也不可能认识这个世界,因此,这个世界将变得非常呆板,无人领会,人也像一个机械物一样,对这个世界无任何反映。但是,如果让万物进入到人的精神世界中,让人以特有的意识洞察这个世界,那么这个世界不仅是画卷,是诗篇,是哲理,而且就和人融为一体,是精神之人的一个组成部分,面对这个世界,人不但知其然,而且还知其所以然,不但能够解释这个世界,而且能够改变和创造这个世界,因此,世界就变成了人心灵中的世界,由人的心灵演绎出不尽的思想内容,这样,人也就彻底变成了思想之人。

而且,一旦当我们领悟了这个世界之后,人类活动就不仅仅是依赖物质世界而被动地生活了,而是根据自己思想来"建筑"这个世界了。特别是当人在纯粹人的范围内生活的时候,人的一切活动在某种意义上就是人的思想的外化,尽管这要受现实世界的制约,但毕竟不是由客观的现实世界指挥人,而是人以自己的思想在这个世界中创造性地生活。所以,我们的一切生活,已经不是表面那种单纯的生活现象了,而是包含人的思想的一种客观化过程,这样,我们更有必要掌握其中的思想内容。

所以,我们的教育不论教给学生什么,一定要让学生懂得这些东西后面的思想内容,如果深入不到其背后的思想内容,一切学习就变成了机械地重复和记忆,而且当这些东西充溢人的头脑的时候,不但不能激活人的智慧,相反还会阻塞人的思想,使人显得更加迂腐和迟钝。所谓懂得所教的一切背后的思想内容,就是当讲一个知识命题的时候,一定要懂得这个命题所蕴含的基本原理和深刻的道理,当讲到一篇课文的时候,一定要懂得这篇课文的思想情感和主旨意图,当讲到某个定理的时候,一定要懂得这个定理的推导过程和主要用途,当观察到一丝绿的时候,就能够联想到满园春,当看到一片红叶的时候,就能够意会到秋的意蕴,当有白云掠过、小鸟啁啾、微风拂面的时候,就有心灵中的诗情画意,如此等等,只有达到这样的境界,那才是富有思想的头脑,才是富有思想的心灵,才是真正拥有内在精神世界的人。

所谓学会思想就是能以自己的头脑思辨万物之理。人天然获得一个头脑,其基本功能就是思辨万物之理,如若不思辨万物之理,让其囫囵然,那我们就不配拥有一个人的头脑。实际上,我们的教育除了强健人的体魄之外,就是要培养能够思辨万物之理的头脑,有了这样的头脑,人就可以在这个世界上获得明见,就可以游刃有余地做一切事情,否则,教育就犹如给瞎子点灯,教育这头再明亮,学生那头却一片漆黑。

学会思想不仅仅是万物呈现在我们的脑海里,我们可以明辨其思想之理,而且也是做人的一种境界:有渊博的内在学识,有睿智的思想底蕴,有广袤的心胸情怀,有深沉练达的气质,有超脱的生活方式,有一语中的的谈吐,等等。我们纵观历史上的圣人贤士,他们无不透出这种"会思想"的博大气息,品读他们的思想,无不给人一种高境界的思想浸润,从这里我们也会看出,会思想到底是一种什么样的心胸和气魄。比如老子说:"大丈夫处其厚,不居其薄;处其实,不居其华。"(《老子》第 38 章)这里积淀着多么博大的思想底蕴。庄子说:"与时俱化,和顺外物,虚己以游世。"(《大宗师》)这里弥漫着多么高妙的领悟世界的艺术。《中庸》说:"唯天下之至诚,为能经纶天下之大经,立天下之大本,知天地之化育。"(《中庸》第 32 章)"故君子尊德性而道学问,致广大而尽精微,极高明而道中庸,温故而知新,敦厚以崇礼。"(《中庸》第 27 章)这里透射多么广远的宇宙之大道。张载说:"性者,万物之一源,非我有者得私也,惟大人能尽其道,是故立必俱立,知必周知,爱必兼爱,成不独成。"(《正蒙·诚明篇》)这里飘荡着多么浓郁的天地意识。程颢说:"涵养纯熟,其理著矣"。(《二程集》)朱熹说:"心地光明,天理粲然。"(《朱子语类》卷十二)这里充满人心何以能化育天地万物的机理。所以,当学会思想达到一定的境界,一个人和世界万物就可以融通起来,万物就是一个人的头脑中丰富多彩的思想材料,一个人的头脑飘逸的就是万物生息变化的情理,万物就是思想的流溢,思想就是万物的本质,因此,在这个时候,世事在一个心胸中才是通明的,一个人在世界上才是旷远练达、逍遥自在的。

会思想的人的一个显著标志就是对书有独特的嗜好。犹如各种食物是对身体的养料,书就是会思想的人的养料。大凡会思想的人,无不是从书中汲取他的一切思想养分的。一个人对书有多么浓厚的嗜好,思想就有多么丰厚的土壤,谁不能每天深入书,对书进行酣畅淋漓的消化,谁就不可能有自己的思想,一个人的思想山峰的确是由一本本书堆积起来的,能读多少有益的书,他的思想山峰就可能有多高。马克思是具有丰富思想的人,就是因为他当年特别喜欢读书,他曾一头扎进大英图书馆,几乎把那里的书读了一个遍。我国学者钱锺书先生就是以"锺书"而著名,"他只要有书可读,别无营求。"[1]"他读书还是出于喜好,只似馋嘴佬贪吃美食:食肠很大,不择精粗,甜咸杂进。极俗的书他也能看得哈哈大笑。戏曲里的插科打诨,他不仅且看且笑,还一再扮演,笑得打跌。精微深奥的哲学、美学、文艺理论等大部著作,他像小儿吃零食那样吃了又吃,厚厚的书一本本渐次吃完,诗歌更是他喜好的读物。重得拿不动的大字典、辞典、百科全书等,他不仅挨着字母诸条细读,见了新版本,还不嫌其烦地把新条目增补在旧书上。他看书常做些笔记。"[2]周国平也是书滋养出来的很富有

---

① 钱锺书:《围城》,外语教学与研究出版社 2003 年版。
② 同上。

思想的学者,他说:"一个人在识字以后,就会用一种不同的眼光看书籍。至少从小学高年级开始,我的眼中已经有了一个书的世界,这个世界使我感到既好奇又崇敬。每一本书,不管是否看得懂,都使我神往,我相信其中一定藏着一些有趣的或重要的东西,等待我去把它们找出来。"所以,在他进入北京大学以后,他"立刻入迷了,每天手不释卷,读到很晚,经常超过了规定的熄灯时间"。他曾讲到这样一段经历:"时常当我读书读得入迷的时候,突然灯灭了,我坐在黑暗中,凝望着窗外月光下朦胧的景物,两眼泪光闪闪,我痛恨那只拉开关的手,它多么残酷,夺走了我的欢乐,我的时间,从我的生命线上又割走了一天的光阴。"①所以,对书的嗜好就孕育出了一个个博学而富有思想的人。

因此,教会人思想的另一种说法就是培养起人们对书的情趣,学会思想就是对书产生了浓郁的情趣。如前所述,学会思想的人大睿大智、大贤大圣,心胸空灵,精神博约。但要达到这一境界,教育面对的不论是什么样的学生,特别是面对中学生和大学生的时候,只要让他们能爱起书来,让他们突然发现自离不开书,我们的教育使命就完成了。如果教育没有让人们亲近书,相反而厌恶书的话,那么与其说有这种教育,还不如说没有这种教育。所以,让学生对书产生情趣,就打开了学生会思想的大门,只要学生与书能亲密结缘,他们思想的光焰迟早就会闪射出来。

---

① 周国平:《岁月与性情》,长江文艺出版社 2004 年版。

五、课程是滋润学生心田的汁液

在当今社会中,随着教育制度的进一步完善,课程的地位和作用也越来越重要,以至于我们可以把教育简化到这样的地步:这里有一门课程,有些学生想学它,然后找个老师教给他。教育就是把课程的内容转移到学生那里的一个简单过程。所以,学校最基本的工作就是:学生一进学校,就发给他们课本,然后让老师一点一点教给他们。实际上,这是最没有头脑的教育,因为人们没有追问这样做的一系列原因:学生为什么要接受教育? 学生接受教育为什么就学习这些课程? 这些课程为什么就是这些内容?

毫无疑问,当今的教育已经是围绕课程所发生的一系列行为,课程在某种程度上已经是教育的核心,没有课程,教育似乎就难以立足。可以说,课程已经深刻影响到教育的方方面面,甚至影响到教育的全局和基本方向。既然课程如此重要,我们就不能不对课程作以重要的伦理审视。

(一)课程的源起

现在,当我们观察教育的时候,把课程看成非常自然的事情,认为课程是教育必备的一个因素。但课程最初是怎么进入到教育的,以后又经历了哪些变化,这些我们并不清楚。纵观历史,课程并不是一开始就以现在这样的形态出现的,它有自己的发端,有自己的演进过程。

1. 以人而立:课程＝人

在人类社会初期,人们一起生活,必然有一个相互交流信息的过程,可以说,这种交流就包含着教育,交流的内容就是"课程"的最早形态。但真正的教育是在专门从事教育这种职业的人出现以后才产生的,没有这一部分人的出现,教育是一种自发的状态。那么,教师这种专门的职业何以能够出现呢? 这纵然有社会历史进步的原因,但下面两点是非常突出的。一是一些人经过长期的学习实践,在自己身上凝聚了丰厚的智慧、思想财富,已经变成了圣人、贤人,他们自身也有这样的冲动:把这些智慧及思想财富传递给其他人;二是一些人也希望自己能够找到良好的智慧和思想,成为人们所颂扬的圣人和贤人,因而也慕名去求学。这两方面的结合就产生了教师和学生,真正的教育就开始了。因此,我们可以想象,当一个圣人或贤人与一个慕名而求学的人开始谈话或讨论问题的时候,教育就发生了。毫无疑问,在这种情况下,教育的各个因素还没有分化,它作为一个整体集中在教师身上,教师这个人就是学生学习的全部对象。所以,学习不仅仅是他们坐下来专门讨论一些问题,而且是他们之间的谈话,他们的行为,他们的生活。因此,当时学生记录下来的不仅仅是老师传递给他们的"知识",而且是他们的言行,他们的所作所为。这一点,我们从早期的教育家身上就看得非常清楚,比如,在古希腊,著名的老师与其说是建立学校授徒讲学,还不如说是寻找一个大家易于共同生活的场所,在共同的生活中达到教育的目的。苏格拉底就有一大批弟子,他们活动的场所就在一个叫吕克昂的运动场,他随时随地和他们讨论各种哲学、道德和社会、艺术等问题,不论是色诺芬还是柏拉图,他们几乎记录了苏格拉底的整个生活过程,在这个过程中反映苏格拉底的思想。柏拉图也是在雅典城外的阿加德米运动场附近创立了一所学园,在那里,他与弟子们一块学习和生活。亚里士多德虽然建立了专门的学校,但他常常与学生一边散步一边讨论问题,因而他们也被称做"逍遥派"。我国的孔子也有很多弟子,孔子和他的弟子也是一块生活、一块讨论问题,甚至是带弟子周游各国,然后就所闻所见进行讨论。所以,《论语》也是对孔子言行的记录。从这里,我们不难看出,老师就是学生学习的完整的对象,如果说在那时候有课程的话,老师就是学生要学习的课程,课程就等于老师。因此,教育就是学习"人",能够把高超的智慧和思想集于一身的人就是人们学习的对象,他们的言行及生活过程就是人们学习的内容。

2. 以事而立:课程 = 做事

人是一个生命的主体,一旦人来到这个世界上,就是如何更好地把生命展开,在这个过程中,不但使人有丰富的生活内容,而且有一定的愉悦或幸福的感觉,这就要求每一个人干一些事来充实这个过程。教育就是训练人们从小如何做这些事的。我国儒家文化就典型地反映了这一点。在孔子总结了历史上的基本经验并睿智地阐发了人们如何做事的一系列思想后,后人就把这些思想看成了人们做事的基本模式,渐渐以"三纲五常"等礼仪形式固定下来,要求人们按照这些礼仪来做事。西方国家在教父文化的基础上逐渐形成基督教以后,也经历了与此相似的过程,它最终也要求人们严格按照宗教礼仪来做事。在这种情况下,教育的基本使命就是传递做事的内容和方式,这些做事的基本内容和方式就成了基本课程,课程与做事基本相一致。

随着教育越来越规范,课程意识日渐发达,西方国家就有了专门论述教育过程中的课程问题,在他们的论述中,课程中做事的特征非常明显,以至于到今天也有这种倾向。比如洛克的《教育漫话》就是论述作为一个绅士每天是如何做事的,他要求绅士们不但能活跃于上流社会和政治舞台,而且有事业家的进取精神,主张在衣着、饮食、动静等方面不要娇生惯养,而要锻炼吃苦耐劳的强健体魄,特别强调一要具有一定的德行——虔信上帝、追求真理、爱、亲切待人,一定的智慧——处世的智慧,一定的教养——待人接物的规范,一定的学问。围绕此,他开列了一系列课程,有人说这些课程就是"囊括了当时盛行于宫廷教育中所有的能够供青年绅士适应宫廷生活和公共事务所需要的科目。"①斯宾塞率先提出了"课程"这个术语,并赋予课程以"教育内容的系统组织"的含义,主张实用性、功利主义的课程,强调同现实生活密切相关的有用的知识,因此,他关于课程的基本原理可以概括为:

(1)教育的重点应放在维系人类生活的各种活动之上;(2)培养人们卓有成效地完成这些活动的教育才是有价值的;(3)科学是课程的重点,因为它有助于有效地完成人类生活的活动。②

由此可以看出,他的课程观就透射出浓厚地"做事"的气息,这与他的"教育就是使人们为过完满生活做好准备"的目的论完全一致。

3. 以知识而立:课程 = 知识

随着社会的不断进步和发展,不论是做人和做事,人类积累了越来越丰富的经验,掌握这样的经验就是人类进一步发展的前提条件。而且,当工业革命兴起之后,人们的视线已经不在传统的如何做人、如何做事上,而在促使社会快速发展的知识和技术上,因为无论如何强调人的品性和做事的恰当、有节、彬彬有礼,都不如一项技术革新和发明创造带给人的利益和变化巨大。因而掌握科学的知识已经成为现代教育的基本趋向,学校成为知识的聚积地,教师成为知识的传播者,学生成为知识的学习者,知识成为教育的灵魂。如若不是为了获得知识,学校就没有存在的必要,如若不是为了获得知识,学生也没有必要进入学校。知识获得了至高无上的地位。

---

① 钟启泉:《现代课程论》,上海教育出版社 2003 年版。
② 同上。

应该说,以前的教育也是以传播知识为自己神圣使命的,但这种知识是由做人和做事演化出来的,是为了做好人做好事而设计的,并非固定化、程式化、学科化、结构化的知识。而工业革命之后,知识已经和人脱离开来,逐渐变成了与人没有多大关系的"客观化"的知识,是对客观事物认识成果的逻辑编码,它已经离开了人们原初的探索过程,已经离开了具体的事物,已经高度抽象化、符号化、体系化,已经是用语言符号表示出来的基本结论,这种知识被分门别类地编成各种各样的教材进入学校,进入课堂,教学的全部任务就是把这些知识传递给学生,一切教学效果就是看学生是否掌握了这些知识,检验的手段就是各种类型的考试。在这种情况下,教师和学生身上"人"的因素可以不考虑,即使考虑就是研究这样的人如何能较好地传递知识(教法),如何能较好地接受知识(学习心理学),现实的世界特别是个人的生活世界已经被抛离了,他们只需和这样的符号化的知识打交道,掌握了这些符号化的知识就算达到了教学的目的。

这样,课程就是对各种学科知识进行加工整理,然后使之进入教材,进入课堂,进入学生的头脑,这种课程观在美国一度表现得非常突出。1957 年,美国受前苏联卫星上天的冲击,朝野上下掀起了以学科知识为中心的课程改革运动,把课程就看成了知识,如当年全美教育哲学学会会长、哥伦比亚大学名誉教授费尼克斯说:

我的主题,说得简洁些,一切的课程内容应当从学问中引申出来。或者换言之,惟有学问中所包含的知识才是课程的适当内容。

未被学问化的知识,无论对于教授还是学习,都是不适宜的。它不是教授性的。

一切的教授应当是以学问为中心的。换言之,不进入学问范畴内的事件是教学所不希望的。这就意味着,依据心理要求,社会问题、其他非学问的任何各种材料,都不是决定教学的重要因素。[①]

这里的"学问是包含了研究的一个知识领域。"[②]显然,学问知识是课程的唯一源泉,教学要根据学问的逻辑与结构展开。

如果说以前的人们也有以知识作为课程的基本意向的话,那么经过这场运动,把课程等同于知识就彻底明晰化了,人们一般都认为课程就是专业化、学科化的知识,尽管以后有各种各样的课程理论兴起,但都未能动摇这种观念。在

---

① 钟启泉:《现代课程论》,上海教育出版社 2003 年版。
② 同上。

我国,这种课程观也非常严密地贯穿在各级各类教学当中,尽管各种各样的教学改革异军突起,但在课程这一问题上几乎没有动摇过:课程就是分门别类的学科知识,教学就是教学这样的课程,检验教学效果的唯一手段就是考试,其他一切都是花絮、边鼓和添加剂。

(二)课程的两种本质

尽管课程五花八门,分门别类,不计其数,似乎不同的课程有不同的意义,人们也在不同的课程中寻找自己不同的目的,但从教育伦理的角度审视,不论课程有多少种类,它们的本质是相通的:从人们生存的角度而言,它是沟通人们内外世界的一座桥梁,从人们心性需求的角度而言,它是滋润学生心田的汁液。

1. 课程是沟通人们内外世界的一座桥梁

目前,无论是教师学生,还是教学的管理者,一旦教学活动开始,他们都认为,应该按照预先确定的课程,先发给学生相应的教材,然后按照教材的内容,老师教,学生学,老师考,学生答。这似乎是再也自然不过的事情,它暗含了这样一种思想或观念:教材已经是编辑和确定好了的,教师和学生只管教和学教材的内容就行了,教材是教学活动的中心,教师和学生就是围绕教材来工作的,一切教学问题都可以归结为教师和学生对教材掌握的情况,掌握得透彻,教学效果就好,掌握得不透彻,教学效果就不好。但这里忽略了这样一个问题:课程因何而来? 人们为什么要学习这些课程及相应的教材?

无疑,教学活动是我们人所特有的活动,它的根源在于人,无视人,再好的教学活动都是没有意义的。所以,以人为核心审视一切教育问题,是我们基本的立场和出发点。

然而,从这里起步的教学活动可谓非常丰富,从深层上讲,这些活动就是人的生命展开的各种各样的方式,因为生命是"活"的。所谓"活"就是不停地要做自我运动,这种自我运动就表现为人的各种各样的活动,从表层上讲,就是人的各种各样的生存图式,因为人要在这个世界上生存下来,就要表现为各种各样的生存状态,这些生存状态就是人的各种各样的活动。其他动物的生命展开及生存方式完全依赖其本能完成,但是人却不能停留在本能层次上,本能赋予人的生命活动和生存能力是非常有限的。所以,人必须依赖非本能的因素开辟人的生命活动途径,培养人的生存能力。

无论我们把这些因素归纳到哪些方面,有一点是根本的,那就是要尽自己最大的努力认识清楚自己所处的这个世界,然后把自己安全地置于这个世界,在这个世界上探索最好的生存之道。那么,人是如何认识清楚自己所处的这个世界的? 要回答这个问题,我们又不得不回到人自身。

动物之所以能依赖本能在这个世界上生存,就是因为它们只有一个外在的世界,即它们的周围环境,通过它们的本能,它们就可以掌握这个世界。但人之所以不能依赖自己的本能在这个世界上生存,就是因为人除了这个外在的世界,还有一个内在的世界,即人的心灵世界,或叫精神世界、意识世界。人的基本生存法则就是,先在内心世界里观照清楚了自己的外在世界,然后选择自己的生存道路,当然,这个"观照"是一个永无止境的过程。

那么,人是如何观照自己的外在世界的? 其根本的办法就是学习,学习所要解决的基本问题就是实现内外世界的最大限度的沟通。如果一个人能实现内外世界的最大限度的沟通,那么他不但可以认识这个世界,可以在这个世界上很好地选择自己的生存之路,而且可以改造这个世界,创造自己的新生活。在某种程度上,当人最初来到这个世界上的时候,这两个世界是完全相隔的,因而,人几乎什么也不知道,所以,一个小孩才抱着巨大的好奇心打探这个世界,才以各种方式学习了解这个世界,这样,人的两个世界开始沟通,随之,人也一点一点开始认识这个世界,一点一点开始开辟自己的生活。因此,从本质上讲,人的两个世界沟通到什么样的程度,其认识、其生存就达到什么样的程度,人的认识程度和生存状况就由这两个世界的沟通程度决定的。由于这种沟通是无穷尽的,人的学习也是无穷尽的。

从这个意义上讲,课程就是人们沟通内外世界的一个桥梁,就是人们学习的一切对象,凡是有利于打通人的内外世界的一切工具、材料、对象、手段、方式都属于课程。所以,当人探询大自然的奥秘的时候,大自然就是课程,当人考察社会的时候,社会就是课程,当人了解以往人们所创造的优秀文化的时候,文化就是课程。当然,世界何其大,人的生存方式何其多,人们与这个世界沟通的渠道就是无法穷尽的。因此,为了方便高效地把两个世界沟通起来,人们就选择了两种快捷的方式,一是直接与人们当前遇到的周围环境相沟通,二是先选择一定的生存方式,然后与这种生存方式相关的一切东西相沟通。前者的沟通是自发的、随意的,以人所处的环境而转移。后者的沟通是有目的、有计划的,为了实现这种沟通,人们往往把与某一生存方式有关的一切东西以"知识"的形式编辑起来,形成体系,然后让人们一步一步地学习。与此相适应,课程也有了两种,一是人们当前所遇到的环境所包含的一切,二是人们分门别类地编辑起来的各种知识体系,由于后者的简洁、科学、规范,它也就成了课程的重点。

从这个意义上讲,课程的主要功能就是帮助人们认识这个世界,使这个世界在人们心灵中比较明确地呈现出来,这是一个永无止境的过程。孔子说:"吾十五而志于学,三十而立,四十而不惑,五十耳顺,六十知天命,七十从心所欲不逾矩。"(《为政》)这就反映了这样一个过程。当人了解这个世界的时候,就开始了学习的历程,一生学习不辍,只有到了七十岁的时候,才感到勉强对这个世界有了比较明晰的了解,并可以在这个世界中游刃有余地生活了。

2. 课程是滋润学生心田的汁液

其实这个世界承载的万事万物都在相互沟通,包括动物、植物都一样,候鸟的迁徙、青蛙的冬眠、草木的生长,无不是它们与内外世界沟通的结果。只不过它们的"沟通"是在"无意识"意义上进行的,而人是在有意识的意义上进行的。尽管人有超越其他一切动植物的沟通方式,但人还不能仅仅停留在把内外世界沟通起来的基础上,正因为人可以清楚明白地认识这个世界,人还要在这个基础上,寻找人的最佳存在方式,使人能在这个世界上幸福地生活。也就是说,认识清楚这个世界,把人在这个世界上更好地安顿下来,使人在整个生命历程中从心底荡漾出做人的优雅、为人的尊严、成人的价值与活人的幸福,才是人与世界沟通的目的。自然,要达到这一目的,依然要通过教育,没有教育的涵养,人犹如不生草木的荒漠,永远也不会有把人性化育得万木葱茏的美丽景象,没有什么比教育更能幸福地把人非常人性化地安顿在这个世界上了。所以,教育不仅仅像我们前面讲的,只是起一个把人的内外世界沟通起来的桥梁作用,这种作用只是让人很好的认识这个世界,但人不能只满足于认识这个世界,人还需要追求如何在这个世界当中获得最大的幸福。这样,教育就必须转向人,以化育人性、求得人的幸福为宗旨,去解剖人性,养护人性,开发人性,提升人性,使人获得生存的最大价值和幸福。

从教育的这种职能审查课程,课程就不再是知识的汇聚,不再是作为异于人性的东西而存在,它必须作为人所渴求的东西融入人的心灵,滋润人的心田,必须个体化为人的心灵世界的一个组成部分,把人的心田变成生长各种人性化因素的最丰厚的土壤。由此而言,课程就是滋润学生心灵世界的精神汁液。

这种课程观的一个基本前提就是人性不是随意塑造的,而是有自身成长的内在的不依人的意志为转移的规律。我们只是遵循这一规律,把其呵护引导到最佳的发展地步,这就像我们的身体,我们通过合理的饮食、恰当的锻炼、良好的生活方式就可以使其健康成长,我们本身不能从外部给其增加任何特异的组织使其更加健康。同理,人性当中就包含着丰富的内容,只要我们养育好,呵护好,自然就会获得一个丰满和良好的人性。

课程要完成滋润学生心田这一职能，就有两方面的基本任务，一是培蓄人性，二是养育能力。

所谓培蓄人性，就是抓住体现人的优雅和完美的因素，让其充分地生长起来，获得最良好的发展。人性并不是空洞无物的抽象体，它包含着人之所以为人的最基本的因素，尽管这些因素非常微妙、非常深奥，甚至难以琢磨，但就是它们才决定人的本质、特色、综合素质和为人处世的方式、手段以及他们最终能达到的境界。也尽管我们目前还难以勾勒清楚这些因素，但我们并不是一无所知，比如，人的欲望，这是任何人都要自然迸发出来的东西，我们不但不能无条件的压抑和剪灭，而且还要努力培养，使其丰富而不无限膨胀，健康发展而不损害自身和他人，不断走向优雅而不低级庸俗，成为人性发育的良好源泉和动力而不是让人性干涸和凋敝。智慧是人天生所蕴含的一种潜能，我们就要开掘而不压抑，就要让其敏锐而不迟钝，就要让其深邃而不平庸，就让其独有见地而不褊狭渺小。人有情感，我们就让其丰沛而不单调，活跃而不死板，聪灵而不麻木，中发有节而不过度，温和而不暴戾，细腻而不简单粗鲁，优雅而不低俗。欲望、智慧和情感就是人的天性所蕴含的东西，我们就要把它们培蓄得丰沛、滋润、活跃，表现出来，就呈现出美、优雅和昂扬向上的态势，因而也真正合成人完善、真实、美丽的人格。

所以，从这种意义上讲，课程不是完全居于人的心灵之外的知识符号，不是没有生命力的原理、公式，而是与人性需求完全相吻合的滴滴蜜汁。当听课的时候，人的意识被唤醒，使人的心灵关注其蕴含的全部意义，当读书的时候，人的兴趣被调动，使人的注意力全部倾注其中，这样，在学生听了课、读了书之后，不仅仅是明白了一点所谓的知识和道理，而是深入到人的心灵，渲染人的精神世界，美化人的精神家园，丰富人的思想内容，引导人的情感航向，滋润人的欲望田野，磨砺人的智慧品性，使人从内心向人性美的方向不断变化和积淀。

人不仅追求内隐的变化，同时也要让这种内隐的变化从外显的方面表现出来。人立足于社会，不仅要靠心灵中的各种因素来滋润，而且要靠发展起来的各种能力来支撑，人不仅要丰富美化人的内心世界，而且要取得在社会上谋生的各种能力。所以，课程除了培蓄人性的基本功能外，还必须养育人的各种能力，养育人的能力是课程的又一基本功能。

从广义上讲，人的能力包括三个不同的层面，从较低的层面上讲，能力就是维持人的生存所需要的普通人都具有的各种能力，如基本的劳动能力、生活能力等。从较为普遍的层面上讲，能力就是人们在进行各种职业活动所具备的最起码的能力，这是对人的生存能力的进一步提升，同时也是保障整个人类社会正常运行的一个基础。从较高的层面上讲,能力就是把人自身蕴含的潜能最大限度地开发出来从而得到创造性的表现,这种能力已经不是生存意义和职业意义上的基本要求,而是人性完美和人力伟大的一种表现,是人的价值的最充分的体现,是人的潜能的最高实现,这就是马斯洛所说的做一个完全"自我实现的人",也是罗杰斯所说的"充分发挥机能的人",各种职业领域中纯熟的技艺、各种艺术创作、各种创造性活动等都具有这样显著的特点。这是把人的生存能力向更高境界提升的一种推动力,也是社会发展的基本动力。

所以,课程必须体现出培养人的能力意义来,必须在生存能力、职业能力和自我实现能力几方面表现出强烈的倾向来。当然,在培养这些能力方面,我们必须掌握一定的技巧。一般来说,在义务教育阶段,课程的目的主要在精神涵养、人性培蓄、知识滋润,同时渗透进鲜明的以劳动和生活为核心的能力培养,使其勤于劳动,具备起码的做饭、洗衣、料理家务、与人合作共处的能力。到了高中和职业教育阶段,主要根据学生学习的能力和兴趣,做两种选择,适合高难度知识学习和研究的学生,继续以知识的积淀、理性的培养、思维精神的锻造为趋向,选择不同的方向来进行培养,而适于从事具体职业的学生,可以在培养他们读书情趣、涵养人性的同时,教会他们从事某种职业所要求的一系列知识和技能,然后把他们送进职场进一步发展。到了大学及其以上阶段,一切都倾向于向尖端的自我实现方向发展,因此可以把他们的知识、智慧、能力等综合起来,令他们向创造性方面发展,基本形成领导时代潮流的某种潜力和趋向,然后,当他们踏入社会后,让其能够充分实现出来。所以,课程是培养人的能力的有效工具,是开掘人的潜能让其最大限度地表现出来的直接材料和发酵素。细品过一门课程,就能滋润人的一份能力,一门课程的完成,就是人的某方面能力的巨大提升,有能力,人就可以征服一切异己的力量,就可以创造奇迹,就可以开拓人类美好的未来。

总之,人不仅要涵养自己,更要表现自己,涵养以内隐的方式来体现,表现以具体的能力来体现。这样课程不仅在第一方面完成了丰富和美化人的精神世界的功能,而且在第二方面完成了培养人的各种能力的功能,这两方面的结合,不仅使人有了内在美,而且使人有了外在美,不仅人的精神得到了给养,而且人的生存能力也得到了发展,人不仅拥有了内在精神的幸福,而且也获得了外在生活的快乐,因而也创造了真正完美的人生。

（三）课程的大小观

当谈到具体课程的时候，人们对课程做过各种各样的划分，如隐性课程与显性课程，理论课程与活动课程，核心课程与外围课程等等。这些划分使我们对课程有了实质性的认识，更加关注课程的功能和作用，但这些划分也仅限于理论认识，在指导具体教学方面有很大的不足，因而这些课程理论对实际的教学改革和促进作用并不明显。

站在教学现实的基础上，把我们前述的课程本质结合进去，我们发现，从大小观上认识课程具有非常重要的意义。因为，当一个人一旦进入教育领域，可以说，几乎他所接触的一切、影响他身心发展的一切都是教育他的因素。在这当中，最能说明教育的属性并反映他受教育程度的就是书，教育的内容由书承载，教育的信息由书传递，一个人对书的热爱程度及阅读了多少书就反映了他受教育的状况。而在书中，学生每天接触最多的就是所要学的教材，特别是相应的知识和能力都是通过学习这样的教材获得的。从这里，我们明显看出了课程的大小层次和程度：最大层次的课程就是影响人发展的一切因素，即人所处的环境，环境是教育人的无所不包的力量；第二层次的课程就是承载人类物质文明和精神文明成果的书籍，它以"文化"的形式给人的精神以特别给养，所以，一头扎进书中，就是身受最大的教育；第三层次的课程就是包容人类科学文化知识和一个人应掌握的基本技能的教材，学好教材就是打好知识素养和能力素养的基本功底。因此，在学生接受教育的过程中，这三个大小层次的课程一层也不能偏废，偏废了哪一层，学生所接受的教育就有缺陷。

有了这样大小不同的课程观，老师就会在三重视野上教育学生。第一重视野就是在我们生活的大千世界里进行教育。一方面，让学生充分地接触大自然，在大自然中去观察、感悟、体验和研究，由此获得第一性的直观感觉材料，获得相当程度的审美感受，获得引发学习研究的欲望和好奇心。另一方面，也让学生充分地接触社会，在社会中了解做人的意义，体察人的机智，观察人的创造，目睹人的奋斗，由此获得学习的动力、心灵的感动、人生的启迪。至少也让学生充分感受校园及其周围的自然景观、人文景观，获得浓缩了的自然、社会环境的熏陶和习染。老师有了这一重视野的课程观，就会把自然、社会引入到教育中，就会注重校园风貌的建设，就会让无声的教育扩展学生的视野，拓展学生的心胸，使学生养成大视野、大气度、大胸怀的开放而广阔的精神世界和心灵世界。

　　第二重视野就是在书的海洋里进行教育。凡是人生有大的前景的人都是从小在书的海洋里博览的人，凡是好的教师都是把学生引向书的海洋的人，书是教育丰润的面包，是缔造学生人生的无与伦比的精神力量，只有沿着书的阶梯不断攀登的教育才是蕴含神奇力量的教育，只有被书浸润的人生才是智慧的人生。所以，当教师能给学生一个书的世界，学生能感悟到书的世界的意义，而且师生能在书的世界里经常邂逅、讨论、切磋、指点、获得快乐，这才是在教育中谈教育，是生发力量和效果的教育，否则，我们永远是抛开教育谈教育，是在学生心灵之外进行教育。况且，只有把学生引向书，使学生对书的世界产生浓厚的兴趣，这才是让学生能离开老师开始进行自我教育的真正的教育。所以，只有一个老师把握了书的真谛，才真正把握了教育的航向。

　　第三重视野就是具体的教材和课本教育。前两种教育无限大，很难定性定型，这种教育虽小，但却非常具体，它就是显性知识和显性能力的培养。通过这种教育，人们可以获得具体明白的知识和技能。正是由于这种特性，这种教育就处在非常关键的地位，一个教师如果把握得好，就可以激发学生学习的兴趣，把小教育引向大教育，使学生走向书的海洋，走向对自然和社会的神奇探索，因而前途无量。如果一个教师把握得不好，很有可能就知识教知识，就能力培养能力，把知识和能力看成教育的唯一结果和终极目的，从而封杀了向前两种教育深入的道路，因而酝酿成只追求课本学习而抛离其他一切的单调、肤浅、干瘪、令人厌倦的学校教育的悲惨后果。我们目前在分数、实用、高考等指挥棒的指挥下，就陷入了这种局面。这实在是对教育的一个极大破坏。所以，课本教育绝不能只向课本里面钻，它还必须引导学生走出课本，到课本之外的广大世界里收获更丰富的教育成果。

　　当然，在这三重视野的教育中，由于学生的年龄、学识、水平的不同，其侧重点也不一样。小学生由于对世界充满了好奇心，活泼好动，因此，绝不可没有第一重视野，中学生必须掌握一定的基本知识和技能，而且也有了相当的智能水平，所以，第三重视野应该是核心，大学生就像怀特海所说的，不应该像中学生一样，伏案学习，而应该站起来四面瞭望，所以，应该以第二重视野为重。这样，小学、中学、大学都兼顾三重视野的教育，同时又有自己的核心和重点，因而都能收到良好的教育效果。

　　一个优秀的教师在教育过程中无不注意到这三重视野的课程，并且把它们天衣无缝地融合在一切。苏霍姆林斯基就是这方面的典型，他在听课时发现学生回答问题总那么苍白，毫无表现力，在学生意识里许多词并没有跟鲜明的表

象、同周围世界的事物和现象联系起来,他认为这是教师把学生通向大自然的
门关闭了。所以,为了启迪心智,他常带学生去观察大自然,在大自然中给学生
上思维课,培养学生的观察能力和语言表达能力,这种教育的结果使学生的思
想逐渐鲜明和充实,词汇有了表现力和感情色彩,表达变得活泼而有生气。同
时,在他的带领下,学校的环境也发生了重大变化,学校果树成林,有苹果、梨、
李子、杏、樱桃、核桃等,全校房舍被各种树木遮蔽,其中还有一些在当地都少见
的乔木和灌木——山梨树、垂杨柳、松树、桦树、罗汉松、雪松等,学校还修建了
暖房和绿色实验室,培育花卉和蔬菜,并进行实验等。这就是教育学生的大环
境,苏霍姆林斯基指出:

用环境,用学生自己创造的周围情景,用丰富集体精神生活的一切东西进
行教育,这是教育过程最微妙的领域之一。①

很明显,这就是他的第一重视野的课程。与此同时,苏霍姆林斯基注意到
书在学校教育中的巨大作用,他认为:

一所学校可能缺少许多东西,但只要有书,就可以称之为学校。②

所以。他千方百计让教师和学生与书都结下深厚的情缘,他说:

真正的教师是读书的爱好者:这是我校集体生活的一条金科玉律,而且已
成为传统。③

正因为如此,他所在的帕夫雷什中学逐渐就形成了爱书、读书的良好风尚,
35名教师的私人藏书共4.9万册,不少教师的家庭藏书都在千册以上,而苏霍
姆林斯基夫妇的藏书多达1.95万册,而且他们经常举办读书报告会、讨论会。
他要求教师读书,实际上就是引导学生读书,因为"学校首先意味着书籍。"④所
以,他积极为学生创造良好的读书环境,在主楼的每一层都有阅览室,并且注意
不断更新书刊。这样,就在他们的学校形成了一种爱书、尊重书、崇拜书的气
氛。由此可见,他有效地发挥了第二重视野的课程的作用。

另外,苏霍姆林斯基在教学实践中提出了"两个教学大纲"的理论,他说:
"第一个是必须学会记住的材料,第二个是课外阅读以及其他知识来源。"⑤第
二个教学大纲就是我们前述的第一视野和第二视野下的课程,第一个教学大纲
就是我们所说的第三视野下的课程,即教材,因为它就是"指正课课堂上要让学

---

① 赵同森:《解读人本主义教育思想》,广东教育出版社2006年版。
② 同上。
③ 同上。
④ 同上。
⑤ 同上。

生重点掌握和必须专门熟记的那个大纲,即人们通常所说的要向学生传授固定知识的教学大纲,这个大纲的知识范围和内容,是有明确和严格规定的,这是同一班级所有学生的必修课。"①可见,苏霍姆林斯基的成功就是准确把握了这三重视野下的课程,并和谐地处理了它们之间的关系,因而生发出了奇迹般的教育效果。

(四)课程的核心观

尽管我们在三重视野下来看待课程,而且只有在这三重视野下,我们的教育才能取得良好的效果。但不可否认,在学生学习的每一个阶段,我们必须找准一个核心,然后围绕这个核心再展开其他视野的课程,否则我们不但不能把各个阶段的学习区分开来,而且使我们在具体的教育过程中无从下手。这也是任何一个教育家从一开始就应该考虑的问题。

夸美纽斯主张,一切男女儿童不分贫富贵贱,同样应受到良好的教育,并设想了"把一切知识教给一切人"的各个教育阶段的课程:

幼年期——"母育学校"(0岁~6岁,主要训练感官机能。)

儿童期——"国语学校"(初级学校,7岁~12岁,主要训练知觉、记忆、想象。)

少年期——"拉丁语学校"(文法中学,13岁~18岁,主要训练理性判断。)

青年期——"大学"(学院,19岁~24岁,主要训练综合机能。)②

卢梭力主自然教育,他认为一切课程都在于创造性地发展儿童内部的"自然性":

幼儿期(初生~5岁):遵循自然法则,必须采取锻炼主义,使之饥饿、涸渴、疲劳,锻炼儿童的身体。

儿童期(5岁~12岁):这个时期为"理智睡眠期",儿童还不能真正的思考,所以,应排除书籍的教育,主要发展儿童的"外部感觉",培养儿童真正的勇气(自立心),使之体会自由的喜悦,由此开始个人的生活,因此,其课程以体育为基础,以情感性、劳作性的学习与情谊教育为中心。

少年期(12岁~15岁):这是以智育为中心的教育,这一时期应广泛发展智

---

① 赵同森:《解读人本主义教育思想》,广东教育出版社2006年版。

② 钟启泉:《现代课程论》,上海教育出版社2003年版。

力,满足儿童理智方面的要求,使之将确凿的知识同生活的需要相结合,注意学习的好奇心,注重思维方法的训练,而不是知识的教学。

青春期(15 岁～20 岁):这个时期为"激动和热情时期",是学习自己与他人关系的时期,这个时期主要实施道德教育,使之能够从自爱到他爱,再发展到人类爱,由此逐渐培养起权利、义务的观念。①

柏拉图精心描绘了一个理想国,在他的理想国里,教育是非常重要的一个方面,由此,他为不同年龄阶段的学生设置了不同的课程:

儿童在七岁以前,主要是做游戏和听故事。

七岁进入学校接受训练直到十八岁左右,主要课程是体育和音乐。体育为了锻炼身体;音乐为了陶冶心灵。其中音乐占主导地位,因为强健的身体不能自然而然地使心灵美好,而美好的心灵则使身体臻于它所能达到的程度。

从二十岁到三十岁学习算术、几何、天文学和音乐理论。算术能唤起思考的能力,从而能借助纯粹思维去思考本质和存在;几何除了有助于认识永恒存在之功效外,还附带心智训练的价值,从而有利于学习别种科目;天文学对行军作战、农业和航海都很有必要。

极少数准备当哲学家的人还需要继续学习五年,主要攻读辩证法。辩证法是所有课程的"合顶石",凌驾在其他所有学科之上。惟有修习过辩证法的人才能参与指导国家的政治、军事工作。五十岁通过一切考验并洞见"善"之本身的人,就成为哲学王。②

由此可见,我们必须认真思考在学生的不同年龄阶段到底应该以什么样的课程为主的问题,而且,在现代社会背景下,这一问题显得尤为突出。

首先,教育必须以学生的天性和个性为基础,适合之,则有教育的必要,不适合,则没有教育的必要,适合之,学生的生命将会鲜活地生长和发展,不适合,学生的生命将会受到干预和摧残。所以,忘掉学生的天性和个性,随意把外在的东西强行灌输给学生,这不是教育,而是对教育的一种背叛。

其次,受传统教育观念的影响,我们总认为教育的目的主要是向学生传授科学文化知识,因而在今天"知识爆炸"的时代,我们就开始密集地向学生传授各种知识,以至于知识不是促进学生身心发展的有效因素,而成了压制学生活泼生长的工具,因而学生面对知识,不但没有幸福快乐之感,反而沉重、窒息、麻木。所以,在某种程度上,教育不是化育学生内在智慧和创造力的过程,相反,

---

① 钟启泉:《现代课程论》,上海教育出版社 2003 年版。
② 施良方:《课程理论》,教育科学出版社 1996 年版。

却成了使他们陷于疲顿、僵死的罪魁祸首。

　　再次，教育必须充满灵性和适度的自由，不能使学生永远感觉到自己无限制地被外在东西所充塞，无限制地被外在力量所支配，如果这样，一个活生生的教育主体就会沦为没有任何灵性和自由精神的"非主体性"的人，他们既不能回答自己是谁，自己有什么样的能力和欲求，也没有"我"的作为，只能被社会所驱使和利用，这实际上是人的沦落和衰败。所以，不能由内激发人的主体意识和我要干什么的兴趣，不能给人以内在的灵性和自由，教育永远都没有找准自己位置。

　　所以，我们决不能在这样一个知识爆炸的时代，让知识铺天盖地而来，压得学生喘不过气来，不能让学生的天性让位于无限量的知识，也不能让知识淹没学生的灵性。我们必须根据学生在各个年龄阶段的天分找准相应的核心课程，让这些课程触发学生内在的兴趣，燃起学生内在的天性，使学生的精神世界和身体素质得到充分的发展，既使他们的身体强健，又使他们的智慧、理性、情感、道德等精神因素以最优的方式体现出来，使他们的真实人性以最美的方式表现出来，从而奠定他们走向更高人生境界的基础。对核心课程的设计，根本的原则就是不忘学生的内在的灵性，不忘学生的内在兴趣，不忘学生更广的发展空间，一句话，不忘为学生奠定一个内在的非常丰富的心灵基础和身体基础，这样的基础犹如肥沃的土壤，将来学生不论从事什么样的工作与活动，都能生根、发芽、开花，结出饱满的果实，这才是人们期望的真正的教育。由此，我们就可以确定学生在不同年龄阶段的核心课程。

　　1. 幼儿园

　　儿童的天性是好奇和游戏，儿童的好奇心是儿童洞察世界的巨大智慧和桥梁，它似乎要儿童把自己不认识的世界全部纳入怀抱予以体察和辨认。保持儿童的好奇心就是培养儿童的探求精神，就是培养儿童的观察习惯，就是激发儿童的求知欲望，就是唤醒儿童内在意识的觉醒。游戏既是儿童无拘无束的自由精神的体现，也是儿童认识世界和与人们交往的基本方式。在游戏过程中，儿童的机敏、活泼、灵动等内在天性会被充分激发出来，而且只有游戏才能永葆儿童的内在兴趣与活力。所以，在幼儿园中，核心课程就是围绕儿童的好奇心和游戏来设计，好奇心主要以对大自然及各种外在世界的观察为主，游戏主要以各种嬉戏的活动为主，决不可加进繁重的识字和算术任务，除了根据儿童的好奇心和游戏所接触到的字和数外，根本没有进行识字、算术教育的必要，如果儿童在这方面负担太重，不但使儿童的好奇心会泯灭，而且也使儿童的游戏限于迟钝和沉重。当然，儿童的游戏活动可以包含更广的音乐、体育、美术等内容，歌声和乐曲适合学生快乐的天性,体育适合儿童的好动的天性,美术适合儿童胡涂乱抹的"自我创造"的天性,这些都是儿童乐此不疲的事情,而且所有的音乐、体育、美术都使儿童享受着小小的自我主人翁的感觉。

2. 小学

小学是儿童身体和精神世界发育最快的时候,其身体素质和精神世界的广狭在某种程度上就决定了人一生的身体状况和精神境界。所以,在这一阶段,儿童就有了发展身体和精神的强烈愿望,他们整天活蹦乱跳,似乎有遏制不住的火山般的精力,他们的头脑充满了千姿百态的怪想,大胆地尝试着他们感兴趣的一切事情。因此,在小学,绝对不是把他们整天圈在教室里安静学习的时候,圈起来就是对他们的压抑,就是对他们的束缚,就是抹杀他们充满活力和创意的天性。所以,在这一阶段,最适合他们的课程就是体育和音乐,正如柏拉图在他的理想国中所预想的,体育是为了锻炼儿童的身体,音乐是为了陶冶儿童的心灵。实际上,体育、音乐的功能远不止于此。首先,如果稍加观察,我们就会发现,儿童自从进入学校的大门,他们最感兴趣的课程就是体育和音乐,这说明体育和音乐就适合他们的天性,抓住人的天性所进行的教育是最好的教育,也是最有效的教育。其次,如果我们不把体育和音乐搞成规整的训练,相反在其中渗入浓厚的"玩"、"嬉"的趣味,那么儿童就会受益终生。对于体育而言,如果能让他们自觉地"玩"、"嬉"各种体育活动,并且在他们感兴趣的某些项目上进行专门化、技能化的训练,那么,在以后的人生道路上,他们随时就可以锻炼身体,使他们的身体一直处于健康、结实、有活力的状态之中。对于音乐而言,如果让其更有"玩"、"嬉"的成分,每一个儿童都有可能爆发出天然的能歌善舞的能力来,只要每一个儿童张口能歌,举手能舞,那他们已经跨进了有"教养"、有"素质"的人的门槛。在此基础上,如果再让他们能习于某些乐器,能欣赏音乐的美,接受音乐的熏陶,那么他们就有了一个音乐的心灵了,一个具有音乐心灵的人就可能走到真性情、美德性的良好境界。

体育作为一种强健人的体魄的最好方式,在古希腊就受到人们极高的推崇,因而形成了浓厚的体育文化,奥林匹克的圣火不但是古希腊人的精神象征,而且凝练成了人们的体育情结,作为人,就要有活跃的体育活动,体育是人的健康体魄的助燃剂,只要有了健康的体魄,人才能立于天地之间进行一些创造活动,而且只有从强健的体魄中,才能溢出旺盛的精力、神通的灵感、奇异的想象和活跃的创造力。当然,我们也可以想象,当人的身体羸弱到仅照顾自己都不容易的地步,人还能在其他方面有什么大的作为? 音乐从来都是与人的心灵相通的具有审美意义的事物,在古希腊和我国春秋战国时期,那是人类思想走向鼎盛和繁荣的时期,也是人们非常垂青音乐的时期,柏拉图在他的理想国中,要求青少年什么都可以不学,但音乐是不可缺少的,而且是最为重要的,音乐就像人类心灵的营养品,滋润人的心田,可以使人的灵魂走向神圣和高洁。孔子对美好的音乐是如此的陶醉,他曾赞美当时的音乐"韶":"尽美矣,又尽善也。"(《八佾》)当他在齐国听到"韶"后,就很长一段时间尝不出肉的味道,因而感叹道:"不图为乐之至于斯也!"(《述而》)想不到欣赏音乐到了这种地步啊!他也和人们一道唱歌,如果别人唱得好,他一定请他再来一遍,然后跟着他唱,音乐对他如此重要,其原因他一语道破:"兴于诗,立于礼,成于乐。"(《泰伯》)诗经使他富于联想力,礼法使他能立足于社会,而音乐使他能完成学业。他曾讲乐曲的好处有三种,第一种就是以礼乐的曲调为快乐,其次以宣扬别人的好处为快乐,最后是以交了不少贤明的人物为快乐,即"乐节礼乐,乐道人之善,乐多贤友,益矣。"(《季氏篇》)所以,对孔子而言,没有音乐,对成就一个人,特别是对成就一个心灵高雅、充满贤明睿智的人是不可想象的。只有音乐深入人的心灵并与人的其他精神因素结合起来,才能编制起人的美好的精神世界,而且一步一步迈向人生的较高境界。缺少了音乐,人的心灵犹如田地缺少甘霖雨露的滋润,永远干瘪,难以生长出葱郁的绿色生命来。但是,我们现代的课程以语文、数学为重,把音乐排挤到可有可无的地步,这纵然使儿童获得了不少知识,但对学生心灵的陶冶和美化来说却是一片空白,乃至于这些知识不能活化成智慧,不能培养出具有灵通效应的心灵。

所以,在小学这一阶段,正当学生的身体开始全面发育,正当学生的心灵需要最美的陶冶的时候,我们必须给予足够的体育和音乐的锻炼和熏陶,使他们的身心获得最好的发展、最美的生长。所以,体育和音乐必须成为小学生的核心课程,小学教师必须在体育、音乐方面具有深厚的修养,而且有特别的专长,否则就不是合格的教师。只有这样,我们教学语文和数学等其他学科,才能自然而轻松,并取得良好的效果,也只有这样,才能达到成就人完善人的目的。

3. 初中

在初中阶段,儿童的心智开始全面萌发,理性分析和审思的大门已经徐徐敞开,此时的儿童不仅喜欢追问一些问题,计算一些数据,而且自身就在回答和验证这些思考,这样,在这个时候,儿童的核心课程就是语文、数学、天文、地理等一些基础科学知识,这些学科不仅适合儿童的心智,为儿童所感兴趣,而且能培植儿童的心智能力和学科知识的基本功,为学生下一步的学习打下自然而坚实的基础。

自然,在这一阶段,学生心智的大门才开,还不是很高,我们必须顺应学生这种初发的心智能力,循序渐进地让学生接近各门学科。当我们让学生接近每门学科的时候,我们所要把握的基本原则就是始终让学生保持或激发学生的"好奇、兴趣、成功"的内在心理感受,使学生的心智能够轻松而快乐地在这些学科当中自由徜徉。所以,每门学科不应该难度太大,要充满趣味性和灵动性,不但能满足儿童的好奇心,而且能激发学生的学习兴趣,还能让学生在每一项学习中取得成功,由此,使学生的学习能进入他们的心灵世界,能和他们的精神世界相契合,从而引领他们的心智,开发他们的心智,使他们的心智不断走向更高境界。

在这一阶段,我们最忌讳的是,一旦为学生开始介绍各门学科知识的时候,我们就把教育变成了知识训练术,把学生变成了知识灌输的对象,鉴别学生学习成就的高低就在于学生的记忆能力。因而,连篇累牍地大量地向学生推介知识,反复地进行训练和练习,不给学生一点喘息的机会,而且无限制地提升每门学科的量和难度,似乎量大难度高的学习、训练和检测才能证明教育的水平。在这种情况下,教育的优雅、轻松、灵气统统被窒息了,学生心灵中原有的对各门学科的好奇心、兴趣以及充满成功的愿望也被驱逐殆尽,这里,再没有心智的锐气,再没有学习的轻松,再没有学习的快乐,只有背负不起的学习负担,只有心智上的耗竭,只有身心上的疲累,此时,学生已经不是渴望学习了,而是害怕学习,逃避学习。教育到了这种地步,已经不是点燃学生内在的各种潜能,使其熊熊燃烧,释放出各种心智创造力的光芒,而简直就"变成了他们才智的屠宰场"了。

所以,初中教师应该像西方一句谚语所说的:"是面带微笑的知识。"可以轻松、快乐地把学生带到知识的殿堂,在向学生传授知识的过程中,深入浅出,通俗易懂,灵动活泼,始终能用知识的音符拨动学生心智的琴弦,可以达到这样一种教学艺术:即每一份知识不是从外面灌输给学生的,而是从学生心底激发出来的,或者就是打开学生心智的闸门,让其流淌出来的。这实际上就是进到学生的心灵,与学生的心智融通起来,使学生感受不到任何交流、沟通和理解的障碍。达不到这种教学效果,只停留在学生心智之外,甚至连学生的注意力都抓不住,那永远都是无效的教学。因此,学科教学的关键就是对学生心智的唤醒,并且使学生的心智或多或少地处于一种欲求各种知识的饥饿状态,而不是让各种知识压得学生喘不过气来。

4. 高中

在这一阶段,学生青春荡漾,英姿勃发,充满理想和抱负,具有旺盛的求知欲,恨不得把所有的文化知识都纳入他们的心胸而一展青年人的雄心和才华。

因此,这是把人类的优秀文化传统融入学生心底的最佳时机,高中学生正该伏案读书,吸纳人类文化的精华,他们核心课程就是优秀的、经典的文化传统。

人类已经走过了几千年有文字记载的路程,"每一个伟大的时代都留下文化的沉淀。"①这些文化沉淀是人类伟大智慧经过历史的洗练而凝结成的巨大财富,一方面,它们是对人类生活经验的基本总结,充满真知灼见,不但可以给我们提供直接的生活范例,而且可以给我们提供间接的生活指导和启迪。另一方面,它们直接与人类的精神世界相通,给人以智慧的启迪、思想的冲击、心意的振奋、灵魂的满足,获得心灵上的陶冶、气质上的变化、境界上的提升和精神上的丰富,同时又构成人类进行新的文化创造的直接源泉,诱发人的智慧、催生人的灵感、孕育人的创造,促使人创造新的物质和精神财富。

作为有教养的人,作为人性相对完善的人,作为一个能相对幸福工作和生活的人,在现代乃至将来社会中,必须有相对丰富的经典传统文化的熏陶,一方面,如果没有这方面的熏陶,就断了文化传统源远流长的血脉,背叛了人类几千年历史,背弃了一个民族日积月累的智慧。另一方面,如果一个人缺少传统文化的积淀,就会变得浅薄而轻浮,这样的人在任何领域里都不会走得太远,也不会飞得太高,除了一时可能制造出一些华丽的泡沫、充当现代社会的工具外,不会有实质性的作为。更重要的是,不受文化精粹熏陶的人,不论他们掌握了多少现代时髦的东西,都会陷入精神空虚的泥潭当中,寻找不到人生的意义、生活的意义和世界的意义,发现不了人生的美,体验不到生活的幸福,憧憬不到世界未来的美景,因而就会做出一些反人性的行为,诸如无所事事,吃喝玩乐,酗酒、嫖赌、自贱、追求物质上的腐化、有意识的犯罪等等,人格和道德开始无限制的沦丧。但是,由文化精粹孕育出来的人有人类优秀文化的根,由于有博大而丰富的精神世界,有根源于内心的生活信仰,有自己的人格支柱,就很难堕落。而接受人类优秀文化熏陶的最好的年龄阶段就在青春勃发、精神快速生长的高中阶段。

当然,如何把传统文化经典引进高中学习并变成核心课程,这是一个值得研究的重大课题。但是,我们应该有几个原则性的认识:

首先,我们应该认识到,教育首先是文化的,其次才是专业的。所谓文化的,就是我们要有意识地回归到传统文化当中,浏览、欣赏人类文化的一处处美景,并且在某一处有特别的心理共鸣和兴趣。所谓专业的,就是把传统文化的脉络都去掉,根据现代分工,特意形成一些专业学科,从中提炼出一定的原理、

---

① 杜威:《道德教育原理》,浙江教育出版社 2003 年版。

方法、技能、技巧,并且就把学生限制在这些知识和技能的训练和检测中,因而斩断了活的文化血脉,而只剩下僵死的工具意义的符号。

其次,我们必须注意把学生从课程拥挤、负担过重以及分数主义的评价机制中解放出来,使他们能够从容地去阅读古典文化,也使他们能够自由地去讨论前贤的思想成果和各种观点。正像杜威所说的:

> 学校科目过分复杂,课程和功课过分拥塞,所产生的最永久的恶果并不是随之而来的忧心忡忡、神经紧张和肤浅的理解(尽管这些后果是严重的),而在于不能使学生理解真正的认识一件事和真正相信一件事的含义。①

加上分数主义的片面评价,给年轻的学子在精神上造成严重的负担和障碍,而且也阻隔了从心理深处认识和理解知识的通道和智慧。所以,我们应该走出这种教育的误区,倡导亚里士多德所主张的以自由和闲暇为条件的博雅教育,使学生能够自由地走进丰富的文化经典,能与原汁原味的思想家对话,能勾起他们的文化情趣,能浸润他们的思想嫩芽,进而扩充他们的精神世界,丰富他们的心灵内容,这才算是受到教育的并真正富含教育素养的人。

第三,我们应该解除功利主义的教育目的,以激发学生内在学习兴趣为基准点,使学生走上自主学习的道路。我们现在教育的最大弊端就是把教育目的移植到教育之外,以考上大学、找到好工作为目的,从而使学生丧失了内在的学习动机和兴趣,因而使学习不能焕发学生的内在精神,从精神层面引起学生的心灵世界的变化。所以,学习除了记忆一些知识和学会一些技能外,留给精神世界的几乎是一篇荒漠。因此,我们应该以传统文化自身的魅力激发学生的兴趣,把学生的智慧、灵魂唤醒,让学生积极主动的学习。实际上,在这个年龄阶段,只要我们不以功利主义压抑和引领他们,学生的学习欲望最容易挑动,也最容易让他们热情地投入到自我学习中,因为人的本性就是充满学习欲的。

第四,文化经典的学习,最主要的一个方式就是引导学生去读书。因为文化的东西博大精深,有读书的兴趣,就可以步入它们的殿堂,遍览它们美丽的果实,也只有读书,才能成为一个真正的读书人、学习人,文化的东西才能变成人的精神营养,不断滋润自己心田。但是,如若不读书,课堂的学习,不论多么有效,那也只是凤毛麟角,无法通及传统的文化。所以,课堂学习仅仅是为学习博大的传统文化打开了一扇大门,只有读书才能一步一步遍览它的世界。催生学生的读书兴趣胜过一切生动而有效的给予式的教育,有了读书兴趣,就有了活的文化源泉,而给予总有停止和竭尽的时候,也有别人愿意接受不接受的问题。

---

① 杜威:《道德教育原理》,浙江教育出版社2003年版。

5. 大学

经过基本学科的训练和传统文化的熏陶,进入大学的青年人已经由一个吸纳知识的海绵变成了具有一定研究力和创造力的不断涌动着的火山,这时人的理性光辉开始彰显出来,既以人特有的理性洞察这个世界,也以人特有的理性创造这个世界,大学就是为人的这种高级本性提供一个最充分、最自由的场所。所以,大学的核心课程就是让学生凭借一门专业,博览群书,向纵深发展,形成富有活力的研究力和创造力。从这个意义上讲,大学既是各学科知识的摇篮,又是各学科知识获得最新发展的前沿阵地,大学既是各门学科积淀最丰富、最全面的场所,也是各门学科研究最积极、最活跃的学术殿堂,相应地,大学生就是围绕某一专业的博览群书者、研究者和创造者,否则,大学就失去了它的意义,大学生也将名不副实。

现实的人的存在,如果按其存在的历史价值和意义而言,既是一个继承体,又是一个创新体。所谓继承体就是相对完整地继承以往人类所积淀下来的优秀文化传统,所谓创新体就是在以往人类优秀文化基础上的再创新和发展,前者保证人类的生存和繁衍,后者保证人类社会的不断前进,失去前者,人类将退回到最初的原始经验当中去,失去后者,人类将会原地踏步。实际上,这两种情况都不可能出现,原因就是人有这种存在的特性。当然,并不是人类的每一个成员都能完成这两重存在,完成这两重存在的只能是人类优秀的分子,在过去,是社会的圣士贤达,当有了大学之后,就是大学生这一特殊的群体,所以,大学生肩负的是人类文化的继承和创新的双重使命。

人类的本性可以体现在各个方面,但超越一切动物而成为万物之精华的就在于人的理性,虽然这种本性在人的生命全过程中都可以充分体现出来,渗透在人的日常生活中,但它的最高体现就是可以梳理、整理、继承人类以往的优秀文化传统,又可以进行新的研究和创造。所以,在一个社会中,必须有一个群体来体现这种高级的理性,在当代,大学生就是这个群体的主流,他们应该是人类理性本能的最高体现,应该把人类的这种高级本性表现出来。

由此,我们明显地看到,大学不是人们随意创造出来的仅供人们学习的场所,而是应人的存在本性要求而自觉创造出来的场所。所以,大学古已有之,不纯粹是在近代才出现的,只不过古之大学是以社会贤达授徒讲学的形式出现的,而现代大学是以学校的形式出现罢了。自然,顺应这种要求的大学必然体现出大学的本质和基本职能来,对大学这个场所来讲,大学必须是以往人类文化的汇聚地,必须是新文化的创新地;对教师而言,教师必须是某一领域的专家,此专家有三层含义,一是很好地掌握了某一领域的科学文化,二是能在某一领域站在学术的前沿有所研究,有所创新,三是肩负起培养新的"专家"的职能;对学生而言,学生必须既是一个博览群书的学者,又是一个富有开拓精神的研究者。从三方面总体而言,大学的基本任务就是文化积淀和学术创新。前者讲丰厚,后者讲研究。所以,大学生来到大学,必须完成两项使命,一项就是在博览群书的基础上融通本专业的知识,一项就是培养起自己的学术研究精神。完不成这两项使命,他们就没有达到一个大学生应有的水准。因而,这两方面就是大学的核心课程。这样的课程如何贯穿到大学中,根据大学的性质,无非是两条途径,一是课堂内老师的传授点拨、启发和引导,二是课堂外的读书、思考、研究、拓展。当然,要使这两方面产生良好的效果,就需要创造三个条件,一是好的图书馆,保证有丰富的书籍、资料和灵活方便的信息检索;二是研究性的教和研究性的学,形成浓厚的学术气氛;三是高度的教学、学术自由,不设禁区,不加约束,不受打击。

当然,我们以上所阐述的是核心课程,所谓核心课程就是必须完成而不能有任何懈怠的课程,必须高度重视不能偏离的课程。但核心课程不是孤立的课程,它必须有一定的外缘课程,比如,在小学,除了有体育和音乐之外,必须有适量的语文、数学、美术、自然学科等,否则到了初中,就不能把它们变成核心课程,在初中,当我们把语文、数学、自然学科看成核心课程之后,我们就不能忘记在小学已经发展起来的体育和音乐能力,在高中阶段,当我们把文化经典看成核心课程的时候,我们就不能忘记初中已经发展起来的基本学科能力及体育、音乐特长,如此等等。而且,无论在哪一个阶段,我们始终要关注学生的兴趣,在总体上实施上述核心课程的同时,对每一个学生而言,必须把他们的兴趣看成他们的核心课程,这就会本然地发展起个别学生的特殊才能,忘掉学生的兴趣所进行的教育是非常遗憾的教育,因为兴趣集中了学生的天赋和将来所能作出的巨大成就。

我们所述的核心课程,其出发点就是学生在不同年龄阶段的本性,其根本意义就是,在教育过程中,使学生能自然地对我们所教的内容感兴趣,能产生精神上的震动,能出现心灵上的回应,从而使我们的每一步教育都成为学生成长和发展的最为丰富的营养和台阶。其根本归宿点就是,我们的教育是把人当目的的一种恰当的教育,学生能作为一个"人"不断地健康成长和完善。在当今市场经济条件下,让学生成为自身发展以外某种目的的功利性手段,或把学生开发培养成简单而有用的人力资源,也许是个人生存或社会发展的需要,但我们不能本末倒置,当我们让一个人按照自己的天性、意愿和兴趣较为愉快地成长和发展起来的时候,承担各种各样的社会工作是自我价值的体现,是自我实现的一种手段，是人生意义的一种具体化，与从一开始就把学生当手段、当人力资源来培养是截然不同的。所以，按照我们所设想的核心课程进行教育，是一种适合人性的教育，也是一种促使人性健康成长、完善人性的教育，也必然是让学生感到快乐、感到自然、感到惬意的教育，当然，也是在学生的心灵世界中有所积淀、有所生成、有所发展的教育。获得这样教育的学生，其人性素质、能力素质和创造素质都不会很低，它是从一开始就着眼学生一生并使其走到人生最高境界的教育，因而也是最有效的教育。

（五）教材的精神涵养

无论我们怎样论述课程，在学校这个范围内，教材是课程的集中体现，甚至在某些情况下，课程就是教材，学生在学校当中所要系统学习的，除了教材没有其他什么因素能与其相比，自然，对学生影响最大的也是教材。杜威曾这样论述教材的重要性：

在许多方面，学校生活中所使用的教材决定了学校的一般氛围和居首要地位的教学方法和训练方法。一门沉闷无趣的"学科"，也就是说，贫乏而狭隘的学校活动领域，不可能有助于发展至关重要的社会精神，以及诉诸同情和合作而不是吸收、排外和竞争的方法。因此，知道我们应怎样把道德价值的社会标准运用于学校工作的教材上，以及我们习惯上称之为使学生忙碌不已的"学科"上，成为一个极其重要的问题。①

显然，教材是学校教育中不可小视的问题。

那么，教材在学校教育当中到底起什么样的作用？杜威对此也有精辟的见解，他说："我们目前已建立了三种互不依赖的价值：一种是文化的价值，另一种是知识的价值，另一种是训练的价值。"②时至今日，我们的认识也没有超出这样认识的范畴。但是，我们必须看到，随着学校教育从"工具价值论"向"人本化"方向的转移，即把人当成社会上的某种人力资源培养向把人当人培养、使其内在的人性因素健康成长的方向转移，教材的意义就不能只停留在"文化"、"知识"和"训练"之上，而要把它们统整起来，看成是对人性的一种精神涵养。

所谓对人性的精神涵养，就是教材能够成为人精神渴求的养分，当人与教

---

① 杜威：《道德教育原理》，浙江教育出版社 2003 年版。
② 同上。

材接触后,教材的内容能缓缓进入人的心灵世界,滋润人的精神,丰富人的内心世界,孕育人的善良本性,催生人的智慧,使人的内在潜能自动彰显出来,或有强烈表现的冲动。所以,教材是贴近人性并激发、引导人性生长的精神能量,而不是简单地从外面灌输进去的各种不同的材料,要达到这样的效果,教材必须体现出以下特征:

1. 必须能与人的心灵发生共鸣

就像植物生长需要水分和阳光一样,人的心灵生长就需要一定的精神营养,所以,对人的心灵而言,教材不仅应该是人们所需要的精神营养品,而且应该是人们最喜爱的精神营养品,当人们捧起一本教材后,一定能发生心理共鸣,使人不由自主地想深入到教材之中去,而教材自身也能很快融入人的心田。

2. 必须能激发人的兴趣

教材不是干预、阻碍人的精神生长的障碍,而是引发人的精神生长的发酵素,只有当教材能激发起人学习教材、关注教材、消化教材的兴趣,教材才会深入人的精神世界,起到教育人、引导人的作用,特别是能激活人的一切内在精神因素,使人的智慧、情感、能力等快速生长起来。如果教材不能激发人的情趣,相反令人生厌的话,那么它就成了窒息人的精神生长的障碍,根本起不到教化作用。

3. 必须能使人的心灵有所得、有所悟

当人们学习、阅览教材的时候,教材不但不构成人们阅读、学习的障碍,而且能够引人入胜,使人与每一个文字接触后,真正有所得、有所悟,或者启动人思考的神经,或者使人明白一定的道理,或者使人获得一定的知识,或者丰富人的精神世界,总之,使人明显感觉到人的知识边界在扩大,思想水平在提高,思考力在增长,整个精神世界在膨胀。

在过去,我们就没有这些关于教材的观念,只简单地强调教材的知识性,因而使其暴露出以下明显不足:

第一,所有的教材都是纯粹的"科学知识原理"的呈现,都"正确"得没有任何思考、讨论的余地,几乎都排除了学习者的主观经验和精神状况,因而也仅仅是向学生灌输的知识材料,学生所做的工作就是接受下来,记忆住,巩固好,根本与学生的精神需求和生长没有多大关系,学生仅仅是一个机械记忆的机器。

第二,由于教材是科学知识的载体,随着知识时代的到来,所有新知识都必须容纳到教材中,因此,教材患上了臃肿症,内容越来越多,厚度越来越大,相应地,学生学习的负担就越来越重,即使每天忙不迭地学习,也很难较好地掌握教材的内容。因此,教材就像大山一样压在学生的心头,拥堵了学生的精神灵性,压灭了学生的学习欲望,消除了学生各方面的兴趣,因而变成了学生纯粹外在的负担。

第三,由于认识不到位,加上受功利主义的影响,许多人根本不讲求教材的编排艺术,只要是相关的知识都罗列进去,讲求量大、内容多,从而显示编者的"水平"和"学识",同时使教材有一个好价钱。所以,现在形成一种较为普遍的现象:无能的人去编教材;具有功利心的人去编教材赚钱;教材是所有书籍中最难看的读物,除了在课堂上用之外,几乎没有人再去读它,即使学习它的人,也是在考试后就把它扔掉。如此一来,教材就沦落到令人非常厌倦的地步,根本无法与学生的心灵对接,更不可能给学生带来精神上的教育、熏陶和升华。

所以,我们在教材编写上一定要遵循以下几个原则:

(1)让学生喜爱的原则。即无论从内容编排还是从版桢设计上,必须首先赢得学生的喜爱,在学生未学之前,使学生渴望得到相应的教材,在学生学了之后,使学生愿意珍藏相应的教材,因为学生喜爱教材是学生喜爱书的开始,也是把学生引向知识海洋的第一步。

(2)激发学生求知欲的原则。即在学生接触教材后,使学生产生想读下去、学下去的强烈欲望,这样的欲望不但能调动学生学习的积极性和主动性,而且能开启学生学习的一切潜能,因为教材是学生学习所接触到的第一读物,在很大程度上,教材编写得好,就能打开学生通向学习、学习、再学习的大门,使学生充满学习的智慧和活力,相反,教材编写得不好,就把学生阻隔在学习的大门外,使学生很难再想开启这样的大门。

(3)精炼、通俗、引人入胜的原则。即教材是浓缩了的知识文化的精品,语言必须凝练优美,行文必须通俗易懂,能引导学生轻松的学习和进步,坚决避免大本教材、艰涩教材,使学生既看不完,又读不懂,给学生造成不必要的心理负担。

(4)浓郁的文化品位和人性品味原则。浓郁的文化品位和人性品味是触动人的心灵世界的关键,一本教材只有充满了这样的品位才能与人的精神世界融通起来,才能使人的精神世界丰富、健康、美丽。因此,在教材编写过程中,必须力戒知识教条的拥塞,科学原理的罗列,技术方法的陈述,政治说教的赘述,这些都有可能断送教材的文化血脉、思想灵气和人性精微。因为只有适合人的精神品味的文化产品才能使人品尝到它的美味,才能被人不断饕餮消化吸收,积淀成人的灵魂,否则,它们不论以什么样的方式传递给人,总黏附在人的灵魂之外,随时都有可能剥落。

(5)体现不同风格和特色的原则。即幼儿园、小学、初中、大学的教材,必须体现出不同的风格和特色,幼儿园的直观感受风格,小学的轻松活泼风格,初中的简明整洁风格,高中的稳重大方风格,大学的含蓄高雅风格,幼儿园的本真特色,小学的生动特色,初中的学科特色,高中的文化特色,大学的思想特色,都必须淋漓尽致地表现在它们的教材中,这样的风格和特色不但适合学生各个年龄阶段的特征,而且能够潜入学生的心灵,陶冶学生的精神。

当然,好的教材不但要按照这样的原则来编写,而且要有好的教师按照这样的原则来教授,教材毕竟是死的,而人是活的,只有活的人才使死的教材充满生命活力。一部一般化的教材,在具有高超驾驭能力的教师手中,就能够充满精神的汁液,滋润学生的心田,但一部生动的教材,在一般化的教师手中,就会白白浪费掉其浓郁的精神养分。教师才是教材对学生发挥作用的桥梁和纽带。

六、方法是开启学生心智的明灯

教育是一门需要用心去体悟的艺术,凡艺术在初入其门的时候都讲求方法,掌握其恰如其分的方法,就能很快进入其门径,品尝其美好的滋味。但凡方法者,都是人们在初学某些事的时候所运用的技巧,一旦人们向高级阶段攀升,具体的可陈述的方法就不可依,甚至不可用,用道家的话说,就是法无定法,无法是大法。每当一位艺术大师其技艺达到炉火纯青的时候,他岂能告诉我们他一步步达到此种境界的方法? 即使他告诉了我们,我们就能够顺应这些方法而通达此高地? 这是从未有过的事,否则,一旦有艺术大师出现,人们皆可遵其法而成为新的一个又一个艺术大师。

(一)认识方法

教育应该讲一定的方法,但这种方法不是初级层次的操作方法,而是追求大师境界的“法无定法”的方法。一般来说,如果某种方法有严格的操作程序并能够达到理想效果的话,这都是对待客观事物的方法,都是加工某种产品的方法,对人而言,如要把人教育到理想的地步,绝对没有一套可用的类似操作程序的方法,如若存在这样的方法,那么教育的确就可以达到万能的地步了,只要我们把任何一个等待教育的人置于这样的方法中,我们就可以得到相应的结果了。况且,现代科学技术如此发达,越是程序性的东西,越可模拟,越可自动化、精密化、严格化,因而越具有高度的准确性,这样,我们不就可以把人的教育交给机器了吗? 大批的教师不就可以解放出来了吗? 实践证明,这绝对是一种天方夜谭。教育的事业必须是人的事业,对人的教育只能由人来完成,越是人性化的教育,越需要人的因素,能深入人的心灵起教育作用的只能是人的言行,不论现代科学技术多么发达,教育不可能从人的工作中转移出去,甚至可以这样说,科学技术越发达,越需要人的教育,因为教育在本质上传递的是人的气息,其他一切东西只有通过这种气息来影响人,离开了人,其他一切都是僵死的,虽然它们可以给人留下记忆和影响,但决不起教育作用,不起使人性完善和美化的作用。

更重要的是教育的对象是年龄、种族、性格、气质、文化、思想、观念等千差万别的学生,每一个学生都有自己独特的个性和能力,他们自身就充满了旺盛的生命力,教育只有和他们的个性及能力结合起来,提供适当的条件,才能达到良好的效果。所以,同一种教育在不同的学生那里就有不同的反应,他们或响应、或接受、或顺从、或不理、或冷漠、或拒斥、或反抗,不同的态度预示着不同的教育效果。所以,教育的方法不可能千篇一律,它们的好坏只能针对不同的学生而言。

另外,我们还可以注意到教育的方法不是离开教育者而独立存在的方法,它们总与教育者本人紧密联系在一起,尽管有些方法看起来是客观的,大家都可以运用,但这只是一种表面现象,每一种方法在运用的过程中,都有一个和教育者重新结合的过程,这种结合就表明那些原本客观的、共同的方法也就变成了教育者本人的方法,由此一来,教育的效果就大相径庭,这其中,与其说是"方法"起了作用,还不如说教育者——人起了作用。

所以,我们从来都不要迷信教育中的方法,特别是那种非常具体、步骤明晰、程序严密的方法,更不要迷信某某人实验出来、总结出来并确实产生效果的方法,这些方法都是特定的教师和特定的学生强烈互动的结果,换了教师和学生,这些效果并不一定就能够显示出来。如果我们唯方法是从,做一个方法的奴隶,那么,这只能带来教育上的混乱,甚至是灾难。雅斯贝尔斯就深刻批判过这种现象:

当代教育已出现下列危机征兆:非常努力教学工作,却缺少统一观念;每年出版不计其数的文章和书籍,教学方法和技巧亦不断花样翻新。每一个教师为教育花出的心血前所未有的多,但因缺乏一个整体,却给人一种无力之感。此外,就是教育一再出现的特有现象:放弃本质教育,去从事没完没了的教学实验,做一些无关痛痒的调查分析,把不可言说之事用不真实的话直接表述出来了,并不断地更换内容和方法做种种实验。①

我国学者夏丏尊先生在 20 个世纪 20 年代也强烈批评过这种现象:

学校教育到了现在,真是空虚极了,单从外形的制度上方法上,走马观灯似的变更迎合,而于教育的生命的某物,从未闻有人培养和顾及。好象掘池,有人

———————

① 雅斯贝尔斯:《什么是教育》,生活·读书·新知书店 1991 年版。

说四方形好,有人说圆形好,朝朝暮暮地改个不休,而于池的所以为池的要素的水,反无人注意。教育上的水是什么?就是情,就是爱。教育没有了情爱,就成了无水的池,任你四方形也罢,圆形也罢,总逃不了一个空虚。①

由此可见,从方法入手搞教育并不是对教育的一种贡献,教育有其内在的灵魂和信仰,并不是驾乘什么方法之舟就能够开辟一条成功的航道。

当然,我们不能全盘否定方法,如果我们讲方法,并正确地运用方法,那么只能是以下两种情况:

第一,方法是教育者成熟的教育思想、教育信念、教育精神的自然显现。当一个教育者拥有了一套丰富而强烈的教育观念的时候,为把这种观念变成生动活泼的实践,他就会着力开辟一条与之完全相适应的方法之道。但如果没有成熟的教育思想和教育观念,没有执着的教育信仰,任何方法就不足用,即使用也没有多少效果,一个无知的头脑怎能单纯运用一种方法结出教育之果呢?现在,教育领域里的方法可谓五花八门,层出不穷,但大都是就方法而论方法,很少是成熟的教育思想的表现,因而是无本之木,无源之水,所以,除了昙花一现,没有任何生命力,这其中也夹杂着许多为一时名利而编造出来的伪方法、劣方法,它们已经是教育领域中的蛀虫了。

第二,方法是破解学生迷津的钥匙或启蒙思想。学生的学习生活并不一帆风顺,总会遇到各种各样的困难和挫折,有时候,犹如在迷雾中,需要一定的路标,有时候,犹如在大海中,需要一定的灯塔,有时候,犹如坠入无边的黑暗,需要光亮,有时候,犹如面对紧闭的大门,需要钥匙,有时候,犹如来到岔路口,需要指路人。所谓方法就是这样的路标、灯塔、光亮、钥匙和指路人,它们恰好满足了学生破解迷津的需要,不能破解学生学习的迷津、不能满足学生学习需要的方法都是虚妄的方法,都是故弄玄虚的方法,只有从学生的实际出发,的确促进了学生学习的方法才可称为方法,自然,这种方法是启迪性的、引导性的,而不是即刻给予达到目的的非常具体的工具。

所以,方法是深厚的教育思想孕育出来的晶体,是帮助学生破解迷津的灵丹妙药,除此之外,我们寻找不到任何可用的方法。

---

① 亚米契斯:《爱的教育(译者序言)》,华东师范大学出版社 1995 年版。

（二）大师的方法

虽然我们阐述了两种意义上的方法,但这两种方法并不是孤立的,也不是完全并列的,只有教育思想所孕育出来的方法才是占据主导地位的方法,有了成熟而深刻的教育思想,他们自然而然就会引导学生按自己的思想前行,如果遇到学生确有什么样的困惑或难题,依据他们深厚的思想底蕴,他们要么能够预测这样的困惑和挫折,提前得以排除,要么在这种困难和挫折出现之后,就会很有智慧地提出相应的对策予以破解。但是如果没有了丰富的思想,单从自身产生不了方法,遇到有困难的学生,也会束手无策。这就像农民种地,如果一个农民经验丰富,他自然知道怎样种地,种地的"方法"娴熟于心,如果这个农民没有任何经验,则他根本就难以下地,即使他种下庄稼,当庄稼出现了问题,他也没有解决之法。所以,在人类历史上,一些教育大家自然而然就从他们的思想中生出了好的教育方法,甚至可以说,他们的教育思想就是他们的教育方法。

1. 苏格拉底法

苏格拉底是古希腊最伟大的智者,可谓是古希腊文明乃至于整个西方文明的一面旗帜,他的思想之浩瀚,足以使任何一个后来者从中舀出一碗水就可以引出一条溪流或江河,他绝对无愧于西方文化鼻祖的称号。思想家就是教育家,教育家就有一套教育人的方法。苏格拉底的教育方法就是把学生唤到智慧的高山顶上,然后与其一起洞览云雾缭绕的思想风景,最后让学生找到人生真理的珠宝。

一种方法的存在必然有它的前提条件,苏格拉底的方法就是以师生的"爱智"为基本前提条件。苏格拉底深深懂得,人的最高境界就是过有智慧的生活,他的名言就是:"不经过思考的生活是不值得过的。"这句名言穿越了历史空间,在任何时代都闪射着迷人的光芒。根据对这句名言的理解,尽管苏格拉底过着和大多数人一样的生活,但他的生活是在追问了其价值和意义的生活,是经过智慧陶染的生活,或者说,就是在智慧指导下的生活。所以,他一下子就脱离了一般人所在的庸俗之境。当然,苏格拉底也明白,智慧是非常高贵的东西,人不是智慧本身,人不能和智慧同一,但人可以爱智慧,所以,人就是爱智慧的动物。所谓爱智慧,在苏格拉底看来,就是思想的探险,就是进入思辨的领域思辨那些让人能感到有智慧的东西,然后让它们在人的思想领域中闪烁。这就是教者和学者的前提,苏格拉底就把这看成了教育的命脉。自然,在他的潜意识中,他一直都在这样纳闷或质问:一个根本没有智慧冲动的人难道能从事教育吗？一个根本不知道智慧价值的人难道能去学习吗？教育的全部价值就是在爱智慧的前提下产生的。

方法也与人的态度联系在一起,一个人对人对己抱什么态度,就采用什么样的方法,如礼貌、尊重的态度就采用礼貌、尊重的方法,轻蔑、鄙视的态度就采用轻蔑、鄙视的方法。所以,在教育中,苏格拉底就首先观察教者和学者的态度,从这种态度中预测教育的可能性。有一次,一位叫凯勒丰的苏格拉底朋友去德尔斐神庙向神请教一个问题:世界上到底还有谁比苏格拉底更聪明？神谕说,世界上没有谁比苏格拉底更聪明。但苏格拉底没办法相信这一点,所以,他就到处寻找"聪明"的人,与他们进行各种辩论,之后,他发现这些所谓"聪明"的人有一个共同的特点,那就是他们自以为自己知道一切,然而他们的实际所谈却破绽百出。到这个时候,苏格拉底才自信地说,他自己的确是世界上最聪明的人,原因只有一条,那就是他知道自己无知,而其他人却不知道。所以,他得出结论,自知无知的人就是最聪明的人,也是才能真正实践爱智诺言的人,只有自知自己无知,知识的活水才会源源不断地被引来,正像雅斯贝尔斯所说的:"自知无知就不会无知,相反会产生决定生命意义的知识。"①

有了爱智的冲动,有了"自知无知"的态度,当教者和学者面对面进行教育的时候,奇特的教育方法就产生了。后人把这种方法称为"助产术",而且总结了四个步骤:讥讽、助产、归纳、下定义。其实,苏格拉底的方法不是如此简单,它是由下列思想糅合在一起的方法。

第一,不论教者还是学者,都是爱智者。爱智的强烈冲动使教者和学者结合到一起,就产生了真正的教育,不爱智,教者没有教的冲动,学者没有学的冲动,自然不成教育,即使把他们捆绑在一起,那也是徒具教育的形式,而没有教育的实质。所以,苏格拉底的教育是师生双方践行爱智活动的生动活泼的实践。

第二,不论教者还是学者,都是思考力的磨练。教者的思考力在不断流溢,学者的思考力在不断催生,没有思考力的活动,从来都不是苏格拉底所称的教学活动。如果说教育仅仅是知识的传递活动的话,那就等于把老师桶里的水舀到学生的碗里,而这种"舀"不仅可以在人之间进行,而且可以在任何器具之间进行,因而不是真正的人对人的教育。真正的人对人的教育,不仅教师有活的水源,而且教师要开凿学生活的水源,最终使学生的"智慧之水"能喷涌而出,而

---

① 雅斯贝尔斯:《什么是教育》,生活·读书·新知书店 1991 年版。

这唯一的方法就是思考力的磨练,思考力的长期磨练就是"水源"的酝酿形成。

第三,不论教者还是学者,都是智慧的探险者。但探险的开路先锋是学生而不是教师,这不是因为学生的智慧比教师的高,而是因为学生是智慧的主要获得者。任何属于自己的智慧只有自己亲自去探求才能获得,教师的作用仅仅在于当学生探险走对了路的时候,就积极鼓励,当走错了路的时候,就及时纠正,当无路可走的时候,就启迪,当困惑不前的时候,就一起去摸索。真正的教育是学生走在前的教育,如果教师走到了前面,那么学生仰仗得多而获得的少,甚至就没有获得。

第四,不论教者还是学者,都是破解迷雾者。教育就是从困惑开始,然后到迷雾退去,再到知识风光的清晰显现。如果教师没有困惑,就没有智慧境界的攀升和进步,如果学生没有困惑,就没有学习的强大动力和劲头。如果说教学是登山,那么困惑就是引领教师和学生登山的一个个阶梯,解除的困惑有多少,所登之山就有多高。当然,教学不是营造困惑,而是探求困惑,然后破解困惑,只有当教师帮助学生把遇到的一个个困惑探究明白了,学生才会一步步走上智慧的高山。不能探寻新的困惑,有了新困惑而不能破解,那么教育永远是在原地徘徊,没有进步,也没有提高。

在此基础上,苏格拉底和他的学生开始完全平等的对话,亦即开始他的教学活动,这种对话不是苏格拉底滔滔不绝地阐述什么问题,而是不经意地诱惑学生先触及一些比较熟悉的问题,然后催逼学生一步一步回答和阐述,这种催逼和回答也不是只停留在原来那些简单问题上,而是把学生一步步引入更大、更多的问题上,让学生脑子充满雾水,使学生深深地懂得:只要我们一起动脑子,任何一个日常问题都可以搅起思维的涟漪,在思维的涟漪中震荡的是我们智慧的珠玑。接着又让学生一层一层脱去这样的雾水,最终明白:我们的思维一步步解决了什么样的问题?现在达到了什么样的高度?在我们思维深处,我们睹见了什么?有什么样的思想、概念和判断?所以,苏格拉底的教学从来都不是捡摘一个知识的桃子喂到学生嘴里,而是让学生亲手培植一棵棵桃树,然后让桃树结出硕大的桃子,从来都不是准备一桌饭菜让学生吃饱肚子,而是让学生亲手选菜,亲自下厨,然后烹出一桌丰盛的宴席,从来都不是赐给学生一条鱼,而是让学生亲手制作鱼竿,学会在河里钓鱼。因此,苏格拉底的学生从来都不直接承受知识,而完全是自己主动探求智慧,苏格拉底的高明就在于:他思想的高度极大地吸引了学生,他的发问,极大地调动了学生探索的欲望,与他对话,能迅速燃起学生的智慧火焰,与他一起攀登,一定能够达到思考的最高峰,与他一起前行,一定能够享受思想的美景,与他在一起,一定能够获得学习的快乐、成功和满足。这就是苏格拉底的方法所带来的效果，如果我们每一个教师能有苏格拉底的这种魅力，那么我们一定就是在智慧的群山里，和学生一起攀登智慧的高峰，欣赏智慧的风景，享受智慧的甜美果实。

2. 孔子法

孔子居于中国文化的源头，他的思想穿越几乎每一个历史时空，影响中国文化的方方面面，他那深邃的智慧品位，博大的思想神韵，高妙的圣贤风度，使每一个沐浴在他之中的人无不感到，人的精神魂魄中不能缺少他的血脉，中华民族的文化传承不能缺少他的底蕴。因此，他就像我们思想天空中的云雨，总能给我们带来令人欣慰的甘霖。雅斯贝尔斯在谈到西方古典文化的时候，曾经说过这样一句话：

在西方，个体自我的每一次伟大的提高都源于同古典世界的重新接触。当这个世界被遗忘的时候，野蛮状态总是重现。[1]

他的话不只是对西方世界的警告，更是对我们中国人的警醒，因为中国人也有这样的古典世界。康有为曾经也说：

民族精神的毁弃，无异于"人种"的灭绝。[2]

中国有数千年的文明教化，有无量数之圣哲精英，融之化之，孕之育之，可歌可泣，可乐可观，此乃中国之魂，而令人缠绵爱慕中国哉。[3]

所以，亲近孔子，我们既可以获得心灵上的财富，又可以获得民族精神上的财富。

孔子是我们民族的教育家，也是我们一切教育家的教育家，他有自己独特的教育思想，或者说他的一切思想都是准备用来教育人的，而且，他的教育思想无不透射着精髓的教育方法。

孔子同苏格拉底一样，他首先把自己铸造成思想的高山，然后让学生在攀登这座思想山峰的过程中来教育学生。孔子的基本理念是：教师是以自己的思想昭示天下的，学生是以追慕教师的思想而学习的。这是一切好的教育的精髓。

孔子的思想之所以伟大，其超越其他一切人之上的绝佳之处，一是它来源于孔子一生刻苦的磨练和积聚，二是它闪射着智慧的光芒。什么是一生刻苦的磨练和积聚？那就是不断地学习，永恒的学习。今天我们倡导终身学习的理

---

[1] 雅斯贝尔斯:《时代的精神状况》,上海译文出版社1997年版。
[2] 陈平原等:《学人(第一辑)》,江苏文艺出版社1991年版。
[3] 同上。

念,实际上孔子早已不折不扣地践行了,而且把是否终生学习看成了一个人智愚的客观标准:"生而知之者,上也;学而知之者,次也;困而学之者,又其次之;困而不学,民斯为下矣。"(《季氏》)他不承认自己是生而知之者,所以,他一辈子无不志于学而通达:"吾尝终日不食,终夜不寐,以思,无益,不如学也。"(《卫灵公》)而且,他对学无不抱着非常谦恭的态度,把学看成是胜乎其他一切的最大满足,他说:"学如不及,犹恐失之。"(《泰伯》)"朝闻道,夕死足矣。"(《里仁》)所以,他的基本理念就是"笃信好学,守死善道。"(《泰伯》)正是这样无可比拟的执着信念,才积聚起了他思想的大山。正是人们仰慕这样的大山,才产生了巨大的学习欲望,而能调动人们学习欲望的教师就已经是非常了不起的教师了。

伟大的思想总包揽着伟大的智慧,但是这些思想呈现的方式不一样,有些思想,要借助大量的文字,通过文字建立庞大的理论大厦,文字就是它们智慧的原料,理论大厦就是它们思想的雏形,而只有当我们钻进这些大厦,品尝这些文字,才能感悟到它们的智慧和思想。但有些思想,只依赖于思想者本人,思想者本人就是智慧的化身,只要我们与其一接触,马上就会感受到其智慧的光芒和思想的魅力,所以,这样的人很少借助文字来归纳、整理自己的思想,只要触及某事某物某问题,立即就可以非常精辟而简约回答它们。这种智慧就像吕洞宾神奇的指头,只要点击某个石头,某个石头马上就会变成金子。前一种思想是理性思辨的智慧,后一种思想是直觉直观的智慧,孔子的思想就属于后者。所以,孔子从来不长篇大论地著书立说,几乎是"述而不作",能述而不作,这本身就是超凡的智慧了,因此,当他的学生与他在一起的时候,就已经被这种智慧包裹了,看着他的行为,听着他的话语,常常有茅塞顿开、恍然大悟的感觉。所以,孔子"述而不作",而他的弟子则忙不迭地记录他的一言一行,"犹恐失之",这就有了《论语》。一个教师能让学生有这样的感觉,那真正就是用自己智慧的太阳照射学生思想的大地了,就是用自己的思想唤起学生的智慧了,这才能使教育获得神奇的效果。

孔子教育的目的不在于智,也不在于德,而在于大智大德的"人",一个真正具有圣贤之气的人,才是他教育的全部核心。孔子说:"古之学者为己,今之学者为人。"(《宪问》)古代学者学习是为了提高自己的品德,丰富自己的知识;现在的学者却在装饰自己,给别人看。显然学习不能移居在人之外,只能以人内心的智德变化而成为一个完善的人为核心。何以能达到这样的教育目的?孔子有自己的方法,他一贯主张,一个人学习的先决条件就是要保持崇正的心态,务必品行端正,否则就永远学不到"道",掌握不了学习的"真谛",所以,他非常概括地说:"《诗》三百,一言以蔽之,曰'思无邪'。"(《为政》)"思无邪"就是学习的基本态度。当然,孔子认为以立德进入学,并不一定就能够获得德,大德必有大智来养,而大智则只能依赖勤奋的学习,学习不但可以成就人的品德,而且可以把人的品德变成通达人生的智慧。这样,孔子就说:"好仁不好学,其蔽也愚;好知不好学,其蔽也荡;好信不好学,其蔽也贼;好直不好学,其蔽也绞;好勇不好学,其蔽也乱;好刚不好学,其蔽也狂。"(《阳货》)这样,孔子就试图把德智紧密结合起来,培养他所推崇的德智通体的圣贤之人。

思是教学的精髓,只有触及人的内在思维神经,教学才算真正意义上的教学,否则教学就是飘忽人身之外的一种形式。所以,孔子说过一句非常著名的话:"学而不思则罔,思而不学则殆。"(《为政》)正因为如此,孔子的教学不是把别人的知识简单地移居给学生,而是让学生在学习过程中经过自己思考而获得一定的成果,这样,思就贯穿他教学的全过程,他说:"不怨天,不尤人,下学而上达,知我者其天乎!"(《宪问》)不怨恨苍天,不责怪他人,从一般的学识入手,以思达到高深的道理,这种思的变化,思的所得,思所达到的精神境界,一般人是体会不到的,只有上天才知道。也就是说,只有在学习中贯穿由浅入深、由易到难、由低到高的思,才能达到神通的境界。孔子还认为,只要一个人愿意学习,他都可以教他,"自行束修以上,吾未尝无诲焉。"(《述尔》)只要送给他一点拜师的薄礼,他从没有不教导的,这就是他的"有教无类"思想。然而,孔子也有不教的时候,他从学生出发,如果一个学生积极主动的思,则教,如果懒于思,则不教,如果一个学生把一个问题不做最大程度的思考,孔子也不对他教导什么,而一旦他对他们做了开导,他就要求他们能举一反三,做更多的思考。这就是我们所熟悉的:"不愤不启,不悱不发,举一隅不以三隅反,则不复也。"(《述尔》)也就是说,孔子从来都把教学的重心放在学生是否思上,只有学生发愤思考,迫切地想知而不明的时候,老师给以恰如其分地启发诱导,进而使学生如醍醐灌顶,顿然开朗,这才叫教学。

由此,我们非常清楚地看到了孔子的教学方法:学者论,教者启,慎于言,敏于思,周游世界,拨云见日。

第一,学者论。孔子的教学从来都由学生开始,即学生先提出某一问题,要么自己独立思考,要么相互讨论,只有思考到无法再思考下去、讨论已经达到表白了自己全部思想的时候,老师才可以参与。

第二,教者启。面对学生的思考和讨论,教师也不是直接阐述自己的观点,而是启发诱导学生,让学生明白他们前面思考的得与失,然后再进行新的思考和讨论,直至得出满意的结论。

第三,慎于言。孔子从来不主张教师夸夸其谈,长篇大论,他认为凡智慧的东西都是点到为止,都是非常简约的启人心智的真理珠玑,如果言多,必然会代替学生的思考,也必然会掩盖真理的珠玑所散发的光辉。

第四,敏于思。教学过程中最积极、最活跃的因素就是思,教者的智慧在于思,学者的智慧更在于思,教者的能力不在于给学生讲述了什么高深的道理,而是善于拨动学生思考的琴弦,学者的能力,不是从老师那里接受了什么样的话语,而是勤于思考,善于思考,在思考中破解一个个问题。

第五,周游世界。孔子从来不坐而论道,他喜欢带上弟子游历,游历可以增见识,可以开心智,可以辨是非,可以明真理,所以,他的教室就在天地之间,他的教材就是广袤的社会和世事变迁。因此,他们师徒所获得的一切就是社会实践的智慧,就是人生实践的真理。

第六,拨云见日。世事人生都充满了困惑,这些困惑就像云雾一样,遮蔽着智慧的太阳,所以,孔子从小就志于学,试图通过学解除这些云雾,达到洞见天日的境界。他教导学生也是如此,也是以"天日"为核心,尽其所能让学生借助这样的日光驱散认识的云雾,廓清世事人生。所以,孔子对他的弟子的话语总能一语中的,总可以点破迷津,我们浸润其中,也常常有拨云见日、醍醐灌顶的感觉和欣慰。

所以,在孔子的这种教学方法中,扣动的是人的心智,锤炼的是人的思维,由此流溢出的完全是与人的心灵相通的思想和智慧,有了这种思想和智慧,我们不但能够洞明这个世界,恰当地解释这个世界,而且还可以创造这个世界,游刃有余地在这个世界上很好的生活。

3. 马斯洛法

在当今人文社会学科当中,我们最应不能忘记的一个人物就是马斯洛,他生于纽约市一个俄国移民的犹太人家庭,由于从小缺乏母爱,也由于犹太人受人们的歧视,更由于当时糟糕的社会风气,使他极其渴望美好的人生、美好的社会,在他学习和研究过程中,他渐次就开辟了一个崭新的领域——人本主义心理学,以善的人性为基础,追求美好的"自我实现",被誉为"人本主义心理学之父"。

尽管历史上有诸多的思想家、哲学家、文学家,他们都给人以极高的赞誉,但第一次把人当成原本状态又把这种原本状态引向最好、最完善的领地,使人获得最本真、最鲜亮、最崇高位置的人当属马斯洛,马斯洛满目都是本真、活跃而尊贵的人,人永远都像太阳一样真实、生动和神圣,教育、学习的全部目的就是从最真实的人出发,激活一切人性的因素,实现人的尊贵和伟大。为此,马斯洛说过一段非常精辟的话：

　　教育的功能，教育的目的——人的目的、人本主义的目的，与人有关的目的，在根本上就是人的"自我实现"，丰满人性的形成，是人种能够达到的或个人能够达到的最高发展。说得浅显一些，就是帮助人达到他能够达到的最佳状态。①

　　与此相适应，学习也主要是"学习做一个一般的人，然后再学习做这个特殊的人。"②而且马斯洛把他所有关于人的研究做了总结性的概括：

　　教育将更强调人的潜力之发展，尤其是那种成为一个真正的人的潜力；强调教育理解自己和他人，并与人很好地相处；强调满足人的基本需要；强调向自我实现的发展，这种教育将帮助"人尽所能成为最好的人"。③

　　所以，"人尽所能成为最好的人"就是教育领域高高飘起的永不落的旗帜，这就是马斯洛树起的旗帜。

　　马斯洛旗帜的主旨就是把人性以最好的、最高的方式实现出来，这不仅仅是马斯洛的使命，也是我们所有教育工作者的使命，为了完成这一使命，马斯洛提出了他的一系列的教育思想，形成了他别具一格的教育方法。这就是"一三一"的人本主义教育思想方法，即一个人性化的目标，三个人性论基础，一个人性化的教育方法。

　　一个人性化的教育目标，就是培养"自我实现"的人。所谓自我实现的人，就是把人性当中包含的一切美好因素都实现出来从而达到最高发展状态的人。马斯洛认为，人一定有他的本性，这种本性一定有把它表现出来的冲动和欲望，如"一位音乐家必须作曲，一位画家必须绘画，一位诗人必须写诗，否则他就无法安静，人们都需要尽其所能，这一需要就成为'自我实现需要'。"④而且自我实现有两个层次，第一个层次是完满人性的实现，即人类共有的潜能如友爱、合作、求知、审美、创造等特性的实现；第二层次是个人特殊潜能的实现，即一个人独特的潜能如音乐、绘画、创造等未来可能发展的能力的实现。也就是说，一个人能够成为什么，他就必须重视自己的本性、最终要成为什么。所以，在马斯洛的眼里，"人成为目的本身，成为'神'，成为一种完美，一个本质，一种存在。"⑤

　　三个人性论基础，即马斯洛的"自我实现"是建立在性善论、潜能论和需要

---

①　彭运石：《走向生命的巅峰》，湖北教育出版社 1999 年版。
②　同上。
③　弗兰克·戈布尔：《第三思潮——马斯洛》，上海译文出版社 1987 年版。
④　马斯洛：《自我实现的人》，三联出版社 1987 年版。
⑤　车博文：《人本主义心理学》，浙江教育出版社 2003 年版。

论这三个人性论的基础上的,也就是说,只有我们充分认识并把握好了人的本性、人的潜能和人的需要,才能成为一个自我实现的人。

所谓性善论,就是指人的真正内核是美好的,是有道德的,也是值得信任的。马斯洛认为,人作为生物进化的产物,有高于一般动物的发展,因而人性基本上是建设性的,至于那些破坏性的和侵犯性的行为并不是人性中原本就有的,而是人的基本需要遭受挫折后引起的反人性的东西。所以,他举例说:"例如,在儿童的教育过程中,只要我们放弃自己对他们应该如何的规定,我们就能把他们视为美丽的、非凡的、可爱的。"①实际上,这是马斯洛对人性的一种非常明智、非常富有智慧的假设,因为,如果我们不认定人性是善的,那么我们就失去了教育的信心,也不能友善地对待学生。

所谓潜能论,就是人性当中包含的能生长成各种能力的能力,马斯洛把这种能力称为人性潜能的种子,只要遇到适宜的环境,具备适当的条件,这种种子就会生根、发芽,郁郁葱葱地生长,然后结出丰硕的果实。所以,马斯洛说:

人的生物学潜能是种子,环境、教育是阳光、空气或水,个人的自我选择、设计则为契机。环境、教育充其量只能促进或延缓个人成长的步伐,并不能机械地决定个人的发展。②

同时,马斯洛指出,人的潜能并不等于人的本能,他既反对本能论,也反对反本能论,认为用本能来解释人的全部特性和行为是没有把人与动物区别开来,而反本能论则把人想象成了完全可以由外在的环境和教育所决定的非常消极被动的客体,这都不符合人的发展事实。潜能与外在的环境就是种子和土壤的关系,有种子没有土壤,人的潜能不可能生长,有土壤没有种子,人的什么能力也生不成,即人的生长发展不能由遗传决定,也不能由环境决定,而是二者之间相互作用、相互影响的结果。

所谓需要论,就是人作为一个完整的主体,必然有各种各样的需要,满足这些需要,人就能健康地成长和发展,不能满足这些需要,就会导致神经官能症、精神病和人的基本能力的缩减或丧失。马斯洛在仔细研究了人的生存和发展的基本状况后提出,人有两种需要,第一种是基本需要,这种需要是人类共有的,不因社会的变迁而发生改变,它包括四部分,一是生理需要,如吃、喝、睡、性等需要;二是安全需要,如困难求人帮助,职业希求保障,病痛希求医治等需要;三是归属与爱的需要,如希望归属某个团体、希望有知心朋友、友爱等;四是尊

---

① 彭运石:《走向生命的巅峰》,湖北教育出版社1999年版。
② 同上。

重需要,如关心、承认、赏识、赞许、支持和拥护等。第二种是成长需要,这种需要是由个人自身的健康和自我实现趋向所激励的需要,它包括三部分,一是认识与理解的欲望,即知的需要,如好奇、探索、阅读、询问、试验等需要;二是美的需要,如对美好事物的欣赏、希望事物有秩序等需要;三是自我实现的需要,如实现个人全部理想的需要等。后来,马斯洛在分析这些基本需要后进一步指出,人的需要是有层次的,由低到高依次是生理需要、安全需要、归属和爱的需要、尊重的需要和自我实现的需要,当低一层次的需要满足后,就会产生高一层次的需要,这就是马斯洛著名的五层次需要说。

　　实际上,马斯洛的性善论、潜能论和需要论就是要我们走进学生的内心世界,真正认识清楚人的内心到底是什么,然后在这个基础上再去引导人、教育人、培养人,使人能健康而顺利地发展,并走到人生长发展的最高状态。

　　一种方法就是马斯洛在他的性善论、潜能论、需要论的基础上提出的如何培养"自我实现的人"的方法。由马斯洛的性善论、潜能论、需要论明显看出,人的生长发展在本质上要依赖自己,外在的教育仅仅是发展自己的条件,因而真正的教育是以学生为核心的由教师父母帮助其发展的教育,而不是把学生当成"泥土"由教师和父母任意塑造的教育。这样,马斯洛就抛弃了外铄教育的思路,坚决主张内在教育论,由此提出了一种新的教育方法,叫"有帮助的任其自然"。这种方法就是学生按照自己的本性自然发展,父母和老师的任务就是帮助和促进学生按照这种方式更好地发展。马斯洛分家庭和学校两方面作了具体阐述,在家庭教育中:

　　这一方法一方面要求父母创造比较自由、宽松的环境,允许儿童根据自己主观体验作出合乎自己本性的成长的选择、自己决定自己前进的步调与时机。另一方面,要求父母充分地发挥"帮助者"的作用,尽力满足儿童的基本需要;帮助健康儿童达到可能的成长进步,使其成长不超过他们所可企及的范围,并在适当的时候摆脱他们的积习;帮助性格缺陷的儿童从固着、僵硬防御和切断一切成长可能性的安全措施的泥潭中解脱出来等等。①

　　在学校教育中,为了成为一名好的教师或好的帮助者,这一方法首先要求:

　　教师必须接受学生的现实,并帮助他理解他已经成为何种类型的人,他的有价值的原材料是什么,有价值的潜能是什么;要关心他,即欣赏他的成长和自我实现;要像罗杰斯所主张的那样给予学生"无条件的积极关注";其次,教师应摒弃那种视学生为机器式的外在强化手段,让学生更多的依赖"内在强化",允

---

　　① 彭运石:《走向生命的巅峰》,湖北教育出版社1999年版。

许学生从基本需要的满足中,从高峰体验中获取学习、前进的"内在奖赏"。①

综上所述,马斯洛突出而具有创造性地提出了以下几方面新的教育方法论:

第一,第一次把教育的目的归结到人的身上,把"形成丰富的人性"看成教育的根本使命,认为人的一切能力包括认识能力、创造能力、实践能力都是人性丰富之后自然而然形成的副产品,是人性的自我实现,如果不首先培育人性,而试图直接在人身上塑造某种能力,那是本末倒置的教育,是培养人力工具的教育。

第二,第一次把人的现实本性作为教育的出发点,强调真正的教育就是帮助人的本性积极而健康的生长,任何人都不能从外部给学生直接灌进什么能力,人的任何能力都是从学生的本性中生长出来的,忽略了这一点,教育永远不可能成功或有效,除非我们的教育和学生的本性恰好一致或相吻合。

第三,第一次表达了认识学生比教育学生更重要的思想。不认识学生而直接教育学生从来都是盲目的教育,只有认识清楚学生内在本真存在着的人性,才能恰如其分地进行教育。所以,教育很重要的一点就是"一定不要忘记自主的自我和纯粹的心灵。"②认识这样的自我和心灵,倾听它们的声音永远要胜过教育的力量。这样,马斯洛一再强调"要倾听自己内在冲动的呼唤。"③"要倾听自己兴趣、爱好的呼唤。"④

第四,第一次提出学生选择、教师帮助的教学关系或师生关系。真正的成长和发展就是学生自己的选择,任何人的替代都会制造不应有的麻烦和障碍。"人,甚至儿童,最终必须自己为自己进行选择。别人不能经常为他选择,因为这样做会使他衰弱下去,会削弱他的信心,并会使他对于自己经验中的内在快乐、对自己的冲动、判断和情感的觉察能力发生混乱,也会使他对于什么是自身内在的东西和什么是他人准则的内化不能区分了。"⑤"但允许儿童自由选择,并不意味着父母、教师、治疗专家可以放弃作为帮助者、引导者的责任。"⑥

实际上,马斯洛在教育领域中最大的贡献就是坚决反对教师不理会学生而任由自己随心所欲地进行教育。

---

① 彭运石:《走向生命的巅峰》,湖北教育出版社 1999 年版。
② 同上。
③ 同上。
④ 同上。
⑤ 同上。
⑥ 同上。

4. 罗杰斯法

罗杰斯又是人本主义心理学的一个重要代表人物,他在笼罩着极其严格、几乎是不宽裕的宗教和伦理气氛、对勤勉劳作的美德强调到近乎崇拜的地步的家庭氛围中长大,一生养成了自我依赖、不惯于求人的习惯,"我靠阅读学会做每件事。现在回想起来,我发觉自己只要可能,就肯定不会去求人指教。"①自从上了大学以后,他就对心理学发生了浓厚的兴趣,提出自己一套完整的人本主义教育方法。

与马斯洛一样,罗杰斯把教育的全部重心也放在了人身上,如果说马斯洛的目标在于培养"自我实现的人",那么罗杰斯的目标就在于培养"充分发挥机能的人"。

什么是充分发挥机能的人? 这与罗杰斯对人性的分析是紧密联系在一起的,或者说"充分发挥机能的人"就是现实的人性所要求的必然结果。

首先,罗杰斯认为人不是白板,不是胶泥,人天生就有一定的心理倾向和自己的本性,这是人存在的基础,也是一切教育的出发点,只有从此出发,才算正确地对待人,才算找到了教育的关键。

其次,罗杰斯认为人的本性与其他生物一样,都具有强烈的"实现倾向",也就是说,不论是一株草、一棵树、一头狮子,还是一个人,只要被赋予了生命,它们就会表现出一个明显的生长、发展和活动的趋势,这是一种求生存、求强大、求茂盛、求完满的趋势,它的完成指向人的成长,使个体所具有的种种能力得以施用、潜能得以发挥、天然具有的特性得以现实化。

再次,罗杰斯认为,实现倾向最典型的表现就是朝着"所谓充分发挥机能"的方向前进。

所谓充分发挥机能就是有机体要求让本身具有的潜在的机能发挥作用,使之由潜在形态向现实形态转变,即要求将其由遗传赋予的潜在的性状充分表达出来,将自身所赋有的机能(在人,包括人的各种身体的、心理的机能)充分发挥出来。②

而且充分发挥机能是具有方向的,这个方向就是向上的、向前的、积极的、建设性的和创造性的,这也说明,罗杰斯也相信人性是善的。

最后,罗杰斯充分研究了"充分发挥机能的人"的特征,认为这样的人具有以下几个重要特征:第一,能充分发挥他所有的全部组织的潜能;第二,对社会

---

① 江光荣:《人性的迷失与复归》,湖北教育出版社 1999 年版。
② 赵同森:《解读人本主义教育思想》,广东教育出版社 2006 年版。

和他人具有建设性和信任感;第三,富有理性,能适应社会要求,具有面对现实的精神;第四,对经验能够采取开放的态度,富有创造性;第五,不断变化和发展,并能经常发现自己身上新的东西;第六,行为既符合规律性,又有独立性和自由感,不会被机械地加以预测和控制。①

尽管一个“充分发挥机能的人”就内含在人性当中,但这样的人只是潜在的包含在人性当中,不可能自动实现出来,否则,人就不需要学习,更不需要教育了。而要让人的机能充分实现出来,就像“种子”需要适宜的环境一样,也需要一定的氛围,罗杰斯认为这样的氛围只能存在于一定的人际关系中,并且这样的人际关系只能是“协助关系”,也就是说,只有在人之间形成了“协助关系”,人内在的机能才能充分发挥出来,如果没有这样的“协助关系”,人的内在机能只能被阻抑在人的内心,无法变成现实。“协助关系”又是罗杰斯提出的一个非常重要的概念。

那么,什么是“协助关系”? 罗杰斯说:

我用“协助关系”这个术语是指,在关系的两方中,至少有一方存有下述意图:想促进另一方的成长、发展、成熟,想改善对方的能力发挥状况,以及他应对生活的能力。……换个说法,可以给协助关系这样定义:此关系中有一方力图使另一方或双方都变得更能体验、欣赏,更能表露,更能发挥各个人内在潜能。②

罗杰斯看到,人类社会中有许多关系都具有协助关系的特征,如父母与孩子的关系,医生与病人的关系,教师与学生关系,管理者与部属的关系等。罗杰斯说:“若父母与孩子造出此心理气氛,孩子会更自主、更懂事和成熟;若教师能与学生造成此关系,学生会更好学、更爱问,更自律,少焦虑和依赖;若管理者和领导人在其组织中创造出此氛围,部属会更负责,更有创意,更合作,亦更适应新问题。”③

至此,问题已经非常清楚,我们现在的主要任务就是构建这样的关系。对此,罗杰斯又做了深入的研究,提出了构建这样关系的三个条件。这三个条件原来只用在心理治疗中,后来,罗杰斯把它们推广到了一切具有协助关系的领域。

第一,真诚一致。真诚就是要求治疗者、教师、管理者等是一个表里一致、非常真诚的人,无论什么时候,他们都是他们自己,而且是在一种自由、无拘束

---

① 车博文:《人本主义心理学》,浙江教育出版社 2003 年版。
② 江光荣:《人性的迷失与复归》,湖北教育出版社 1999 年版。
③ 同上。

的意义上的他们自己,他们从不戴假面具,以一种修饰过、检查过的面目对待他们的当事人,他们如实地表达他们的观点、想法和感情,可以激情迸发,可以感到心烦,可以高兴,可以恼怒,可以敏感,可以同情,总之是表里如一,内外一致,毫不做作,毫不作假的人。罗杰斯认为,真诚一致可以导致信任。

第二,无条件的积极关注。无条件积极关注的基本意思就是对一个人表示看重、认可、欣赏其价值,喜欢他,爱他。而且,这种感受是自然发生的,是不附带任何条件的。罗杰斯认为有这种态度的教师就可以对学生表现出发自内心的、不要理由的珍爱和关怀,既能接受学生成功时的喜悦,也能接受学生在面对新问题时的彷徨和害怕;既能接受学生的自觉自律,也能接受学生偶尔的分心或心有旁骛;既能接受学生那些有益于学习和成长的感受,也能接受他们不利于学习和成长的感受。总之,不论学生表现如何,总是要积极地关注他们,对他们充满珍爱、关心、爱护和期待。

第三,同感理解。所谓同感理解,就是我们要真正了解一个人,就必须进入这个人的内心世界去体会他的心理感受和一切想法,即完全换位到这个人的位置,设身处地、感同身受地替他着想,不要做一个外在的旁观者、评判者。罗杰斯认为,如果教师有了这种态度,就能深入学生的内心世界,体会他们的情感,理解他们的言行,因而能全面地把握学生的优缺点,并发展起师生间"忧乐与共"的良好关系,有了良好的师生关系,就有了良好的教育效果。

一个教师如果有了真诚一致、无条件的积极关注和同感理解的态度,就可以融入到学生的心灵世界当中,与学生的心灵相通、精神相融,完全可以取得学生的信任,为学生所爱戴和喜悦,这样,教师可以最大限度地帮助学生充分发挥他们的潜能,朝着充分发挥机能的人的方向前进。但教师何以能树立这样的态度呢? 并不是说一个人只要从事了教师这一职业,自然就有了这样的态度,也并不是只要处在教师——学生这一关系中,这一关系就会促使教师产生这一态度。对这个问题,罗杰斯只能诉诸对人的信念,他这样说:"要具备这三种态度,其实根子系于一个信念。那就是对人类有机体有无一个最基本的信任,相信凡生而为人者,皆有一种趋向,一种潜在的能力:向积极的、善的、强大的、建设性的方面发展。"①他认为,一个教师如果对人抱有这样的信念,对学生自然就宽厚、真诚、热爱,没有戒心,没有厌恶,从而就树立起他所强调的三条件。

从以上所论,我们可以清楚地看到,罗杰斯对教育有一系列精到的方法论思想。

———————————

① 江光荣:《人性的迷失与复归》,湖北教育出版社1999年版。

第一，教育必须有一个根本的转向，即由"非人"的因素真正转向"人"本身，积极关注受教育者的人性完满和机能的充分实现，从而使教育的目的直指人的内心世界的巨大发展和个人生命价值的巨大提升。这种转变使人本教育思想更加清晰和明确：从关注知识的获得到关注人的发展；从关注客观外显的行为到关注内隐的精神世界；从关注单纯的教学活动到关注教学活动对人的意义；从关注他物概念到关注自我概念等等，这些转变为我们提供了新的教学视野。

第二，教师角色必须有一个根本的转变，即不是教而是促进。罗杰斯说传统教师所奉行的是"桶罐理论"——学生是装知识的桶，教师一罐一罐地把知识舀到桶里去，因此，传统教师所琢磨的是，"怎样使那些知识桶保持平稳，以便我把罐里的知识——那些在教材的编制者和我自己看来有价值的知识——装到桶里去。"[①]但作为学习的促进者，新的教师的注意力主要放在创造学习气氛上，"怎样创造出特殊的心理气氛，使学生感到自由安全，可以任意发挥好奇心，不怕出错和失败，既可以从书本上和老师那里学习，也可以从环境、同学和个人经验中学习。"[②]这也就是他强调的在真诚一致、无条件的积极关注、同感理解条件下所形成的良好的师生关系的根本意义所在。因此，他主张用 facilitator 代替 teacher，即教师真正是一个方便学习者或促进者，而不是传统意义上的"传道、授业、解惑者。"

第三，学生学习必须有一个根本的转变，即从无意义的学习转变为有意义的学习。罗杰斯的有意义的学习是从与学生有切身关系的"真正问题"开始，全面引起学生的兴趣，让学生自愿而快乐地、自由而全面地投入到发现属于他自己的真理与智慧的行动中，自始至终有学生自己的感受和体验，因而这种学习是事关学生生存和发展的学习，是不容易忘记的学习，是真正有价值和作用的学习，是高效的学习。相反，无意义的学习却停留在学生生活之外，不能触动学生的兴趣，只是知识的简单传递和积累。为了实现这种转变，罗杰斯还专门写了一本书，叫《学习的自由》，主张：

真正良好的教学设计是，给予学生充分的自由，让他自己去发现属于他自己的真理与智慧。真理与智慧永远是蕴藏于尚未被发现的知识的背后，教师带领学生合力去挖掘探索，才是最理想的教学活动。[③]

---

① 江光荣：《人性的迷失与复归》，湖北教育出版社1999年版。
② 同上。
③ 张春兴：《教育心理学——三化趋向的理论与实践》，浙江教育出版社1988年版。

由此可以看出,他的教学法是一种重视学生的心理感受和体验、珍视学生的好奇心和创造力、放开让学生自己去探索和学习的教学法。

(三)方法的意义

通过总结人类历史上大师的方法,我们无疑要弄懂方法的意义,同时,必须搞清楚在现实的教学活动中,我们到底应该怎样看待方法并实际运用方法。

说到底,方法是为我们所用的又为我们服务的各种各样的策略和手段,在教育领域内,方法就是为教师和学生所用的又为教师和学生服务的各种策略和手段,所以,在对待教学方法的时候,我们必须懂得四方面的意义:

第一,任何教学方法都是教师思想与智慧的副产品。这是孔子和苏格拉底所给我们的启示。也就是说,作为教师,必须是有相当思想和智慧的人,所谓有思想、有智慧就是人的内心世界非常丰富,有深厚的精神涵养,有渊博的学识,面对外界世界不但能够正确地认识它,而且能够产生自己的主见,引导人们在这个世界上正确的生活,他们的认识具有真理性,他们的主见具有启发性,他们的生活具有幸福的意义。一个追慕思想和智慧的人,就像一个不断攀登山峰的人,当达到一定的高度,自然就会有"一览众山小"的感觉,就会站得高、看得远,明白自己周围世界的模样,因而就会胸有成竹地告诉人们该走什么样的路,不该走什么样的路,什么样的路可以通达"思想和智慧"的胜景之处,什么样的路却与此背道而驰,因此,所有的方法就会荡然存于胸中,就会游刃有余地运用它们。但是思想和智慧贫瘠的人,头脑迟钝而没有灵性,目光短浅而没有洞察力,这样的人怎么会有自己的方法呢? 这就像没有翅膀的鸟,天空再高远,它不会飞翔,像没有车轮的汽车,道路再宽广,它无法行驶。所以,任何方法都由教师的思想和智慧而来,有思想、有智慧,就有方法,没思想、没智慧,就没有方法,思想、智慧有多高,方法就有多灵通,思想、智慧有多贫瘠,方法就有多穷困。方法绝对是思想和智慧的副产品,我们很难想象,一个毫无思想和智慧的人,怎样从事教师这个职业? 怎样面对一群求知若渴的学生?

第二,任何方法都必须依附于教师,这是第一点的直接结论。在教育领域,没有脱离具体人的方法,也没有不为具体人所用的方法,不论是方法的产生,还是方法的运用,都是和特定的人联系在一起的。所以,从来都没有通用的放之四海而皆准的适用任何人的方法。当然,他人的方法我们也可以借鉴,但借鉴是消化吸收,而不是直接搬用。关于这个问题,美国管理大师彼德斯有一段形象的论述,他说:"管理如下棋,管理的规则和范例如棋谱,分析棋谱绝对对棋艺的精进有帮助,但是棋谱不可能重复,一旦自己置身于问题的谜阵之中,解决的方法便没有规则可循了。所以,原则自然要相信,但应用时就要艺术化,而且要使自己明白没有任何东西是可以永恒的。世界上没有最好的管理方法,谁说知道了管理的永恒原则,上帝都会窃笑而已,任何执着于书本和信条的人都是傻瓜。"①企业管理情况如此,灵活的教学方法就更是如此。所以,不从自身的实际情况出发寻找自己独特方法的人,永远都不可能找到好的方法,自然,也不可能成为一个好教师。

第三,任何方法都是以学生为核心的人本主义方法,这是马斯洛和罗杰斯对我们的启示。在现今或更远的将来,人本主义是一股强大的世界潮流,无论我们做任何事情,都必须爱护人、关心人、尊重人、帮助人、促进人,开发人的潜能,提升人的价值,创造人愉悦生活的全过程。教育是最具有人性化的事业,人在教育中具有非常神圣的位置,在某种程度上,"人"就是教育中的上帝,在教育的终极目的中,就应该把人像上帝一样看待和培养。所以,人本主义方法就是最高的教育方法,其他一切教育方法都应该隶属于这种方法,或者就是这种方法的具体化,离开了人,以什么"知识"、"科学"、"考试"、"分数"、"升学"为本,那都等于离开了教育。虽然我们要兼顾这样的东西,但它们统统都是在完满的人的基础上派生出来的东西,而不是人彻头彻尾地要拜倒在它们之下,为它们去服务。所以,弗罗姆就说过一句非常重要的话:"教育的首要任务是帮助人们找到确定的方向和为之献身的构架和参照系,也就是帮助人们确立人本主义价值观。"②这就一语道破了教育中最为核心的要素。

第四,任何方法都是促进学生健康成长的方法,这是第三点的直接结论。一切人本主义者都把重心放在了人身上,但并不是让人玩乐、安逸、无所事事,而是让人通过健康的生长达到最高的发展地步,马斯洛追求的"自我实现的人",罗杰斯追求的"充分发挥机能的人",弗罗姆主张"教育的目的在于人的健康发展",杜威主张"教育即生长",无不是为了这一目的,正是遵循了这一目的,他们才提出了各自相应的方法,如马斯洛提出的"有帮助的任其自然"的方法,罗杰斯主张建立"协助关系"等等。所以,任何方法都应该归结到"学生生长"这一核心点上,符合这一核心点、趋向这一核心点的方法就是好方法,违背这一核心点、与这一核心点不符合的方法都是不足用的方法。因此,能否促进学生

---

① 彼德斯:《彼德斯创新理念全书》,九州出版社 2004 年版。
② 郭永玉:《孤立无援的现代人》,湖北教育出版社 1999 年版。

健康生长就是一切教育、教学方法总的价值尺度。当然,这一尺度是具有目的意义的尺度,我们决不能急功近利到凡是教学活动的每一个环节、每一个细节都是这一尺度的淋漓尽致的体现,它允许有迂回、有一系列的中间环节。同时,我们还必须强调,生长是学生自己的生长,是学生一系列能力由无到有、由少到多、由粗到精的生成,决不能看成是老师给予了学生什么,假如老师给予了学生知识和技能,那么学生必须把这些知识和技能消化吸收变成自己的智慧和相应的运用能力,否则那就不是健康的生长。只有促进学生生长的教育才能称得上好的教育。

总之,没有超越具体教育环境、教育条件的方法,方法必须和具体的教师和具体的学生结合起来,必须融入他们具体的教学活动中,不同的教师就有不同的方法,不同的学生也有不同的方法,学科内容不一样,方法也不一样,学生的年龄层次、知识层次不一样,方法也不一样。苗振亚在《大学是一个不一样的地方》中所描述的情形就淋漓尽致地反映了这一点:

在西南联大,教师在课堂上是自由的。讲什么,怎么讲,完全由教师自己掌握,没有什么统一的规定要他们去遵循,甚至于削足以适履。于是,自成一家的课堂气氛就出现了:陈寅恪夹着一包书进课堂,根据自己掌握的材料,如数家珍地信口讲,一包书并不打开;雷海宗教学没底稿,上课连一个纸片也不带,可他记忆力惊人,学识渊博也惊人,一提起某个历史人物哪年生哪年死,某件事发生在哪一年,全都脱口而出;陈福田讲授西洋小说史,只从十七世纪《鲁滨逊漂流记》的作者笛福讲起,似乎挺没章法,可也没人干涉;向达教的是印度史,两个学期下来,只讲到了印度和中国的关系,完全成了"中印文化交流史";汤用彤好比哲学系里的历史学家;雷海宗仿佛是历史系里的哲学家……每个教师都有自己的拿手好活、看家本领,不受羁绊,尽情发挥,真有点诸子百家的味道。①

学生也有一套自己学习的方法:

有一次,他看到物理系的两位大才子,杨振宁与黄昆在高谈阔论。黄昆问:"爱因斯坦最近又发表一篇文章,你看了没有?"杨说看了。黄又问,你以为如何?杨振宁把手一摆,一副很不屑的样子:"毫无 Originality(创新),是老糊涂了吧。"一个物理系的在校学生,评价当代物理学界大宗师的文章,就像评价一位同行的文章,感到不好就直接说出来,一点不带仰视的成分,今天的物理系学生恐怕不仅做不到,也难以想象那时学生的胸怀竟是如此雄阔。杨振宁以后成为世界级物理学家,获诺贝尔物理学奖,由此也可看出端倪。金岳霖的逻辑课,艰

①　苗振亚:《大学是一个不一样的地方》,载《读者》,2007 年第 8 期。

深难懂,有一个年龄很大的湖北同学,总是在课堂上同金先生辩论,动不动就是:"啊,金先生,您讲的是……"而其他同学没那个水平,只有旁听的份儿。理学院有位姓熊的同学,上周培源的力学课,每次下课就跟周先生站在院子里辩论,周先生说他根本就没有听懂,可他还是不依不饶地辩下去。引来很多同学驻足观看,都成了校园一景。还有一位数学系的学生,在一次考试中,用了一种新方法解题,老师认为他做错了,他就在学校里贴了一张小字报,证明自己没有错,真是特立独行,戛戛独造,决不放弃独立的内心世界而随波逐流。①

　　这就是教师和学生自己的方法,就是充满着人的激情的方法,它开掘人的潜能,催生人的智慧,磨砺人的能力,高层次、高品位的促进人的生长,真正把教学活动凝结在人的身上,真可谓闪射着伦理光辉的教学方法。

---

　　① 苗振亚:《大学是一个不一样的地方》,载《读者》,2007 年第 8 期。

参考文献

[1]雅斯贝尔斯:《什么是教育》,生活·读书·新知书店1991年版。

[2]雅斯贝尔斯:《时代的精神状况》,上海译文出版社1997年版。

[3]夸美纽斯:《大教学论》,1999年版。

[4]约翰·洛克:《教育漫话》,教育科学出版社1999年版。

[5]福禄培尔:《人的教育》,人民教育出版社2001年版。

[6]亚里士多德:《尼各马克伦理学》,中国社会科学出版社1999年版。

[7]亚里士多德:《亚里士多德全集(第八卷)》,中国人民大学出版社1997年版。

[8]马斯洛:《自我实现的人》,三联出版社1987年版。

[9]杜威:《道德教育原理》,浙江教育出版社2003年版。

[10]杜威:《杜威五大讲演》,安徽教育出版社2005年版。

[11]叔本华:《爱与生的苦恼》,华龄出版社2002年版。

[12]卢梭:《爱弥儿》,人民教育出版社1985年版。

[13]培根:《培根论说文集》,商务印书馆2001年版。

[14]罗素:《社会改造原理》,上海人民出版社1959年版。

[15]苏霍姆林斯基:《给教师的建议》,人民教育出版社1980年版。

[16]苏霍姆林斯基:《和青年校长谈话》,上海教育出版社1980年版。

[17]亚当·斯密:《道德情感论》,陕西人民出版社2004年版。

[18]小原国芳:《小原国芳教育论著选(上卷)》,人民教育出版社1993年版。

[19]弗兰克·戈布尔:《第三思潮——马斯洛》,上海译文出版社1987年版。

[20]亚米契斯:《爱的教育》,华东师范大学出版社1995年版。

[21]彼德斯:《彼德斯创新理念全书》,九州出版社2004年版。

[22]Ⅲ·А·阿莫那什维利:《孩子们,你们好》,教育科学出版社2002年版。

[23]Ⅲ·А·阿莫那什维利:《孩子们,你们生活得怎么样》,教育科学出版社2002年版。

[24]珍妮特·沃斯、戈登·德莱顿:《学习的革命》,上海三联书店1998年版。

[25]唐纳德·R·克里克山克等:《教学行为指导》,中国轻工业出版社2003年版。

[26]史蒂芬森:《非常教师——优质教学精髓》,中国轻工业出版社2002年版。

[27]玛多娜·墨菲:《美国蓝带学校的品性教育》,中国轻工业出版社2002年版。

[28]B·A·卡拉科夫斯基:《教育:校长—教师—学生》,外国教育资料1992年版。

[29]彭运石:《走向生命的巅峰》,湖北教育出版社1999年版。

[30]车博文:《人本主义心理学》,浙江教育出版社2003年版。

[31]江光荣:《人性的迷失与复归》,湖北教育出版社1999年版。

[32]赵同森:《解读人本主义教育思想》,广东教育出版社2006年版。

[33]张春兴:《教育心理学——三化趋向的理论与实践》,浙江教育出版社1988年版。

[34]陈平原等:《学人(第一辑)》,江苏文艺出版社1991年版。

[35]郭永玉:《孤立无援的现代人》,湖北教育出版社1999年版。

[36]钟启泉:《现代课程论》,上海教育出版社2003年版。

[37]施良方:《课程理论》,教育科学出版社1996年版。

[38]陈桂生、赵志伟:《现代教师读本——教育卷》,广西教育出版社2006年版。

[39]钱焕奇、刘云林:《中国教育伦理学》,中国矿业大学出版社2002年版。

[40]余新:《多元智能在世界》,首都师大出版社2004年版。

[41]冒从虎、王勤田、张庆荣:《欧洲哲学通史》,南开大学出版社1986年版。

[42]邓小芒、赵林:《西方哲学史》,高等教育出版社2005年版。

[43]罗永源:《走进魏书生》,漓江出版社1999年版。

[44]韩树英:《通俗哲学》,中国青年出版社1982年版。

[45]许俊达:《费尔巴哈三部曲:神性·理性·人性》,中国工人出版社1993年版。

[46]汪凤炎等:《德化的生活——生活德育模式的理论探索与应用研究》,人民出版社2005年版。

[47]方明:《陶行知教育名篇》,教育科学出版社2005年版。

[48]卓新平:《神圣与世俗之间》,黑龙江人民出版社2004年版。

[49]朱永新:《我的教育理想》,南京师范大学出版社2000年版。

[50]朱贻庭:《中国传统伦理思想史》,华东师范大学出版社2003年版。

[51]万俊仁:《伦理学新论》,中国青年出版社1994年版。

[52]王兆生:《生命的畅想》,中国社会科学出版社2004年版。

[53]陈学恂:《中国近代教育文选》,人民教育出版社1988年版。

[54]王文东:《心灵的教化》,四川人民出版社2003年版。

[55]方东美:《科学与人生》,台湾黎明文化事业股份有限公司1986年版。

[56]罗永源:《走进魏书生》,漓江出版社1999年版。

[57]魏书生:《班主任工作漫谈》,漓江出版社1993年版。

[58]刘志军:《生命的律动》,中国科学出版社2004年版。

[59]余文森:《当代课堂教学的改革的理论与实践》,福建教育出版社1998年版。

[60]钱锺书:《围城》,外语教学与研究出版社2003年版。

[61]周国平:《岁月与性情》,长江文艺出版社2004年版。

[62]周国平:《周国平小语》,广东人民出版社2001年版。

[63]叶澜:《让课堂焕发生命活力》,载《教育研究》,1997年第9期。

[64]夏人青:《强化人文教育》,培养时代新人,外国教育研究,2007年第4期。

[65]苗振亚:《大学是一个不一样的地方》,载《读者》,2007年第8期。

[66]李欧梵:《道德的故事》,载《中国时报》,2006年2月16日。

后 记

当一种情结在心中淤积的时候,人们总想把它抒发出来,一吐为快。许多年前,一个幽灵,教育伦理的幽灵,就萦绕在我的心间,无论如何都挥不去。尽管我看不清它的轮廓,但我理解它的精髓:教育是人性复苏的大地,教育是美化人性的殿堂,教育是让人性结出丰硕善果的神奇之树,这里有和善的太阳,有智慧的春风,有思想的花圃,它就是教师和学生幸福相会的天堂。

曾经也有一种窃喜,能有这样的观念和思想涌动在自己的心底,那真是幸运。一方面,它们不但可以滋养我的心灵;另一方面,如果我把它们表达出来,也是非常惬意的事情。也许,这就是我多年在教育和伦理这两个领域苦苦追寻的结果。当一本本书被翻过之后,当一个个文字被咀嚼过之后,当一点点问题被思考之后,心中就会降生浓烈的智慧灵感,就会酝酿芬芳的思想之果。它就犹如天神对辛勤劳作的人的赐予一样,只要不气馁,总会让这些人在某一时刻收获心灵充满蜜意的巨大财富,我当时就有这种奇妙的感觉。

然而,辛勤劳作的人注定还是要辛勤劳作,当你感觉到天神已经为你准备了一份不薄的财富的时候,你只能以更大的劳作去迎接它,否则你将一无所获。所以,当我静下心来开始梳理我胸中的思想的时候,我发现,那思想犹如海市蜃楼,迷恋之后又慢慢退去了。于是,我又不得不在书的海洋里去寻找。但当我寻找过之后,我又感到特别的沮丧,因为有好多人在这个领域已经耕耘了,而且出版了不少的专著,而我还认为这只是在我心中独独诞生的宝贝。在学习研究的领域里,一种很不是滋味的事情就是,当你正在为你孕育出来的思想而惊喜的时候,却突然发现别人早已经阐发过了,你原来是一个井底之蛙。

为了弄清楚他们是怎样捷足先登的,我怀着非常崇敬的心情拜读了他们的著作,从他们那里,我获得了许多新鲜的材料和启发,但我发现,那都不是我心中的教育伦理,而且相去甚远。同时,就在我阅读他们著作的过程中,我心中的教育伦理的幽灵又回来了,并产生了剧烈的震荡,大有母腹中的婴儿踢腾母亲的姿态。这时候，我也意识到，教育伦理毕竟是一门新兴学科，人们才开始从不同的立场、不同的层面、不同的角度阐释它，无论是谁，只要有研究，只要有思想，都可尽情阐发。也就在这时候，我开始了自己独有的思想跋涉，我要把我心中的教育伦理写出来。

但是，任何一个思想的胎儿都是难产的。当我走上这个道路的时候，我思维的每一个细胞从来都没有安宁过，而且矛矛盾盾，纷乱杂糅。当第一稿就要完成的时候，我突然发现自己所做的一切都陷入了平淡空洞困境，一点都没有智慧的芳香。为此，书稿搁浅了一段时间。但当我第二次开始重新写作的时候，第一稿居然成了旁观者，似乎一点也加入不进来。第二稿虽然文笔比较细密，思想也比较丰厚，但却有繁冗之嫌，一点也不凝练漂亮。所以，我又开始了第三次推敲和琢磨。这次，我有了明确的意识，一定要有人伦意蕴的芳香，一定要有鲜亮生动的观点，一定要有蕴涵智慧的思想，一定要有拨动别人心弦的语言，一定要有笔墨精神和文字风采，坚决不走与别人相同的路，即使涉及相同的问题，也必须用自己的思维神经编织那与众不同的思想之网。通过这样斟字酌句的打造，才有了现在的庐山真面目。这其中的艰难就可想而知了。

有人说，学问的路太艰辛了，但不艰辛不足以做成学问，真正的学问就是一种智慧的探险，思想的淘洗，字字需要打造，句句需要修炼，忘却时间的脚步，驱除功利的诱惑，任由心灵精雕细琢，不到无憾决不止步。只有到了这时候，心中渴念的事情终于完成了，由此可以神定气闲，心里充满浓浓的宽慰，不论什么时候再读起这些文字，也能激起强烈的自我敬佩感：自己已经超越那些俗利的东西在智慧和思想的道路上走得较高较远了。也只有在这时候，自己过去所付出的一切汗水都变成了滴滴幸福之露，浸润着自己每一步人生的脚印。

每一部小著的完成，都是心灵的升华，都是幸福之果的收获，都是人生道路的又一次拓展。

作者

《中国书籍文库》部分书目

一、政治与哲学

1	马克思主义大众化——基于国际金融危机视野下的研究	2	马克思主义哲学前沿理论研究
3	社会关系与和谐社会——马克思社会关系视域中的"和谐社会"解读	4	孙中山民生社会主义思想研究
5	保守主义：一种审慎的政治哲学	6	复杂性科学研究
7	九鬼周造的哲学——漂泊之魂	8	论黑格尔哲学

二、历史与文化

9	《老子》与现代人生	10	二十五史梦文化解读
11	桂海越裔文化钩沉	12	历史文化村镇景观保护与开发利用
13	民俗信仰与双向认知	14	透视大众文化
15	文化观与翻译观——鲁迅、林语堂文化翻译对比研究	16	行政法视野下非物质文化遗产保护研究
17	中国动漫文化：本体与心理论	18	中国货币文化简史

19	《四书》微揽	20	边疆民族史探究
21	东亚坐标中的跨国人物研究	22	东亚坐标中的遣隋唐使研究
23	东亚坐标中的书籍之路研究	24	两汉之际社会与文学
25	训诂通论与实践	26	雅典海上帝国研究

三、文学与艺术

27	《尤利西斯》的小说艺术	28	历代中国画技法之美
29	美术教育质的研究案例	30	美术考古文存
31	商周青铜器与青铜器雕塑艺术	32	舞蹈创作思维
33	歌谣的多学科研究	34	美学理论视野中的文学翻译研究
35	《红楼梦》研究新论	36	谁为情种——《红楼梦》精神生态论

四、法律与社会

37	城乡一体化之现代农业形态	38	当代都市报研究
39	当代中国科技进步与低碳社会构建	40	地方治理创新视角下的地方政府债务危机防范研究
41	电子政府与服务型政府	42	犯罪空间分析与治安系统优化
43	服务行政与服务型政府	44	公共安全管理研究
45	公共选择理论探索	46	农村劳动者素质与现代化

47	生态价值取向研究	48	现代性批判的技术与方法
49	中国和平发展战略实施的国际环境	50	公益诉讼——基于经济法视野下的研究
51	经济法基础理论与实务问题研究	52	侵权责任法案解
53	物流法律制度研究		

五、经济与管理

54	信息资源获取与应用	55	资本论的方法研究
56	数据挖掘模式下的审计风险预警系统研究	57	公平与效率不可兼得吗——美国、瑞典模式的比较与借鉴
58	网络信息资源理论与实践研究	59	比较：制度经济和产权理论
60	资源型城市产业兴衰与转化之规律	61	现代人力资源开发与 E 时代
62	市场经济与区域发展	63	经济全球化与社会主义经济体制
64	北京发展连锁经营理论及对策研究	65	中国教育经济与管理研究
66	教学档案的管理与信息化建设	67	人力资源：高校无形资产管理危机的核心要素研究
68	绩效导向型公共预算管理研究	69	精细化管理
70	银行风险管理研究——以民营商业为例	71	政府海洋产业管理研究

六、教育与语言

72	超文本写作论	73	对应阅读心理的表达意识
74	教师校本培训项目制	75	教师在校本教研中成长
76	高等学校管理新视野——基于师资队伍建设与教学质量管理研究	77	教育伦理探微
78	培养学生创新精神和实践能力的支持系统研究	79	多维大学校园文化研究
80	高校数字图书馆建设评估研究	81	图书馆核心价值及其实现策略
82	图书馆科学发展的理念与实践	83	现代图书馆及数字资源利用
84	汉语方言地理学——入门与实践	85	汉语交际中的得体性
86	现代汉语指人名词研究	87	言语交际新思维
88	语言问题八讲	89	语言与逻辑
90	语用学研究与运用		

七、其他

91	技术认识范畴研究	92	数字信息检索与创新
93	运动性心理疲劳研究	94	现代旅游业应用型人才培养研究
95	创新整合论——科技创新与文化创新的整合机制	96	竞技体育与科技前沿
97	钱谦益年谱		